八年抗戰中的蔣介石

1937~1945

紀實

何虎生 著

八年抗戰中的蔣介石

目錄

目錄

八年抗戰中的蔣介石

引子

「我們希望和平，而不求苟安；準備應戰，而決不求戰。我們知道全國應戰以後之局勢，就只有犧牲到底，無絲毫僥倖求免之理。如果戰端一開，就是地無分南北，年無分老幼，無論何人，皆有守土抗戰之責任，皆應抱定犧牲一切之決心！」

一九三七年七月十七日，當蔣介石在廬山牯嶺圖書館大禮堂慷慨激昂地講出這段話時，侵駐華北日軍已開始發動全面進攻。

台下，剛剛經歷了盧溝橋事變的中國人正等待著統帥發出抵抗的命令，中國早該站起來反抗了！

作爲一國軍事統帥，蔣介石明白，中日之間的這場大戰已經到來，中華民族的存亡之戰開始了；作爲一名軍人，蔣介石明白，是兌現自己九年前就已許下的「雪恥」承諾的時候了；然而，作爲曾經的日本軍校留學生，蔣介石明白，中國羸弱的國力或許難以抵擋日本蓄謀已久的攻勢。

但是，「九一八」事變之後六年來，抗日救亡已成爲洶湧的浪潮。當政者的節節退讓喪權辱國，早讓國人忍無可忍。如今，北平就要變成第二個瀋陽，中國必須應戰了！

倭已挑戰，決心應戰，此其時乎！

第一章　廬山談話振奮人心

一、盧溝橋的槍聲傳到廬山

「七夕的晚上，華北將重演柳條溝一樣的事件。」消息在瘋傳，日本要滅亡中國。七月七日，傳言被槍聲證實了。倭已挑戰，決心應戰，此其時乎！

吞併中國是日本的既定國策。從「九一八」事變開始，日本先是侵佔了中國的東三省，接著又占熱河、察哈爾兩省，並不斷向中國內地滲透。在蔣介石「攘外必先安內」的妥協政策指導下，中國軍隊一讓再讓，已到讓無可讓的地步，此時全國軍民都抱定與日寇決一死戰之決心。

面對日寇的步步進逼，蔣介石爲首的國民政府爲抗戰雖然也作了一些準備，但蔣的重心仍放在「圍剿」紅軍和共產黨方面。一九三六年十二月十二日，張學良、楊虎城在西安扣押了蔣介石，西安事變爆發，在國共兩黨和張楊兩將軍及全國各界的共同努力下，西安事變和平解決，實現了由國內戰爭向合作抗日的偉大轉變。

西安事變後，蔣介石越來越不受日本歡迎：他竟然停止了對共產黨的軍事圍剿，更爲可恨的是，他居然敢在太歲頭上動土，開始向天皇的軍隊動槍動炮了。對中華大地久已虎視眈眈的日本，再也不甘心也不滿足像蠶兒吃桑葉一樣慢慢地吃掉中國。蔣介石的變化不僅激怒了狂熱的日本軍國主義分子，而且讓他們心生懼意。不能再猶豫了，一定要速戰速決，絕對不能讓已經與共產黨聯手了的蔣介石從容地爲天皇的軍隊掘好墳墓。日本開始策劃新的「大陸計畫」，它決定「鯨吞」中國。

一九三七年夏天，駐屯華北的日軍不斷向負責華北防務的國民革命軍第廿九軍尋釁滋事，一時間華北劍拔弩張。戰爭的烏雲瀰漫了華北的上空，使得這裏的夏天更加的煩悶。此時的東京，正盛傳這樣的謠言，「七夕的晚上，華北將重演柳條溝一樣的事件」。

日本人所說的柳條溝事件就是「九一八」事變。一九三一年九月十八日夜，日本關東軍先行破壞了柳條溝附近的鐵路，反誣中國軍隊所爲，悍然發動了對東北軍的攻擊。由於蔣介石的不抵抗政策，東北軍撤入關內，東三省就這樣拱手讓給了日本人，熱衷於「安內」的蔣介石頭上從此多了一頂賣國賊的帽子。在「九一八」事變前，東京也曾盛傳九月十八日將發生柳條溝事件，後來果然絲毫不差地證實了這個預言。那麼，現在這個預言還會靈驗嗎？

雖然得知那個傳言的中國人並不多，不過，所有的人都可以放心，華北不會變成第二個「滿洲」。不管怎麼說，一九三七年的中國已經不是昔日那個內戰困擾的中國，一九三七年的蔣介石也已經不是當年那個完全不抵抗的蔣介石了。

一九三七年，南京的夏天像往常一樣的悶熱。每年的夏天，蔣介石都要到廬山避暑和辦公，今年依然不例外。華北一向是宋哲元的天下，他對蔣介石、對日本、對救亡都有兩面性。對蔣介石，他是一面保持上下級關係，一面又行使自治，例如用人、行政、關稅、鹽稅、統稅等都歸自己支配，成爲獨立化的政權。對日本，他是一面妥協，一面敷衍，碰到大問題就推到南京政府去解決。對救亡，他是一面反共，一面主張「槍口不對內」；一面不敢公開鎮壓中國共產黨領導的救亡運動，一面反對在冀察兩省舉行抗日遊行示威。對於危機潛伏的華北時局，蔣介石憂在心頭，但那裏沒有中央軍，鞭長莫及，只能電告宋哲元加強警惕，多做準備，以防不測。

七月的廬山，風景秀麗，清爽宜人。據說，廬山的夏天，天晴時一日如三季：晨如初春，午如初夏，晚如初秋，的確是個避暑的好去處。蔣介石喜歡廬山，一個重要的原因是這裏有水。他曾說過：「峨眉之不及廬山美麗，乏人避暑，就因爲峨眉少水。」蔣介石愛水，尤其喜歡靜靜聽潺潺流水聲，以助思潮。「明月松間照，清泉石上流。」常年在軍界政界摸爬滾打的他，內心深處依然存有詩意般的追求。

▶▶抗戰中的蔣介石

不過，日本人已經不會讓他繼續體驗唐詩般的寧靜安謐境界了。

七月七日深夜，在盧溝橋地區進行軍事演習的日軍，藉口一名士兵失蹤和受到射擊，要求進入宛平縣城搜查，遭到中國方面的嚴詞拒絕，竟悍然向中國軍隊駐守的宛平縣城發起了進攻，駐守宛平的中國軍隊奮起抵抗。偉大的中華民族的抗日戰爭由此揭開序幕。

東京盛傳的預言又一次應驗了，是歷史的巧合，還是日本人有先知先覺的能力？都不是。在日軍侵華史上，一切的巧合都是人爲的安排。但是，日本人預言了「七七事變」，卻難以預料事變的結局。

盧溝橋是中國富有詩意的勝地之一。從金朝起，經元、明、清數代，「燕京八景」名稱雖屢有變動，但其中的「盧溝曉月」一景卻一直保存下來，成爲文人雅士吟詩作畫的生動題材。日軍在此處發動進攻並非迷戀於當地詩意般的景色，實在是由於它的戰略地位太重要了。這裏是北平以至整個華北通向中國南部的咽喉之地，有詩贊：「盧溝石橋天下雄，正當京師往來衝。」盧溝橋自古爲兵家必爭之地。現在，由於日僞已經構成了三面合圍北京的態勢，位於平漢線附近的盧溝橋地區，軍事地位更是非同一般。如果中國軍隊守住這個橋頭堡，進可攻，退可守；而一旦被日軍佔領，北平就成爲了一個孤立無援的死城。一場國人期待了多年的全民族反侵略戰爭就在這個敵我必爭之地打響了，盧溝橋從此又成爲中國人反對外來侵略的民族精神的重要象徵。

盧山牯嶺。七月八日清晨，一封華北地方當局的「特急電報」呈上蔣介石的辦公案頭。爲躲酷暑移到盧山辦公的蔣介石以及南京政要們已經顧不上欣賞如詩如畫的風景，思緒一下子都飄飛到了遙遠的北國。戰爭就這樣開始了嗎？一時間，蔣介石還弄不清楚日本此次挑釁的真實企圖。

自一九三一年「九一八」事變以來，日本歷次挑釁無不以蠶食、控制和侵佔中國土地爲目的。何況日本華北駐屯軍司令官多田駿早就公開聲明，要「以武力驅逐國民黨和蔣政權於華北之外」，並一直在緊鑼密鼓地引誘、脅迫坐鎮華北一方的頭號地方實力派人物、第廿九軍軍長宋哲元脫離南京政權，宣告華北自治，這次進攻至少是與其分裂冀察平津地區的陰謀有關。因此，從一開始蔣介石就隱隱地意識到，這次真的是退無可退了。

這一天，他在日記中憤憤地寫道：「倭寇在盧溝橋挑釁矣！彼將乘我準備未完之時使我屈服乎？或故與宋哲元爲難，使華北獨立乎？倭已挑戰，決心應戰，此其時乎！」

當時，恰逢中日之間外交交涉停頓之際，且是在日軍反覆舉行挑釁性大演習之後的交戰，所以日本對於全中國開始其正規軍事侵略，已有極大的可能性。

軍事統帥部會議上，緩戰呼聲不絕於耳；廬山軍官訓練團中，蔣介石大講「抗戰救國」。華北危急的消息傳到廬山，所有人都意識到，戰爭已迫在眉睫，準備應戰！

蔣介石不敢有絲毫大意，在當天立即致電宋哲元，指示如下：「宛平城應固守勿退，並須全體動員，以備事態擴大。」這次，蔣介石已經準備應戰了。

七月初的重慶，戒備森嚴。川康整軍會議由軍政部長何應欽主持在這裏召開，矛頭主要是指向劉湘等當地軍閥。正當劉湘爲蔣介石裁減其嫡系部隊大傷腦筋時，傳來蔣介石的一封加急電報，召何應欽速返南京。

要應戰，軍事中樞不可不立。蔣介石指示何應欽聯合軍委會參謀總長、訓練總監、軍事參謀院院長、軍事委員會辦公廳主任及有關軍事機關長官，組成軍事統帥部會議，決定應對策略。

與此同時，蔣介石急電也雪花般地飛到廿六軍總指揮孫連仲、四十軍軍長龐炳勳、八十五師師長高桂滋的指揮部，命令他們親率部隊火速向石家莊集中。蔣介石再次電示宋哲元：「從速構築預定之國防工事」，強調「守土應具決死決戰與積極準備之精神」，即使談判，也「務期不喪絲毫主權爲原則」。

當時宋哲元正在山東老家樂陵省親，華北防務由他的部將張自忠負責。廿九軍將士在當時已經奮起反擊日軍入侵，日軍也在考慮擴大事態，但宋哲元顯然對盧溝橋事變的性質和全國的抗日熱情估計不足，沒有及時對平津防務進行調整，而把大部精力用於與敵談判周旋，以期「和平」解決上。

戰端已開，人們所以還會有講和的想法，是因爲事變之初北平的形勢還不夠明朗。自七日夜起，雙方在盧溝橋和宛平城地區多次衝突。意想不到的是九日又告停火，甚至商妥同時退兵，日軍退回豐台，宛平縣城交中方保安隊塡防。不過，日軍回撤後，次日再度向盧溝橋推進，廿九軍也不得不再派兵阻擋，雙方重新交火。此後接連幾天，雙方一直打打停停。

但是，和平的幻想很快就被不斷傳來的密報粉碎，日方大批援軍正從關外和天津方向源源開來，僅關東軍一周時間就調來了一個師團的兵力，日本國內和朝鮮另有五六個師團的兵力正在增調中。特務系統收集的情報紛紛傳至南京，蔣介石等人非常明白，日本當局肯定有更大的企圖，至少，日軍這次不拿下冀察平津地區，是不會善罷甘休的。

十三日，當日本發表出兵華北的聲明後，蔣介石即致電宋哲元說：「盧案必不能和平解決。無論我方允其任何條件，而其目的則在以冀察爲不駐兵區域與區域內組織用人皆得其同意，造成第二冀東。若不做到此步，則彼得寸進尺，決無已時。中央已決心運用全力抗戰，寧爲玉碎，毋爲瓦全，以保持我國家之人格。」

同時也對宋哲元指出：「此次勝敗全在兄與中央共同一致，無論和戰，萬勿單獨進行，不稍與敵方以各個擊破之隙，則最後勝算必爲我方所操。請兄堅持到底，處處固守，時時嚴防，毫無退讓餘地。今日對倭之道唯在團結內部，激勵軍心，絕對與中央一致，勿受敵欺則勝矣。」

既然中央已經初步表明了「應戰」的決心，國民黨與國民政府的各個部門開始行動起來，不管是和還是戰，做好最壞的打算都是應該的。

從七月十一日起，軍事統帥部開始具體部署應戰行動。戰爭並不僅僅取決於熱情，倉促應戰又談何容易。根據各部門的報告，這時南京國民政府只儲存有可供二十個師作戰用三個月的彈藥；可供五十萬人、十萬匹馬用一個月的糧秣；各要塞的大炮尚未全部安裝就緒，雖有兩百架飛機可以用於一線作戰，但相當部分性能較差，備件不足，且北方無論燃料、炸彈還是機場，均少準備。不過，在最初兩天的會議上，軍事準備上的這些欠缺似乎沒有過多地影響到與會軍事人員們的「應戰」決心。畢竟，從「九一八」事變以來，任何一個有民族自尊心的中國人都憋著一口氣。況且，守土抗戰本就是軍人的職責。

根據統帥部的決定，南京國民政府很快發佈了軍隊總動員令和軍事徵用令。全國軍隊統一配置，分別調集陝、豫、鄂、皖、蘇各省有關部隊，向隴海、平漢路沿線集結，並徵用平漢、隴海和津浦三條鐵路線上的列車。同時明確要求宋哲元：不可放棄盧溝橋及宛平城；即使需要談判以求緩後也須作抗戰之準備；如廿九軍需要彈藥和物資，中央可以源源補充。爲此，統帥部特別派專人乘飛機將盧溝橋工事圖送往前方，並提出要在石家莊設置行營，在保定設置前線總指揮部，做大戰的準備。

南京方面緊鑼密鼓的籌劃應變方略的同時，日本方面也沒有閒著。七月十一日上午，東京。五相會議正在日本政府大樓內進行，研究盧溝橋事件的善後。經過激烈的討論，終於作出了出兵華北的決定。傍晚，經過天皇的批准，日本政府在軍部的支持和推動下，正式發表《派兵華北的聲明》。隨後，軍部開始大規模地向華北調動軍隊。日本政府和軍部攜起手來，準備將華北的緊張局面擴大成爲全面的侵華戰爭。

關於日本政府態度和日軍動向的情報，雪花般飛向南京。日本方面奪取華北的意圖已明，既然南京方面並不想使華北變成「滿洲第二」，那麼戰爭已是不可避免。隨著另一密報傳來，參加統帥部軍事會議的軍政要員們意識到情況比想像的要更加複雜。據密報，十一日晚，冀察當局背著南京中央政府已與日方簽訂了《盧溝橋事件現地協定》，承諾向日方道歉，處分責任者；撤退盧溝橋及其周圍的駐軍，改由保安隊維持治安；徹底取締藍衣社、共產黨及其他抗日團體。面對這一形勢，軍事統帥部會議開始出現意見分歧，何應欽等對是戰是和舉棋不定。

軍委會辦公廳主任徐永昌公開表示了自己的擔心，他一向認爲中國無力與日本開戰。關於軍事儲備的統計資料，與會的人都已經看過。前兩天的討論中，看著其他的人主戰熱情高漲，徐永昌心裏就在犯嘀咕。宋哲元私自與日妥協，又使徐永昌意識到內部並非一條心，他更加不主張立即開戰了。徐永昌說：現在我們準備未周，開戰難操勝券，若日方真的如其宣傳那樣，不欲事態擴大，則我似應抓住其意向，表示可以妥協。最好中央給予宋哲元妥協的標準，使其便於商談。

徐永昌之後，參謀總長程潛也表示，現在緩兵最合我意，這樣可以完成我方之準備。一旦準備完成，則無論實行持久戰或殲滅戰，都有把握。當然，他主張眼下也還是要加緊軍隊的動員工作，以防萬一。

何應欽顯然也同意緩兵的意見，他認爲，中國至少還需要兩個月的時間來準備應戰，否則抗戰將難以持久。不過，徐永昌則認爲這種準備至少需要六個月到一年的時間。他甚至直接向蔣介石進言，並託人轉告外交部長王寵惠：「對日如能容忍，總以努力容忍爲是」，因爲兩國強弱太過明顯，我方準備太過欠缺，一旦開戰，中國有陷於分崩離析不可收拾的危險。

在一片緩戰主和聲中，只有訓練總監唐生智表示異議。因爲宋哲元私自妥協一直是討論的焦點，唐生智也就此表明了自己的看法，他說：宋哲元已經在中央允許之外從事妥協活動，如中央再授予他和平妥協的意圖，則前途將不可測。與其他人主張低調謀和不同，唐生智建議目前中央仍應表示強硬態度，軍事準備絕不可中止。至於宋哲元現在的妥協活動，中央可以聽任其發展，既不明確支持也不反對，就裝作不知道。如結果不超出中央期望之外，則可追認之，否則可否認之。

盧溝橋事變發生時，蔣介石正在廬山舉辦暑期訓練團，自任團長，訓練的對象爲全國「各界文武同志」、「全國公務人員」。至於訓練團的訓練精神與教育目標，蔣介石是這樣說的：

「在總理博大精深的三民主義詔示之下，在中央統一禦侮、救亡圖存的一貫政策之下，人人奮發建國的熱忱，激勵其救國的責任心，向著共同的目標，能夠自動努力，自動奮鬥，盡忠於其本職，隨時準備爲復興民族而犧牲，就是要人人盡忠於各人的職務，要人人知恥明義，犧牲奮鬥，自立自強，自動地發揮其愛國的精誠，這是我們此次廬山暑期訓練的精神，也是本團教育唯一的目標。」

國民黨在廬山開辦的訓練團隨時間不同，名稱和內容各異，一般統稱廬山軍官訓練團。最早開辦於一九三三年，受訓的主要是初、中級軍官，當時「訓練唯一目的，就是要消滅共產黨」。以後，各類訓練團都在廬山舉辦，規模越來越大，範圍也越來越廣，受訓人員的級別也越來越高。應該說，這些政治、軍事、民政等訓練的確強化了國民黨的軍事、政工隊伍。連續四次「圍剿」紅軍的失敗，使得蔣介石冷靜下來，將共產黨作爲一個高明的對手來對待。針對紅軍的作戰方法進行的一系列正規訓練，提高了國民黨軍隊的作戰能力，紅軍第五次反「圍剿」的失敗與此是有很緊密的聯繫的。

隨著紅軍撤離南方根據地，開始長征，特別是日本的得寸進尺的侵略直接威脅到自己的統治，廬山訓練團也逐漸加入了抗日禦侮的內容。

一九三七年夏天，蔣介石又在廬山舉辦訓練團，這次的規模特別的大，涉及軍事、民政、警察、教育、黨務、童子軍以及「新生活運動」諸多方面，尤其主張能夠軍事訓練，受訓的軍長有七人，師長及師級軍官有一百九十四人。因爲當時抗日民族統一戰線有望建立，訓練是以日寇為假想敵的，訓練內容是抗戰建國。

盧溝橋事變之後，雖然蔣介石很快就得到報告，但是消息傳達的範圍並不廣，山中並未完全知曉。七月九日，蔣介石在廬山暑期訓練團開學典禮上發表了一個長篇講話。一開頭，蔣介石就說：「此次我們舉辦廬山暑期訓練團，如今全國各界文武同志來此受訓，其意義是在繼全國統一之後，當外患緊迫之時，來發動一個舉國一致救亡復興的建國運動。」

「所謂建國訓練是什麼呢？簡言之，就是要訓練我們如何儘量貢獻我們的聰明才智和生命自由給國家，如何用我們的血汗來培養並充實救國的力量，以突破帝國主義者所加於我們的一切不平等條約的束縛，洗刷國家近百年來所蒙受的一切奇恥大辱，使我們的國家能夠真正自由獨立強盛起來。再扼要地說一句，這一次訓練，就是國家爭自由、民族爭生存的最後戰鬥的訓練。」

蔣介石沒有趁此機會談論盧溝橋事件和對日的政策，他還需要時間去觀察和進一步的思考。即便如此，受訓的學員們還是感覺耳目一新，感覺到時局似乎發生了什麼重大變化。典禮結束後，一時有了不少關於時局變動的傳言。這時，華北的形勢在惡化。

七月十一日，宋哲元奉蔣介石之令，從山東老家啓程返回北平。在北平郊外豐台車站，宋哲元乘坐的火車剛剛駛過，「轟」的一聲巨響，枕木飛濺，硝煙濃烈，一片狼藉。中國在華北的最高行政長官險些成了第二個張作霖。回北平後的宋哲元，立即著手部署對日軍事。八天以後，如有神助的他，再次從日本特務的地雷下死裏逃生。

華北不會上演第二個「皇姑屯事件」，也不會出現第二個「滿洲國」。暗中進行的陰謀活動破產後，日本決定採取赤裸裸的武力進佔華北。七月十六日，日軍在準備停當後，全力向華北發動大規模的進攻。

平津危急！

華北危急！

盧溝橋事件連同華北危急的時局一同在廬山上傳開了。不同尋常的「莘莘學子」們開始感受到沉重的現實壓力。

蔣介石在廬山發表強硬談話，表明抗日決心：望和平而不苟安，應戰而不求戰；犧牲到底，絕不僥倖求免；地無分南北，年無分老幼，皆有守土抗戰之責任，皆應抱定犧牲一切之決心。

日軍在華北發動全面攻勢的同一天，國民政府為共赴國難而召開的談話會也在廬山開幕。牯嶺圖書館大禮堂裏坐滿了各界名流、賢達人士，廬山頓時冠蓋如雲，名流遍地。十六日的談話會由國民政府主席汪精衛主持。他雖然大談「精誠團結，共赴國難」，但是並沒有提出明確的辦法。一席話不痛不癢，不著邊際，與會者如墜雲山霧海，根本搞不清楚當局的積極政策在何方，滿懷信心上山來共赴國難共商國是的名流賢達對此很不滿意。

國難紛至遝來，當局又遲遲拿不出積極的對策，雖然身處仙境般的廬山，與會者沒有一點心曠神怡的感受。遙望華北，可憐無數山！

七月十七日，蔣介石出席廬山第二次談話會，發表了題爲《對於盧溝橋事件之嚴正表示》的講話，政府對日政策才明確亮相。

一開始，蔣介石就直奔主題，他說：「中國正在外求和平，內求統一的時候，突然發生了盧溝橋事變，不但我舉國民眾悲憤不已，世界輿論也都是異常震驚。此事發展結果，不僅是中國存亡的問題，而將是世界人類禍福之所繫。」把中日之間的事變同國際和平聯繫起來，這並不是一般的外交辭令，而是蔣介石抗日方略的重要一環。

接著，蔣介石談了四個方面的內容。

關於外交方針，蔣介石重彈了幾年前「和平未到根本絕望時期，決不放棄和平，犧牲未到最後關頭，決不輕言犧牲」的老調。他說：「前年五全大會，本人外交報告所謂：『和平未到根本絕望時期，決不放棄和平，犧牲未到最後關頭，決不輕言犧牲』，跟著今年二月三中全會對於『最後關頭』的解釋，充分表示我們對於和平的愛護。我們既是一個弱國，如果臨到最後關頭，便只有拚全民族的生命，以求國家生存；那時節再不容許我們中途妥協，須知中途妥協的條件，便是整個投降，整個滅亡的條件。全國國民最要認清，所謂最後關頭的意義，最後關頭一到，我們只有犧牲到底，抗戰到底，唯有『犧牲到底』的決心，才能博得最後的勝利。若是彷徨不定，妄想苟安，便會陷民族於萬劫不復之地！」

「最後關頭」到來，拚死抗戰將是毫無疑問的。那麼，盧溝橋事件是不是「最後關頭」呢？這是與會者最想搞清楚的。對此，蔣介石當然不能避而不談。

「如果盧溝橋可以受人壓迫強佔，那末我們的故鄉，北方政治文化的中心與軍事重鎮的北平，就要變成瀋陽第二！今日的北平，若是成昔日的瀋陽，今日的冀察，亦將成爲昔日的東四省。北平若可變成瀋陽，南京又何嘗不可變成北平！所以盧溝橋事變的推演，是關係中國國家整個的問題，此事能否結束，就是最後關頭的境界。」

一九三七年七月十七日，蔣介石發表廬山談話

既然盧溝橋事件有可能成爲「最後關頭」，那麼，政府關於抗戰具體持一個什麼樣的態度呢？這是與會者關心，蔣介石不得不談的話題。「萬一真到了無可避免的最後關頭，我們當然只有犧牲，只有抗戰！但我們的態度只是應戰，而不是求戰；應戰，是應付最後關頭，必不得已的辦法。我們全國國民必能信任政府已在整個準備中，因爲我們是弱國，又

因為擁護和平是我們的國策，所以不可求戰；我們固然是一個弱國，但不能不保持我們民族的生命，不能不負起祖宗先民所遺留給我們歷史上的責任，所以到了迫不得已時，我們不能不應戰。至於戰爭既開之後，則因為我們是弱國，再沒有妥協的機會，如果放棄尺寸土地與主權，便是中華民族的千古罪人！那時便只有拚民族的生命，求我們最後的勝利。」

中華民族既然是愛好和平的民族，盧溝橋事件也尚存和平解決的希望，對於解決盧溝橋事件的中國立場，蔣介石當然得公諸於世。既讓國人放心，又讓國際間愛好和平、主持正義的友好國家作個評判。對此，蔣介石可不敢大意。

「我們的立場有極明顯的四點：（一）任何解決，不得侵害中國主權與領土之完整；（二）冀察行政組織，不容任何不合法之改變；（三）中央政府所派地方官吏，如冀察政務委員會委員長宋哲元等，不能任人要求撤換；（四）第二十九軍現在所駐地區，不能受任何的約束。這四點立場，是弱國外交最低限度，如果對方猶能設身處地為東方民族作一個遠大的打算，不想促成兩國關係達於最後關頭，不願造成中日兩國世代永遠的仇恨，對於我們這最低限度之立場，應該不至於漠視。」

在這個講話的最後，蔣介石說：「總之，政府對於盧溝橋事件，已確定始終一貫的方針和立場，且必以全力固守這個立場。我們希望和平，而不求苟安；準備應戰，而決不求戰。我們知道全國應戰以後之局勢，就只有犧牲到底，無絲毫僥倖求免之理。如果戰端一開，就是地無分南北，年無分老幼，無論何人，皆有守土抗戰之責任，皆應抱定犧牲一切之決心。所以政府必須特別謹慎，以臨此大事，全國國民亦必須嚴肅沉著，準備自衛。在此安危絕續之交，唯賴舉國一致，服從紀律，嚴守秩序。希望各位回到各地，將此意轉達於社會，俾咸能明瞭局勢，效忠國家，這是兄弟所懇切期望的。」

蔣介石的態度有無投機成分，對當時的形勢實際上已無多大的影響。這是因為，抗日救亡運動興起六年來，已漸漸成為洶湧的浪潮。面對南京政府節節退讓，喪權辱國，國人久已忍無可忍。如果說過去還可以用「攘外必先安內，統一方能禦侮」來搪塞輿論，如今面對日本步步進逼的武裝侵略，再也難以為不抵抗找到任何的藉口。因此，不管蔣介石願意還是不願意，「應戰」，也就是抵抗已經成必然之勢。

盧山談話，確定了抗戰的方針，表明蔣介石已經接受了中共宣導已久的抗日民主統一戰線主張。

兩天後，蔣介石關於「最後關頭」的講話公開發表，次日，日本對南京國民政府徹底關閉和談的大門。不過，冀察地方當局與日方的交涉還在繼續進行，只是越來越艱難。

就在日本終止同南京國民政府直接交涉的那一天，蔣介石下了盧山，回到南京，一心處理中日之間的危機。不過，在和平未根本絕望的前一秒鐘，蔣介石也「還是希望和平的」。

七月廿三日，南京政府的中樞要員討論了宋哲元報來的《盧溝橋事件現地協定》。其實，就在四天前，宋哲元剛剛與日軍又簽訂了一個協定細則。這個細則明顯地違反了蔣介石關於中央政府所派官吏不得任人要求撤換，以及第二十九軍現在所駐地區不能接受任何約束的最低限度條件，承諾可以按日方要求罷免官員以及撤退軍隊。對此，蔣介石顯然是睜一眼閉一眼，像唐生智所建議的那樣，裝作不知道。

二、決心以戰求存

日軍炮轟宛平，直驅平津，戰爭進一步擴大，蔣介石「避戰」念頭被徹底粉碎；平津初戰即輕陷敵手，抗日血戰艱難開局。

無論蔣介石怎樣寄希望於最後一秒鐘的和平，日本軍事當局這部戰車早已升火待發。七月十九日，冀察地方當局與日方剛剛簽署了協定細則，有恃無恐的日本華北駐屯軍在廿一日又開始大舉炮轟宛平城了。只是由於吉星文率所部頑強抵抗，才使宛平縣城沒有馬上落到日本人的手裏，宋哲元的和平夢想被日軍的炮彈炸得支離破碎。

七月廿六日，日本華北駐屯軍向宋哲元發出最後通牒，未得答覆，惱羞成怒的日軍開始發動大規模襲擊。當天傍晚，日軍一部乘三十餘輛載重卡車，強行闖入廣安門，另一部則在飛機的配合下攻佔了廿九軍在廊坊的駐地。廿七日凌晨，日軍更進一步進攻通縣，一直與蔣有矛盾，對日本心存幻想的宋哲元，這時也絕了妥協的念頭。

七月廿七日，一封加急電報從北平發往南京。宋哲元向蔣介石報告稱：「北平為華北重鎮，人心所繫，大事所關。現在已成四面皆敵之形勢，通縣於今晨三時起，亦正在激戰中。職受國家與人民付託之重，已決心固守北平，以安人心，而作士氣，決不敢稍有畏避也。」

這一天，蔣介石也終於徹底摒棄了「緩戰」、「避戰」之想，他明確指示宋哲元務必固守北平、宛平各城，同時調集大量中央軍北上支援。他在日記中鼓勵自己：從此「當一意作戰，勿再作避戰之想矣」。

此時，廿九軍將士在宋哲元的指揮下，已經開始了全面的抵抗。據南京派駐北平的代表報告稱：「和平已絕。宋及二十九軍將領已決心與城共存亡。至城外各方面，皆佈置完畢，即行應戰。望轉電何公（指何應欽）速派大量飛機及軍隊北來。」遺憾的是，倉促之間，哪裡能調集大量的戰鬥機北上，況且，北方的機場年久失修，即使有大批飛機北上，後勤也沒有保障。

廿八日，北平大戰開始。數以萬計的日軍，在飛機和坦克的掩護下，分別向北平、天津以及鄰近各戰略要地大舉進攻。

廿八日拂曉，北平城外南苑，約四十餘架日軍飛機對廿九軍司令部進行了輪番轟炸。在飛機配合下，日軍約三千機械化部隊從地面發動猛烈攻擊。戰鬥進行得十分激烈，守軍陣地在敵人的狂轟濫炸下，血肉橫飛，慘不忍睹。不久，南苑失守，第廿九軍副軍長佟麟閣、第一三二師師長趙登禹等多名高級軍官壯烈殉國，這是抗戰以來，中國軍隊犧牲的最高級別的將領。

同時，西苑、北苑也在日軍猛烈攻擊之下。由於沒有鞏固的防禦工事，且通訊設備被炸毀，中樞指揮失靈，戰場一片混亂，廿九軍的抵抗迅速被擁有優勢火力的日軍所擊破。

當天午後，宋哲元在北平城內召集北平市市長秦德純、第三十八師師長張自忠等人舉行緊急會議。是死守北平呢，還是放棄？本來中央和全國民眾都希望他們死守北平，但當地絕大多數人的意見是不忍使文化古城因戰火而化爲灰燼。於是，緊急會議終於決定退守保定，而以張自忠代理冀察政務委員會委員長及北平市長，留在當地。宋哲元與秦德純則於下午九時離平出發，前往保定。

繼之，第廿九軍官兵也在夜半懷著悲憤的心情默默地離開了古城北平。

消息傳來，蔣介石心頭騰起一股無可言狀的悲哀。初戰就如此之快地損兵折將、失地陷土，看來，這場無法避免的較量對中國來說是艱險重重啊！不過，對北平的淪陷，蔣介石似乎早有預感。他在北平失陷當天的日記中說：

「歷代古都，竟淪犬豕矣。悲痛何如！然此爲預料所及，故昨日已預備失陷後之處置，此不足驚異也。」

此時，在天津方面的中國守軍更是陷入了重圍。面對合圍而來的優勢日軍，中國守軍爲避免全軍覆沒，先行發起了進攻，拚死一搏，謀作最後之抵抗。由第三十八師副師長李文田所率領的部隊，於七月廿九日中午前，反攻企圖佔領天津警察機關的日軍，一度奪回爲日軍所佔據的飛機場及火車東站、西站，但在日軍的飛機轟炸與炮擊之下，不得不於次日放棄了天津。

此役中，爲了摧毀敵人的空中優勢，部分守軍攜帶汽油衝進東局子機場。天不憫人，他們的火柴被汗水浸濕，沒能及時點火。在日軍的反撲下，戰士們用刀和手榴彈與日寇展開了搏鬥，雖然勇士們無一生還，但他們硬是摧毀了十多架日機。

廿九軍在北平、天津的戰爭中，傷亡官兵超過五千人。

隨著居於河北心臟部位的平、津重鎮淪陷，戰局進入了新的階段。七月廿九日，蔣介石在南京接見新聞記者，發表了對時局的看法：

「軍事上一時之挫折，不得認爲失敗；而且平津戰事不能認爲已經了結。日本既蓄意侵略中國，不惜用盡種種手段，則可知今日平津之役，不過其侵略戰爭之開始，而絕非其戰事之結局。國民只有一致決心，共赴困難。」

華北抗戰局勢危急，國防最高會議在南京召開；本著「兄弟鬩於牆外禦其侮」的精神，全體中國軍人決心以戰求存，抗戰到底。

日本人並不滿足於佔領平津，他們要乘勝追擊，妄圖佔領整個華北。平津大戰期間，日軍第五、六、十師團已逐步完成集結，主張向中國守軍進行直接攻擊，與北上的中國軍隊會戰。但是，日軍大本營希望儘早展開外蒙獨立工作，同時鞏固「滿洲國」的基礎，指示華北日軍向平綏線採取行動。

七月十七日，日本參謀本部制訂了《關於華北用兵時對華戰爭綱要》，規定戰爭初期調集優勢兵力掃蕩中國第廿九軍，解決華北問題。其總原則是「進行必要的小規模調兵遣將，兼施政治、經濟等策略手段，爭取在短期內挫抑敵方的抗戰決心」。據此，日軍調集了四個師團約十萬兵力，於七月底迅速攻佔平津，然後兵分三路沿平綏線、平漢線、津浦線突進。其中，日軍把主決戰方面定爲沿平漢線地區，企圖在華北進行會戰，一舉摧毀中國軍隊的主力。這種進攻態勢，使華北方面的中國軍隊措手不及。

蔣介石立即調兵遣將，向河北、察哈爾不斷增兵，以圖保存平綏、平漢線來挽回局勢。其實，在國民政府一九三七年初制定的《大本營頒國軍作戰指導訓令稿》中已判定：「敵國爲使現在平津一線敵軍之作戰便利起見，將以有力之一部先進占平綏各要點（張家口、南口等處），爾後或深入山西以威脅我第一戰區之側背，或轉進於正定、保定方面，以直接協力於其在平津部隊的攻擊。」蔣介石據此判定：「平綏線爲第二戰區之生命線，亦中蘇聯絡之生命線，更爲我國軍作戰旋回作戰之能實施與否的中樞線」，指示「以南口附近爲旋回之軸，固守南口、萬全」，「如南口、赤城、沽源之線，始終爲國軍保有，則平津方面之敵絕不敢冒險南下」。

在華北戰事爆發後，蔣介石幾乎投入了全國百分之六十以上的兵力，採取重點部署、立體防禦的方針，力保山東、山西平漢線兩翼，在平漢線正面與日軍周旋。蔣介石的這種軍力部署也正合日軍心意，但他必須這樣部署。

山西是整個西部地區的門戶，如果日軍由此攻入陝西，就可以進行戰略上的迂迴包抄，把南京政府逼到沒有任何依憑的海邊，那就真只有死路一條了。山東也是不可不守，那是京滬地區的北部屏障，山東若失守，日軍可以沿津浦線直逼南京城下。日軍沿平漢線南下，將直接威脅華中重鎮武漢。

平漢線的兩翼，尚有山區可以依憑，關鍵還是平漢線所在的華北平原。那裏一馬平川，適合日軍機械化、立體化作戰。而我軍裝備落後，又無險可守，況且平津新敗已折銳氣，實在不宜在華北平原進行決戰。在日軍攻我所必救之地的險要形勢下，蔣介石在焦急地思考出奇制勝的策略。

於是，他將駐紮綏遠省平地泉的第十三軍（軍長湯恩伯）移駐察哈爾省要衝張家口，其所屬八十九師主力則於八月六日從爲北平北方大門的居庸關越長城南下進駐南口，由北而南向北平推進。在孫連仲指揮之下的廿七師，則於八月十日挺進到北平西南方五公里的竇店，由南而北逼近北平。八月上旬，包括步兵十個師五個旅、騎兵五個師四個旅的國軍完成集結。

日軍大本營於八月九日下達沿平綏線進攻之作戰命令，八月十二日，日軍第五師團板垣征四郎部與第十一旅團向南口發起進攻。在日軍強大的炮火攻擊下，南口軍事工事盡毀，但守軍堅守不退。面對嚴重的傷亡，負責指揮平綏線作戰的第二戰區司令長官閻錫山向軍事委員會提出，南口「防線太長，兵力單薄」，蔣介石決定將衛立煌部從石家莊迂迴增援南口。

八月十三日，日軍再次向南口發動猛攻，調集三十餘輛坦克衝進中國守軍陣地內，致使陣地內一個團幾乎全軍覆沒。在接下來的兩天裏，日軍在數十架飛機的掩護下反覆向南口衝鋒，中國軍隊數次與日軍展開激烈肉搏，但南口陣地終因為右側高地失守、增援路線被切斷而失陷。而張家口的防務又因為衛立煌部的出援呈現空虛狀態，日軍趁虛而入。

張家口本為南口以北重鎮，歷來是兵家必爭之地。南口激戰時，第六十八軍劉汝明部趁勢收復張北和崇禮，但卻丟了張家口外圍全部陣地，日軍就在這時向張家口直撲而來。劉部冒大雨突圍，張家口於八月廿七日淪陷。張家口失守後，南口北部陣地已無險可守，湯恩伯、高桂滋部只能收縮防線，憑藉長城天險而守。面對日軍一次次猛烈的襲擊，守軍方寸大亂疲於應付，苦撐數日後，察哈爾全省即告淪陷。蔣介石急忙要求閻錫山「從速作固守晉綏之部署」，並特意指出防守綏北與綏東之重要性。如果綏遠有失，則全局不堪設想，整個華北地區的防衛都將無從實施。

為了配合山西之守備，蔣介石加強了平漢線的防禦。但日軍這時卻把進攻平漢線作為華北作戰的主戰場，與機動靈活的日軍相比，劉峙指揮的第二集團軍只能進行有限的逐次抵抗。僅僅月餘，保定、涿州、石家莊、定縣、趙縣、元氏等地盡失，日軍一路南犯如入無人之境，當地守軍只能在激戰後以營為單位編組游擊隊，分區襲擾日軍。

就在雙方軍隊圍繞平漢、津浦二線激戰時，上海「八一三」事件爆發。一天後，日本政府非正式宣戰，日軍在華北的「不擴大」方針隨即被放棄。日本陸相強調要速戰速決，陸軍省也認爲，攻佔華北主要地區可以「促使南京政府反省，即可打開政治妥協局面，不出兩個月乃至半年時間，此種局勢即可望到來」。而華北方面，日軍則再次要求加強兵力擴大戰果，以六個師團投入戰鬥，將作戰目標鎖定在石家莊至德州一線。八月三十一日，日軍華北方面軍正式編成，當天即下達了佔領平津附近地區，殲滅河北中國軍隊的命令，要求華北攻勢「爲結束戰局創造條件」。

日軍的進攻來勢兇猛，華北初戰即告膠著，蔣介石意識到，中日之間的這場戰爭在短時間內是不會有結局的。因此，僅僅鼓舞軍隊的鬥志遠遠不夠，還要堅定民眾的信念。華北不會是最後的戰線，中國要準備打一場全國性的持久戰。爲此，八月一日，蔣介石出席南京中央軍校擴大紀念周時，作了題爲《準備全國應戰》的講話。

他一開頭就說：「上周我們國家遭受了非常之大的恥辱，我們民族已到了生死存亡的最後關頭，我們要拿上周蒙恥受辱的經過，作爲今後奮鬥犧牲的教訓。」這個恥辱就是日軍侵佔了平津。中國有句古話叫「知恥而後勇」，蔣介石要讓所有與會者、讓國人明瞭國家和民族的恥辱，以之砥礪志氣，奮發圖強。

「此次平津戰爭，我們佟副軍長和趙師長督戰陣亡，其餘旅團長以及下級官兵戰死的，到現在爲止，雖然還沒有統計，但至少總在三千以上。似此戰爭不到兩天，我們廿九軍及各保安隊官兵殉國的有這樣多，實在是忠勇壯烈，但戰爭的結果不能不說是失敗，這失敗的原因在哪裡呢？最大的一個原因，就是日本人不講信義，我們平津一般將領受了敵人的欺騙，以致缺乏準備，沒有作戰決心。這是我們最可痛心的一個教訓。」對此，蔣介石強調要迷途知返，一心抗戰，「到了今天，大家一定要覺悟，不是日本滅亡我們，就是我們滅亡日本，我們再不能受敵人的欺騙，再不能以企求和平的苦心反而招致敵人的欺侮。今後我們只有全國一致，發動整個應戰的計畫，拚全民族的力量，來爭取最後的勝利，以保障國家民族的生存。」

就怎樣才能獲得「最後的勝利」，蔣介石提出了幾點希望和要求：

第一，要有作戰的決心。「大家要知道這次戰爭，就是我們黃帝的子孫人人要救國自救死裏求生的唯一最後的戰爭，我全國上下，無論男女老幼，官長士兵和全體民眾，抱定犧牲決心，同仇敵愾，抗戰到底。」

第二，要有充分的準備。「現在敵人侵略我們，如果我們政府人員都有了充分的準備，敵人必不得逞。反之，如我們準備不夠，甚至毫無準備，則戰爭必歸失敗。我們在平時要有準備，到了非常時期，尤其要有準備，全國軍民以及一般公務人員，人人要負責盡職，儘量準備，在這國家民族生死存亡的關頭，我們一切工作要快速要緊張，一天要當作兩天用，一分精力要有十分精力的效果，才能夠充實抗戰的力量，獲得了最後的勝利。」

第三，要有整個計畫。「人家以整個計畫，發動整個部隊來攻擊我們，我們卻以一旅一團去零零散散的對付它，因此我們要遭敵人各個擊破，歸於失敗。」

在講話的最後，蔣介石重申：「我們從今以後，要認定不是我們失敗，就是他們滅亡，只要全國同胞大家照我的一貫方針和精神，作繼續不斷的奮鬥，日本人必不能滅亡中國，反轉過來說，我們必定能夠打敗日本。」

八月七日，決定國防大計的中國國防最高會議在南京召開。蔣介石、汪精衛、林森、中央各軍事部門長官以及馮玉祥、閻錫山、白崇禧、劉湘、余漢謀等地方軍政大員均出席了會議。蔣介石還特別邀請了正在改編成國民革命軍第八路軍的紅軍總司令朱德等人參加會議。如此之多的地方實力派首領，甚至中共紅軍領導人齊集南京，這是前所未有的。這些人中絕大多數都曾與蔣介石打過仗，過去都曾不同程度地與蔣爲敵。如今到了國家民族生死存亡的決定性關頭，大家終於本著「兄弟鬩於牆外禦其侮」的精神，捐棄前嫌，攜起手來，共赴國難。會議的氣氛十分熱烈。最後，蔣介石宣布對和戰決策以起立方式進行表決。結果，所有與會者都起立贊成對日作戰，中國軍人們顯示出了同仇敵愾、舉國一致的抗戰決心。

八月十二日，中國國民黨中央常務委員會推舉蔣介石爲海陸空軍大元帥，以軍事委員會爲抗戰統帥部。廿七日，中國國民黨中央常務委員會授權蔣介石組織大本營，行使陸海空三軍統帥權，並統一指揮黨政。而蔣介石認爲未經正式宣戰，不應

抗戰爆發中國軍隊沿長城開赴前線

設大本營，決定擴大軍事委員會爲抗戰最高統帥部。

軍事委員會將全國劃分爲六大戰區，以程潛爲參謀總長，白崇禧爲副參謀總長：第一戰區司令長官程潛，負責冀察之平漢線作戰；第二戰區司令長官閻錫山，負責晉察綏方面；第三戰區司令長官馮玉祥（九月後蔣介石兼任），負責上海、江浙作戰；第四戰區司令長官何應欽，負責福建、廣東作戰；第五戰區司令長官李宗仁，負責津浦線南段蘇魯方面作戰；第六戰區司令長官馮玉祥（九月後改任），負責冀察之津浦線方面作戰。至此，國民政府的戰爭指導機構基本建成，並開始著手全盤作戰戰略的修訂，中國政府全面進入戰時狀態。

已在失土喪權的屈辱中痛苦煎熬了整整六年的南京國民政府，終於決定對日作戰了。繼「七七」盧溝橋事變之後，隨著「八一三」的戰火在中國第一大城市上海迅速燃起，決定中國未來命運的中華民族的全面抗日戰爭開始了。

三、國都西遷，迎接大戰

蔣介石深知中日間必有一戰，已開始制定整體抗戰方略。「持久戰」、「消耗戰」、「引敵西進」的戰略方針已定，淞滬地區成為牽制日軍兵力的最大誘餌。

作為一國統帥，蔣介石深知中日之間必有一戰，在進行剪除異己的內戰的同時，他也在認真思考對日作戰的方略。蔣介石固然料到日軍可能首先將侵略的矛頭指向華北，但他始終認定，日本將以上海、南京及長江為主要進攻方向，而富庶的京滬地區也將是國民政府用以吸引牽制日軍兵力的最大誘餌。

一九三七年八月二日，蔣介石在南京召開高級軍事會議制定抗戰計畫，同時設立大本營。八月十八日，蔣介石在高級軍事會議上指出：「倭寇要求速戰速決，我們就要持久戰、消耗戰」；四個戰術原則是：「以主動牽制被動，固守陣地，堅持不退，軍民結合，設法使敵機大炮失效」；「就中日相比，敵方兵力遠遠大於我國，當然是敵強我弱，如不進行持久戰，決無力以應付日軍的進攻」。

持久消耗戰略的實施，關鍵還在於把日軍拖入預定的戰略防禦區域，穩定戰線。對於當時日軍對上海的戰略企圖，蔣介石心中是有數的，他在和陳誠、熊式輝的談話中說：

「上海失守，南京固難守住，這是顯而易見的事。不過我們要把眼光放遠一些，應從全盤戰局著想。敵人侵華，早已處心積慮。我最擔心的是敵人如果由河北打到山西，渡過黃河，由陝西南下四川，進而進攻雲南、貴州，再由西向東席捲……到那時，縱使我們有沿海各省，敵人可用海軍封鎖海口，形成數面包圍夾攻，我們還有生路嗎？我們唯一的辦法，就是在上海開闢戰場，迫使其力量分散。至於我們的兵力，不妨逐漸西移，遷都重慶，誘敵沿西而上，就變成敵人難攻而我們易守了。只要我們能堅持抗戰到底，未有不把敵拖垮的。」

引敵沿江西上的戰略計畫既定，蔣介石特意加速了上海戰事的爆發，而日本海軍方面，也正急於侵佔上海、南京。雙方在淞滬地區的大戰便是在所難免的了。

此前，擔任京滬警備司令官的張治中於七月三十日提出，保衛上海應「先發制敵」之策，蔣介石同意這一建議。不過，直到淞滬戰役打響，在將戰役限制在何種規模的問題上，蔣介石還有些許猶豫。因此，八月十八日，蔣介石派陳誠和熊式輝赴上海考察戰事。

蔣介石在蘭州與高級將領會談

兩天後，陳誠在彙報戰況時，再次印證了蔣介石原先的擔心：華北戰事擴大無可避免，敵如在華北得勢，必然利用其快速裝備沿平漢路南下直趨武漢，這樣就截斷了南京政府同西北和西南地區的聯繫。陳誠建議「擴大淞滬戰事，以牽制之」。陳誠的話，促使蔣介石最後下定了決心。如此便有了以下作戰計畫：「國軍以一部集中華北，重疊配備，多線設防；以主力集中華東，迅速掃蕩淞滬敵海軍根據地，阻止後續敵人之登陸，或乘機撲滅之。」因此，八月下旬以後，中國調集更多的部隊投入滬戰，使日本不斷增兵。淞滬戰役的擴大，標誌著國民政府和蔣介石所設計的抗日國防戰略計畫開始實施。

國軍為了拱衛首都南京與保護經濟中心上海，為了國際影響及鼓舞國民的抗敵意識，必須在上海力拒日軍。日軍為「速戰速決」，也一定要堅持在上海作戰。中日兩軍鏖戰淞滬，雙方不斷增兵，演變成近百萬大軍的淞滬大會戰。

淞滬地區是中華民國的經濟中心，首都南京的門戶，任何人都能看出加強淞滬地區和長江沿線防禦的重要性。蔣介石在很久以前就為長江沿線保衛問題與他的德國籍軍事顧問塞克特進行過多次討論。蔣介石說，一旦中日開戰，他準備在必要時放棄華北而集中全部力量保衛長江流域。他又表示，從政治上來看，長江以南遠比長江以北地區重要，況且華北的地方實力派軍隊沒有任何軍事價值。

此後，由於健康原因，塞克特將幫助中國組建軍隊和為準備日軍突襲南京而進行防衛的工作逐步交給他的副手法根豪森。一九三五年八月二十日，法根豪森給蔣介石呈送了一份《關於應付時局對策之建議》，明確提出以長江爲未來對抗日本的主戰場，不得已時退守四川，作爲最後抵抗基地。他特別強調對日作戰的戰備方向：「對海正面有重大意義者，首推長江。敵苟能控制中國最重要之中心點直至武漢一帶，則中國之防力已失一最重要之根據，即範圍廣大是也，於是直至內地，中國截分爲二。」他預測日本對關內的進攻將兵分三路：第一路將攻擊河北至鄭州方向；第二路攻擊山東與徐州方向；第三路「進出長江，攻擊首都，沿江向上進至武漢」，並認爲該路爲日軍兵員最多之路。抗日戰爭爆發後，日軍果然在這幾個方向同時發動了進攻。

德籍總顧問的上述建議和分析爲蔣所接受。蔣介石和國民政府據此做出應戰戰略，開始經營長江流域國防設施的建設。一個以京滬作爲主前哨陣地、以長江作爲戰略中心、以四川作爲抗戰總根據地，沿長江行節節抵抗的國防計畫也在蔣介石的頭腦中初步形成了。

一九三五年冬，中國軍事當局密令張治中在京滬地區修築抗戰工事，在上海至南京之間構築了國防陣地。武漢外圍的國防工事自一九三五年夏就已動工，一九三六年初，蔣介石又指示陳誠：「武漢要塞工程應從速著手進行，晝夜趕築，務限本年四月底完成。」他還告誡程潛等人：「對於長江中游，及上游，均籌建遊動炮陣地，以期節節防守。」

到一九三七年初，政府用於江浙陣地建設經費達四十九點七二萬元，占全國實發總經費的百分之六十九點三，遠高於華北等地。在江海防方面，整理順序爲「先求鞏固長江下游之江防，其次漸及粵、閩、蘇、魯諸海岸」，將重點放在寧滬一帶。正如在戰前日本人即已注意到的那樣，淞滬一帶「構築了堅固的陣地網」。

淞滬會戰雖然給我軍造成巨大損失，但在戰略意義上卻收穫巨大。正如當時任作戰部長的黃紹竑所說：「『八一三』事變的發生，是出乎日本意料之外的，亦可以說日本是被動的，而我國是主動的。最高統帥的決策，是要以主動的姿態，先把上海的敵軍根據地摧毀，然後再主動地向華北作戰，即使不能把敵人根據地剷除，亦須吸引其兵力到這方面，以攪亂其既定的計畫。」

戰局發展的情況也正是這樣，掃蕩或殲滅敵軍的目標雖然沒有達到，但確實把侵華日軍主力吸引過來，爲機關、人員、工廠向後方的轉移爭取了寶貴時間。

淞滬會戰中八百壯士所堅守的「四行倉庫」

對此，在一九三八年年底，蔣介石作過進一步的總結，他說：「在去年平津失陷的時候，我們不能將全國所有的部隊調到華北去與敵人爭一城一池的得失，而要將我們主力部隊，做機動的使用，節節抵抗，逐步消耗敵人，一定先要引誘他到長江流域來……孫子兵法上又說：『凡先處於戰地而待敵者逸，後處戰地而趨戰者勞，故善戰者致人而不致於人。』我們能誘敵深入，處處地方我軍是先處戰地以待敵，敵人處處地方是後處戰地而趨，在我們完全是以逸待勞，步步致敵，而不爲敵人所致。」

不過，當時蔣介石的持久消耗戰略更多的是「堅守待變」，希望得到國際的干涉。但是不久後，上海和太原就相繼失守，期待的國際干涉也沒有出現，蔣介石認爲，「戰火擴展得非常迅速，而且是漫無際限」。在失望同時，他也做了積極的補救，認爲「此時，中國方面爲謀長期抗戰，必須有旰衡全局的戰略部署」。

在十一月十三日上海失守時，蔣介石反思了抗戰前設想的戰略構思，在當天的日記上對於全局的戰略部署作了說明：「抗戰最後地區與基本戰線，將在粵漢、平漢兩鐵路以西」；「日本統帥部原想在淞滬決戰中取得勝利後結束戰爭，而日軍趁我軍自淞滬戰場上失利之際，乘勝突破防線，向我國首都南京進攻」；「我國政府於十一月二十日宣布移駐重慶」；「政府西遷的開始，也即我國抗日戰爭全盤大戰略完善與實施的開始」。

在國民政府宣布遷都時，蔣介石對持久戰略計畫又作了詳細表述。他說：

「這一次戰鬥，絕不是半載一年可了。一經開戰，最後必分勝敗。如就兵力及國力比較，我國殊少勝利把握。但毅然與之作戰，且有最後勝利的自信者，係基於以下三項根據：（一）自二十四年以四川爲後方根據地後，即以四川爲國民政府之基礎。敵如入川，至少需三年時間，此爲敵人的時間所不許可。我軍節節抵抗，誘其深入。愈深入內地，於我抗戰愈有利。（二）只要國民政府不被消滅，我之國際地位就能確立。敵人驕橫暴戾，到處樹敵，在兩三年以內即難維持下去。我一時一地之得失，無害於根本大計。唯一方針，就是持久。（三）阿比西尼亞之亡國，雖因國際正義之不張；但中國在地理上與軍事上，與阿國不同。我國不僅幅員廣大，且有極堅強的抗敵意識。故日本決不能亡我。」

蔣介石已經明確地表達了持久抗戰是戰略的持久，而不局限於一時一地了。十二月十三日，日軍攻佔南京，原以爲中國將屈膝求和以結束戰爭，蔣介石卻發表「中國持久抗戰」的《告全國國民書》。

一九三八年八月，蔣介石在紀念「八一三」的講話中再次強調：我們的戰略，是以持久抗戰，消耗敵人的力量，爭取最後決戰的勝利。在這種持久戰略思想的指導下，蔣介石及其國民政府制訂了戰略防禦的階段性戰略方針，即「確立持久作戰的基礎，不惜以空間換取時間，以消耗敵人兵力，並使敵備之力分陷入泥淖而不能自拔。」

集重兵「先發制人」，淞滬大戰仍然難阻日軍攻勢；國民政府最終下達遷渝命令，以四川為中心，充實國力以備再戰。

幾月來的經歷，南京城裏的市民已經習慣了在淒厲的防空警報聲中東躲西藏。看多了血肉模糊的場面，雖然時常也情不自禁地流下悲傷的眼淚，但已沒了最初的悸動。兵荒馬亂的時月，人命比紙還賤，老百姓最清楚這一點。在近代歷史上，古老的石頭城也不知見證了多少血腥的屠戮。但是現在的南京畢竟不同於當年，這裏可是中華民國的堂堂首都啊！小日本也真是欺人太甚了！當憤恨充滿了胸膛，死亡對人來說也就不再是一種恐懼。烽火連三月，東邊的戰事還在繼續，進展似乎不是很妙。是啊，好長時日已經沒有看見有國軍途經這裏去增援了；長江上卻多了無數樹枝、茅草掩蓋著的小木船；去上游的船票、車票也越來越難買了。守軍敗退、政府將遷地辦公的傳言開始多起來。

漆黑的夜幕籠罩著騷動了一天又復歸冷清的石頭城，「中山號」艦船上的官兵還在忙碌著，附近的陸地上到處都是荷槍實彈的士兵。一行身穿長袍頭戴禮帽的人在軍警的護衛下，匆匆的走來，被迎上艦船。上船的那一剎那，一陣江風吹過，這行人不禁打了一個寒戰。今年的冬天似乎來得特別早，十一月的南京已經能感受到冬的寒意了。曉霧初開，晨光熹微，「中山號」啓錨溯江西航。一位年近七十的老者，不顧江風的寒冷，執意站在甲板上，滿懷留戀之情地望著南京城漸漸遠去。唉，有生之年，不知能否凱旋啊！「現在中央已經決議，將國民政府遷移到重慶了。」

昨晚的緊急會議上，蔣委員長宣布了他倆議定的遷都方案，那是迫不得已的舉措！是啊，委員長說得有理，「對外作戰，首先要有後方根據地。如果沒像四川那樣地大物博人口密集的

▶▶蔣介石和宋美齡招待外籍新聞記者

區域作基礎，那我們對抗暴日，只能如『一二八』時候將中樞退至洛陽為止。而政府所在地，仍不能算作安全。」

「一二八」遷都，我也是親歷過的，沒想到還有第二次，日本人真是過分啦！「一定要支持委員長堅持抗戰，不成功便成仁，堂堂中華豈能任人欺凌！」一股豪氣勃然而起，一掃先前的淒涼悵惘之情。這位爍爍老者就是國民政府的主席林森，中山艦載著他和第一批遷移人員開往戰時的首都重慶的。一場政府機關的大轉移就這樣正式開始了。

歷史記下了這一天——一九三七年十一月十七日。為了化解中國軍隊在北方平原作戰天時、地利、人和均不利的因素，轉劣勢為優勢，更為了把日軍的進攻方向導入預定的國防戰略，蔣介石接受部下的建議，集重兵於淞滬，先發制人，引敵由東向西進攻，造就以逸待勞聚而殲之的局面。相對來說，這對中國軍隊是比較有利的。只因戰局在進行中突變，從日本本土及中國臺灣抽調來的日軍十餘萬人組成第十集團軍，趁我軍換防之際，在杭州灣登陸迂迴包抄上海的中國守軍，戰局突變，軍情危急。如何應對這個可能致命的失誤，需要以變應變。

統帥部立即決定，繼續引敵由東向西，國軍主力仍向浙西、皖南轉移，準備依託近年來修建的長江防禦工事迎敵。但此時從華北抽來的日軍第六師團在白茆口登陸，與從杭州灣登陸偷襲迂迴之敵形成對上海的合圍。幾十萬中國軍隊如何撤出，又只能隨機應變了。基於「持久戰略，以空間換取時間，誘敵主力於該方面」之構想，統帥部安排了旨在掩護撤退的南京保衛戰。

蔣介石定下對南京「短期固守」方針的同時，下達了相關的指示：「既作短時間守城之望，則不必將全部之基幹部隊全部犧牲，須預爲撤退之掩護。」「若是迫不得已放棄南京時，各防守部隊撤退，得有掩護。」顯然，南京城的放棄、失陷，在蔣介石看來，是意料之中的事。

事實上，自一九三二年底從洛陽遷回南京後，對於首都南京在對外戰爭中的安全問題，國民政府和蔣介石一直有所考慮，對於非常時期政府的遷都之舉，也時有籌劃。一九三六年，南京國民政府在制定有關總動員計畫時，就擬有非常時期把政府遷移到株洲的方案。

一九三七年十月下旬，上海戰事日益吃緊，爲摧毀中國的抗日決心，日本還出動飛機頻頻轟炸南京。首都南京所受威脅日趨嚴重，遷移政府及國都之舉更是迫在眉睫。十一月十二日，軍事委員會委員長、行政院院長蔣介石就遷都重慶的事與國民政府主席林森進行了會商。十三日，軍事委員會有關負責人何應欽、白崇禧、徐永昌等也頻頻舉行會議，商討政府的遷移事宜，「議定將南京非作戰機關一一向上流移走，以備長期抗戰」。十五日，此時已代行國民黨中央政治委員會職權的國家最高決策機關——國防最高會議決定：「國民政府及中央黨部遷重慶，軍事委員會遷移地點，由委員長酌定；其他各機關或遷重慶，或隨軍委會設辦事處，或設於長沙以南之地點。」遷都大計就這樣定下來了。

十一月十六日晚，國防最高會議在鐵道部防空室內舉行，蔣介石以國防最高會議主席的身分主持會議，並在會上作了《國府遷渝與抗戰前途》的講話，明確告知與會者，國民政府將遷移到重慶。接著講了遷往重慶的理由，他從弱國對強國作戰來考慮，強調要有根據地的觀點，是具有戰略遠見的。中國遷都重慶首先粉碎了日軍妄圖脅迫中國在南京作城下之盟，以達到其速戰速決以屈服中國的美夢，同時也表明中國雖在華北和淞滬連戰失利，但仍決心移師再戰，抗戰到底，鼓舞了全國軍民的士氣與民氣。其次，中國政府移駐重慶後，將逐步建立鞏固的後方基地，展開全國範圍的持久抗戰大戰略格局。八年抗戰的實際情況也正是這樣，中國政府以四川為抗戰基地的核心，以陝甘為左翼，雲貴為右翼，基本扼守「三陽」一線的陣地，組織了全國國力堅持長期抗戰。

會議的當晚，國民政府主席林森率隨從十餘人，由南京登「中山艦」，十七日晨，啓錨溯江西航，十九日，抵漢口，廿二日，抵宜昌，改乘吃水較淺的「民風輪」入川，於廿六日下午四時到達重慶，受到軍政當局和各界民眾十餘萬人的熱烈歡迎。國民政府的文官、參軍、主計三處的職員，預定於十一月廿九日、三十日分乘「民政」、「民貴」輪到渝。同時，國民政府在南京的各軍政機關也開始向重慶、武漢、長沙等地轉移。

十一月二十日，蔣介石代表國民政府就遷都重慶發表宣言：「自盧溝橋事變發生以來，平津淪陷，戰事漫延。邇者暴日更肆貪黷，分兵西進，逼我首都。察其用意，無非欲挾其暴力，要我為城下之盟。」「國民政府茲為適應戰況，統籌全局，長期抗戰起見，本日移駐重慶，此後將以最廣大之規模，從事更持久之戰鬥，以中華人民之眾，土地之廣，人人本必死之決心，以其熱血與土地，凝結為一，任何暴力不能使之分離。外得國際之同情，內有民眾之團結，繼續抗戰，必能達到維護國家民族生存獨立之目的。」

十一月廿一日，蔣介石的電報紛紛發往各省政府、省黨部及各戰區將領，對遷都的意義作了詳細說明，同時強調：「國民政府移駐重慶，我前方軍事不但絕無牽動，必更堅決奮鬥，就整個抗戰大計言，實爲進一步展開戰略之起點。」

同日，四川省政府主席劉湘代表全川民眾，致電國民政府主席林森，表示竭誠歡迎，電文說：「頃讀我政府宣言，知爲適應戰況，統籌全局，長期抗戰起見，移駐重慶。有此堅決之表示，益昭抗戰之精神；復興既得根據，勝負終自我操。不特可得國際之同情，抑且愈勵川民之忠愛。欣誦之餘，謹率七千萬人，翹首歡迎。」

十一月廿六日，林森等抵達重慶。三十日，國民黨中央執行委員會秘書長葉楚傖、中央監察委員會秘書長王子莊及中央委員吳稚暉、丁惟汾、鈕永建等率中央黨部職員四十餘人抵達重慶。

國民政府遷都重慶後，府址設在曾家岩原重慶高級中學內。這是由重慶市政府工務科組織工人於十一月廿五日加緊改建完成的。十二月一日，國民政府正式在重慶開始辦公。

十二月七日，國民黨中央黨部也正式在范莊辦公地舉行遷渝後的首次執監委聯席會議，並開始在渝辦公。

雖然此時國民政府已正式宣告遷都重慶並開始在重慶辦公，但這時遷到重慶的只是國民政府、國民黨中央的少數部門，多數部門特別是那些主要職能部門，諸如軍政、外交、經濟、財政、內政、交通等部暫時遷到了武漢或長沙等地，政府的主要負責人蔣介石、汪精衛、孔祥熙、何應欽、張群、白崇禧、徐永昌、陳誠等均齊集武漢。一方面是爲了便於指揮前線的抗戰，另一方面是因爲蔣介石對於四川的政局還不放心。

一九三八年夏，隨著日軍侵略的加緊，華中重鎮武漢岌岌可危。國民政府軍事委員會於七月十七日緊急命令國民政府及國民黨中央駐武漢各機關，限五天內全部移駐重慶。奉此，先前遷到武漢的各黨政首腦機關開始了一次大規模的西遷：七月十八日起，中央各部門紛紛遷往重慶，十一月中旬，軍事委員會決定駐南嶽各軍事機關全部遷往重慶。十二月八日，中國國民黨總裁、國民政府軍事委員會委員長、國防最高會議主席、海陸空軍總司令蔣介石，也率軍事大本營由桂林飛抵重慶，從而結束了中國近現代史上第一次最大規模的政府首腦機關和國家都城的大遷徙。

「遷川抗戰」，蔣介石早有醞釀；川滇黔為基地，「持久戰」拖日寇，中國抗戰「以空間換時間」的戰略佈局初步形成。

一九三七年十一月十六日，蔣介石在國防最高會議上作了《國府遷渝與抗戰前途》的講話，在明確宣布國民政府遷移到重慶去的同時，告知與會者，「國府遷渝並非此時才決定的，而是三年以前奠定四川根據地時早已預定的，不過今天實現而已。」

事實正是如此：遷都重慶是與以長江爲戰略重心，以四川爲抗戰總根據地，沿長江節節抵抗作持久抗戰的國防戰略計畫緊緊聯繫在一起的，它是這個戰略中重要的一環，而以四川爲抗戰大後方的戰略思路，在幾年前就已經在蔣介石的頭腦中形成了。

一九三二年，「一二八」事變時，爲免除黨政各首腦機關直接暴露於日軍的攻擊與威脅之下，國民黨中央政治會議決定把政府遷移到洛陽。後又做出了一旦華東地區戰事擴大，政府將退守中原與西北的打算。

但作爲國民黨中央負主要軍事與國防責任的軍事委員會委員長蔣介石認爲：抵抗暴日，即使將中樞機構遷到洛陽，「而政府所在地，仍不能算作安全」。

對日一戰或遲或早，總之不可避免，「九一八」事變後，日本在滿洲所作所爲已經使蔣介石隱隱意識到了這點。不過，不只是因爲內部紛爭沒有結束，自己的權威還沒有完全樹立，就是首都南京的安全對蔣介石來說也是一個頭痛的問題。中國要下定對日抗戰的最後決心，就必須尋覓一個比洛陽、西安更爲安全，而且地大物博、資源豐富的地區，來作爲戰時國家與政府的根據地。

其實在蔣介石的心中已經有了一個比較理想的去處，那就是四川。早在民國初年蔣介石即認爲：在中國各省之中，能作「革命根據地」的，「只有兩省可當選，第一是廣東，其次就要算是四川了。因爲四川人口衆多，物產豐富，都在任何各省之上，而四川同胞的天性，富於民族的情感，一貫的忠於主義，勇於革新。」自此之後，蔣介石就始終看好四川，始終堅持其「蜀粵並重」的思想。只是由於川地軍閥聯合抵制中央勢力入川，加之西南其他幾省也不穩定，他的計畫才一直未能實施。

南京國民政府成立後，蔣介石仍以極大的興趣關注著四川的局勢，想盡辦法力圖消除四川這個中國的重要省分的割據狀態，只因長時期陷於與各地新舊軍閥及中國共產黨的戰爭之中，他也覺得力不從心。

一九三四年十月，中國共產黨領導的紅軍在第五次反「圍剿」中失利，被迫開始長征，在湘江被阻擊後轉向進入貴州，一直覬覦著西南的蔣介石發現，控制西南的機會到了。他在電令西南各地軍閥調兵圍追堵截紅軍的同時，派出大量的中央軍向西南地區進發，企圖乘機統一包括四川在內的大西南。蔣介石寧願紅軍少吃敗仗，而要讓西南地方軍閥多吃敗仗，以達到將中央勢力伸入當地、消滅地方割據、完全控制西南的目的，蔣介石此時的「追剿紅軍」其實是「醉翁之意不在酒」的「一石雙鳥」之計。

不過四川等地的軍閥很快就識破了他的用心，在「剿匪」問題上也多是三心二意，不願與紅軍拚個你死我活。在發現紅軍有很強的戰鬥力後，更是不願戀戰，只是希望他們走得越快越好。

這些地方軍閥的伎倆又怎麼能瞞過精明的蔣介石呢？四川，他是志在必得的。一九三五年三月，蔣介石打著督導「剿匪」的公開旗幟，懷著追剿紅軍、統一川政、尋覓對日抗戰最後根據地的三重目的，率其高級幕僚陳誠、顧祝同、楊永泰、晏道剛等飛抵重慶，開始了他長達半年之久的西南之行，也開始了其規劃四川抗日根據地的過程。四川等地的軍閥畢竟不敢公開地與蔣介石為敵，對他的到來當然只得強作笑顏，勉強歡迎。不過，彼此都心照不宣，倒也相安無事。

蔣介石在主持每天早晨升旗儀式

一九三五年三月四日，在抵達重慶的第三天，蔣介石就在重慶作了《四川應作復興民族之根據地》的公開講演，再次表示了他對四川的高度重視和殷切希望：「就四川地位而言，不僅是我們革命的一個重要地方，尤其是我們中華民國立國的根據地。無論從哪方面講，條件都很完備。人口之眾多，土地之廣大，物產之豐富，文化之普及，可說爲各省之冠，所以自古即稱天府之國，處處得天獨厚。」正因爲這些優勢，所以「四川應作民族復興之根據地」。

這以後，隨著蔣介石在西南三省逗留時間的延長，他進一步加深了對西南三省地勢、氣候、礦藏、物產、歷史、民風民俗的瞭解和認識，國民黨中央勢力也加速了對西南諸省的深入滲透及控制。

這年五月，蔣介石關於對日戰爭的國防佈局漸漸地有了輪廓，「應以長江以南與平漢路以西地區爲主要陣地，以洛陽、襄陽、荊州、宜昌、常德爲最後陣線；而以四川、貴州、陝西三省爲核心，甘肅、雲南爲後方。」

這個構想實際是吸收了蔣百里的抗日戰略思想後形成的。蔣百里是民國時期著名的軍事家與戰略家。早在二十世紀二〇年代，蔣百里就已預見中日之間必會發生大戰，認為抗戰的根據地應設在三陽（洛陽、襄陽和衡陽），決戰將在平漢、粵漢鐵路以東。蔣運用古典兵法，分析日本軍國主義必然採用「速戰速決」的作戰方針，我則應事事與之相反，進行「彼第一，我第二」的持久戰，「以空間換取時間」，相機予以打擊。戰力預置華東，引敵由東向西，軸向攻防。蔣介石特別敬重蔣百里的遠見卓識，多次向他徵求對日作戰意見，蔣介石的長江防線戰略構想也是在蔣百里思想的影響下逐步進行完善的。

為了加強對四川的滲透，讓川地軍官多瞭解外界情況，增強與中央的親和力，削弱川地軍閥對地方的控制，蔣介石發起組建了峨眉山軍官訓練團。八月十一日，蔣介石在峨眉山軍官訓練團又講：「辛亥革命發端於四川。四川既為革命的發祥地，就應該做革命永久的根據地。革命之花，既由四川而放，亦要由四川來收革命最後成功之果。」他說：「我們本部十八省哪怕失去了十五省，只要川滇黔三省能夠鞏固無恙，一定可以戰勝任何的強敵，恢復一切的失地。」

同年十月六日，蔣介石又在成都四川省黨部擴大紀念周上作了題為《建設新四川的根本要道》的講演，再次強調了四川地位的重要及其與國家治亂、民族興衰的密切關係，再次公開、明確地強調了四川是中國首屈一指的省分，「天然是復興民族最好的根據地」的觀點。

兩天後，蔣介石又以《四川治亂為國家興亡的關鍵》為題，進一步闡述了四川在中國抵禦外來侵略的戰爭中所處的重要地位。在講演中，他比較明確地提出了對日作戰的問題，不再籠統地說什麼民族復興了。

他明白無誤而又頗爲自信地宣稱：在中日戰爭正式爆發後，無論中國的東北、華北及長江下游出現什麼亂子，產生何種困難，但只要川滇黔三省存在，國家必可復興。他還強調，即使「只剩下了我們四川一省，天下事也還是大有可爲」。

蔣介石以四川爲中日戰爭後方基地的思想，就這樣確立下來。從此，他開始督導四川軍政當局爲之做準備，要求他們改革政治，整頓軍隊，統一幣制，轉移風氣，開發交通，巴山蜀水由此也揭開了歷史的新的一頁。

一九三六年，蔣介石的構想第一次正式以文件形式寫入了中國參謀本部擬定的《國防計畫大綱草案》：「以四川爲作戰總根據地，大江以南以南京、南昌、武昌爲作戰根據地，大江以北以太原、鄭州、洛陽、西安、漢口爲作戰根據地」；「長江以南與平漢路以西爲主要線，洛陽、襄樊、荊宜、常德爲最後三線，以川、黔、陝三省爲核心，甘滇爲後方」。國防計畫中還就重要工廠內遷提出了積極設想，要求設法遷移到根據地或總根據地。

其實，在此之前，國民政府已經開始有意調整經濟部署了。早在一九三二年十一月，蔣介石接受錢昌照的建議，在參謀本部設立了國防設計委員會，著重進行國防經濟資源的調查研究，籌劃在內陸地區建立戰時軍事、經濟工業的計畫，謀求戰時供應國防需要和經濟自給自足。一九三四年一月二十日，國民黨四屆四中全會上通過了《確立今後物質建設方針案》，規定：於經濟中心區不受外國兵力威脅之區域，確立國防軍事中心地；全國大工廠、鐵路及電線等項之建設，均應以國防軍事計畫爲綱領，由政府審定其地點及設備方法；大工業今後避免集中於海口，須首先完成鐵路西向內地之幹線。

一九三五年四月，國防設計委員會與兵工署資源司合併，成立資源委員會。該會經過大規模的調查研究和實地考察後，擬訂了建立「國防工業」新佈局的第一個藍圖——《重工業五年建設計畫》。該計畫「擬以湖南中部如湘潭、醴陵、衡陽之間爲國防工業之中心地域，並力謀鄂南、贛西以及湖南各處重要資源之開發，以造成一主要經濟重心。」同年，國民黨五大通過《請興築滇省通江通海通緬鐵道以應國防需要而關經濟泉源案》，指出「中日戰禍一觸即發之際，沿江沿海隨時有被封鎖之虞」。因此，國民黨五屆一中全會通過《確定國民經濟建設實施計畫大綱》，明確規定基本工業、重大工程建築，均須擇國防後方安全地帶來建設。國民政府資源委員會擬定的三年重工業計畫，也均分佈於雲南、四川、青海及湘鄂贛等內地。

對於這樣的規劃和部署，蔣介石在一九三六年七月會見即將離任的財政顧問、英國人李滋羅斯時，曾進一步闡釋說：「對日抗戰是不可避免的。由於中國力量尚不足以擊退日本的進攻，我將儘量使之拖延。但當戰爭來臨時，我將在臨海地區做可能的最強烈抵抗，然後逐步向內陸撤退，繼續抵抗。最後將在西部某省，可能是四川，繼續維持一個自由中國，以待英美的參戰，共同抵抗侵略者。」這一戰略構想，以中國地域條件做基礎，充分估計到敵我雙方實力相差懸殊，最終落腳於依靠持久戰略贏得最後勝利。

雖然蔣介石及國民黨中央早在一九三五年即確定以四川爲對日抗戰的根據地，「七七」事變後又開始考慮首都的安全，作了遷地辦公及遷政府到安全地區的打算。但國民政府最後作出遷都重慶的決定，還是經歷了一個過程的。

隨著平津等重要城市的陷落與華東局勢的緊張，國民黨最高層也逐漸意識到，「遷都」是一個緊迫的任務了。軍委會在八月四日開會時，討論過遷往武漢的提議。八月六日，國民政府有關部門又內定當首都遭受敵人空軍激烈襲擊則遷往衡陽衡山。雖然如此，但直到上海「八一三」事變爆發前夕，在「政府究竟應遷往何處」的問題上，仍未做出最後決定。

淞滬戰役打響後，日軍大舉進攻上海，十四日，國民政府發表自衛抗戰聲明書。至此，抗日戰爭全面爆發。時任四川省政府主席的劉湘瞭解蔣介石早有以四川爲根據地的打算，爲消除委員長的顧慮，他主動邀請中央遷川作長期抗戰。蔣介石甚表嘉許，不久他又明確告知國民黨內的部分高級幕僚將遷都重慶。雖然當時尚未正式做出遷都重慶的決定，但國民政府內獲知內情的高級官員，已經開始作西遷重慶的準備工作了。人員和辦事機構已開始分散，有些撤向漢口，有些撤向湖南和廣西。當時，運輸路線有的被截斷了，有的十分艱險，要直奔重慶是很難辦到的。正式宣布遷都重慶以後，不論是機關、人員還

▶▶ 蔣介石和宋美齡檢閱國民軍訓

是工廠的轉移，事實上都是這些路線輾轉到重慶去的。

七月下旬，蔣介石下手令：「各院部會實施動員演習及準備遷地辦公並限三日具報。」與此同時，軍事委員會也決定將東部沿海地區各重要都市的居民，特別是政府機關職員的眷屬進行疏散，要求在不使人民感到恐慌的條件下，可先將老弱婦孺遷到他處。為保證政府職員安心工作，機關職員的眷屬則宜先期秘密離開南京。

東部戰場戰事已現膠著狀態，國民政府迅速組織工業、人員內遷；中國抗戰基礎薄弱，大西南後方撐起全盤戰局。

「八一三」淞滬會戰及南京會戰時，兩地均有大量的人口西遷，但那個時候就離開的還多是些達官貴人。大量難民的西遷，是在南京失守之後，而社會下層的大量西遷人口，以鄰近南京的安徽滁縣、明光、鳳陽、定遠一帶為多，「鳳陽難民」或「安徽難民」在大後方一時成了難民的別稱。這一帶之所以有大量難民西遷，主要是由於日軍在南京的大屠殺造成的。

如何迅速而有效地解決難民問題，便成為擺在國民政府面前的一項緊迫任務。針對嚴峻的形勢，國民政府調整了已有的救濟機構，制定了各項救濟難民辦法。一九三七年九月，國民政府頒佈了《非常時期救濟難民辦法大綱》等法案，規定難民須向當地賑濟機構登記，由賑濟機構發給白布印製的難民證，並根據難民的情況，予以飲食、住宿、醫藥等方面的救濟。

為了保障人員遷徙的順利進行，國民政府提供部分交通工具，組織難民集體遷徙，並專門制定了《非常時期運送難民辦法》、《賑濟委員會運送配置難民總分站及招待所辦事通則》等行政法規，同時在後方劃定專門區域安置難民。國民政府在難民流經沿途設立運送配置難民總分站和招待所，以解決過往難民的飲食、住宿、醫療問題，行政當局救助難民的工作得到了民間的互助組織和社會慈善團體的大力支持。

疏導難民的方式有兩類：一為遣返回鄉，一為遣送後方。為了安置難民，國民政府也煞費苦心。據統計，一九三七年至一九三九年，受政府救濟者，單是江蘇、浙江、安徽、江西、湖北、河南五省，為數已達四百餘萬人。家計稍裕，自行設法者，或得親友相助，或隨公私機關而遷者，約在一千萬人以上。

一九三八年四月，國民黨在武漢舉行了臨時全國代表大會。大會通過的綱領性文件中提出要「救濟戰區難民及失業民眾，施以組織與訓練，以加強抗戰力量」。把難民問題與抗戰聯繫起來，明確救濟難民並不等同於平時的救災救荒事業，而是與抗戰密切相關，這說明國民政府對難民問題有一定的積極認識。

難民救濟使許多流亡民眾免於饑寒死亡，這對於堅定抗戰決心，增強民族凝聚力起了積極作用，從而大大有益於抗日戰爭的進行。

大批難民從東部和沿海來到後方，帶來了比西部地區先進的生產技術和文化思想。妥善安排難民，也促進了落後地區經濟發展與區域開發。因爲救濟難民本身就是中華民族堅持抗日、捍衛民族生存權利的偉大事業的一部分，救濟難民活動也就使得國統區社會各階級、階層、團體的人士，不分黨派、信仰、性別團結在國民政府周圍，都在這場爭取國家獨立和捍衛民族生存的鬥爭中得到了貢獻自己力量的機會。

抗日戰爭爆發前，中國現代工業主要分佈在東部沿海及長江中下游一帶，內地工業十分薄弱。據國民政府經濟部統計，一九三七年底，全國共有工廠三九二五家（不含東北地區），其中上海有一千兩百三十五家，約占總數的百分之三十；其他沿海各省共有二千零六十三家，占總數的百分之五十一；內地各省工廠只占總數的百分之十九左右。抗日戰爭爆發後，華北和江浙一帶首當其衝，相繼被戰火硝煙瀰漫，爲避免東部工廠被日軍摧毀、佔領和利用，同時爲保存抗戰的經濟力量，東部工廠必須遷往內地。

在全面抗戰爆發以前，蔣介石與國民黨當局便有了關於在中國中部內陸地區建立新的國防工業體系的設想和內遷兵工廠的計畫，個別重要兵工廠全部或部分內遷已經拉開了工廠內遷的序幕。

「九一八」事變後不久，蔣介石接受錢昌照的建議，設立參謀本部國防設計委員會，進行工業資源調查和擬訂開發計畫，力圖建立「國防工業」的新佈局。

除了新建，在內陸地區建立新的「國防工業」體系的另一條思路，是將沿海兵工廠內遷。一九三五年六月廿五日，蔣介石又專門密令兵工署署長俞大維：「凡各兵工廠尚未裝成之機器應暫停止，儘量設法改運於川黔兩省並須秘密陸續運輸，不露形跡，望速派妥員來川黔籌備整理。」

以調查爲主要目的的「國防設計委員會」在一九三五年完成了它的使命，接替它的是一個叫「資源委員會」的機構。資源委員會隸屬軍委會，在國防設計委員會的基礎上組建，以建設國營企業，尤其是重工業爲中心任務。抗戰爆發後，在工廠內遷的過程中，資源委員會起了關鍵的作用，非軍工企業的內遷是全面抗戰爆發後的事情。北方戰事一起，上海的形勢也日趨緊張。對於占全國工業百分之七十六以上的沿海沿江民營工業，尤其是比重甚大的上海民營工業，應該如何處置？這是一個迫在眉睫的問題。

「八一三」事變後，上海已成爲戰爭的前沿陣地，這個問題更是刻不容緩。一些企業界知名人士紛紛致函國民政府，請求政府協助工廠內遷。首先提出將上海工廠內遷的是大鑫鋼鐵廠總經理余名鈺。七月十四日，他致函國民黨有關當局，「呈請政府協助內遷」。七月下旬，中華國貨聯合會代表所屬三百餘家工廠、十餘萬員工上書國民政府，要求政府迅速組織工廠內遷，並表示：「誓爲我政府長期抗戰作後盾，以爭取最後勝利」。八月五日余名鈺又書呈蔣介石，請「指定辦法，將商廠在最短期間內移設內地」，「使民間實力得以保全，長期抵抗，得以達到最後勝利之目的」。民營工廠內遷的呼籲，得到了國民政府的認可。

一九三七年七月廿二日，軍委會經蔣介石同意後，密令設立國家總動員設計委員會，規定作爲總動員業務中心的「資源動員」由資源委員會召集實業部、軍政部、財政部、全國經濟委員會、交通部、鐵道部會同籌辦。資源委員會隨即召集各機關開會，詳細闡述了內遷的意義：其一，可以增強抗戰力量；其二，可以避免這些工業因城市失守而淪於敵手。

會議最後決定劃分八個組，分別從速討論動員辦法，並決定由資源委員會派專門委員林繼庸赴滬與廠商洽商遷移事宜，這是國民黨官方首次提出遷移上海民營工廠。不過，對於民營工業的內遷，政府的指示是「在野人士自動組織起來準備內遷」。

內遷工作展開後，國民政府所經營的兵工、軍需工廠及其他廠礦在其主管部門的組織下，比較順利地遷至內地。雖然這些國營廠礦在機器設備、技術力量、企業管理和工人數量諸方面均優於民營廠礦，但靠它們構建抗戰應敵的國防經濟體系，最大限度地保障軍需民用，還是遠遠不夠的，這就必須動員廣大的民營廠家一同遷往內地。

當時，各民營廠家主要有三種態度：一是主張將廠礦遷至長江下游的蕪湖地區，認爲若遷至內地，「猶魚入枯井，無以爲生」；二是不願冒風險，希冀托庇於租界或外商的保護；三是從民族利益出發，積極回應政府的內遷動員。此外，尚有相當一部分廠家持觀望態度。爲此，國民政府在運輸、經費、重建及生產等方面給予了一系列優惠

全面抗戰爆發後，沿海工廠物資遷運大後方繼續從事生產工作

政策，取得了明顯效果。到九月十五日前，申請拆遷的廠家就達到一百二十五家，並隨著戰火的蔓延急劇增加。

國民政府內遷工廠的決策是在抗戰全面爆發後緊急制定的。上海工廠的拆遷就是在炮火中進行的，因此，給工廠拆遷造成了極大困難。一是組織紊亂：最初負責拆遷的部門多、職責極不明確，部門間相互扯皮、各行其是的現象極為嚴重。只是到了十一月十四日，由各相關機關派代表聯合組成廠礦遷移監督委員會，才全面統一了工廠內遷的領導權。

雖然廠礦遷移監督委員會的成立已因上海淪陷而對上海工廠遷移起不到應有作用，但它成立後即刻派員前往蘇州、無錫、常州及浙江、山東等地指導工廠拆遷，為搶運當地物資起到了一定作用。

但是，國民政府未能及早確定工廠內遷的目的地，也致使內遷工廠蒙受了巨大損失。一九三八年初，遷至武漢的工廠相繼復工。但隨著形勢危急，國民政府被迫下令再次拆遷。驚慌中，遷至武漢以及武漢的工廠分成三路：一路向南，遷往湘南、湘西和桂林；一路向北，遷往陝西；更多的廠礦則向西，遷往四川。遷往四川的工廠、人員以宜昌為集散地，經川江入川。川江航道水急灘多，時逢枯水期，因此大批的物資、無數的人員被滯留。當時在宜昌候渡者每日逾千人，工礦物資堆積江岸綿延數里。地面日軍步步進逼，空中日機晝夜轟炸，形勢異常危急。在這次內遷中，許多人員死亡，大批的物資損失，數量之大，實無法估量。僅參與搶運內遷人員、物資的民生公司就有一百一十六人獻出了生命，十六艘輪船被日機炸沉。

武漢、廣州淪陷以後，抗日戰爭進入戰略相持階段。與正面戰場戰事相對沉寂的同時，自全面抗戰開始以來波瀾迭起的工廠內遷的洪流，也逐漸平靜下來。到一九四〇年，內遷工廠「除小部分因在遷移旅途中失事，機件損失，無法復工外，有百分之七十以上的廠礦都已完畢了他的行程，在新地建廠復工」，工廠內遷至此基本完成，但並沒有結束。在此後的數年中，隨著戰事的進一步擴大，仍有部分地區的一些工廠先後內遷。

工廠內遷不僅刺激了重慶、貴陽、昆明、桂林、西安等中國西部經濟相對發達地區近代工業的發展，同時在西部和中部靠西的邊遠地區造成了若干近代工業新的生長點，在一定程度上改變了戰前中國不合理的工業佈局，爲內地工業的迅速發展以及滿足抗日戰爭的軍需民用奠定了較爲堅定的物質基礎，從而支撐國民黨軍隊正面戰場的抗戰。

第二章　為民族生存和尊嚴而戰

一、把日寇拖在淞滬

引敵由東向西，蔣介石制訂淞滬戰略部署；「八一三」抗戰全面展開，中國軍隊主動出擊，積極防禦，傾力以戰。

日本帝國主義佔領平津之後，進一步擴大侵略的叫囂異常強烈，一些軍國主義分子力主在上海開闢東戰場，牽制華中地方的中國軍隊，使之不能增援華北戰場，而利於迅速佔領整個華北，並且通過江浙戰場的戰事，摧毀中國的經濟中心上海，進而控制江浙地區，壓迫蔣介石迅速投降，以實現其速戰速決的戰略方針。「七七」事變後，日本陸相杉山元在上奏天皇時，聲言三個月征服中國，狂態不可一世。

日本海軍的一部分將領則更爲狂熱。日海軍第三艦隊司令長官谷川清積極鼓吹在上海、南京一帶發動新的戰爭，「七七」事變時，他正在率船隊在臺灣海面演習，當他聽到事變發生後，就立刻趕到上海，並於七月十六日向日本海軍司令部報告：「如果局限戰域，則有利於敵方兵力之集中，深恐將使我方作戰困難……爲制中國於死命，需以控制上海，南京爲最要。」就是在這樣的情況下，日本參謀本部於七月廿九日提出了在青島及上海附近作戰的方針。日寇咄咄逼人，在大上海，戰爭危機一觸即發。

上海的局勢日益惡化，南京政府必須作好最壞的打算。張治中根據當時上海敵情，向蔣介石提出一個帶根本性的戰略建議。他認爲對付日寇有三種形式，第一種是他打我，我不還手，如「九一八」在東北；第二種是他打我，我才還手，如長城之役、「一二八」之役；第三種是判斷他要動手打我，我先打他，即先發制敵。接受過去被動挨打的慘痛經驗，張治中建議，這次應採用第三種方式，請蔣酌定。

蔣介石在淞滬戰場

華北戰事中倉促應戰、被動挨打的教訓尚在眼前，蔣介石立即批示：「應由我先發制人，但時機應待命令。」爲了考驗部隊的戰鬥力，蔣介石密令軍令部組織了一次秘密演習，由東西兩軍對抗：東軍司令官張治中，率領三個師，西軍司令官是谷正倫，率領兩個師。東軍由句容沿京杭國道南下，攻擊溧水附近西軍陣地。西軍先是有計劃地後撤，後經增援反攻，演習方告結束。

根據《「一二八」上海停戰協定》，安寧至太倉至七丫口一線以東地區，中國軍隊不得進入。但我軍在上海只有一個保安總團（兩個步兵團），力量薄弱，根本不足以應付日軍可能的突然攻擊。當時，張治中負責上海的防務，他控制的是與他有歷史淵源的八十七師、八十八師、三十六師（師長是王敬久、孫元良、宋希濂）和其他臨時劃歸他指揮的幾個師，主力都在滬寧沿線，只有少數在上海外圍，一旦有事，緩不濟急。因此，在軍事會議上，張治中向蔣介石建議，派一個戰鬥力強的旅，僞裝進入上海。鑒於上海的重要地位和不斷惡化的時局，這個提議被通過了。以鍾松爲旅長的一個加強旅，穿上保安團隊的制服，隨即進駐上海虹橋機場。

盧溝橋事變以後，上海日軍態度已經十分明朗，張治中認爲應立即沉船封鎖江陰長江水道，免得日軍軍艦到處竄擾，對我執行作戰計畫不利。蔣介石的命令下達後，竟爲當時的行政院秘書黃浚（他是日本駐華使館買通的漢奸）所知，立即轉告日方。

七月廿八日，也就是日軍在北平方面全面發動攻擊的第二天，日本政府下令迅速撤退漢口上游的日本僑民。黃浚洩密通敵，日本駐在武漢的海軍陸戰隊因而得以乘艦急開上海逃脫絕境，並且使日軍在虹口、楊樹浦一帶的海軍陸戰隊兵力達到三千多人，以至戰局開始於我不利。

在日本艦艇護航之下的最後撤僑輪船，於八月九日到達上海。就在這一天，又發生了虹橋事件（**大山中尉事件**）。

日方借此事件向中方提出許多無理要求，遭到了國民政府的拒絕。

八月十一日，鑒於中日戰爭不可避免，蔣介石命令張治中率領精銳的孫元良八十八師和王敬元八十七師向上海推進。這兩個師都是曾經在五年半之前的「一二八」事變中和日軍激烈交戰過的勁旅，舊地重來，當然更多同仇敵愾的感念。經過五年多時間忍辱負重的壓抑和磨煉，他們早就盼望殺敵報國之日的到來。這一天，終於來了！

張治中按照原定計劃，在八月十一日深夜下達命令：全軍進入上海，八十七師進駐大場，八十八師進駐南翔，三十六師進駐江灣，其他外圍各師亦按計劃進入預定地點。張治中本人率領前線指揮所進駐南翔，由於事前準備周密，行動迅速，各部都按時進入了上海地區。

十二日清晨，當中國守軍精神奕奕走過北海寧路北浙江路一帶的時候，兩旁的居民不約而同地燃放爆竹拍掌歡迎。當時士氣十分高昂，乘車進入南翔的官兵拒絕下車，要求直接開到第一線投入抗敵鬥爭。悲壯之極，嚴肅之極，目睹此情此景，國人無不感動得流下眼淚。

十三日拂曉，張治中指揮的部隊完成對虹口、楊樹浦日軍的攻擊準備。八月十三日上午九時十五分，日軍陸戰隊一個小隊衝進橫濱路、寶興路地段，對當地中國駐軍進行射擊，二十分鐘後又停止射擊，並詭稱中國軍隊先於商務印書館附近攻擊日軍。至上午四時，日軍在八字橋、天通庵、寶興路、寶安路一帶，齊攻中國軍隊，中國軍隊給予嚴正回擊，至此，「八一三」抗戰全面爆發。是日深夜，在南京的蔣介石決定對侵華日軍發動總攻擊，電令張治中於「拂曉攻擊」，並令空軍出動轟炸，令海軍封鎖江陰。

八月十四日，國民政府發表《自衛抗戰（宣言）聲明書》，歷數日軍的橫暴行徑之後，指出「中國為日本無止境之侵略所逼迫，茲不得不實行自衛，抵抗暴力」。宣布：「中國決不放棄領土之任何部分，遇有侵略，唯有實行天賦之自衛權以應之。」

張治中決定並部署以楊樹浦港以西至虹口日軍司令部間為重點，對敵「猛勇攻擊，進佔其根據地」，乘其大量援軍未到前將在滬之敵「壓迫至蘇州河及黃浦江而殲之」。從這時起到廿三日日軍大批在吳淞口等處登陸為止，中國軍隊一直處於進攻地位，這是在總的戰略防禦中的對敵反進攻，是一種積極防禦。

張治中率部英勇出擊，奪回八字橋、持志大學、滬江大學等據點，中國空軍同日上午十時左右飛臨上海上空，對匯山碼頭的日本海軍司令部和停泊在黃浦江面的日軍艦船進行轟炸，不顧日艦高射炮的射擊，奮勇作戰，炸毀日軍第三艦隊的旗艦出雲號，同日，日本本梗津海軍航空隊十三架重型轟炸機出擊杭州和廣德。於下午五時，中國空軍第四大隊長高志航率驅逐機廿七架升空迎擊日軍。高志航首先擊落日本領機，接著全隊又合力擊落日軍五架飛機，其餘日機向東南海上逃逸。據當天日本電臺報導：「十八架飛機中，十三架失去聯絡。」中日第一次空戰，我方以六比零的驕人戰績大獲全勝。

空軍初戰告捷，華北戰事失利的陰影被一掃而光。爲紀念年輕的中國空軍的功績，蔣介石下令定這一天爲「航空節」。

此後不斷來犯的日機，連連受到中國空軍的懲罰，至八月二十日的短短一星期間，日軍共被擊落重轟炸機四十架，輕轟炸機廿七架，水上飛機十三架，驅逐飛機十八架，共九十八架，而中國空軍僅損失七架。中國空軍還不斷轟擊停泊在吳淞江、濟河等處的日本軍艦，至九月七日共計炸毀日艦十一艘。

炮聲隆隆，空氣中瀰漫著濃濃的硝煙味和血腥氣，上海的戰事在繼續。

南京，蔣介石的官邸。蔣介石同其幕僚在反覆分析敵我態勢，權衡利弊得失。

戰爭講究天時、地利、人和。淞滬地區河港交錯，近幾年又築有碉堡等國防工事，可以遏制日軍機械化部隊的優勢。幾年來，日本得寸進尺地侵略中國的領土，掠奪華夏大地的資源，奴役中華民族的子民，任何一個有良知的中國人心裏都充滿了對日本鬼子的仇恨。戰爭爆發以來，國人積極擁護和支持抗戰的熱情和行動已經表明，政府的抗戰決策是深得人心的。地利、

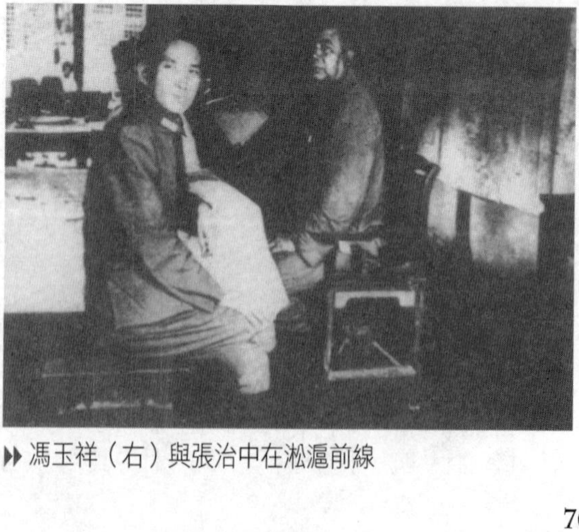

馮玉祥（右）與張治中在淞滬前線

人和方面，都是有利於中國的，天時上至少也是一半對一半，完全可以利用我軍已集中的兵力迅速完成完全殲滅上海日軍的部署，確保上海和南京的安全。蔣介石做出了一個令日本人意想不到的決定，他準備在上海大打一場。

八月十八日，蔣介石派陳誠赴上海視察戰況。八月二十日，剛由上海視察回南京的陳誠向蔣介石彙報：「敵對南口在所必攻，同時亦為我所必守，是則華北戰事擴大已無可避免；敵如在華北得勢，必將利用其快速裝備沿平漢路南下，直赴武漢，於我不利，不如擴大滬戰事以牽制之。」他建議「向上海增兵」，得蔣讚賞，真所謂「英雄所見略同」！在聽取陳誠的彙報之後，蔣介石進一步堅定了在淞滬地區組織一次對日大會戰的決心。

從整個戰略決策來看，這也是符合蔣介石的戰術思想的：「對倭作戰，應以戰術補武器之不足，以戰略彌武力之不足。」他曾總結道：「對倭取勝之要訣，在於深溝、廣壕、堅壁、厚蓋、固守、堅拒，乘機襲擊，大敵則避，小敵則戰，制敵死命，全在於此；而臨戰之時，則須負傷不退，寧死不屈，操勝之道，如此而已矣！」河港縱橫的淞滬地區，正是實踐他的取勝要訣的好地方。

八月二十日，蔣介石任命陳誠為第十五集團軍總司令，率部進軍上海，並增調部隊赴滬參戰。這樣向上海增兵，擴大滬戰，以牽制日軍在華北的進攻，為的是使日軍不能利用其快速裝備沿平漢路南下直趨武漢，這裏已包含了要改變敵軍進攻方向之意。

同日，軍事委員會頒發《國軍戰鬥序列及作戰指導方針》，提出「國軍以一部集中華北，重疊配備，多線設防……以主力集中華東，迅速掃蕩淞滬敵海陸軍根據地，阻止後續敵軍之登陸，或乘機殲滅之，並以最小限兵力守備華南沿海各要地」。

果然，在中國軍隊的抗擊之下，到八月底，上海日軍陷入了困境，日軍參謀本部鑒於日軍在淞滬戰場的傷亡數已達華北戰場的兩倍，且「打開上海方面的悲慘狀況」陷入「苦戰」，於是決定向上海大舉增兵，加派三個師團一個旅團及空軍來滬參戰。

九月中旬，日軍在滬兵力已達陸軍五個師團十五個大隊十二萬人。九月六日，中方「大本營情報」載：「當初東京計畫，決以第三艦隊在華南各海口爲牽制動作，待華北軍事發展，後以陸戰隊屢戰屢敗，南口相持不下，乃不得不變更戰略，側重滬戰……敵前日續到援軍二個師團，昨日多加入作戰，雙方死傷均巨，明日尚有二個師團到滬，主力戰必在八日午前。」十一日，軍委會第一作戰組又獲情報：「日軍參謀本部對華戰略有所變更，因我方在上海一帶兵力雄厚，不易得手，擬在大批援軍開滬後下總攻擊令。」這說明日方在九月中旬已將侵華戰略做了變更，將淞滬作爲其侵華戰爭的主戰場。

日本以「八一三」事變爲發端，悍然扔掉了過去所謂「不擴大主義」的假面具，於九月二日起將「北支事變」改稱爲「支那事變」，天皇的軍隊從此踏進了滅頂的泥沼。

國民黨軍隊精銳上海主動出擊，擴大淞滬戰事拖住日軍；蔣介石親任作戰指揮，八百壯士死守四行倉庫，中國軍人揚名上海租界。

八月的上海，雖依然穿著紙醉金迷、燈紅酒綠的外衣，骨子裏已經略微令人感到一種淒肅的氣息。八月十四日拂曉，中國軍隊在上海主動向日軍發動攻擊，不僅把狂妄不可一世的日本人嚇了一跳，連對政府已經心灰意冷的上海人也重新燃起希望的火花。

在中國軍隊突然之間迸射出的復仇火焰面前，上海那些趾高氣揚橫行無忌慣了的日本人，一時暈頭轉向，自己先亂了陣腳，被迫退出八字橋、持志大學、滬江大學等據點。不過，他們請求增援的加急電報也同時發往東京。日本人是不會善罷甘休的，軍國主義思想瀰漫的東方島國太渴望有一片大陸基地了，再說，天皇的軍隊就是戰神，怎麼能說敗就敗呢？為了捲土重來，日軍開始大舉向上海增兵。八月十五日，首都南京受到轟炸，二十日，連內陸武漢也被空襲。日本擴大戰火的意圖，至此越發露骨。

國民政府方面，這次也下定了決心，不惜在第一大城市與日軍大打一場了。八月二十日組成了以上海爲中心，包括蘇南和浙西的第三戰區，任命馮玉祥爲司令長官，陳誠爲前敵總指揮。不過在整個淞滬抗戰期間，軍事上的實際指揮者是蔣介石，他不斷調集中央軍的精銳部隊投入會戰，並且調川軍、粵軍、桂軍增援。同日，蔣介石大本營還頒佈了《第三戰區作戰指導計畫訓令稿》：

指導方針：該戰區，其企圖可分為積極和消極兩種行動。敵取消極行動時，在上海方面暫取守勢，用海軍輸送有力一部，由瀏海，楊林、七丫各口強行登陸。俟登陸成功，再由正面移轉攻勢，而進於濟河、太倉、昆山之線；敵取積極行動時，其海軍之行動將益擴大，除由前述各口登陸外，更將取大包圍之態勢，分由滸浦、濟海方面，強行登陸，向我既設陣地（吳山至福山之線）側背攻擊，一方面積極增派陸軍，以其摧破我正面，威脅我首都。

作戰地區：江南北岸，守備區，淞滬國防區，杭州灣北岸守備區、浙東守備區。

作戰任務：淞滬區採取逐步進攻敵軍，縮小敵防區，最後以達掃數殲滅之目的。同時圍攻基地；江南守備區：徹底消滅登陸部隊；江北岸守備區：遇敵企圖由江南岸登陸時，或通過江面時，如為射程所許，則壓制之；杭州灣北岸守備區：殲滅登陸敵軍，警戒沿海；浙江守備區：警戒沿海一帶，如遇敵軍由杭州灣北部地方登陸時，有援助該地區殲滅敵軍之任務。

空軍行動：對企圖登陸之敵，應盡力轟炸，尤以對敵之航空母艦，應不顧一切犧牲，強行炸沉之。

海軍行動：敵艦進入長江下游，企圖強行登陸，或轉用兵力時，應全力攻擊之，以協同陸軍作戰，縱有犧牲，亦在所不惜。

蔣介石特別希望自己的精銳之師能僥倖守住上海，這裏是他發家的場所，是他與宋美齡的結婚紀念地，更是國民黨政權的統治中心。他希望這樣一個與他有太多牽連的故地能夠再一次成全自己。

日本帝國主義原打算迅速侵入華北，然後在東南沿海發動攻勢，十天佔領上海，調攻陷部隊南就，迅戰迅決，徹底摧毀中國的抵抗能力。但是現時的情況卻是面臨中國重兵抗禦的局面，八月二十日，首相近衛聲稱：「日本政府決定以武力解決日中衝突，不容許任何第三者之干預。」隨即組建上海派遣軍，由大將松井石根率領第十一第三師團從日本本土出發到滬，並在吳淞、川沙鎮強行登陸。八月廿八日、九月一日，羅店、吳淞相繼失陷，淞滬戰事也日益激烈。

九月六日，蔣介石指揮轉入第二期作戰計畫，停止正面攻擊，維持原有駐地，採取機動作戰，消耗敵人。早在淞滬會戰爆發之前，蔣介石和國民政府軍事委員會領導核心，把抗日戰爭的基本戰略確定為「持久消耗戰略」，以打破日軍「速戰速決」的戰略。他主張：「拿我們劣勢的軍備，一面逐次消耗優勢敵軍，一面根據抗戰經驗，來培養我們自己的力量，以逐漸完成我們最後勝利的佈置。」這是一個持久作戰的過程，期間必然會要喪失一部分國土，於是他提出一個「以空間換時間」的口號。而蔣介石在親自指揮淞滬會戰中，也是盡力實施這一持久消耗戰略的。無疑，這是符合兩國國情和軍事力量對比的長期抗戰方針，有利於力爭雙方優劣在戰爭中的轉化。

九月十七日，中國軍隊退守上海北站、江灣、廟行、羅店一線，廿一日，蔣又調整部署，改編作戰序列爲中央、左翼、右翼三個部分。中央軍爲朱紹良，右翼軍爲張發奎，左翼軍爲陳誠。其中薛岳十九集團軍和羅卓英十五集團軍爲蔣介石的嫡系。此時，日軍參戰部隊有第三、第十三，第十一師團和第六、第一〇一、第九一一師團各一部，共十萬餘人，戰車百餘輛，飛機兩百架，陣勢逼人。

九月三十日晨，日軍向中國軍隊全線猛攻，炮火集中在七十七師駐守的萬橋、嚴宅和五十七師駐守的陸橋等地。由於陣地被日軍炮火摧毀，兩師遂向蘊藻浜南岸等地轉移，日軍投入這次會戰的兵力到此時已有二十多萬。

十月七日，敵軍第三、第九師團開始自蘊藻浜北岸向中國軍隊八十七師地大黃宅和第一軍陣地西久房渡河猛攻。激戰五晝夜，中國軍隊予敵以重創。自十二日起，敵再次猛攻，欲一舉突破中國軍隊在這一地區的防線，佔領大場，以實現其截斷京滬線的目的。同日，李宗仁抵達南京，被蔣介石委任爲第五戰區司令長官，駐防徐州，並授予其全權處理戰區內一切事務的權力。

經過三天三夜的激戰，至十月十五日，蘊澡浜南岸陣地被突破。廿一日晚，中國軍隊四十八軍、六十六軍和九十八師開始大舉反攻。曾收回陳行、桃園浜、廣福等陣地。繼日之又實行反攻，由於第廿一集團軍戰場指揮失誤（誤以為敵方所施的煙幕彈為毒氣彈），致使陣地被突破。戰鬥甚爲慘烈，中國軍隊損失慘重，不得不撤到石橋、大場、走馬塘一線。是役，中國軍隊第八十七師第一旅副旅長楊杰，一七〇師五一〇旅旅長等將領殉國。十月廿六日，中國軍隊據守的蘇州河北岸陣地全部失守。此外，在抗擊沿江登陸的日軍以及在羅店、寶山、月浦、瀏河等地，中日雙方均有激烈戰鬥。其中的羅店爭奪戰，敵我鏖戰月餘，敵我層層包圍，陣地犬牙交錯，雙方短兵相接，近戰肉博不止。在一些重要據點，敵人憑藉猛烈炮火的掩護，野蠻衝殺，抗戰將士堅守陣地，在戰壕裏風餐露宿，不畏艱苦和犧牲。但是，在敵人猛烈炮火的攻擊下，在飛機轟炸，艦海炮擊的強大攻勢下，中國軍隊損失不斷增加，漸漸喪失了戰場主動權。

十月廿六日，八十八師五二四團團副謝晉元中校奉命固守四行倉庫，掩護閘北友軍撤退，主力撤走後，謝率部死守四行倉庫，擊斃日軍，摧毀日軍甚眾。八百孤軍固守著閘北最後陣地的奮戰情況，在隔著一條蘇州河的對岸公共租界可以看得很清楚。對岸聚集著的不僅有中國人，而且有很多外國人都在為他們吶喊助威。

後來，租界上的英軍司令在和宋美齡見面時，噙著熱淚談起戰況，對於中國軍死守四行倉庫的精神讚揚不止。

張治中（左一）接見楊慧敏（左二）

八百孤軍固守四行倉庫的壯行傳到南京，蔣介石也爲國軍中有此英勇將士而驕傲，在廿七日的日記中寫道：「我軍留守閘北之謝晉元團，孤軍奮鬥，中外人士均受感動，且表示崇高之敬意；以與敵軍野蠻殘忍、受世人之唾棄兩相比較，且不啻有霄壤之別。此戰雖退，猶有榮焉！」

三十日，英國方面唯恐戰火波及租界而出面調停，提議謝晉元部隊撤進公共租界。英國人終於說話了，一直關注八百壯士的蔣介石接受了調停：「爲主帥者，愛惜所部與犧牲所部皆有一定限度。今謝晉元死守閘北一隅，任務與目的已達，故令其爲榮譽之撤退，不必再作無謂之犧牲矣！」次日清晨，謝晉元奉令率部放棄四行倉庫，渡過蘇州河，進入公共租界。經過四天的戰鬥，中國方面所受的損害，僅陣亡三十七人。

英國人終於還是讓蔣介石失望了。三十一日，謝部剛退入租界就被扣留。中英日之間爲了他們的去留展開了一場外交戰，但是英國人顯然更顧忌日本人，終於沒有爲八百壯士放行。一九四一年四月廿四日，謝晉元被叛徒刺死，日軍佔領租界後，謝部官兵全成日軍俘虜，到各地充當苦役，抗戰勝利後，八百壯士生還者不及百人。

寄希望於國際調停，蔣介石下令上海軍隊堅持作戰以待列強干預；日軍速取松江，上海危急，淞滬會戰終將日軍拖入戰爭泥淖。

十月三十一日，蔣介石採納部將建議，決定把已現敗跡的部隊後撤到吳江、福山一線，佔據江陰、無錫、海鹽沿線。近幾年來，爲了保衛首都南京的安全，國民政府在這兩線構築了比較堅固的陣地，有較好的防守條件。如果能及時撤退到這兩線，部隊也可以得到補充和整訓，也可以更加有效地貫徹節節抵抗的方針。考慮到前線戰士傷亡慘重，撤退的命令馬上就傳達下去，前線的部隊立即開始行動。同日，日寇趁我軍收縮之機強渡蘇州河。就在這個時候，蔣介石犯了一個致命的失誤，使得本來已經惡化的戰場形勢更加不可收拾。

有消息說，九國公約簽字國將於十一月三日在布魯塞爾開會商討中國問題。蔣介石異常興奮，做出了錯誤的判斷。他認爲只要在上海頂下去，九國公約國家就可能會出面制裁日本。爲了獲得更多的同情和支援，蔣介石在十一月一日突然召開緊急會議，收回撤退的命令，要求部隊再堅持一段時間。這個決定立即引起了前線的混亂，有繼續撤退的，有匆忙回防的，也有徘徊不知所措的。整個部隊沒有全部回防，自亂陣腳，給日軍以可乘之機，許多守軍被分割包圍，此後近十日時間裏，雙方一直處於激戰狀態。

在戰鬥中，將士們打得十分勇敢，每小時的死傷數千計，犧牲的壯烈，在中華民族抵抗外侮的歷史上，鮮有前例。中國軍隊官兵在武器裝備嚴重不如人的情況下，仍頑強地和日軍爭奪一村一鎮，並常常爲一個陣地進行反覆較量，白天日軍攻佔，晚上中國軍隊又把它奪回來，雙方的傷亡都很大。在此次會戰中，國民政府軍隊主力各師都補充了四五次，後方各省的保安團整團整團地補充上去，原有下級軍官和士兵傷亡達三分之二，旅團長傷亡也達半數。

但戰局的發展對中國方面是越來越不利了。十一月七日，日軍又有增援部隊相繼抵滬，攻勢更加猛烈，而蘇州河南岸的守軍也陷入苦戰之中。在這一天，蔣介石在其日記中記下了他以存實力，發動游擊戰，消耗敵人爲上策，不計一城一地之得失和一時體面的戰略思想。事實上，自八月十三日以來，中日雙方於上海已激戰近三個月，日軍仍未能攻下上海。足見中國參戰軍隊作戰之頑強，實出乎日軍意料之外。但至此，從戰事發展來看，也無法再守，蔣遂於十一月七日，作好撤退的打算。而此時的日軍也深感正面作戰的困難，便於十一月五日，令柳川平助中將率其新組第十軍，自杭州灣北岸金山嘴登陸，迂迴到上海的右側背，從後面抄襲上海中國守軍。

當日軍在該處登陸時，蔣介石部署於此處堵截日軍登陸的六十二師、獨四十五旅、七十九師卻未能按時到達戰地，而堵截軍力量又太少，致使日軍登陸後，直驅松江城，剛從北方調來的吳克仁的六十七軍，集結未畢，即被日軍擊潰。十一月九日，松江縣城失守，上海再無可守。蔣乃下令中國軍隊分批撤出上海，一路撤至杭州，一路撤至南京。在此作戰期間，宋美齡曾赴前線勞軍，因車速過快，轉彎時，翻車落入水中，肋骨折斷，同行的顧問端納也受了重傷。

十一月十一日，中國軍隊撤出上海，日軍緊緊追擊。十九日後，蔣介石命各軍迅速撤退，避免與日軍決戰。至十一月廿六日，蔣介石令軍隊一部撤退至常州，一部退往皖贛邊境。十二月一日，長江江防要塞江陰失陷。揚州方面，自日軍第十軍在杭州灣登陸之後，一部北上松江，一路西攻嘉興，蔣介石命劉建諸第十集團軍與日作戰。十一月廿七日，蘇州之敵北上常州，攻陷長興之敵，經宜興、溧陽向南京、蕪湖進犯。不數周，日軍從東西兩面進逼南京。

中國軍隊在從淞滬戰場撤退的過程中，極為倉促和混亂，連鋼筋水泥所建的蘇嘉國防線未來得及使用就越防線而撤。李宗仁說，撤退慘況，潰不成軍，一言難盡。蔣介石也意識到自己犯下了一個極其嚴重的錯誤，他檢討了在十一月初對九國公約國家的幻想。他對親信陳誠說：「這次戰略受政略的影響極大，乃

日軍增援部隊在杭州灣登陸，威脅中國軍隊側翼

是國家的不幸。這種勉力支持，待部隊潰亂，戰線動搖時，才實行被迫轉移而撤退，因此不能整齊而有計劃的退卻，是很失策的。」

歷時三個月的淞滬會戰，是抗日戰爭爆發後的第一次重大戰役，打破了日軍三個月滅亡中國的神話。日方也承認「上海方面的戰鬥相當艱苦」。在整個戰役過程中參戰的七十萬大軍，同仇敵愾，爲保衛祖國而戰，顯示中國軍民的抗戰意志和力量，湧現出一系列可歌可泣的英雄事蹟。

十八軍五八三團三營五百名官兵在營長姚子青的率領下，表示「誓本與敵共存亡，固守城垣，一息尚存，奮鬥到底」。他們以行動履行了自己的誓詞，在多次打退了敵人的瘋狂進攻之後，最後與日寇巷戰肉博，激戰兩晝夜，五百名官兵全部壯烈殉國。勇士們的血沒有白流，日軍在上海戰場上死傷達四萬多人。在淞滬會戰中英勇作戰的抗日將士，爲祖國的獨立與民族的生存做出了壯烈的貢獻，以至獻出寶貴的生命，他們是中華民族的光榮，是永垂青史的。

淞滬會戰並沒有引起國際對日本侵華的干涉，對此，蔣介石大失所望。不過它張揚了國威，粉碎了日軍由華北長驅直下武漢，三個月滅亡中國的陰謀，「使國際觀感一新」，這是蔣介石十分欣慰的。十月廿九日，蔣介石在召集第三戰區師長以上長官的軍事會議上不無自豪的說：「兩個半月以來，我們雖然沒有得到大的勝仗，但在我們預定的消耗戰和持久戰的策略之下，已使敵人受到意外大的打擊，在精神上，我們實在已打敗了舉世共棄的倭寇！」

淞滬會戰持續了三個月的時間，使得長江下游的工廠和物資有了內遷的時間，這爲長期抗戰提供了一定的物資和基礎。

十一月初，太原、上海相繼失陷，至此，抗日戰爭前期的第一階段基本結束。南京保衛戰拉開了帷幕。

二、告別首都南京和慘勝台兒莊

日軍直逼南京，蔣介石決定短期固守後盡速撤退；唐生智自薦防守「絕地」，再與日軍周旋；南京城陷，三十萬同胞罹難。

日本侵略軍佔領上海後，乘勢分三路從東西南三面合圍南京，企圖佔領我國的政治中心，迫使中國政府投降，迅速解決戰爭。南京危在旦夕！

事實上，「七七」事變後，首都南京就將星雲集，共謀救國大計，南京的安全問題就在議論之列，不過最當務之急還是如何化解華北的緊張局勢。八月，上海開戰，南京受到轟炸，華東的局勢也緊張起來。十月下旬，上海戰事迅速惡化，首都南京的防衛問題，就正式提上了議事日程。

首都南京不僅是國家的象徵，而且是孫中山陵寢所在地，這裏的安全問題蔣介石當然不敢大意。他多次召開高級幕僚會議，並個別徵求一些高級將領的意見，研究南京守衛問題。

出乎蔣介石意料的是，在高級官員中，主張棄守的呼聲甚眾，李宗仁、白崇禧、陳誠、張群等都持這種主張。部隊殘破，無力防守，這是主張不守的主要理由。第五戰區司令長官李宗仁認爲：「我軍新敗之餘，士氣頗受打擊，又無生力軍增援」。大本營作戰組組長劉斐雖主張應作象徵性防守，但也認爲初敗之軍，已無力再戰。他說：「我軍在上海會戰中損失太大，又經過混亂的長途退卻，已無戰鬥力，非在遠後方經過相當長時間的補充整訓，不能恢復戰鬥能力。」

再說南京地形不利，易攻難守。李宗仁分析道：「在戰術上說，南京是個絕地，敵人可以三面包圍，而北面又阻於長江，無路可退。」劉斐也向蔣介石力陳南京不易防守的見解。他說：「南京在長江彎曲部內，地形上背水，故可由江面用海軍封鎖和炮擊南京，從陸上也可由蕪湖截斷我後方交通線，然後以海陸空軍協同攻擊，則南京將處在立體包圍的形勢下，守是守

蔣介石與宋美齡在前線視察

不住的。」既然我軍在天時、地利、人和上都處於極其不利的地位，爲了使都城免遭破壞，爭取政治上的主動，不如不守。李宗仁建議：與其在無勝算可能的情況下硬撞，「倒不如我們自己宣布南京爲不設防城市，以免敵人藉口燒殺平民。」

軍事委員會常委白崇禧也表示贊同：「南京是總理指定之首都，爲總理陵寢之所在地，不忍爲軍事破壞，應宣布爲不設防之城市，以主力退出城之西部、西南部一帶，一部集結於浦口，監視南京，掩護徐州，保留實力，以便機動打擊敵人。」

軍事委員會秘書長張群還持有一種新的見解，即：「如果我軍自動退出南京，日軍不是以武力攻佔的，萬一將來和談時，它就不能以戰勝者自居而對我進行要脅。」張群一直以親日著稱，是比較活躍的主和分子。

蔣介石也覺得部將們的分析有理，不住地點頭，但是他認爲南京還是要防守的，所以對呼聲很高的「棄守」主張不置可否。這時，唐生智慷慨激昂地提出：「現在敵人已迫近首都，首都是國父陵寢所在之地，值此大敵當前，在南京如不犧牲一、二員大將，我們不特對不起總理在天之靈，更對不起我們的最高統帥。本人主張死守南京，和敵人拚到底！」一直沉默不語的蔣介石爲之震撼，對其深表嘉許。

經過多次商討，蔣介石在棄守和死守之間作了折中，最終下定了「短期固守」的決心，他說：「南京守城，非守與不守之問題，在敵軍火力優勢，長江得自由航行之情勢下，欲期保持，頗屬難能，故只可希望較短時間之防守。」

本來在全面抗戰開始時，中日間在綜合國力及軍力方面，就存在著敵強我弱、強弱懸殊的形勢，加之三個月的淞滬會戰，使東戰場的中國軍隊遭受重大損失，短時間內，無法在南京組織大規模的決戰。南京非戰之地，古往今來，未曾有背靠大江，面向蘇南平原，以守勢作戰而能成功之戰例。何況現代戰爭，南京必然處於立體包圍之中。兵法稱之為「絕地」、「死地」。

對南京作「短期固守」的決策既定，蔣介石便於十一月十九日親書手令，特派一級上將唐生智為南京衛戍司令長官，在南京周圍二十公里地帶增加堅固工事，加強防守。同時，加緊從西南調集地方軍增援。當時在外圍還有兩道國防線，只可惜從上海撤退的軍隊混亂不堪，不僅沒有加強當地的防衛，反而衝亂了自己的陣腳。淞滬激戰三個月之久，中國軍隊的英勇表現的確使得全國人民以至國際社會觀感一新，但是軍隊的整體紀律和素質確實仍待改善。

唐生智在「一二八」事變以後曾任軍事參議院院長、軍委會訓練總監部總監等職。在抗日戰備實施過程中，軍委會秘密設置了總攬國防工事的執行部。唐生智將京滬杭由東往西分成四道防線。這個方案唐先與蔣百里詳細研究後，呈蔣介石核定。唐記述為：

「以上海、杭州灣為第一線；昆山、無錫、蘇州、杭州一帶為第二線；江陰、鎮江為第三線；南京、京杭公路為第四線。同時各戰線部隊應預先有準備，假如上海、杭州灣的部隊打了一個時期要撤退時，即第一線上海、杭州灣的部隊撤到浙西、皖南一帶整理補充，並在那裏準備陣地，以後各線則陸續往後方調動，以作長期抗日，拖死日本人的準備。當時執行部是按照我的意見構成各線工事的。」

此乃蔣百里「退卻機動」的具體運用，蔣百里的對日作戰戰術主張歸納爲一個「拖」字。一九三七年夏，蔣百里會晤其老友錢均甫時說：感謝我們的祖先，中國有地大、人眾兩個優越條件。不打則已，打起來就不能不運用「拖」的哲學，拖到東西戰場合流，我們轉弱爲強，把敵人拖垮而已。

中日之間力量懸殊，有識之士都知道抗日戰爭是一場持久戰。中國人民戰勝日本侵略者的唯一方法，便是在長期作戰中，逐次消耗敵人的有生力量，使之由強變弱，直至徹底失敗。蔣介石在一份就國民政府遷都重慶事致軍內各級長官的密電中稱：「宜抱破釜沉舟之決心，益堅最後勝利之自信，寸地尺土，誓以血肉相撐持，積日累時，必陷窮寇於覆滅。」南京的守城戰如果真的能有效利用已經構築的多層防線，的確能夠予敵以重大的打擊的。而且，與此同時，第三戰區的主力部隊已奉命向廣德、安吉、寧國一帶退卻，該戰區的主要指揮官顧祝同、陳誠等人，也已去皖南部署部隊的整補工作。南京一戰，若能阻滯日軍

蔣介石視察筧橋空軍學校

於南京城外，對於東戰場中國後方部隊的整補，當有重要意義。

組織南京戰役既是爲了貫徹「持久消耗戰」的總戰略方針，又是由淞滬會戰戰情變動直接促成的。將日軍往西拖的大方向不能變，從淞滬戰場撤退的部隊潰不成軍，也需要時間休整。這樣，明知南京非戰之地，也只得「明知其不可而爲之」。所以，雖然對外宣傳「死守南京」，擺開決戰架勢，其實已經作好了最壞的打算。十一月廿八日，蔣介石在對軍政高層的講話中表示，「南京戰略，盼能固守兩周以上」。作爲軍人的唐生智卻沒有那樣的輕鬆大度，他對蔣承諾：「臨危不亂，臨難不苟，沒有你的命令，我決不撤退。」

十一月二十日，國民政府發表宣言，揭露日軍進逼南京的陰謀，並向中外宣告：「爲國家生命計，爲民族人格計，爲國際信義和世界和平計，皆已無屈服之餘地。凡有血氣，無不具寧爲玉碎，不爲瓦全之決心。」「此後將以最大之規模，從事更持久之戰鬥，以中華人民之眾，土地之廣，從本必死之決心，從其熱血與土地凝結爲一，任何暴力不能使之分離。外得國際之同情，內有民眾之團結，繼續抗戰，必能達到維護國家民族生存獨立之目的！」宣言還宣布國民政府本日起移往重慶。而在此之前，國民政府各機關多已遷往重慶、武漢、長沙等地，當曾有一百多萬人口的南京進入戰時狀態時，僅餘下五十多萬人。

蔣介石親自坐鎮南京，幫助唐生智調集守衛南京的軍隊。經過數日的籌劃和調集，先後集得從淞滬戰場撤退下來的王敬久第七十一軍，孫元良七十二軍，俞濟時七十四軍，宋希濂七十八軍，葉肇六十六軍，鄧龍光八十三軍和裝備精良的教導總隊，並從湖北調來徐源泉部兩個師，實際共十五個師約十萬餘人，統歸唐生智指揮。

在蔣介石的督飭之下，唐生智將防守南京的部隊，分兩層佈防在外圍陣地和腹部陣地，但是沒有在可以作爲南京屏障的金壇、溧水等地部署兵力牽制敵人前進。

「死守南京」的宣傳和蔣介石親自坐鎮指揮還有另外一層原因。當時，德國大使陶德曼正以中立國代表的身分對中日這場沒有宣戰的戰爭進行斡旋。蔣介石很不滿意日本人開出的和平條件，也不願意失去這樣一個機會，所以他想以堅決抗戰的姿態使日本人知難而退，降低要求。

十一月廿七日起，蔣介石親自指揮外圍陣地的戰鬥。六十六軍、八十三軍在湯山擊退敵人進犯，七十四軍王耀武五十一師在淳化抵抗，馮聖法第五十八師在牛首山守備。經過淞滬會戰疲憊不堪的各軍，都盡力苦守外圍陣地，戰鬥激烈，傷亡甚大，持續達十天。

日本大本營於十二月一日下達了攻佔南京的命令，日軍即加強向南京的攻勢，戰局日趨緊張。日機不斷轟炸南京，眾人紛紛勸蔣介石

百人斬り超記録
向井106－105野田
兩少尉さらに延長戰

▶▶《東京日日新聞》有關向井、野田兩人在南京殺人競賽的報導

離開。十二月四日，蔣介石召集師以上將領訓話，勉勵大家要齊心協力，在唐生智的指揮下，同心同德，抱定不成功便成仁的決心，恪盡軍人守土衛國的神聖職責。七日清晨，蔣到中山陵謁陵辭行後，即乘飛機離開南京，行前蔣介石指示唐生智，適當時機退守腹部陣地。

守衛在外圍陣地的各軍，對於來犯之敵奮勇抗擊，苦戰不止。但由於敵軍火力很猛，加上飛機輪番轟炸，南京守軍犧牲很大，外圍各陣地難以支持，先後失守。日軍於九日向南京守軍發出《投降勸告書》，守城諸將領表示決不做階下囚，以猛烈的炮火反擊來回答敵人，日軍即對南京城發動瘋狂攻擊。十萬守軍苦守石頭城，決心以死相拚，爲保衛民族尊嚴和正義而戰，在雨花石、道濟門、紫金山、中華門、光華門都有緊張激烈的戰鬥。日本侵略軍憑藉重炮猛轟和飛機轟炸，摧毀南京城垣多處，又以坦克掩護步兵衝鋒。守軍雖英勇無畏，終因寡不敵眾，火力太弱，形勢日益險惡。

已到江西的蔣介石，日夜關注南京戰局，他發覺劣勢已難以挽回，於十一日夜發電報給唐生智：「如情況不能持久時，可相機撤退，以圖整理而期反擊。」

十二日，日軍分兵突破石頭城，抗日官兵仍然進行了悲壯的抵抗，展開了激烈的巷戰。各自爲戰，與侵略者刺刀拚刺，殺聲震天，不惜以身殉國。守軍奉命撤退了，但是早就被日軍分割包圍的他們，已經無法統一行動。於是，外圍的部隊撤走了，城裏的部隊則永遠被圍在了城裏。最後，守衛南京的十餘萬大軍中，約有九萬在不構成對敵人威脅的情況下被屠殺了。

十二月十三日，佔領南京後，在裕仁天皇的叔父朝香宮的授意下，谷壽夫執行了對南京軍民兩個月的血腥大屠殺，前後共屠殺約三十萬人之巨。

南京的悲劇隨著一道道電波傳遍華夏大地，日寇的兇殘更加堅定炎黃子孫的血戰到底的決心！

南京於十三日陷落，蔣介石十二月十四日經由江西到達湖北武昌。

避戰遷延，抗戰不力，蔣介石怒殺韓復榘；開封整軍，重振軍威，重懲大批畏敵避戰將領。

一九三七年的抗日悲壯而凄涼，日本人迅猛的攻勢大大出乎蔣介石的預料，主動開闢的淞滬戰場吸引了日軍的兵力，卻未能遏制他們的攻勢，上海、南京相繼淪陷，乘勝追擊的日軍鋒指蚌埠，企圖與華北的同夥會師徐州。江南滿目瘡痍，華北也已經是一片狼藉。到年底的時候，中國軍隊在華北的戰線已經退到西起包頭、東至濟南的黃河南岸地區。

令蔣介石心情稍微放鬆一點的是，華北的屋脊依然挺立，太原雖然丟失，閻錫山的晉軍仍然守衛著晉南，而共產黨的八路軍也在晉西的呂梁山區、晉北的五臺山區站穩了腳跟。但是，讓他寢食難安的是處於津浦路濟南——徐州——蚌埠間的黃淮地區。那裏一旦失守，南北兩個戰場將連在一起，中原地區將會受到來自北面與東南面的壓迫。

黃淮地區是第五戰區的防地，五戰區的司令長官李宗仁是桂系中流砥柱，屢次與蔣介石兵戎相見，但他資格老，爲人處世也比較開明，在國民黨內很有影響力，而且有卓越的軍事才幹，蔣介石對他是愛恨交織。五戰區所屬部隊大都是雜牌軍，數萬中央軍在南北戰場被日軍掃蕩後，短時間難以援助腹背受敵的五戰區，蔣介石也不由地爲駐守徐州的李宗仁擔心。

不過，最讓蔣介石擔心的還是韓復榘。擁兵八萬的韓復榘負責津浦路北段防務，可是在日軍的進攻面前，他卻只思保存實力，不作有力抵抗，不僅沒有把李宗仁放在眼裏，就是蔣介石親自下的命令也如同耳邊風。

蔣介石視察戰車部隊

日軍在十月進攻山東的時候，李宗仁和蔣介石一再要求韓復榘指揮部隊固守黃河北岸以保全山東大部，聲援平漢作戰，而韓則藉口北岸無活動餘地，擅自將主力部隊置於南岸，致使日軍迅速南進。在部下將士的強烈要求以及蔣介石、李宗仁的敦促下，韓復榘才率部渡河與日軍交戰。濟南戰役中，損失很大，他慌忙將部隊全部撤至黃河南岸，炸毀大橋。

戰前，蔣介石把援助韓部的一個重炮團調走，使韓在戰役中很被動，因此韓認爲蔣介石要借抗戰之機消滅自己，此後就更加消極避戰以保存實力。炸毀黃河大橋並沒有阻擋住意圖打通津浦線的日軍，他們很快就在濟陽至青城渡過黃河，而韓則聞風於十二月廿四日逃離濟南。蔣介石、李宗仁又電令韓復榘在泰安、臨沂一線配置有力部隊，利用泰山、沂山、蒙山的有利地勢，有效遲滯敵軍的進攻。但韓拒不執行，擅自棄守泰安、曲阜，向魯西南撤退。由於韓復榘畏敵如虎，聞風喪膽，不聽軍令，一再退逃，不到二十天的時間裏就不戰而棄黃河天險以及濟南、濟寧、泰安等要地，而且導致運河防線幾不可守，戰略要地徐州和隴海線均處於敵軍的嚴重威脅之中。

德國的調停隨著日本提出更加苛刻的條件也瀕臨破產，蔣介石在一九三七年底作出了一心抗戰的決定。日軍南北夾擊打通津浦線的意圖十分明顯，而韓復榘消極避戰卻使得北線的門戶洞開，蔣介石意識到一場惡戰已經來臨。爲打好即將到來的徐州會戰，蔣介石覺得有必要檢討北方抗戰得失，整頓華北各軍將領的思想，韓復榘現象並不是特例啊。

一九三八年一月十日，在白崇禧的陪同下，蔣介石由武漢飛赴河南開封。白崇禧乘坐一架運輸機在前開道，蔣介石乘坐美齡號在後。抗戰爆發以來，日機屢次對蔣介石跟蹤轟炸，確實使他心有餘悸，每次出巡都十分謹慎。

當時的河南省主席劉峙是蔣的心腹，抗戰以來，他在華北每每不戰而退，被人譏爲「逃跑將軍」，受到國人的譴責。連宋美齡也覺得繼續用這樣的人有損當局威信，但蔣介石卻不以爲

韓復榘

然，他對夫人一語道出真諦：「不用他用誰？誰還能像他那樣的聽話！」劉峙聽說委員長大駕光臨，親自指揮佈置迎接和警衛工作。爲了在蔣到時警衛上的方便，劉峙決定臨時發出空襲警報，以便斷絕交通。但是他卻忘記將如此重要的大事通知開封的高射炮部隊。

當白崇禧座機飛臨上空，正準備著陸時，突然之間咚咚地打來幾顆炮彈，遠遠跟在後面的蔣介石見此情景，大吃一驚，還以爲日軍已佔領開封了。劉峙弄巧成拙，險些闖大禍，被蔣介石大罵了一頓。

次日，蔣介石召集華北各部隊團長以上軍官在開封開會。蔣先訓話，鼓勵各軍官奮勇抗敵，指出過去幾個月的失敗，主要原因是高級將領缺乏進取精神，步步後撤，他強調今後要改守爲攻，鞏固武漢核心，東面要保持津浦線，北面要保持道清線。繼由李宗仁和第一戰區長官程潛報告戰況。在這次軍事會議上，一個最重要的問題，是各戰區實行軍政合一的決議。蔣認爲抗戰以來，行政上對軍事配合不力，提議戰區長官兼省主席。隨即提議由程潛兼河南省主席，李宗仁兼安徽省主席。

中間休息時，蔣介石派人請韓復榘去談話，劉峙也陪著去了。這時眾人紛紛議論，說韓復榘糟了。半小時後，蔣介石出來宣布：「山東省主席兼第三路總指揮韓復榘違抗命令，擅自撤退，現在已經把他扣交軍法訊辦。」

一月廿四日，韓復榘被槍決於漢口。舊軍閥出身的韓復榘，當此存亡所繫的全民族抗戰之際，仍然以軍閥時代保存私兵的舊觀念指導行事，避免作戰，貽誤戰機，不戰而走，惡化戰勢，踏上了黃泉路。

身兼省主席、集團軍總指揮和戰區副司令長官數項要職的韓復榘被軍法嚴辦，全國民心士氣為之一振。此後不久，蔣介石以韓復榘為例通電全國，警告各級將領「今後如有不奉命令，無故放棄領土，不盡抗戰為能事者，法無二例，決不寬待。」軍事委員會還公佈了抗戰以來受到獎懲的將領的名單，其中，受明令嘉獎者六人，包括上海孤軍團副謝晉元，殉職陣亡的第九軍軍長郝夢齡，廿九軍副軍長佟麟閣等；受懲辦者四十一人，包括貽誤戰機的六十一軍軍長李服膺等八人被處以死刑。毫無疑問，將韓復榘等一批高級將領嚴厲處置，對於嚴明軍紀，鼓舞士氣是必不可少的，對於打擊日本侵略軍，堅持抗戰更具有積極的現實意義。

韓復榘是被處決了，但由於他的失誤而造成的損失卻無法挽回。磯谷師團在佔領濟寧、鄒縣後繼續向南突進直指徐州；日軍板垣師團於一月十四日侵佔青島後，沿膠濟路西犯，至濰縣南進，企圖奪取魯南重鎮臨沂，計畫與磯谷師團合攻徐州。津浦路北段頓時形勢灰暗。南京方面日軍為了打通津浦線，也在二月派第十三師團渡江北上攻陷蚌埠。日軍南北夾擊徐州之勢已經形成。

日軍直逼徐州，李宗仁主動請纓；孫連仲堅守不退，湯恩伯被逼出兵，台兒莊終獲大捷。

徐州，地處津浦與隴海鐵路的交叉點，扼蘇、魯、皖、豫四省要衝，是中原和武漢的重要屏障，自古為兵家必爭之地，具有重要的戰略地位。蔣介石為爭取時間佈置武漢會戰，也只有選擇徐州作為會戰地點，以拖延日軍前進速度。

面對日軍的瘋狂進攻，蔣介石苦於精銳部隊在松滬會戰和南京保衛戰中受到重大傷亡，而二線兵力又尚未組織到位，只得要求李宗仁在第五戰區組織桂軍、川軍、西北軍、東北軍等地方部隊，在津浦線佈防，迎擊敵軍，以遲滯日軍溯長江而上或沿隴海線西侵。

在大戰開始之前，統帥部有兩種意見，一種為防守戰，欲憑藉工事持久防守；一種是以時任軍令部第一廳廳長的劉斐為代表，認為應當利用我軍優勢兵力打運動戰，在運動中各個擊破各路冒進之敵，否則，在陣地戰中，會因為我軍裝備上的劣勢而招致失敗。蔣介石基本上採納了劉斐的意見，進行主動出擊，並命其赴第五戰區協助李宗仁指揮作戰。

其實，早在一月開封軍事會議上，針對徐州作戰蔣介石就闡述過自己的戰略思想，他指出：「一定不能呆守不動，坐以待敵。必須積極動作，對威脅我們的敵人，爭取攻勢；必須嚴密監視敵人，時刻保持主動地位，來攻擊敵人；尤須盡心研究，想出各種有效的辦法，準備各種可能的制敵的方案，千方百計，來打擊敵人！特別是在精神上，要設法鼓勵士氣，加強攻敵的決心，或從正面冒死突進，或由側面繞道截擊，或迂迴包抄圍攻殲滅，或縱兵深入斷敵歸路。因爲我們部隊多，兵力大，就可以四面八方，同時發揮我們主動的攻擊精神，配合各種有效的戰術，先發制人，攻守自如，陷敵人於被動，使他顧此失彼，應付不暇。」

李宗仁果然不負厚望，充分發揮了他的軍事才幹和指揮才能。面對日軍的合圍，李宗仁做出了分兵截擊、誘敵深入、合力圍殲的部署：徐州以北，以鄧錫侯二十二集團守衛滕縣地區；張自忠五十九軍駐滕縣以南，爲二十二集團軍之後備隊；調海州之龐炳勳四十軍駐臨沂，指揮防守臨沂，阻擊阪垣師團；徐州以南地區，韓德勤第二十四集團在高郵、寶應一帶阻擋揚州北犯之敵，掩護運河交通線；李品仙廿一集團軍、廖磊十一集團軍、于學忠三十一軍，防備淮河沿線敵人；湯恩伯二十集團軍在歸德、碭山、亳縣地區佈防，爲第五戰區的後備隊。

二月下旬，國民黨中央早計畫遣散的雜牌軍龐炳勳部在臨沂與日軍展開激戰，一度挫敗號稱皇軍中最優秀的板垣師團，一時中外哄傳，彩聲四起。三月，人數和火力均占劣勢的龐部漸感不支，李宗仁竟然說服龐炳勳的宿仇張自忠全力救援，內外夾擊，以雙倍的代價換來日軍五千多人的傷亡，硬是將板垣師團逼退到莒縣。這個驚天動地的勝仗粉碎了板垣、磯谷兩師團會師台兒莊的圖謀，爲圍殲磯谷師團創造了條件。

戰績傳來，蔣介石暗自慶幸當初接受了李宗仁的建議，讓張自忠留任，並且保留了龐部的全額編制。「七七」事變後與日本的交涉，北平的失守曾使張自忠背上漢奸的罵名，他從北平逃回南京向蔣介石負荊請罪時，群情洶洶，籲請嚴辦。在李宗仁的說情下，蔣介石同意讓張戴罪立功。這樣才有臨沂戰前，張自忠的悲壯陳辭：「無論什麼部隊都可以打敗仗，獨我張自忠的部隊不能！我的冤枉，只有一拚與死，拿真實的戰績，才能洗乾淨。」在這樣精神的鼓舞下，張自忠的部隊才有了一晝夜一百八十里的急行軍和臨沂的拚死血戰。

與臨沂阻擊戰同時，另一支雜牌軍——川軍王銘章部也在滕縣上演了催人淚下的悲壯一幕。一二二師在師長王銘章親自指揮下，與日軍磯谷師團血戰三晝夜，全師官兵英勇殉國。王銘章是鄧錫侯二十二集團軍下的戰將，鄧錫侯部出川抗戰時，裝備奇差，所用槍械半為土造。沿途無補給兵站，勢必就地購買糧草，對軍紀不無影響。抵達山西時太原已失，在日軍快速機動部隊衝擊下，大隊川軍狼狽後退，沿途遇有晉軍軍械庫，便破門而入，擅自補給。

此事惹怒了閻錫山，要求蔣介石調走川軍。近旁的一戰區司令長官程潛也拒絕接收。蔣介石正因南京淪陷，情緒不好，聞報後，勃然大怒道：「統統調回去，讓他們到四川稱王稱帝去吧！」因韓復榘不戰而退，正愁沒有援兵的李宗仁聽說後，欣然地接收了這支人見人怕的部隊。滕縣一戰，川軍以寡敵眾，延緩了日軍的攻勢，不惜重大犧牲，為湯恩伯、孫連仲等援軍及時趕到參戰爭取了寶貴的三天時間。川軍一戰成名，洗刷了往日的屈辱。

三月二十日，滕縣失守，日軍先鋒賴谷支隊於廿三日進攻台兒莊。孫連仲部已在此佈防，敵我雙方在台兒莊附近展開激戰。廿七日以後，敵我雙方展開拉鋸戰。池峰城第三十一師與敵反覆肉搏，殲敵三千餘。月底，日軍為快速攻佔台兒莊，捨滕縣東南山區的湯恩伯部而不顧，磯谷師團盡其所有，全力猛攻台兒莊，戰鬥極爲慘烈。台兒莊已有一半爲日軍所占，敵我雙方逐房爭奪。四月三日，全莊有三分之二已爲敵占，孫連仲部傷亡過半。

孫部原爲馮玉祥的西北軍，名義上雖轄兩軍，但在娘子關保衛戰中損失很大，四十二軍所剩僅一個空番號，屢次請求補充都未獲准，後來連該軍番號都被中央新成立的部隊取而代之。所以，該集團軍實際戰鬥力僅僅三個師。所幸該軍最善於防守，作戰英勇，方保台兒莊不失。血戰期間，李宗仁多次電令湯恩伯部南下夾擊，湯卻逡巡不進，在請示蔣介石後，李宗仁對湯發出最後訓誡：「如貽誤戰機，韓復榘便是你的先例！」在蔣介石電責之下，湯部終於南進。

守莊的孫連仲和池峰城均有暫時退出台兒莊的打算。但李宗仁則認爲，四月四日中午，湯恩伯部就可以進至台兒莊北部，完成合擊磯谷師團之任務，故絕不允許撤退，並以懸賞爲法，命孫組織敢死隊死守。孫絕對服從命令，並親自督戰。至午夜，組織敢死隊數百人，各人都手持大刀，分組向敵人進襲，敵人沒有準備，潰不成軍，中國軍隊竟一舉奪回台兒莊四分之三的陣地。長官部夜半得報，湯軍已向台兒莊以北逼近，天明可到，李宗仁於是率若干隨員至台兒莊郊外，親自指揮台兒莊殲滅戰。至黎明時，湯軍團至敵側背，敵陷重圍，中國軍隊展開全線反擊。至四月七日上午，敵磯谷師團大部被殲。餘部乘夜突圍，竄向嶧縣，閉城死守。

台兒莊一役共殲敵一點一九萬人，毀敵坦克三十餘輛，是中國抗戰以來的空前大捷，也是日軍的第一次大慘敗。捷報傳出，舉國若狂，抗戰前途露出一線曙光。因上海、南京淪陷籠罩在蔣介石心頭的愁雲一掃而空。四月七日，蔣介石致電祝賀，並撥款三十萬元派俞飛鵬赴台兒莊前線慰勞。前去參觀的中外記者和慰勞團大批湧到，默默無聞的台兒莊經此一戰，頓時成爲民族復興的象徵。

日本侵略軍不甘心其在台兒莊的失敗，重新部署三個師團的兵力進攻徐州。爲滯緩敵人西犯，消耗敵人的有生力量，蔣介石陸續調集各路軍隊增援第五戰區，總兵力共達六十萬人。他希望堅守徐州，在台兒莊大捷的基礎上乘勝與敵決戰一場。但此時，日軍南北夾擊，已逼近徐州，並增調兵力構成數重包圍圈，使中國軍隊六十萬大軍四面受敵，有全軍覆沒之危險。爲了擺脫不利態勢，保存抗戰實力，蔣介石同意放棄徐州，向中原轉進。李宗仁奉命指揮大軍立即化整爲零，分五路突圍，冒著日機的跟蹤轟炸，日夜兼程，突破了日軍的重重圍困，大都安全抵達皖西、豫東地區，爲行將到來的武漢會戰保存了必要的有生力量。

一九三八年，蔣介石（左二）與李宗仁（左一）、白崇禧（右一）在徐州會戰前夕

五月十九日，日軍進佔徐州，被圍的數十萬中國軍隊卻連影子都不見了。當然，他們也終

於打通了津浦線，截斷了隴海線，把南北兩個戰場連接起來。

就在日軍佔領徐州的當天下午，有兩架馬丁式轟炸機自漢口升空，當晚在浙江衢州加油後，飛向日本，機上滿載傳單。傳單上寫滿喚起日本民眾反戰覺悟的文字，那是中央宣傳部副部長方治及其日裔夫人、軍委會政治部第三廳廳長郭沫若及日本反戰作家鹿地亙等人撰寫和翻譯的。

中國空軍的這次跨海東征，由徐煥升、佟彥博分別帶領隊員蘇光華、蔣紹禹、雷天眷、劉榮光、陳光斗等五人執行。夜茫茫，風聲、浪聲掩蓋了發自雲層中的飛機的隆隆聲。他們就這樣安靜地飛過日本九州門司、長崎、福岡等城市上空，散發了一百多萬份傳單。直到日本人發現傳單紛紛落地時，日本防空部門才命令高射炮發炮射擊，徐煥升他們已高速返航。曙光初現時，他們安全飛回武漢。

在祝捷酒筵上，蔣介石和宋美齡頻頻向建立殊勳的中國空軍健兒敬酒，慶祝健兒們飛越東海遠征壯舉的成功。中國空軍這次英勇而光榮的夜航突襲成功，得到中外輿論的一致讚揚，在日本軍界引起了極大的震動。

像這樣地對日本本土不流一滴血的「紙彈轟炸」，後來被稱爲「人道飛行」。當計畫提出的時候，蔣介石就將這個行動的意義寫在日記上：「空軍飛倭示威之宣傳，須早實施，使倭人民知所警惕。蓋倭人夜郎自大，自以爲三島神州，斷不被人侵入，此等迷夢，吾必促之覺醒也。」

從南京淪陷到主動放棄徐州，蔣介石調集部隊與在魯南和津浦線的精銳日軍，周旋達五個多月，雖有巨大犧牲，但達成了以空間換時間的目的。從而使得抗戰前期的正面抗戰場度過了上海、南京淪陷後一度出現的軍事危機，各軍得以補充新兵，恢復和增強了戰鬥力。

五月三十一日，蔣介石致電軍委會說及「徐州鏖戰，原爲持久之爭，最後勝利，尚有待於將來」。六月三日，蔣介石在日記上寫道：「此次我軍撤退愈速，敵進將更遲緩。在長期戰爭中，不可以一時之進退定其勝敗，戰略之撤退，如能達到預期之結果，即勝利也。」

三、「以水代兵」炸開花園口大堤

蘭封會戰失利，鄭州危在旦夕，蔣介石心急如焚；第一戰區苦思制敵良策，建議以水代兵掘黃河，遲滯日軍攻勢。

在台兒莊大捷的鼓舞下，蔣介石原本想調集大軍準備在徐州擴大戰果，五戰區司令長官李宗仁卻敏銳地發現日軍集結重兵在魯南和蘇北，企圖南北夾擊徐州在該地與中國軍隊主力決戰。爲了避免被圍殲的危險，李宗仁說服蔣介石，果斷做出了放棄徐州的決定，以分段抗擊的方式向豫東和皖北撤退。這時日軍也以三個師團的兵力，從正東、東北、東南三個方向加強了豫東攻勢，以期截堵中國軍隊的後路，並攻佔開封和鄭州。

鄭州地處平漢、隴海兩路的交匯點，歷來爲中原重鎭，是兵家必爭之地。鄭州如果失陷，日軍不僅切斷了平漢、隴海鐵路，還可以沿平漢路南下，直接威脅當時的政治軍事中心武漢，摧毀國民政府的中樞機構。爲保鄭州、武漢和平漢路南段的安全，國民政府軍委會決定發動蘭封會戰。

蔣介石的意圖是先將北路土肥原第十四師團消滅，挫敵銳氣，然後逐一將進犯豫東之敵擊退。爲此，他調集了十三個精銳師近十五萬人參戰。

五月廿一日，日軍發動攻擊，雙方爭奪十分激烈，中國軍隊曾一度將二萬多人的土肥原師團包圍。但到廿九日，中國軍隊攻勢無甚進展。這時，由東南向西北進攻的日軍第十師團攻佔商丘，土肥原師團得到接濟，也轉守爲攻突出包圍，沿隴海線直撲蘭封。中國軍隊被迫後撤，轉向開封方面的防禦。

蔣介石對於自己十五萬精銳部隊卻未能殲滅被圍的二萬敵軍之事，十分震怒，謂此「在戰史上亦爲一千古笑柄」。他迅速將丟失蘭封、商丘的第八軍軍長黃杰、廿七軍軍長桂永清撤職查辦，將擅自撤出蘭封的第七十一軍八師師長龍慕韓處決。

六月一日，伴隨著主力部隊的撤退轉進，第一戰區長官部懷著沉重和失望的心情轉移到豫西古都洛陽。

北方戰況不利的時候，南方也沒有什麼起色。從一九三八年五月起，相繼佔據徐州、安慶、九江等要地的日軍，以三十五萬兵力沿長江南北兩岸五路西進，爲攻取武漢做準備。

隨著豫東戰事的發展，日本大本營擬訂了北方日軍攻佔鄭州後沿平漢線南下，配合南方江西日軍夾擊武漢的計畫。自從陶德曼調停失敗以來，惱怒的日本人一心想懲戒頑固不化的蔣介石，瘋狂叫囂軍事滅亡中國，攻佔徐州使華北和華東兩個戰場聯結起來後，他們更是得意忘形。日本大本營認爲攻佔漢口作戰是早日結束戰爭的最大機會，狂妄地宣稱，「只要攻佔漢口，進一步就能支配中國」。於是日本內閣舉行御前會議，決定進攻武漢和廣州，以便徹底打擊中國政府。

一九三八年六月，蔣介石下令炸開花園口黃河大堤

鄭州再也不能失陷了！鄭州失守，日軍就可西進威脅西安，南進則威脅武漢。最頭痛的還是日軍會選擇南進之線，從鄭州到武漢，一馬平川，無險可守。如果日軍機械化部隊沿平漢路南進，武漢不僅必定會失陷，就連爭取轉移的時間都不可能！抗戰局勢到了危急時分，各線的軍民都在苦戰，蔣介石對豫東的戰事深感不安，多次過問，電令第一戰區從速拿出阻敵西進的方案。

一戰區負責制定作戰計畫的參謀長晏勳甫自是心急如焚，日夜與幕僚們商議對策。第一戰區不乏文臣武將，然而，誰都清楚，敗軍之將，豈能言勇。況且，徐州戰場撤出的數十萬軍隊還沒有來得及進入新的陣地，事已至此，最好是早點考慮後事。

六月三日，日軍第十六師團攻陷杞縣、通許、陳留，與沿隴海線西進的土肥原第十四師團形成合攻開封的態勢。同一天，一戰區長官部召開軍事會議，研究禦敵大計。

會議由參謀長晏勳甫主持。副參謀長先向大家介紹了目前面臨的危急形勢，他說：「若我軍不能確保自黃河南岸起經鄭州到許昌之線，日軍不僅可以切斷平漢路鄭漢段的運輸和聯絡，而且此後南進可以威脅武漢，西犯可進逼洛陽和西安，那樣的話武漢不保，西南的門戶也大開。任由戰局照此發展，後果真的不堪設想。」

與會的將領默默地聽著副參謀長的陳述和分析，一個個眉頭緊鎖，愁容滿面。他們何嘗不知道形勢的嚴峻，何嘗不希望在危急時局中能力挽狂瀾呢，可是在這無險可守的茫茫大平原上，火力微弱士氣被挫的中國軍隊怎能擋住日軍的機械化部隊呢？對於自己的戰鬥力，各人心中有數，就在幾天以前，二萬日軍還硬生生地從十五萬中國軍隊的包圍中安然脫身了呢。

第一戰區司令長官程潛徵詢大家意見，然而誰也不說話，激憤的人空著急，畏懼的人繼續悲觀。見此情景，參謀長晏勳甫思索再三，主動打破了沉默。

晏勳甫的提議不僅打破了長時間的沉默，而且震驚了所有在座的人。晏勳甫語氣低沉，他說，是否可以考慮在必要的時候，將鄭州完全付之一炬，使敵人即使佔領鄭州也無可利用。如果要保全鄭州而且阻擋日軍的攻勢，是不是可以挖掘黃河大堤，雖然不可能將圍攻日軍淹斃，卻能把他們隔絕在豫東一帶，滯緩敵軍的追擊。

蔣介石最終決定「興水兵」以阻日軍，選擇在花園口掘開黃河大堤；黃泛區形成，日軍西進之勢受阻，戰線被迫拉長，黃河沿岸百姓橫遭水災之苦。

黃河是我國的第二大河，源自青藏高原上的巴顏喀喇山脈，東流經過川、甘、內蒙、陝、晉、豫、魯等省區，全長五四六四公里。其上游流經高原峽谷，水質清澈；由內蒙托克托縣河口鎮到河南孟津一段，穿行黃土高原，夾帶大量泥沙，水色渾黃；進入華北平原後，地勢平緩，水速減緩，泥沙淤積日甚，經常造成洪災。下游兩岸人民爲抗禦洪水，不斷加固和增高河防，以至形成河床高出地面的地上河，有的地段高出地面十多米。鄭州東面的花園口和趙口就是屬於這一類地區，一旦堤防崩潰，黃河水就會洶湧而下，給下游人民造成滅頂之災。

決口黃河以水代兵並不是晏勳甫的首創，其實，早在此之前，就有陳果夫、姚宗、何成璞、劉仲元、羅仁卿等人上書建議掘堤放水以阻敵，據說最早是在一九三五年華北事變的時候。

不少高級將領也曾經耳聞過，現在再次由人提出，即使知道此事的人依然聞之動容。與會者誰都知道這是效法壯士斷腕之舉，但這畢竟非同兒戲。水與火歷來是兵家慎用之物，雖然打起仗來槍炮也不長眼，但是一定程度上人還是可以控制的，水和火蔓延之處卻是任何的生靈都得遭殃。遲滯日軍的攻勢是可以達到的，但是犧牲有多大，卻沒有人能說清楚，誰能保證這個犧牲是值得的呢？弄不好，不僅要挨國人的罵，還會成爲千古罪人的！

與會的文臣武將心裏都在盤算，這也不失爲一個救急的對策，卻不急於明確表態。商震沉不住氣了，表示同意決口黃河的提議。程潛鑒於目前形勢，也附和晏勳甫和商震的話，並命晏勳甫組織人草擬決堤放水方案，立即呈報軍委會，待蔣委員長批准後即著手實施。

這時，蔣介石比第一戰區的將領更加著急。眼下東邊轉移來的人員、工廠雲集武漢，阻擋不了沿平漢路南下的日軍，怎麼去後方建國，又怎麼堅持抗戰啊？蔣介石更氣憤的是自己的部隊，想起蘭封會戰時十五萬中國軍隊竟然沒有圍殲兩萬日軍，他的牙就癢癢的。「一群廢物，統統都是飯桶！」在辦公室踱著方步的蔣介石突然怒火中燒，把剛進門來的秘書陳布雷嚇了一跳。

「報告委座，一戰區陳長官急電。」陳布雷碰見蔣介石發火的次數夠多了，他當然知道現在最好別打擾怒氣未消的委員長，但是這份電報的確事關重大，不然自己就不會親自來呈交了。

蔣介石今天的表現出乎意料，他沒有繼續發洩心中的怒氣，默默地接過電報，他正惦記著河南的戰況，況且他一向器重陳布雷，也不願意拿他當出氣筒。

蔣介石一眼就瞥見了電文中「決口黃河大堤」的字樣，一種異樣的感覺在心頭騰起。利用江河之水淹斃敵軍，乃是前人已有先例的戰法，早在一千七百多年前，蜀將關羽在襄陽堵口放水，將魏國於禁統率的七軍淹得七零八落。雖有先例可循，蔣介石依然不敢造次。那畢竟是一千七百多年前的事了，這一千七百多年時間裏真可謂是改天換地啊，決口黃河水淹日軍還會成為後人津津樂道的經典戰例嗎?大水一放，六親不認，所淹並非敵國，而是自己家園呀!他陷入冥思苦想中，不能大意，這不僅是關係著千萬人的身家性命，也關係著自己千古名聲啊!

然而，形勢不等人，開封陷落在即，南路日軍也在逼近鄭州，想同開封方面的日軍夾擊鄭州。第一戰區長官部一天數個電話催問請示。蔣介石踱來踱去，為向國人交代計，為個人名節急，他都要想出一個既能貫徹以水代兵方略又能同時保全自己名節的兩全之計。他忽然眼前一亮，想到大個子馮玉祥曾建議過掘堤放水。對，就把他推到前臺去!想到此，他坐回案前，匆匆在請示急件上批了「同意」二字。然後，在給第三十九軍軍長劉和鼎的電文中寫了這樣一段至關重要的話：

「為了阻敵西犯，確保武漢，依據馮副委員長建議，決於趙口和花園口兩處施行黃河決口，構成平漢路東側地區間的對東氾濫，該軍擔任趙口之決口，限兩日內完成。」

趙口和花園口均在河南南岸，河堤寬約八米、高約十米以上，平素是通洛陝的公路，比較堅固。六月四日，斜雨如線，天地混沌。劉和鼎三十九軍在中牟縣趙口河段掘堤，無奈趙口堤外沙灘阻隔，水流不暢，進展很慢。對此蔣介石心如火燎，斥責說，這次決口有關國家民族命運，沒有小的犧牲，絕沒有大的成就。在緊要關頭，切忌婦人之仁，必須打破一切顧慮，克竟全功。

此時，開封已失陷，日軍又進攻中牟，零星的炮彈不時在趙口附近爆炸，眼看決口計畫無法完成，長官部便下令西撤，把黃河決口的希望寄託於六月七日起在花園口掘堤的新八師身上。國民黨新八師師長蔣在珍回到駐地，立即挑選了八百多名身體強壯的士兵，開到花園口堤段，分兩班輪換掘堤，晚上用卡車燈光照明，連續作業，蔣在珍與幾個團長輪流到現場監工。

六月九日上午開始放水，後因水勢不夠大，又調來兩門平射炮轟擊，將缺口轟寬約兩丈，剎那間河水洶湧而下，造成河堤自行崩潰，次日大雨滂沱，河水流量驟增，滔滔黃河水似萬馬奔騰一瀉千里，洪水漫淹而下，豫東、皖北、蘇北數十縣一片汪洋。侵入豫東的日軍機械化部隊被淹於洪水之中，陷入水中，輕重彈藥損失重大，紛紛東撤，北渡。被困在中牟、尉氏的土肥原第十四師團，中島今朝吾第十六師團，依靠空投糧秣、藥品等給養以維持生命。我軍在此時出動飛機轟炸土肥原兵團，予敵重創。

花園口決堤，暫時擋住日軍西進之勢，緩解了軍事危局，使日軍不能實現北攻鄭州、南取武漢的企圖。它形成了百餘公里寬的黃泛區，迫使日軍改變了沿平漢路直下的戰略，而繞道合肥、安慶一線沿長江實行仰攻，並且只能

▶▶ 黃河決堤後逃難的老百姓

將輔助攻擊線放在大別山北側。這就讓日軍本來有利作戰的主力線變為不利，在越來越長的戰線上漸漸力不能支，使中國軍隊贏得了時間，轉移和準備新的戰力迎擊敵人。

在軍事上有所獲益的背後，卻是代價極為慘重的損失。日軍固然斃命水中，更多的平民百姓亦是難逃厄運。水勢所至，廬舍蕩然，生靈淹斃。據後來的統計，大水淹沒了河南、安徽、江蘇三省的四十四個縣，面積達五點四萬平方公里，受災人口一千兩百五十萬，其中淹死人口達八十九萬，並造成了連年災荒的「黃泛區」。花園口決堤拒敵，留給三省四十四個縣老百姓的，是一個流離失所、家破人亡的噩夢和慘絕人寰的大災難。

對於這一巨大災難，蔣介石也深為恐懼，不敢承擔。緊接著，他在六月十一日給程潛發一密電：「即到洛陽程長官〇四四八，密，須向民眾宣傳敵機炸毀黃河堤。」接著，中央社就發出消息，說日本飛機違反國際公法，炸壞黃河堤岸，使洪水氾濫，造成豫、皖巨大災難。同時還偽裝被轟炸現場，請外國記者前來報導。

四、方圓數千里的大會戰

日軍志在必得，蔣介石志在必守，武漢會戰拉開帷幕；「保衛大武漢」口號響徹長江兩岸，蔣介石親任武漢會戰指揮。

一九三八年初，日軍原計劃由豫東大平原南下，在皖北平原沿淮河西進，都因黃河決口而停止。不過，滔滔黃河水並沒有使侵略者的鐵蹄完全陷入泥濘中，它雖然阻止了日軍機械化部隊沿平漢路南下的迅猛攻勢，卻沒有改變日軍奪取武漢的決心。由北方進攻武漢的作戰計畫破產後，日軍又改變作戰路線，將主力南調，配合海軍改取東側陸路及溯江西上的進攻途徑，對武漢志在必得。

武漢位於長江中游，素有「九省通衢」之稱，既有長江水路聯絡東西，又有平漢、粵漢鐵路貫通南北。南京陷落之後，國民政府西遷重慶，但國民黨的政治、軍事、經濟中心仍在武漢。當時，中國共產黨在武漢也有代表團和八路軍辦事處。徐州撤退後，中國軍隊的主力也集結在武漢外圍地區，武漢成爲繼續指揮全國抗戰的樞紐。

一九三八年的武漢，是中國軍民由東部沿海轉移到西部山區進行長期抗戰的中轉軸。抗戰初期中國的機關、工廠、學校人口的西遷也是以武漢爲中軸，由東部沿海轉移到西部山區的。在北平、上海、南京等大城市相繼失守，大片國土淪陷的背景下，無論是從鼓舞民眾鬥志增強持久抗戰信心，還是從消耗日軍實力「苦撐待變」的國際戰略來考慮，國民政府和蔣介石都必須積極組織保衛武漢的戰役。

自盧溝橋事變以來，中國軍民的奮勇抗擊沉重打擊了日本侵略者的狂妄氣焰。到一九三七年底，侵華日軍已占其陸軍總兵力的三分之二，這使日軍統帥部深感行將陷入長期消耗的泥沼，嚴重地影響了北進（蘇聯）或者南下（奪取太平洋和東南亞）的計畫。爲了避免深陷中國戰場而無法脫身，日軍集中全力進攻武漢。昭和研究會提出的《關於處理中國事變的根本辦法》中指出，「爲了徹底打擊國民政府，使它名義上和實質上都淪爲一個地方政權，必須攻下漢口、廣東（州）以及其他抗戰中樞」。他們尤其重視漢口，認爲「首先爲了摧毀抗日戰爭的最大因素——國共合作勢力，攻下漢口是絕對必要的」。日軍統帥部攻佔武漢的意圖是「將蔣政權逐出中原，壓迫到邊陲地區，以取得戰略、政略的有利態勢」。

日軍新的作戰計畫是三路合圍武漢：江北一路由安徽陸路西進，意圖奪取河南信陽，截斷平漢線，再轉南穿越大別山和桐柏山，威逼武漢；一路沿長江上溯，直趨武漢；江南的一路也直逼武昌，隨時都可以得到江上部隊的支援。

對蔣介石來說，武漢勢在必守。鑒於之前南京保衛戰演變成甕中之鱉的慘痛教訓，考慮到武漢三鎮在地理位置上無險可守的實情，蔣介石與中國統帥部綜合採納了中外軍事顧問的建議，一改過去守城阻擊的作戰方式，把防守作戰重點放置在武漢外圍地區，「保衛大武漢」的口號一時響徹於整個大後方。跳出了一城之攻守戰圈子的武漢會戰，是以武漢爲中心，以鄂、皖、豫、贛爲廣闊戰場的大戰役。

蔣介石指示：在江南，以浙贛山區爲新成立的第九戰區的主戰場；在江北，以鄂豫皖交界處的大別山地區爲第五戰區的主戰場；統帥部留在武漢，居中協調指揮。從六月份起，保衛大武漢成爲了輿論的中心內容。各界民眾，國民黨上層的軍政要員和廣大愛國將士都不同程度投入了保衛武漢的戰役中。

一九三八年六月中旬至七月初，軍事委員會又制定和完善了保衛武漢的作戰計畫。國民政府保衛武漢的戰略構想是：華中地區，運用第五、第九兩戰區兵力，在武漢外圍節節抗擊敵人的進攻，換取至少四個月的時間，予敵以最大消耗，以粉碎敵人繼續進攻的能力，重點防禦江南地區。特別把重點放在外翼，爭取行動上的自由。

由此，部署重兵堅守馬當要塞，把日軍阻擋於鄱陽湖以東地區，阻止其溯江西犯；並且在武漢外圍部署主力軍，利用鄱陽湖和大別山以及長江兩岸丘陵、湖沼等有利地形進行阻擊。從南昌，九江，黃梅，鄂豫皖邊境的大別山一線爲第一防禦地帶，實施逐次抵抗；以田家鎮，廣濟，羅田，麻城，武勝關一線爲第二防禦地帶，進行決戰。第一、二、三各戰區仍以現在部署，守備華南海岸及華東、華北現有陣地，並積極發展游擊戰爭，以牽制敵向武漢轉用兵力。

蔣介石主持會議制訂武漢作戰計畫

蔣介石親任作戰總指揮，調集第五戰區、第九戰區和海空軍各一部，共約一百二十多個師、一百萬人，沿大別山、鄱陽湖及長江兩岸，組織防禦，準備作戰。除了在大別山區各要隘部署兵力，安設重炮準備迎擊陸路進攻的敵軍外，還在長江安設水雷，並在沿江兩岸要塞佈防，阻擋日軍循水路進攻。蘇聯援華志願航空隊也參加了這次會戰。

安慶、九江爲長江的江防要地，日軍進窺武漢，首先著眼於安慶。六月二日，日軍第六師團自合肥南下意圖奪取安慶。江淮地區時值梅雨天氣，加上道路破壞，擔任先鋒的阪井支隊前進緩慢。爲增強突擊力，日軍華中派遣軍改變策略，調遣曾駐防臺灣適應亞熱帶氣候作戰的波田支隊擔任溯江戰的先遣部隊，協同海軍沿長江進攻安慶。六月十一日夜，該支隊在大雨中偷襲登陸，十五日安慶淪陷，中國守軍楊森第二十七集團軍以一部在安慶西北集關等地繼續阻敵前進，主力則向太湖方向轉移。安慶失陷，爲日軍大舉進犯武漢建立了補給基地，從而拉開了武漢會戰的序幕。

日軍華中派遣軍攻佔安慶後，爲隱蔽沿長江西進的主要作戰方向，指示所屬進行欺騙宣傳報導，企圖引誘中國軍隊把注意力從日軍的溯江作戰轉移到江北陸地。在江北，阪井支隊於十三日佔領桐城後，奉命改變進攻方向，向中國軍隊大別山防線的前沿陣地潛山縣進攻。日軍長驅直入，連克潛山、石牌等要地，致使長江下游南京到武漢間第一道屏障——馬當封鎖線危急。

六月中旬，日本海軍艦艇開始用火力清除江面的魚雷，逐步向馬當要塞靠近。此時正逢當地一期抗日軍政大學班結業，廿四日，舉行結業典禮。受訓人員很複雜，除了防守湖口、馬當要塞的十六軍的副職軍官和排長外，還有馬當、彭澤兩地的鄉、保長。由於漢奸告密，日軍趁守軍各部隊主官（**凡上尉以上主官都有請帖**）參加典禮會餐之機，發起猛烈攻擊，於廿六日攻佔馬當。

自中日開戰以來，蔣介石就下令加固沿江各要塞防禦工事，馬當要塞工程更是歷時經年，國民政府投入了大量的人力物力。這個本來能鉗制和延緩日軍進攻的重要據點，竟然被敵人輕易地佔據了，消息傳來，蔣介石心中不由燃起熊熊怒火。指揮失誤的十六軍軍長李韞珩被撤職查辦，救援不力的一六七師師長薛蔚英被槍決。

最高統帥的怒火並不能阻止驕奢部屬繼續潰敗，正如他的嘉獎也不能讓彈盡糧絕的勇士繼續堅守陣地一樣。突破馬當要塞的日軍勢如破竹，一周時間裏連陷彭澤縣城、湖口要塞，與湖口唇齒相依的軍事重鎮九江頓時失去了屏障。讓蔣介石略感欣慰的是，中國空軍在此期間以漢口和南昌爲基地，連日出動攻擊安慶至湖口間敵艦艇，予敵重創。

持久抗戰的要訣在於因地因時制宜，靈活打擊敵人，不計較一城一池的得失。馬當要塞在短期失守，蔣介石的確很是失望，但他並沒有對勢必更加激烈的戰役喪失信心。針對一些消極言論，蔣介石在指揮武漢會戰期間還時常對外發表講話，聲明中國政府保衛武漢及堅持長期抗戰的決心，以正國際視聽。

七月十八日，蔣介石接見了英國《每日先驅報》駐華記者史諾，他說：「武漢必能堅守，而日軍後方，因中國游擊部隊日趨活躍之故，則將變爲前線。」對於尚未發生的事只能預測而難以左右，在做最好的期望的時候必須做好最壞的打算，蔣介石當然明白這個道理。回答外國記者提問的時候，他知道在什麼地方該退卻，他也知道怎樣才能安然退卻，「縱令武漢將來有不能守之一時，殊亦無損於抗戰之毫末；中國之目的固在長期作戰以消耗敵人力量，而獲得最後勝利，相信保衛武漢之戰，必使敵人遭受重大損失也。」

日軍的攻勢在繼續，五天後，波田支隊在姑塘強行登陸，廿六日攻陷九江。同日，長江對岸的江防要地黃梅小池口也告不守。至此，日軍已基本上突破了中國軍隊的主陣地。

中國軍隊在要塞九江一帶集中有數十萬軍隊卻敗不旋踵，一是由於當局固守九江的決心下得過於倉促，以致後勤準備不周，糧食補給困難；二是敗於軍紀不良，守軍派系混雜，官兵素質極差。第二兵團司令張發奎自稱「職由陽新徒步經瑞昌至九江時，滿月荒涼，殆絕人跡，民眾既失同情之心，軍隊自無敵愾之氣。」

方圓數千里的大會戰仍未擋住日軍強大攻勢，武漢失守；痛失武漢，蔣介石親發《為國軍退出武漢告全國國民書》；廣州淪陷，中國抗戰迎來戰略相持階段。

真正的大戰在八月展開。蔣介石調集了幾乎所有可以動用的部隊，日軍也調集了十個師團，後來又多次補充。中日雙方在以武漢爲中心的數千里範圍內，展開了一場空前規模的大戰。

在小池口登陸的日軍與太湖西進宿松之日軍匯合，進犯黃梅。八月三日，武漢上空爆發空戰，日機被擊落十一架，中方亦損失了七架。次日，黃梅淪陷，日軍攻向廣濟。江南的日軍在奪取九江後繼續西進，企圖切斷粵漢線，迂迴到武漢之南，從正面進攻武漢。蔣介石一面下令守軍依託河道、山脈力行抵抗，一面組織武漢的機關、人員、工廠撤退。

鄂東地勢南屏長江，北連大別山，無數河道由北向南匯入長江，其間遍地都是稻田，地形起伏縱橫，形成天然的障礙防線，易守難攻，中國軍隊終於在這一塊地方穩住陣腳。廖磊的第廿一集團軍以大別山爲根據地，頻頻向皖西和鄂東猛烈出擊，截斷敵軍交通線，威脅敵人後方，逼使日軍屢進屢退，一籌莫展。在江北，敵我雙方成膠著狀態。中國軍隊的猛烈反擊使日軍被迫收縮戰線，並一度收復太湖、潛山、宿松，直逼黃梅。中國軍隊防禦黃梅、廣濟地區的戰役，是保衛武漢的第一次決戰，對武漢的安全有重大的影響。戰役持續了一個月，蔣介石調集了川、魯、桂三省約六個軍的兵力，但因處處防禦，指揮不統一，難以相互支援，最後被敵人各個擊破，結果在九月上旬導致全線失守。

江南的日軍，進展也不順利。九江及鄱陽湖西、南地區，為九戰區屯兵之主陣地。八月五日，第九戰區在蔣介石「在德安、瑞昌一帶與敵決戰」的指令下，擬定會戰計畫，決定重點佈防沿江及南潯路，尤須固守田家鎮要塞，以主力控制德安、瑞昌以西及南昌地區，以保衛武漢。八月二十日，日軍第一〇一師團從湖口橫渡鄱陽湖，攻佔了星子城，然後繼續南下，企圖配合一〇六師團攻佔德安，爾後奪取南昌。對於江南的戰事，蔣介石是有信心的，因為在戰前就判斷日軍主攻方向是南路，所以在江南新成立的九戰區部署了重兵。

八月廿一日，蔣介石對倫敦《每日捷報》駐華訪問員任金生發表談話，說：「揚子江陣線之一，不久即將展開劇戰；此戰將為大決戰，吾人深信必能獲得較四月間台兒莊一役更大之勝利。日軍自欺欺人，妄以為攻下漢口，戰爭即可結束；須知即使漢口失陷，必不較去歲南京之失陷更可挫破中國之抗戰，何況吾人深信漢口必不致失陷也。日軍之困難，與日俱增，吾人將使其一敗塗地。」他特別強調了游擊部隊的作用：「戰事愈展開，流動之游擊部隊將愈占重要之地位。在未來保衛武漢之大決戰中，游擊隊將必有巨大之貢獻。」蔣介石所講的決戰之處當是指贛北了。

薛岳沒有讓蔣介石失望，第一兵團在廬山附近的金官橋、東西牯嶺、隘口街進行了卓有成效的持久防禦戰，硬是把南路大部分日軍拖在德安附近。九月間，在南潯線雙方都有顧忌，初期很謹慎，戰況沉寂。蔣介石下令把他的嫡系俞濟時第七十四軍調回長沙休整，兵團司令薛岳鑒於贛北各軍作戰時間更長傷亡更大，堅決拒絕把這支生力軍調走。後來，蔣介石又調六十四軍赴粵作戰，薛岳再次強留下該軍一個師。薛岳直言犯上，留下這兩支部隊，是有成效的，在九月中旬的瑞武路作戰和緊接著的萬家嶺大捷中，該部都發揮了重大的作用。

險要的地勢是至關重要的，幾個月來，中國守軍在鄂東、贛北的作戰充分說明了這一點。日軍爲排除其在水澤山區作戰面臨的戰術上的困難，打破膠著狀態，以迅速佔領武漢，華中派遣軍改變了原來的作戰計畫，八月中旬，另出奇兵兩路，由大別山的北麓平原西進：一路由合肥向河南的固始、潢川、羅山攻擊，直趨信陽，企圖切斷平漢線，迂迴武漢之北，進而從北面進攻武漢；另一路則由合肥攻擊六安、霍山，然後直搗商城，再轉南威脅麻城，與黃梅及江南之敵相呼應，對武漢構成大包圍的態勢。

▶▶ 蔣介石巡視設在武昌珞珈山的軍官訓練

在武漢會戰正酣之時，日本大本營又下達了二〇一號命令：「大本營企圖與進攻漢口互為先後，取華南敵後重要根據地，並切斷其主要對外聯絡補給路線；佔據廣州附近要地。」不難看出，日軍在武漢會戰的戰略意圖是，通過大包圍大迂迴戰略的實施，先從戰略上截斷武漢守軍的退路和外援，徹底動搖武漢守軍的意志，以最終形成對中國抗日主力部隊的合圍，達到與中國「速戰速決」的戰略目的和中國投降的政治目的。為此，日軍調集了其陸軍總兵力三十四個師中的大部分，其中以第二集團軍和第十一集團軍的共九個師的兵力為主，約廿五萬人，以及海軍及三艦隊，再加上空軍等，共有各型艦艇約一百二十艘，各型飛機約三百架。

日軍集中如此大規模的兵力圍攻武漢，蔣介石並沒有被嚇倒。九月十三日，蔣介石在漢口接見英國代表，英國代表向蔣探詢，中國在原則上可否同意在漢口設安全區，並面陳日本所提之苛刻條款。蔣介石予以堅決地回答說：「凡有中國軍隊駐守的地方就是安全區。」斷然拒絕日方無理要求，並強調指出：「中國抗戰是自衛，也為保衛國聯盟約，英國既同為會員國，應徹底與中國合作，驅逐此人類公敵；此種無理條款，英國根本不應轉遞。」

武漢外圍陣地一步一步緊縮，到十月初，各要塞基本上都被攻破，撤退只是遲早的事了。就在這個時候，薛岳兵團在萬家嶺一帶作戰，殲敵三千多人。但在日軍的反撲下，萬家嶺最後失陷。局部的勝利並不能改變戰略上的被動和整體的劣勢。由於日軍在長江兩岸和大別山北麓已形成對武漢的三面包圍，同時在廣東方面，日軍二軍又在大亞灣登陸，十月廿一日侵佔了廣州。中國軍隊於十月廿五日撤出武漢，五戰區部隊向平漢路以西的隨縣、沙洋一帶轉移；九戰區部隊退守岳陽、通城和修水以南地區。日軍於十月廿五日至廿七日先後佔領漢口、武昌、漢陽。

武漢棄守前夕，蔣介石於廿四日偕宋美齡飛往湖南衡陽之北的南嶽，但因飛機迷失方向，又轉回漢口。廿五日晨八時許，換乘飛機，始到南嶽。同日蔣電武漢撤退前破壞可資敵用之一切設施，這樣，武漢燃燒了兩天。

再次離開武漢的時候，蔣介石是很痛心的。是啊，動用了一百多萬的兵力，武漢還是淪陷了！「保衛大武漢」的口號聲依然在耳邊迴響，幾個月前怎麼都想不到會如此狼狽地離開的！蔣介石又想起就武漢的防守而召開的那次會議，當時有人認爲武漢在政治上不如南京、軍事上不如徐州、經濟上不如上海、文化上不如北平，既然那四大重要城市都已經放棄，武漢也沒有什麼固守的必要。他清楚地記得自己是怒氣沖天地訓斥過那個人的。現在，武漢失陷了，不管是從澄清疑問還是鼓勵繼續抗戰著想，作爲最高統帥都有必要給國人一個明確的交代。

十月三十一日，蔣介石發表《爲國軍退出武漢告全國國民書》，對於爲什麼保衛武漢和從武漢撤退作了說明：

「保衛武漢之軍事，其主要意義原在於阻滯敵軍西進，消耗敵軍實力，準備後方交通，運輸必要武器，遷移我東南與中部之工業，以進行西南之建設。蓋唯西北西南交通經濟建設之發展，始爲長期抗戰與建國工作堅實之基礎，我唯西北西南交通路線開闢完竣，而後我抗戰實力及經濟建設所需之物質，始得充實而供給不虞其缺乏。今者我中部及東西之人力物力多已移植於西部諸省，西部之開發與交通建設，已達初步基礎。此後抗戰，乃可實施全面之戰爭，而不爭區區之點線。同時我武漢外圍五月之苦戰惡鬥，已予敵人莫大之打擊，而樹立我民族復興之自信心，與發揚我軍攻守戰鬥再接再厲之新精神。故我守衛武漢之任務已畢，目的已達。」

對於戰局的階段轉換，蔣介石也作了預測，他認爲「吾同胞應知此次兵力之轉移，不僅爲我國積極進取，轉守爲攻之轉機，且爲徹底抗戰，轉敗爲勝之樞紐。」

爲了表明中國的不妥協態度，爭取國際的援助，蔣介石電令駐美大使胡適將此文有關持久戰部分譯成英文交羅斯福看。不久，日本又發表關於建立東亞新秩序的聲明。美國終於十二月十五日正式批准「桐油借款」兩千萬美元給國民政府。

武漢會戰的戰線之長，時間之久，兵員之多，規模之大，犧牲之重，是抗日戰爭中其他任何戰役不能比擬的。在會戰過程中，中國軍隊動員一百二十多個師，約一百萬人，傷亡、散失約六十萬人。日軍傷亡、失散、被俘人數二十萬人，染病十五萬人。以上數字，各家所說不盡相同，但有一點是無可懷疑的，即是抗戰以來，日軍遭受損失、付出代價最大的一役。

歷時四個半月的武漢會戰，爲完成中國抗日大軍的戰略轉移，和西南大後方的部署贏得了時間，從而爲堅持長期抗戰打下了基礎。國民政府在武漢組織的英勇抗戰贏得了民眾的擁護和支持。

但是在幾乎與武漢同時淪陷的廣州，國民政府的威信卻一掃及地。

在許多人的想像中，廣東是抗戰後方的重要根據地，當局必有精密的佈置，日軍來犯萬難得逞。雖然十月二十日有日軍在大亞灣登陸，但大亞灣離廣州較遠，其間山嶺河道縱橫交叉，可憑之堅守，即使國軍失敗，退到廣州，至少也在兩三個月之後。誰知不過半月，廣州竟淪陷日軍手中。廣州淪陷使粵漢鐵路的戰略價值發生了變化，武漢開始失去其重要性，加速了蔣介石撤離武漢的決定。

十一月二日《申報》報導了廣州失陷的真相：「廣州的失守是出乎意料的荒唐的。實際上，守軍並未抵抗，而且日人在漢奸的領導下抄了近路，等到兵臨城下，發覺早已不及。而當局者始終含糊馬虎，一點也沒部署。」

其實，早在日軍進攻大亞灣前，廣東省主席吳鐵城已獲悉日軍動向，並先後數次電告蔣介石，甚至指出，日軍極有可能在十月十一日前後動手。但是，蔣介石似乎未爲所動。結果，日軍果然在十月十二日攻佔大亞灣，余漢謀部本已備戰不力，倉促應戰後立即撤退。

廣州失守真相見於報紙，引發國人一片唏噓與憤憤之事。蔣介石在強大民意推動下，親自調查處理廣州失守重案，嚴懲了一批怠忽職守、貪生怕死之輩。

武漢會戰後，日軍戰略進攻之勢從此衰落，深陷於對華戰爭的泥淖而不能自拔。日本帝國主義速戰速決的戰略至此完全破滅，妄圖不戰而屈人之兵的幻想再一次破滅。中國抗戰至此，第一期抗戰，即日本的戰略進攻與中國的戰略退卻，到此結束，轉入第二期抗戰，即戰略相持階段。

第三章　應對複雜的國際環境

一、爭取抗戰盟友

爭取國際干涉受挫，中國抗戰陷入孤立境地。蔣介石決心堅持抗日，「不論時限，抗戰到底」。

自中日戰爭全面爆發以來，蔣介石一直寄希望於英美等國「主持公道」，期望他們出面干預和制止日本侵略。他在同外交部長王寵惠的談話和給資深外交官顧維鈞的電報中都強調：「現在局勢只有各關係國尤其是美英兩國之合作，可挽危機。」

一九四〇年七月八日，蔣介石對美國廣播

為此，國民政府於一九三七年七月十三日在國聯提出第一聲明書，要求國聯對日本侵略採取必要行動。七月廿一日，蔣介石接見英國駐華大使許閣森，希望其轉達國民政府意圖，促使英美兩國出面斡旋。七月廿五日，蔣又接見美國大使詹森，希望美國出面制止日本侵略。八月，他下決心在淞滬地區打一場大仗，動機之一也是想推動英美等國改變「不干涉」的中立態度。

八月十四日，國民政府自衛聲明中，還有籲請英美各國「在其鄭重簽訂之國際條約下各盡其所負之義務」的話。但是令蔣介石失望的是，此時國際上尚對中國的抗戰採取作壁上觀的容忍態度。美國和英國均未對日本採取實質性行動，對日本侵略和挑釁的行動，也予以容忍。

英美等國對日本的侵華戰爭，當然並不贊成，因為這直接損害了他們的在華利益。但是在蔣介石這個現實的朋友和日本這個潛在的敵人之間，他們更怕觸怒日本，不僅不肯為中國而捲入戰爭，甚至在九月取消了賣給中國的飛機、軍火的協定。他們是想既維護自己在中國和東南亞地區的利益，又在一定程度上犧牲中國以滿足日本的侵略要求，然後「和平解決」中日爭端，從而把日本帝國主義這隻貪婪的惡狼引向社會主義蘇聯。

八月廿六日，有消息說蔣介石將與英國大使許閣森一起前往上海，日本為了除掉蔣介石，不惜得罪英國，出動飛機轟炸。蔣介石因為臨時有事改變行程逃過了一劫，英國大使許閣森卻被炸傷。蔣介石對此頗為關注，在當天日記中寫道：「此事未知英國取何種態度，或與全部戰局勝負有關。」他深深地希望日軍的這次直接挑釁能使英國改變對日態度，進而支持中國。意想不到的是英國竟然如此的大度，在日本作出道歉和賠償的表示後，英日再次握手言歡。此後不久，英國商船又在蕪湖江面被日機擊沉，瓢蟲號軍艦也遭到日軍炮擊。已經走上綏靖之路的英國對此仍是接受道歉和賠償了事。面對已經走上了戰爭軌道的日本，張伯倫執政的英國徹底把蔣介石給拋棄了。

九月四日，蔣介石在接見美聯社記者時，呼籲國際輿論：「我國抗戰，非僅為中國本身之存亡而戰，亦為維護世界之和平而戰。制止日本之侵略行為，乃為九國公約與非戰公約簽字國及國聯各會員國之責任。」

同時，宋美齡也於九月十二日在南京發表了對美講話。她氣憤地控訴了國際社會的混亂和不公道：「如果西方各國，對於上述種種，漠不關心，我們……埋頭苦幹的中國人，將盡我們力之所至，抵抗到底。我們將奮鬥到最後勝利或最後的慘敗。縱使大好河山悠遠歷史，都染上了鮮紅的血液，或毀滅在猛烈的烈火之中，亦所不惜！」賢內助的抗戰決心更大，這無疑也影響到了蔣介石的決心。

但這些聲明和呼籲如石沉大海，杳無回音。美國甚至在九月十四日，聲明對中日之間使用「中立法」，任何爭端不予過問。對這種爲虎作倀的做法，中國政府當即向美國提出抗議。事實上，自七七事變以來，蔣介石和國民政府沒有從英美等西方國家獲得任何軍事方面的援助，反而一再被他們勸說：從速與日本「和平解決」，以利國際通商。當英國將少數飛機高價賣給中國時，卻不允許提供飛機所必需的機槍；在香港裝配並飛出的三架飛機，都被裝扮成救護機的模樣，還要中國擔保將來不供作其他用途。而美國政府當時對日本的許諾是，不准美國船隻運輸飛機去中國。後來，美國將一架波音飛機賣給中國還不得不借道澳大利亞，但澳總理卻表示拒絕其出境去華，並將此事通知日本總領事館。當時宋美齡的顧問端納嘆息道：「（中國）因對條約與國際法的信念與國聯勢力及英國等信譽之依賴過深，卒成重大的犧牲。」

一九三七年九月廿四日，蔣介石以行政院院長的身分召開記者招待會，要求美國改變國策，他說：「此次中國抗戰，不僅關係中國本身之存亡，且亦爲九國公約及國聯盟約伸張意義。因此，九國公約簽字國及國聯會員國，均應遵守其義務，對於中國之奮鬥加以援助。尤其美國爲華盛頓會議召集者，而九國公約及國聯盟約之訂立係屬美國之力，故其責任尤爲重大。」但美國當時並不理睬。

就在這一天，繼平津淪陷後，華北重鎮保定也告失守；上海方面，中日軍隊展開了曠日持久的拉鋸戰，戰鬥更加激烈。中國方面顯然處於十分不利的地位，對於這場雙方都沒有宣戰的戰爭將持續多少時間，新聞媒體表現出了很大的興趣。是啊，國際上對於這場戰爭作出的幾乎都是悲觀的估計，誰都不相信中國軍隊能夠在強大的日軍面前支撐三個月，前途真的是如此的慘澹嗎？記者們特別希望聽到中國最高領導人的判斷，至少可以知道中國有沒有信心有沒有決心進行抗戰！

面對記者的提問，蔣介石沒有猶豫，平靜地回答「沒有時限」，而在一九三六年十一月時，他的估計是三年。他說：「中國抵抗日本之侵略，並無時限。在日本侵略繼續進行中，戰爭勢難終止。中國已不能容許日本軍隊以壓力加諸中國。」「不論此次戰爭延長至何日，中國已有無限制抵抗之能力，因中國實一潛力無窮、財力無窮之國家也。日一旦對中國海岸之封鎖，或將給他國極大打擊，於中國則影響極微也。」前途的確不明朗，但並沒有外界估計的那樣暗淡，蔣介石無疑是在說事情仍然大有可為，他也在進一步表示抗戰決心，並做好被封鎖的準備。

十月三十日，蔣介石在蘇州昆山公園對參加淞滬會戰的左翼軍各將領發表講話，充分肯定了近三個月抗戰的成績，勉勵眾軍將士不懼犧牲，存必勝之心，作持久之戰。

當然，他仍然對國際出面干涉日本的侵略行為寄予希望。他說：「現在各國之同情我們，贊助我們，這就是我們官兵兩月半以來抗戰犧牲的結果。目前九國公約會議即將召開，倭寇顯已成為舉世所共棄的國家了！如果我們再能堅持三四個月，則我們軍民的精神愈益發揚，我們國家的地位愈益提高，國際對我們的同情愈益深切，而倭寇武力的破綻和其野蠻殘酷的暴行愈益表露於世，則國際形勢的轉變，將更不利於敵人！」

在十一月一日召開的一次緊急會議上，蔣介石就認爲只要能在上海撐下去，九國公約國家就有可能出面制裁日本。因此，他不顧當時已經發出的陣地轉移命令，而是要求前線官兵做更大努力，「在上海戰場再支持一個時期至少兩個星期，以便在國際上獲得更有利的同情和支援」。但是淞滬戰場形勢已經急轉直下，我軍已陷入十分不利的境地。蔣介石被迫於十一月八日向第三戰區頒佈了撤退的命令。但幾天的「堅持」，不僅增加了部隊的傷亡而且引發了前線的混亂，部隊也沒能順利撤到第二線去佈防，這又是蔣介石始料未及的。

中國軍隊被迫從上海撤退的時候，九國公約會議正在比利時首都布魯塞爾召開，蔣介石在十一月十一日給九國公約會議致電說：「中國軍隊自上海撤退，乃戰略關係，且爲長期抗戰之計，中國主權若一日受威脅，則中國軍隊即當繼續抗戰一日。」又說：「吾人爲長期抗戰起見，已將軍隊自上海租界毗連區域撤退，此乃戰略上必要之舉，吾國政府與國民務當抗戰到底，咸已具有決心，暴敵實無以動搖之。至以九國公約而論，吾人無論如何必當信守不渝，而對各簽字國覓獲公平解決方案之努力，我深信其不致擲諸虛牝也。」

由於美英對中日戰爭採取「中立主義」的立場，防止捲入遠東危機並極力避免其應承擔的責任，結果，布魯塞爾會議只能是空泛地對中國表示同情而已。布魯塞爾會議的失敗，產生了極爲有害的後果，造成了一種惡性循環：侵略者愈強硬，人們愈妥協；人們愈軟弱，侵略者氣焰愈烈。同時，會議的失敗也表明，自《九國公約》、《非戰公約》簽字以來，美國所宣導的集體安全政策已經破產。

一九三七年底至一九三八年二月，美國的「中立立場」表現的更爲徹底。一九三七年十二月，日機炸沉美艦帕奈號及美孚油輪，美國士兵三人死亡，十七人受傷。但此時，美國卻不敢向日本興師問罪，經過交涉之後，美國接受了日方的道歉及數額僅爲二百萬美元的賠款。美國方面甚至認爲，事件的處理，「顯示了兩國政府的明智和卓識」。

不難看出，列強之間也是以實力爲據，也是欺軟怕硬！一九三八年十二月廿五日，國民政府以桐油爲擔保，始向美國借得二千五百萬美元，除此之外，在一九三九年以前，國民政府再也沒有從西方得到其他實質性援助。

與對中國的態度不同，從「七七事變」到太平洋戰爭爆發期間，美國一直是日本戰略物資的主要供應點。當時的美國國務卿曾直言不諱地承認：「日本的侵略得到了我國的支持。這種侵略行爲不但得到了我國的支持，而且我們的援助是如此有效，如此舉足輕重：如若斷絕援助，這種侵略就可以被制止和停止。」

在初期的抗戰中，被英美拋棄了的蔣介石陷入十分艱難的境地。在日本著手具體實施它的「東亞新秩序」既定計劃，而美英等民主大國安然推行綏靖政策的時候，國民政府的西方朋友，主要是傳教士，掀起了一場要求他們的政府停止向日本提供軍事物資的運動。這些傳教士利用一切機會強調蔣介石政府中的大部分官員畢業於基督教學校，在信仰上皈依了上帝。基督教傳教士幫助美國維繫了它同中國人民的「友誼」，掩飾了華盛頓正充當日本侵略幫兇的不光彩角色。

蘇聯主動援華抗日但拒絕與日全面交戰，蔣介石深感失望；蘇聯軍隊暗中支援中國戰鬥，局部戰場初有改觀。

中國人民不是孤立的，北方鄰國蘇聯伸出了援助之手。無疑，蘇聯此舉是具有遠見和膽識的。一九三五年華北事變以來，日本侵略中國的意圖進一步暴露，為了營造一個有利的國際環境，特別是獲得國際的援助，蔣介石主動改善了同蘇聯的關係。盧溝橋事變發生後，英美等國的曖昧態度使蔣介石進一步與莫斯科靠近，在國民政府的積極努力下，一九三七年八月二十日，中國與蘇聯簽訂了《中蘇互不侵犯條約》，奠定了蘇聯援華抗日的政治基礎。一九三七年九月初，蘇聯運往中國的戰鬥機有七十二架，轟炸機五十四架，以及大量大炮和彈藥。十一月一日，中蘇雙方又簽訂五千萬美元借款協定。並於一九三八年、一九三九年兩次簽訂信用貸款，總額共計兩億美元。

中國抗日戰爭前期，當英美等西方大國對日本的侵略採取綏靖政策時，蘇聯給予中國的援助不僅及時而且作用巨大，它幫助中國抵擋住了日本的戰略進攻，使日本侵略者深陷中國戰場而不能自拔。

不過，蔣介石最希望還是蘇聯能直接出兵對日作戰。「七七事變」後，日本逐漸暴露出全面侵華的意圖。蔣介石加緊了與蘇聯的交往，八月下旬，國民政府派出軍事代表團赴莫斯科訪問，目的十分的明確，就是獲得蘇聯的軍事援助。行前，蔣介石親自召見了代表團團長楊杰。蔣介石特別叮囑，希望蘇聯能夠不斷接濟中國軍用品，如飛機、高射炮、坦克車、汽油等，不過這只是最低的希望。

代表團最主要的任務還在於促進蘇聯參戰，達成互助協定。蔣介石對代表團此次出訪寄予了殷切的希望，在接見的最後，他勉勵楊杰道：「此行任務艱巨，關涉我國抗戰全局，希望你與各位代表竭誠而爲，萬不能辜負黨國之厚望！」這就是說，楊杰率團赴蘇的任務不僅是爭取蘇聯的軍火物資援助，更進一步的任務則是同蘇聯簽訂互助條約，促使蘇聯出兵對日作戰。

當日本發動全面侵華戰爭時，「終必與蘇聯一戰的念頭是始終未忘的」。蘇聯的情報機關已經得到消息，日本在積極準備發動全面侵華戰爭的同時，也在加緊醞釀其「北進」蘇聯的計畫。在西方，德意法西斯的侵略行動也在緊鑼密鼓地進行。一九三六年三月，德國破壞凡爾賽和約的規定，進入萊茵非軍事區，五月，義大利佔領埃塞俄比亞，這也同樣威脅著蘇聯的安全。

由於德、意、日法西斯日漸猖獗，蘇聯深深地感到侵略成性的法西斯國家「過去和現在都在執行一種具有極大挑釁性的對外政策，蓄意製造和惡化國際關係中的緊張形勢，這種政策的特別突出之點就是反對蘇聯」。更爲險惡的是一些標榜國際正義與和平的民主大國推波助瀾，希望法西斯的禍水淹沒赤化的蘇聯。蔣介石正是從這裏，看到了獲得蘇聯援助的希望。

八月七日，日本五相會議指出：「陸軍軍備以對抗蘇聯在遠東所能使用的兵力爲目標，尤其要充實駐在滿洲的兵力，使其能在開戰伊始，立即對蘇聯遠東兵力予以痛擊。」會議的內容本來是嚴格保密的，但是蘇聯還是從秘密管道獲得了一些隻言片語的內容。計畫雖然保密，意圖卻是盡人皆知的。日本報紙、書刊就明目張膽的爲其擴張和對蘇作戰進行鼓動宣傳。日軍也頻頻向蘇方挑釁，僅一九三六年蘇聯邊防部隊就扣留了日本間諜一百三十七人。一九三七年六月，關東軍已經「以準備對蘇作戰的觀點來觀察目前中國的形勢」。太陽升起的地方烏雲滾滾，濁浪滔天，史達林怎麼可能視若無睹，坐以待斃呢？

爲了避免遭受東西兩面夾擊，集中力量重點防禦西方，蘇聯必須緩和東方危機，避免與日作戰。唯一的辦法只能是依靠獨自與日軍糾纏數年並已開始全面抗日中國，來牽制日本侵略勢力。中國抗戰對於蘇聯遠東安全的重要性，莫斯科是十分清楚的。

蔣介石素來把日軍的侵華行爲與破壞遠東秩序以至整個東亞力量格局聯繫起來考慮，對於蘇聯的顧慮，他也是心中有數的。也正因爲此，他才會有頻頻要求蘇聯出兵的底氣，甚至在陶德曼調停期間，以被迫與日妥協加入有反共協定的軸心國相威脅。蔣介石深諳「以夷制夷」之道，懂得利用列強間的矛盾求生存之理。加之在這個滄海橫流時局動盪的年代中，中華民族已經爆發出了百年的積憤，展示出新的生氣。

不過，既然蘇聯的顧慮不只是一個日本，史達林的決策就不會完全令蔣介石滿意。果然如此，蘇聯雖然積極援華抗日，但堅決拒絕與日作戰。

盧溝橋事變前，蔣介石就多次提出希望蘇聯對日出兵的問題。事變後，中國要求蘇聯出兵抗日的願望日益迫切，甚至認爲「蘇聯不介入，中國就會失敗」。對此，蘇聯先是藉口時機尚未成熟，表示如果中國抗戰到了生死關頭，「我當出兵，決不坐視」。但是，這僅僅是一張空頭支票，南京淪陷後，蘇聯的允諾沒有兌現，仍是按兵不動。十二月，史達林和蘇聯國防委員會主席伏羅希洛夫致電蔣介石，正式拒絕對日作戰。即使後來蘇聯被迫在張鼓峰和諾門檻與日軍發生戰爭，但不久就迅速簽訂了停戰協定。直到後來歐洲戰爭即將結束時，蘇聯才改變這一立場，表示在歐洲戰事結束後，有條件地出兵抗日。不過，時過境遷，蔣介石已經不歡迎了。

儘管爭取蘇聯全面軍事介入的努力未獲成功，蔣介石還是成功地獲得了蘇聯局部的暗中的軍事支持。淞滬戰役後，中國空軍幾乎喪失作戰能力。在中國急需獲得空軍作戰人員之時，蘇聯應國民政府之請，果斷地派遣空軍志願人員參戰。整個抗戰期間，蘇聯先後共派遣了兩千名空軍志願隊員來華作戰。他們爲中國的抗日事業做出了重大貢獻，有二百多名官兵爲之獻出了生命。

在承擔作戰任務的同時，蘇聯應國民政府的邀請，還在蘭州開辦大型的空軍訓練基地，在伊犁創辦航空學校，由蘇聯軍事專家擔任教官，對中國飛行技術人員進行強化訓練。另外，從一九三八年開始，蘇聯派出大批軍事顧問來華，這些顧問都經過嚴格挑選，擁有豐富的作戰經驗和軍事理論素養，他們對中國軍隊的戰術訓練、掌握現代化武器的技能，以及某些戰略計畫的制訂都作出了有益的貢獻。

國際社會冷遇中國，蔣介石深感憤怒；大敵當前民族存亡之際，中國只能獨自抗戰到底。

自盧溝橋事變之後，對於中日之間的戰爭，英美等國均是不聞不問，只是幾句敷衍的公道話而已，故從客觀上縱容了日軍對華侵略。所謂國際正義，也不過是用來騙人的幌子而已。關鍵時刻，決定國際主體行爲取向的只能是各國的切身利益。蔣介石當時對此國際上的冷遇深爲感慨。

「九一八」事變後，眼睜睜地看著東北大好山河淪於日軍鐵蹄之下，蔣介石終於意識到日本的貪欲是無法滿足的。在舉國一片譴責聲中，蔣介石也開始考慮怎樣處理中日關係，他隱隱預感到中日之間一場戰爭似乎是不可避免的，必須儘早思考對策。

蔣介石不時也激動地提出「如日寇相迫過甚，吾必與之一戰，以存我民族之氣」。當然，他希望戰爭來得越遲越好。所以在「九一八」事變後很長一段時間內，他並沒有認真抗日，而是在頑固地推行他那個「攘外必先安內」政策，由於張學良和楊虎城在西安的兵諫，使蔣介石在「西安事變」中，在國民黨五屆三中全會上，勉強順應了中國共產黨團結抗戰的召喚，使得抗日民族統一戰線能初步形成。

此時中國共產黨爲了建立抗日民族統一戰線，多次調整自己各方面的政策，實現了從「抗日反蔣」到「逼蔣抗日」，最後到「聯蔣抗日」的根本轉變。隨著日本對中國侵略的加深，中華民族面臨亡國滅種的危險，國民黨本身到了生死存亡的關頭，值此內外交困之際，蔣介石在民族主義大潮的影響下，最後接受了建立抗日民族統一戰線的主張，有條件地改變了一些對共產黨的政策，使全民族的抗戰得以堅持下來。

一九三七年的抗日戰場血肉橫飛，慘不忍睹，在短短半年的時間內，兇殘的日本鬼子就佔領了華北華東大片河山。在佔領首都南京後，狡猾的侵略者居然想以軍事上的得手壓迫中國投降，分化抗日陣營的力量。一九三八年元旦，蔣介石辭去了行政院院長兼職，專任軍事委員會委員長之軍職，以表示抗戰的堅定決心，並在隨後的團拜會中發表了如下講話：

「抱定堅忍不拔之志，以打破日寇威脅利誘之政略，與其屈服而生，不如戰敗而亡。雖目前國際形勢，變化無望，我們務必一本原定方針，忍痛奮鬥到底。凡事若不半途而廢，則到最後，必為有志竟成，故不患國際形勢不發生變化，而患我國無持久抗戰決心。」

蔣介石在當天的日記中寫道：「國際正各自擴張軍備，而表面則競言和平。當此之時，我人對於外交，斷不宜作依賴任何一國之想，務必力圖自存自立。」

此時正值陶德曼調停的最後階段，日本已經開始逼降，一月二日，蔣介石對此嚴詞拒絕：「倭寇所提條件，等於征服與滅亡我國；與其屈服而亡，不如戰敗而亡。」

一月十六日，近衛發表聲明，不以蔣介石國民政府為對手，開國際慣例之先。國民政府發表嚴正聲明，指斥日本侵略，宣告竭力維護領土與主權完整。

二月五日，蔣介石將在三年半之前的一九三四年七月於廬山軍官訓練團所講演的《抵禦外侮與復興民族》講稿交付報章發表。在這篇演說裏，除詳細敘述對付日本全面侵略戰爭的防禦戰略之外，並預言日本必定會吃敗仗。

選在這個時候將演說稿公佈於眾，正是國民政府對近衛聲明最好不過的答覆：中國戰而必勝，日本戰而必敗！

二、戰時與日密談

為緩解壓力逼華速降，日本示意德國出面「調停」；為推遲惡戰積蓄實力，蔣介石接受調停。中日本無談判誠意，國民政府堅拒「議和」條件，陶德曼調停終告失敗。

盧溝橋事變後，蔣介石一直呼籲英美等國支持中國，制止日本侵略。但令他失望的是，這些經常因爲中國的民眾運動而驚詫的友邦在自己最需要援助的時候，一個個都打起「不干涉」的旗幟，對日本的侵略置之不理，對中國的求援和災難無動於衷。國際正義、國際友誼也有僞善的一面，強權就是公理，友誼就是有被利用的價值，蔣介石深深感受到實力在國際生存中的重要性。

好在中國已不是清末的中國，中國人民的抵抗出乎意料的激烈，戰爭爆發後兩個多月以來，日本雖然不斷增兵，不僅毫無結束的跡象，而且事態愈來愈擴大，天皇還有陷進泥潭的危險。蔣介石著急的時候，日本人並不比他輕鬆多少！

前線依然在激烈地戰鬥，侵略進攻的一方囂張狂妄，竭力去實現三個月滅亡中國的迷夢；防守抵禦的一方慷慨悲壯，發誓要挽狂瀾於既倒，扶大廈之將傾。烽火硝煙視死如歸，一方是爲了虛無縹緲的武士尊嚴和天皇榮耀，一方是力爭實實在在的國家生存和民族延續。就在前線雙方的將士拚個你死我活的時候，後方的政治家卻準備握手言和，雙方都把企盼的目光投向勢頭正旺的德國。

德國駐華大使陶德曼

日本基於和英美的矛盾，想排除英美插手中日之間的爭端；另一方面爲了避免陷於持久戰的泥沼，十月一日，日本內閣四相會議決定在「軍事行動取得成果與外交措施得宜的配合下儘快結束」戰爭。這樣，在中日戰爭激烈進行之際，日本示意歐洲盟國德國出面「調停」，他們已經準備在反共的旗幟下永結同心，以他們爲軸心重建世界新秩序。

日本人看到了德國在中國的巨大商業利益，中德兩國政府間「良好」的外交關係，加上德國又是自己的盟友，自當竭盡所能照顧日本的利益，對於這樣理想的仲介人又怎能放棄呢？

德國此時也樂於扮演「調停」的角色。自二十世紀二十年代以來，德國一直同國民政府保持著密切的關係。蔣介石的大部分軍事顧問和武器都來自德國，當然德國也從中國獲得了自己缺少的工業原料和外匯。日本人發動全面侵華戰爭後，德國一直面臨兩難的選擇：如果支持中國，就會得罪日本，這有損於法西斯的全球戰略；但支持日本，又會損害在華利益。但更重要的是，此時希特勒正野心勃勃地想挑起歐洲戰爭，因此希望日本在遠東保存實力，以牽制蘇聯，必要的時候給英法在遠東的勢力範圍以致命一擊。心心相印的德、日終於沆瀣一氣，狼狽爲奸，共同對中國政府實施勸降和逼降活動。

由第三國出面接洽中日直接談判，是國民政府的一貫政策。盧溝橋事件發生後，在和與戰之間的抉擇上，國民黨內部實際上是有分歧的，外交部的態度比較悲觀，政府裏汪精衛等一撥人也大肆散佈消極言論，軍方的何應欽等也有許多顧慮，希望緩戰。這些必然會影響蔣介石的態度，所以國民政府一方面表示了抗戰的意向和決心，另一方面又企圖將盧溝橋事件作爲局部衝突，謀求外交上的和平解決。八月份，蔣介石就約見過德國大使陶德曼，提出希望德國出面調停。九月初，蔣介石又派蔣百里赴德國和義大利，促請希特勒和墨索里尼派代表斡旋中日直接談判，德國也表示會把握時機居間調停。

蔣介石如此寄希望於德國是有原因的，德國一直是他嚮往和學習的國家。一戰後割地賠款

蔣介石、宋美齡以茶會招待戰時公債勸募委員

備受懲罰，但是不出幾年，德國就迅速擺脫了任人宰割的困苦境地，再次成爲歐洲以至世界都舉足輕重的國家。德國的鐵腕人物俾斯麥、希特勒等令他心折，統治欲極強的他又何嘗不想在國內能一言九鼎，在國際上也擲地有聲呢？

與日本直接談判，在一定程度上謀求中日關係的妥協，力圖避免和儘量延遲中日戰爭的發生，是國民政府的一貫方針，這也是蔣介石接受陶德曼「調停」並同意與日談判的動機所在。正因爲德國與中日有這樣的淵源，國民政府又有如此的方針，德國的調停才會一度有所進展。一份份絕密電報開始在德國柏林、日本東京和中國南京間輾轉循環，三國政要和外交高官也開始在這張無形的電波網中體驗悲歡喜怒。

十月三十日，陶德曼奉德國政府之命，在南京會見了中國外交部次長陳介，正式轉達了德國政府願意斡旋中日直接談判的意向。他「勸告」中國政府對即將召開的九國公約會議不要抱什麼希望，應與日本直接談判，並爲此而重新確定與蘇聯關係。

十一月五日，陶德曼又會見了中國最高統帥蔣介石，轉交了日本的「議和條件」，這是蔣介石第一次會見陶德曼，蔣介石表示中國不能接受日本的條件。他仔細權衡接受日本的七項條件會產生的後果：共同反對布爾什維克主義，是自己的心願；停止反日政策，減低對日本貨物的關稅，尊重外僑權利，並不是很困難；在華北和上海建立大的非軍事區，因爲是由中國的警察和官吏維持秩序，也可以考慮。但是默認滿洲國和在內蒙古建立一個與外蒙古情形類似的自治政府，卻是事實上的裂土分疆，不能不慎重。況且，日本決不會滿足於現有的條件，中國政府一旦應允，更多的要求將源源不斷地提出。因而，即使這些可以考慮的條件也是不能答應的。

陶德曼向蔣介石透露德國、日本和義大利將於次日正式簽訂反共協定，還告訴他英法等國對於這種針對蘇聯的活動不僅不會干涉，反而會暗中鼓勵，即使暫時有損他們的利益也會隱忍。所以，陶德曼勸告蔣介石從速抉擇，不要在打得筋疲力盡的時候才想起與日本人談判。

蔣介石卻不急於這一時一刻，他還要等待更加有利的時機。戰局雖然危急，太原和上海並未淪陷，希望前線將士的苦撐能獲得國際關注，使正在舉行的布魯塞爾會議做出有利於中國的決定。蔣介石表現的比較強硬：「假如日本不願意恢復戰前狀態，中國將不會接受日本的任何要求！」

當然，對於德國政府和陶德曼本人的努力，蔣介石表示感謝。爲顯得有誠意，蔣介石還憂心忡忡地告訴陶德曼：「如果我同意閣下從日本帶來的要求，中國政府將會被輿論的浪潮沖垮，中國一定會發生革命。日本人在執行錯誤的政策，他們提出了太多的要求，十分苛刻，這不是真正向著友善和和平努力。如果日本人繼續錯誤的政策，中國政府傾倒了，那麼唯一的結果就是共產黨將會在中國佔優勢。但是這就意味著日本不可能與中國議和，因爲共產黨是從來不投降的。」這番話還真是推心置腹，可惜日本人是不會體諒他的苦衷的，他們也信奉實力，也崇拜鐵腕人物。

蔣介石不希望前線奮戰的將士因爲和談的消息而引發混亂，十一月一日那個突然回防的命令已經造成了巨大的損失了。是啊，消息傳到前線會有什麼反應呢？進攻的一方當然希望不戰而屈人之兵，把皇軍的威風更多地顯耀在享受勝利的果實上；抵抗的一方卻一片迷茫，知道抱薪救火飲鴆止渴後果的人群情激憤，貪生怕死苟延殘喘的人則興高采烈迫不及待。總之，對等待中的蔣介石來說，公開這個消息是絕對不利的。所以，他特別關照陶德曼，要求嚴守秘密。

不過，讓蔣介石惱火的是，不知道哪個環節出了漏洞，秘密謀和的消息還是被外界知曉了。就在會見陶德曼的第二天，宋慶齡拿著一張刊登有關消息的報紙找上門來問罪，蔣介石的矢口否認不過是增加了自己的尷尬，暴露了自己的心虛罷了。

十二月二日，蔣介石第二次會見了陶德曼。當時，上海、太原已經淪陷，南京也處於敵人的包圍中，九國公約會議於十一月廿四日在毫無實際結果的情形下收場，日本正企圖利用軍事上的優勢迫使蔣介石投降。

蔣在會見陶德曼時，首先詢問了日本的要求是否和歷來所要求的一樣。在得到肯定的答覆後，蔣介石表示，對於那種認爲日本已經從這場戰爭中成爲勝利者的看法，他不能夠接受，也不能接受日本的最後通牒。不過可以考慮以這些條件作爲談判的基礎，但絕不是議和的條件。蔣介石強調，華北主權和完整不得侵犯，在和平談判中，不得涉及中國與第三國之協約，而且自始即由德國任仲介人。對陶德曼不辭辛勞來回奔波，蔣介石再次表示感激，當然他的民族情感決定了他不會向日本無限制的妥協。

日本政府並不是真想同中國政府停戰議和，更不滿足於佔領東北和華北，而是要獨佔整個中國。所謂「議和」，只不過是滅亡中國的另一種手段而已，在陶德曼「調停」期間，日軍並沒有停止軍事進攻。正當蔣介石在陶德曼的斡旋下同意以日本的條件爲基礎進行談判，並作出一定讓步的時候，攻佔了上海的日軍從三個方向直撲南京，欲置蔣介石於戰敗求和的絕地，憤怒與民族自尊心一下沖散了他比較勉強的妥協意向。十二月五日，在日軍的隆隆槍炮聲中，蔣介石痛別南京，他憤然宣稱：日軍不先退出中國，就沒有和平可談。

陶德曼「調停」期間，正值華北和東南的戰局惡化，國際對日綏靖又日益盛行。與蔣介石不同，汪精衛被日軍的攻勢嚇得失魂落魄，從中日準備和談一開始，他便欣喜若狂，竭力慫恿蔣介石接受日方的條件，與日方談判。國民黨中以汪精衛爲首的一批主張抗日亡國論的人，這時更是鼓吹民族失敗主義，說中華民族生來就沒有日本大和民族優秀，所以注定是要失敗的。十二月六日，汪精衛主持的國防最高會議常委會在他的授意和引導下，通過決議要求接受日本的條件。但被蔣介石拒絕。

而此時日本的政府也隨著軍事上的暫時勝利，提出了更加苛刻的新的「媾和」條件。

十二月十三日佔領南京後，日本首相近衛文磨發表談話，盛氣凌人狂傲至極地說：「北平、天津、上海、南京四大都市不守，國民政府的實體已成問題了。」日本滅亡中國的野心暴露無遺。就在佔領南京的第二天，在日本策劃下的僞政權「中華民國臨時政府」在北平成立。十二月廿一日，日本內閣會議決定了《爲日華和平談判事項給德國駐日大使的覆文》，狂妄地要求中國政府向日本乞和，方能進行日華直接談判。

日本人還獅子大張口，又提出了四項新的「媾和」條件：中國應放棄溶共抗日政策，以協助日「滿」防共；在必要地區設置非武裝地帶，並在該地區各個地方設置特殊機構；在日、「滿」、華三國之間，簽訂密切的經濟協定；中國應向日本帝國作必要的賠款。日本人還不覺得滿足，同時又擬訂了九條談判細目，想獲得更多的權益和多建立幾個僞政府。日本人也沒有信心完全統治偌大一個中國，不得不分而治之。這是一個由日本任意解釋的無所不包的條件，並限定國民政府在年內答覆，派遣媾和使節到日本指定地點談判。

兩天後，廣田陶德國向中國政府出示最後通牒：「假如中國不接受這些條件，日本……就將被迫以完全不同於前此所持的觀點來對待目前的局勢。」

十二月廿六日，陶德曼會見孔祥熙，送交了上述條件和日本的備忘錄。蔣介石已經開始打消和談的念頭，他表示：「倭所提條件如此苛刻，決無接受餘地」；「今日除投降之外無和平，捨抗戰之外無生存」，他決定對於日本的條件「一概不予理會」。

對於日本新的媾和條件，蔣介石不顧日本限定的期限，採取了拖延作答的策略。

此間，爲了爭取蘇聯參戰，蔣介石把德國大使陶德曼充當調停者的中日和談建議及日本的備忘錄透露給史達林，暗示蘇聯如果不武力支持中國，他將被迫議和，加入反共協定的軸心國。

日本那群狂妄的戰爭瘋子以爲蔣介石已經被逼上絕路，只有求饒和任人宰割的份了。但是，下達最後通牒已經十多天都還不見回音，日本人開始心虛：國都都已被皇軍佔領，蔣介石莫非還想負隅頑抗，他是想拚命還是有恃無恐呢？日本人覺得不能再等了，他們還真怕蔣介石有什麼強援，一九三八年一月十三日，日本內閣把最後通牒的時間限定爲七十二小時。

蔣介石知道真正決裂的時刻已經到來，該來的總會來，與其逃避，不如坦然面對。一月十五日下午四時，外交部長王寵惠在蔣介石的授意下向陶德曼送交了回覆函，認爲：「改變了的條件範圍太廣泛了，因此中國政府希望知道這些條件的性質和內容，以便仔細研究，再作確切決定」，否則「也不能做出任何決定，又不能表明任何意見。」

黔驢技窮的日本政府認爲這是「拒絕的答覆」，一怒之下決定終止「陶德曼工作」。這也宣告日本試圖不經戰爭而使中國屈服的陰謀歸於失敗。

一月十六日，近衛首相根據御前會議的決定，公開發表否認蔣介石國民政府的聲明，大言不慚地宣稱「帝國政府今後不以國民政府爲對手，而期望真能與帝國合作的中國新政權的建立和發展，並將與此新政權調整兩國邦交，協助建設復興的新中國。」

一月十八日，日本召回駐華大使，中國也召回了駐日大使，兩國外交關係從此中斷。十九日，國民政府針對日本的「一·一六聲明」發表《維護領土主權及行政完整的聲明》，嚴正表示「中國政府於任何情形之下，必竭全力以維持中國領土主權與行政之完整，任何恢復和平的辦法，如不以此原則爲基礎，決非中國所能忍受，同時在日軍佔領區內，如有任何非法組織僭竊政權者，不論對內對外，當然絕對無效」。至此，陶德曼「調停」以徹底失敗而告終。

日本為抽身南下，對蔣進行誘降之「桐工作」；蔣介石為倒汪反共大計，造出個「宋子良」與日二次密談。

抗戰初期，國民政府在對日抵抗的同時，並未放棄與日本妥協的企圖，一直斷斷續續地與日本進行謀和密談。特別是在日本帝國主義實行軍事進攻與政治誘降並舉的兩手政策後，國民黨政府內的對日妥協空氣有所增長。武漢失守前後，國民政府的軍政要員曾通過多種管道與日本秘密接觸，進行「和平」試探和討價還價。在一九三九年秋至一九四〇年九月，國民政府與日本進行了自抗戰開始以來第二次重要的秘密談判，日方稱之爲「桐工作」（「**桐工作」是重慶和平路線的暗語**），國民黨稱之爲「宋子良路線」。

對於日本而言，征服和滅亡中國是日本對華最高戰略，「和平交涉」與軍事打擊是日本爲實施其總戰略而進行交替使用的策略。在戰略進攻階段和相持階段的前期，日本策動的「和平交涉」不是國際法上一般意義的「媾和」，其性質是政治誘降。因為日本政府的目的在於顛覆中國政府，全面爭奪中國的國家主權，把中國變為日本的獨佔殖民地。

國民政府與日本的謀和密談，有一部分並不是經蔣介石同意而進行的。汪精衛、周佛海之流就以收集情報為名，派高宗武到香港與日本人秘密接觸，高宗武還私自到日本去過一次。後來事情敗露，一切罪責都推到高宗武身上，周佛海說他擅自行動。汪精衛、周佛海的叛逃是早有準備的。精明的蔣介石當然會有警惕，這件事雖然沒有進一步深究，但不可能不加深了他同汪精衛、周佛海之間的猜疑。蔣介石不是不允許和談，他只是不希望有人不尊重自己的權威，而且，他認為在妥協和讓步的條件上必須由自己把關。

蔣介石與日本談判有三個目的。一是希望通過和談，做出有限妥協，結束戰爭。二是做給美英蘇等國看的，從而得到他們的支持和幫助。蔣介石認為美英等在中國都有投資，而且都想在華獲得更大的利益。當年美國提出中國對各帝國主義國家門戶開放，就是要各列強利益均沾。如果日本侵華目的得逞，美英等國在華利益必定會喪失。更何況日本侵華的目的是吞併中國獨霸東亞，美英等國在東亞的利益也將受到威脅。不僅如此，日軍還會騰出手來，北進或南進，美英蘇等國的本土安全也會受到威脅。因此，隨著日本侵華步驟的加快，中國國土進一步喪失，這些國家不會袖手旁觀。三是拖延時間，等待國際形勢的變化。「苦撐待變」是蔣介石的一項重大戰略決策。蔣介石一方面利用我國遼闊的國土，以空間換時間，消耗敵人；另一方面，試圖通過談判，與敵人周旋，爭取時間。蔣介石認為，只要中國抗戰三、五年，國際形勢總會有變化，到那時我們就轉危爲安了。正因爲如此，蔣介石明知談判不會有滿意的結果，因爲他不可能答應令自己喪失統治權的條件，但他仍然不放棄談判。

雖然雙方在目標上有很大的分歧，但是國民黨並不是沒有投降的可能性的。談判需要妥協，妥協作爲增進成功的一門藝術，本身就有很大的風險。在實力弱小籌碼不夠的情況下，風險更大。鴉片戰爭以來，積貧積弱的中國與列強進行了不計其數的談判。每一次妥協，只不過是給國家和民族多增一分苦難多烙一個傷疤，實在是難以找出什麼好處。現在好不容易把全民族的力量初步統一到抗日的大旗下，在慘痛的犧牲剛積累起一點持久抗戰的基業時，本該扛大旗的人卻在偷偷摸摸地謀求與敵妥協，不能不讓人懷疑他們的目的何在。更何況，國民黨蔣介石同日本以及歐美列強在反共問題上一直是「心有靈犀一點通」的。鑒於民眾的抗戰情緒，蔣介石與日本的謀和密談都是秘密進行的。

在實行「宋子良路線」之前，蔣介石與日本還有一次秘密會談。一九三九年三月，蔣介石親自指揮復興社的杜石山和柳雲龍與日本的萱野長知、小川平吉在香港談判。蔣介石提出的和談條件是必須「恢復盧溝橋事變前的狀態」，「關於滿洲，另行協定」。小川、萱野對此根本不予理會。日本政府也於九月十三日發表聲明，決定扶植汪精衛成立中央政府，香港談判因此告吹。

到了一九三九年秋季，隨著日本所面臨的國際、國內形勢的變化，日本開始主動地展開誘降蔣介石的「桐工作」。這種形勢的變化主要表現在：

首先，國際形勢已經發生變化。九月歐戰爆發，日本欲乘機南下，但因其主力已深陷中國戰場而無法自拔。日本希望儘早解決「中國事變」以便騰出兵力，大舉南下，進而實現其稱霸亞太的野心。日本參謀本部於九月十五日改變方針，決定「把汪工作和重慶工作同時並進，力爭在新中央政府建立前（不得已時在建立後），使日軍和重慶軍達成停戰，並促使汪、蔣政權合流。

其次，日本對積極籌備中的汪僞政權能否結束中日戰爭還存有嚴重的疑慮。汪派所聚集的大部分是過去黨政界的政客、官僚或者腐敗分子，在廣大民眾中沒有絲毫基礎。在日本陸軍和興亞院中有大批人認爲，汪精衛只是個空頭政客，既無兵力又無財力，作用有限，根本不是解決中日戰爭的決定性力量。而蔣介石則掌握著大量軍隊和主要權力，而且又在抗戰中得到中國人的支持。因此，對蔣介石實行誘降才是必要的。

再者，到一九三九年，日本國內經濟已呈現危機，電力不足，糧食缺乏，通貨膨脹，財政混亂。經濟狀況已陷入侵華戰爭以來「最暗淡的時期」。軍事方面，由於戰區擴大、戰線延長，深感兵力不足、力不從心。經濟和軍事的困境，使日本難以支撐持久的中日戰爭。一九三九年十月，日本陸軍參謀長澤田茂說，「外強中乾是我國今日的寫照，時間一長就維持不住了。」陸相也有同感：依靠武力解決中國事變的作法是沒有出路的，「要想讓蔣介石放棄抗日，只有立即從瓦解其政權著手。」

一九三九年底，日本積極地開展了誘降蔣介石的「桐工作」。蔣介石對於日本的誘降，曾一度表現出積極回應的態度。

上海、南京、武漢、廣州等大城市的失守，大片國土的淪喪，美英對日的曖昧態度，使蔣介石的持久抗戰信心有所動搖，認爲中國抗戰已經進入「最黑暗的時期」。他開始希望能正在有限的妥協下結束戰爭。

正在他有些悲觀的時候，歐戰的爆發大大震驚了世界。美英對於中國的抗戰也表示出更多的關心。蔣介石一時左右逢源，成爲美英蘇和日本都想積極拉攏的人物。他想待價而沽，同日本和談以刺激美英，從而得到更多實質性的援助。最重要的一點是，蔣介石希望通過「和談」來達到「倒汪」和「反共」的目的。

在抗戰進入相持階段以後，面對中共及其領導的人民抗日武裝力量的迅猛發展，蔣介石的恐懼與仇視日益增長，認爲這是危及他統治的「內在隱憂」。於是他開始推行消極抗日、積極反共的內外政策。但是，蔣介石深知，抗日與反共難以雙管齊下，必須有所側重。於是，希圖利用與日本在反共主張上的一致性，通過「和談」以犧牲中國的部分主權換取日本的妥協讓步，進而勾結起來共同反共，以鞏固其統治地位。這一企圖在蔣方代表同今井武夫的密談中，曾有過露骨的表露。

據今井的回憶，「秘密會談如果成功，當然要討伐共產黨，已經制定了討共計畫，如果可能，希望在七月以前就實行。胡宗南、蔣鼎文、朱紹良、衛立煌、薛岳等將領已經集中在重慶等待協議完畢。因此，和平恢復後，恐怕要向日本請求補充武器等援助」。對此，日本軍方亦向蔣方代表暗示，「準備討論對付共產黨的辦法」並考慮了採取「轉移兵力，局部討伐，日華兩軍策應」等各項政策，以配合蔣介石的反共行動。

在倒汪問題上，蔣介石對汪精衛欲取而代之的行徑十分憎恨，因而以「和談」來破壞汪精衛另組政權的圖謀，在汪僞政權出臺後，又用和談拖延日本政府對汪僞政權的承認。對蔣介石在「和談」中的倒汪意圖，日汪方面也有所察覺。這次日蔣「和談」歷時十一個月，蔣介石在其中一直居於幕後指揮。

從一九三九年十一月至一九四〇年二月，爲初步接觸階段。一九三九年十一月，日本駐中國派遣軍總司令部決定重新起用參謀本部的鈴木卓爾中佐駐於香港，命其策劃建立與國民政府間的聯絡路線，即開展所謂「桐工作」。十二月，鈴木通過香港大學的張治平與一位自稱是宋子良的人，進行接觸。

宋子良是宋子文宋美齡的弟弟，時任國民政府西南運輸公司董事長。因宋家在民國政壇上的特殊的地位，宋子良雖然沒有顯赫的社會影響，他卻是能接近蔣介石而又不會引起外人關注的最佳和談人選，鈴木對此特別滿意。但是鈴木並不知道，同他接觸的宋子良是冒名頂替的，其真實身分是國民黨特務曾廣。不過，這並不影響與蔣介石的謀和談判。由於這個假宋子良直接聽命於蔣介石，對於謀和交涉似乎更有利。

十二月廿七日，兩人第一次會見，曾廣表示：日本方面破壞了陶德曼工作，中國政府被迫繼續抗戰。現在，還看不出日本有停止侵略舉行會談的誠意。日本所說的尊重主權和保全獨立值得懷疑。曾廣向鈴木轉達了重慶方面關於收拾時局的意見：日本若尊重中國的名譽和主權，就準備和日本和談，因此希望在承認新中央政府之前就協商；中國希望美國等第三國從中調停；在談判前休戰，希望日本方面提出撤兵的保證；請日本相信國民政府會鎮壓共產黨的抗日行動；希望日本避免干涉國民政府進行改組等內政。

在會見的最後，曾廣還不失時機地表達了中國方面對日本的質疑：日本是否想重新考慮不以國民政府及蔣介石爲對手的聲明，若想重新考慮，用什麼辦法使中國方面確認此點？如果日本果真是採取中日經濟提攜的話，那麼，在能夠達到此目的之前，是否能恢復七七事變以前的局面？日本政府有沒有向國民政府提出和平提案的意思？如果有，能不能暗中向蔣介石本人道出有關和平問題的親筆函件。因爲公開進行會談對蔣介石的對日和平工作造成極大妨礙。

接著在一九四〇年一月至二月，兩人連續在香港進行了四次個人接觸性會談。

二月五日，曾廣赴重慶向蔣介石等做了報告，並研究對策。爲穩妥起見，蔣介石的幕僚建議在舉行正式和談之前，先由雙方各派三名代表舉行圓桌預備會議，討論和談條件。

日本方面同意舉行圓桌預備會議，但在二月廿一日下達的《對實施桐工作的指示》中，先行規定了進行「和談」的基本條件：重慶政府保證放棄抗日溶共政策；重慶政府和汪精衛進行適當合作；重慶政府保證按照新中央政府和日本商定的日華新關係調整原則，正式調整中日邦交。

可以看出，日蔣的和平條件是有著很大差距的，蔣介石方面側重於停止戰爭，反共倒汪，日本則希望蔣汪合流。這樣的差距從一開始就注定了這次「和談」的命運。

一九四〇年三月七日至十日，蔣介石的代表曾廣、章友三（前駐德大使，當時任最高會議秘書）、陳超霖（重慶行營參謀處副處長、陸軍中將）和日本代表鈴木卓爾、今井武夫、臼井茂樹（日本參謀本部第八課課長，大佐）在香港東肥洋行舉行第一次預備會議。爲保密起見，中國方面除曾廣以外人員均出示了最高國防會議秘書長張群簽發的證明書，日本方面人員也出示了陸相簽發的證明書，相互確認對方身分。當時爲了確保這次會談進行，蔣介石在五日就特派宋美齡到香港，從側面協助中國方面的代表。會議的結果除了利用無線電聯絡外，還特別設立聯絡組，每天乘班機往返於香港和重慶之間。

關於東北，日本要求蔣方公開承認「滿洲國」。蔣方代表最初主張由中日雙方共同作爲「滿洲國」的保護國，在遭到拒絕後，又提出採取事實上默認的方式來滿足日方的要求，但日方對此毫不讓步。爲了給蔣介石考慮的時間，日本把汪僞政權的成立的時間推遲到三月三十日。可見，日本對此還是寄予很大希望的。

三月廿四日，蔣介石給香港答覆：「關於承認滿洲國問題，政府內部的意見形成對立，不易決定。希望延期到四月十五日再作確定答覆。」對此，日本政府很惱火，認爲這是「辜負了我們的期望」。於是在三月三十日汪僞政權就成立了。

關於共同反共與日本在內蒙和華北等地駐兵問題，日方提出，兩國締結共同防共協定。對此，蔣方代表當即表示同意，並答允將內蒙古作爲共同防共的特殊地區。不過，蔣方代表堅決反對日方在內蒙和華北駐兵，但同意考慮等到和平恢復後，在重要地區推遲日本撤兵的時間。

關於汪僞政權問題，日方要求實現蔣汪合流。蔣方代表則表示，在中國國內反汪空氣日益高漲的形勢下，要重慶政府與它合併，無論如何也是不能考慮的問題。可見在承認「滿洲國」、在華駐軍和蔣汪合流問題上，兩者的矛盾依然很尖銳，在其他問題上則分歧不大。

爲配合「和談」的進行，日軍從一九四〇年五月初起，發起了宜昌戰役。六月，佔領襄陽、攻陷宜昌，進逼四川，空襲重慶、成都等地，企圖迫使蔣介石就範。

在這種形勢下，六月四日至六日，日蔣代表又在澳門市郊舉行了第二次預備會議。會前，曾廣對今井武夫私下表示：「蔣介石委員長表面上姑且不談，內心在希望和平卻是事實，因此，在香港第一次秘密會議的備忘錄中，日本方面如能認可中國方面的意見，估計必然可以簽訂協定。」「中國在日華停戰的同時，就要發表反共宣言，所以在第三次秘密會議中希望從時間到內容方面能同日本協商。」會上，雙方代表幾經交涉，仍無實質性進展。最後，雙方同意了一項令人不敢想像的建議：請蔣委員長、汪精衛和阪垣征四郎三人在湖南長沙會談，一舉解決一切問題。從此，雙方把希望轉向高級會談。

六月二十日，曾廣答覆日方，高級會談大致到七月中旬可以舉行，地點可定在長沙。日軍爲推進高級會談，將派參謀次長澤田茂到南京作現地指導。七月廿二日，日蔣代表交換了高級會談備忘錄，約定八月中旬在長沙舉行高級會談。

七月廿二日，第二屆近衛內閣組成，日美矛盾趨於激化，在這種形勢下，蔣介石對「和談」的態度開始發生變化。

七月三十一日，蔣方代表向日方提出三項要求並要阪垣親筆答覆：要求近衛以某種方式取消以前發表的「不以國民政府爲對手」的聲明；要求在蔣與阪垣會談時，不要觸及蔣汪合流問題；要求日本廢除日汪簽訂的《日支新關係調整綱要》。

近衛則於八月廿一日，給蔣介石寫了一封親筆信：「最近閣下將與阪垣中將會見。余深信，此次會見當能確立兩國邦交之基礎。」阪垣也給蔣介石寫了親筆信，「保證」「對於蔣汪合作問題，不作爲一項停戰條件」。

九月五日，曾廣答覆日方：近衛親筆信仍然沒有直率地取消「不以國民政府爲對手」的聲明，同時，近衛對阪垣出席長沙高級會談，不是全面支持，而是旁觀的態度。蔣介石對近衛的親筆信表示了繼然拒絕的態度。在這種情況下，日本也就中斷了「桐工作」。

蔣介石能夠在「和談」的道路上懸崖勒馬，主要原因有：日本要蔣介石下臺，要其承認「滿洲國」，都超出了蔣可能接受的限度。蔣介石從維護其統治地位的根本利益出發，是絕對不能接受的。

歐戰業已爆發，美日矛盾日趨激化，蔣看到他盼望已久的國際形勢變化正在臨近。在《德、意、日三國同盟條約》簽訂後，蔣介石高興地認爲「德、意、日三國同盟，果已實現，此在抗戰與國際形勢下於我實求之不得者。抗戰必勝之屬已定矣」。

不過外交部次長徐謨在一九四〇年十月的一段話，更能說明蔣何以突然停止對日「和談」。他說：「委員長以及中國政府的其他高級官員現在感到，美英兩國正日益認識到中國的鬥爭可能對於這兩個民主國家未來的安全起重大的影響；而且遠東的這場戰爭與歐洲的戰爭有著不可分割的聯繫。因此，中國目前比開戰以來任何時候都更不願接受和平建議。」

中國共產黨和國民黨內愛國抗戰派以及全國人民的反對，是迫使蔣介石中斷這次「和談」的最主要原因。在「和談」中，蔣介石方面雖然一再要求日方保守秘密，但消息還是洩露給了上海報界，遭到全國民眾和各抗戰派的強烈反對，一致要求中斷「和談」。中國共產黨對此不僅發表了聲明，更是發動了百團大戰，使一度低迷的戰場有所改觀，挽救了抗戰的危險局面。在國民黨內部，孫科、于右任、馮玉祥等對「和談」也表示了強烈的不滿與反對。蔣介石此時擔心一旦達成和平協議，不僅會使國民黨面臨分裂，國內大亂，而且會讓共產黨在國內佔優勢，這恰恰是他最不願看到的。最後，蔣介石只能中斷對日「和談」，而中國仍能以統一的力量來進行抗戰。

一九四〇年九月，日外相松岡洋右又物色西義顯（南滿鐵路公司總經理）同中國交通銀行董事長錢永銘接觸。這次談判議案爲：國民政府統一；日軍全部撤退；日本和中國統一政府訂立防共同盟條約。日本政府對以上提案卻不答應。十一月十三日，制訂了「中國事變處理綱要」，要蔣單方面屈服，更不願撤軍，被蔣介石拒絕。十一月廿八日，「錢永銘工作」停止。十一月三十日，日本承認汪僞政權。「錢永銘工作」在拖延日本承認汪僞政權的問題上還是收到了一定效果的。國民政府與日本密談的動機既有反共對日妥協的一面，也包含著延緩日軍進攻步驟、阻撓和推遲汪精衛僞政權成立的目的，這也是蔣介石抗戰兩面性的具體反映。

三、是否有「遠東慕尼克」陰謀

海南島淪陷，蔣介石大造輿論，設法引起英法美等國對中國抗戰的關注；中國政府進一步展開外交活動，建議成立遠東軍事同盟，但鮮有回應。

對日抗戰，蔣介石並沒有十足的信心，他關於中國必然會贏得戰爭勝利的預言，都離不開一個前提，那就是國際局勢必起變化。二十世紀三〇年代的中國，依然是個半殖民地的弱國，除了民族情緒高漲的中國人，國際上很少有人相信中國能夠在日本人強大的攻勢下持久地抵抗。拚死抵抗，那是絕境中的最後一線希望，全靠一股勇氣在支撐啊！

十多年來，蔣介石竭力安撫、分化、拉攏或打擊各派地方勢力，形成的僅僅是一個專制而又鬆散的中央集權政體。雖然維持了形式上的一統天下，但是內部紛爭不已，外部侵略挑釁也如家常便飯，喪權辱國的舊約未廢，裂土分疆的危險又至。在「門戶開放」與「機會均等」原則下確立起來的「中國主權獨立與領土行政完整」的承諾僅僅是一張空頭支票。在民族情感激蕩下舉起抗日大旗的蔣介石，擬定了「苦撐待變」的抗戰方略。在他的持久消耗戰略中，等待國際局勢變化爭取外援是重要的一環，他不相信單靠中國一國之力能戰勝日本，革命意志已經渙散了的國民黨也的確難以長久地團結全國各階層民眾抗戰。

「九一八」事變之後，蔣介石多次強調中日糾紛的國際意義，力圖獲得第三國的強力支持。撇開蔣「剿共」、「反共」的私心以及看不到民眾巨大抗戰潛力的「近視」不說，蔣介石無疑是深具國際政治思維的。

二十世紀三〇年代的中國是一個半殖民地大國，作爲半殖民地，列強在中國分別具有重大權益，各種關係錯綜複雜，某一強國的異軍突起、獨霸局面必將以其他列強權益的削弱爲代價；作爲大國，中國無論是在經濟意義上還是在政治戰略上，未來在遠東都將具有重要的地位。所以，中日之間的戰爭，其影響必定不會局限於中日兩國之內，它終將引起世界各大國的反應。蔣介石從國際紛爭格局的視角出發，在極爲不利的形勢中發現了有利的因素。隨著中國抗戰相持階段的到來，蔣介石期待已久的國際局勢變化也初現端倪，他終於有機會在國際舞臺上搏一番了。

自日本於一九三八年秋提出「建立東亞新秩序」的口號後，英美對遠東的態度均有積極的轉變。一九三八年十二月和一九三九年一月，美英法政府先後向日本政府遞交照會，指責「東亞新秩序」有違九國公約，表示不承認日本的所謂「東亞新秩序」。爲警告日本小心行事，英美還先後宣布戰時第一筆對華貸款。對於英美的這一轉變，一直在尋找外援卻一度遭受冷遇的國民黨人頗為振奮，在五屆五中全會討論國際形勢時，與會代表對英美日趨積極的態度都很樂觀。蔣介石頗為自信地預言，不出兩年，即在羅斯福總統任內，美國將會挺身而出，設法解決中日問題。他鼓勵政府官員和前線將士，只要中國堅持抗戰，自會促進國聯盟約、九國公約的聯合運用，那時驕橫的日軍終會向我們低頭，所以勝利一定是屬於我們的。

一九三九年二月，日軍在海南島登陸。蔣介石獲得消息後，立即邀請了陳立夫、郭沫若、陳博生等人徵求意見商討對策。抗戰爆發後，執政的國民黨基本上執行了抗日民族統一戰線的政策，一大批流亡國外的進步人士紛紛回國參加民族的抗戰。流亡十年的郭沫若也從日本歸來，一九三八年四月被任命為國民政府軍委會政治部第三廳廳長，領導抗戰宣傳工作。日軍攻佔海南島絕不僅僅是要包抄進攻中國的大後方，這其中一定有更多的企圖，蔣介石想聽聽別人的見解。

「日本人在海南島登陸，您有何見教？」蔣介石向郭沫若投去詢問的目光。郭沫若主管宣傳，同共產黨有千絲萬縷的聯繫，在文化界也有不小的影響，蔣介石特別想聽聽他的看法。

沉吟片刻，郭沫若有條不紊地答道：「日本人在試探英國人和法國人，特別是英國人。如果他們沒有強烈的反應，日本有可能在華南發動軍事行動。日本陸軍司令部和海軍司令部在進軍方向上有嚴重分歧：海軍意圖向南推進，陸軍則主張向北。陸軍曾在哈桑湖地區作過試探，被蘇聯擊敗，因此日本海軍決定試探南方。」

在日本生活近十年，郭沫若對日本還是有一定瞭解的。最慶幸的是結識了許多日本朋友，鹿地亙、池田幸子夫婦就在第三廳第七處負責對日本人的反戰宣傳工作，在他的邀請下，好友綠川英子也在中央宣傳部國際宣傳處從事對日廣播工作。這些人都是長期從事反戰運動的進步文士，他們一直關注著日軍的動向，猜測著那群戰爭瘋子的意圖。

蔣介石顯然對此很感興趣。對，就是南進！不過，日本人是不會局限於華南的！「那您認爲英國人和法國人會有何行動？」他繼續問道。

「英法不會有強硬行動，他們還不準備在遠東作戰。在歐洲，他們對侵略者採取綏靖政策，在這裏他們可能會繼續旁觀。」郭沫若很謹慎的回答。

「在這種情況下，日本人會怎麼辦呢？」

「日本會繼續攻擊弱者。」

「如果英法不抵抗，日本可能採取大規模的軍事行動。」

誰都難以確定日本下一步會怎樣，如同不敢保證英法的行動一樣。但是大家都希望局勢向有利中國的一面發展。蔣介石最擔心的還是日軍轉道緬甸進攻中國大後方，要防止這種危險局面出現，必須喚起英國、法國的注意，因此，一定要做好宣傳工作。

「那麼，怎樣做宣傳工作呢？」最高統帥用目光打量在座的眾人。

一陣沉默，誰也沒有回答，大家都看著委員長。蔣介石主動做了回答：「可以這麼說，我們要鼓動英法，爭取讓他們干預。英國在香港和南洋諸國有巨大的利益，法國在廣州灣和安南也一樣。日軍在海南島的行動絕不是僅僅針對我國的。」

果然，日本報紙得意地聲稱，日軍此舉切斷了新加坡和香港之間的航路，從而使香港作爲一個英國海軍基地而存在的意義已全部喪失。

日軍攻佔海南島，國內外頗爲震動。利用這個事件，國民政府根據蔣介石的指示，展開了一場爭取盟友的外交宣傳戰。二月十一日，即日軍登陸的第二天，蔣介石在答外國記者問時說：「日軍在海南島登陸，對於我國抗戰並無任何影響。因中日戰爭之勝敗，必須取決於大陸上軍事之行動，一島之佔領與否，根本無關重要。」他強調的是日軍此舉對遠東和世界的影響。

爲引起英美當局的注意，蔣介石指出：「日本進攻海南島，無異造成太平洋上之「九一八」。蓋海南島在東亞爲太平洋印度洋間戰略上主要之重心，敵軍若佔領該島，不僅可以完全阻斷香港新加坡間之交通，切斷新加坡澳洲間之聯絡，而且使菲律賓也受其控制，此不僅直接威脅法屬安南，實爲完全控制太平洋海權之發軔。該島若歸日軍掌握，則日本海軍向西可由印度洋以窺地中海，而在東面，即可以切斷新加坡、夏威夷島、珍珠港英美海軍基地之聯絡。」所以，日軍此舉的主要目標在英美而不在中國，「此爲開戰以來，對英法美之最大威脅，此後戰局必將急轉而下，倭寇狂妄，蓋已決心與世界開戰矣。」

正是在這樣的背景下，國民政府重新提出了召開九國公約會議的主張，期望英美在這次會議上能有比上次會議更爲積極的表現，促成對中國有利的結果。外交部長王寵惠在三月八日對美國合眾社記者的談話時提出，英美等國應召集九國公約會議，以謀求中日戰爭的和平解決，如果會議不幸失敗，則應對日本採取制裁措施。蔣介石牢記淞滬會戰時的慘痛教訓，所以這一年的南昌會戰、隨棗會戰、桂南會戰以至冬季攻勢並沒有受到外交政略的影響，軍事行動不因外交政略而變動，也才有十月的第一次長沙會戰的大捷。

蔣介石的呼籲一開始並沒有引起國際重視，但是美、英、法、荷很快發覺，威脅真的就在眼前了。三月三十日，日本宣布中國南海的領土南沙群島歸日本所有。日本的舉動直接威脅著四國在東南亞和太平洋的利益，他們相繼向日本提出抗議。

這時，國民政府顯然期望態度漸趨積極的英美對正一意擴大侵略的日本能施加壓力，起到限制甚至制裁的作用。針對日本在太平洋上製造的戰爭威脅，蔣介石呼籲西方列強對日實行貿易和經濟制裁，加強對中國抗戰的支援。中國政府還向英方提出了以義勇軍援助中國抗戰以維護東亞共同利益的要求，向法國也提出了遠東進行軍事聯防的問題。他專門爲此指示駐外使節同各國政府會商。

蔣介石在這個時候積極開展外交活動，同英法在歐洲問題上的態度變化也密切相關。

這年三月，德國公然武裝侵佔了整個捷克斯洛伐克，這對一直主張對德妥協的張伯倫首相不啻是一個沉重打擊。爲了警告德國，表明制裁其進一步擴張的決心，英國在四月初與波蘭簽訂了互助協定，議定英國將全力援助波蘭抵抗侵略。此後，英法又陸續對希臘、羅馬尼亞、土耳其等國的安全做出擔保。英法甚至與在意識形態上完全對立的蘇聯也開始進行有關集體安全的談判。這對密切關注著歐洲局勢發展的中國政府是個鼓舞，他們判斷「民主陣線或可由此而形成」。

受此鼓舞，重慶的國民政府積極展開了在遠東建立反侵略陣線的活動，爭取英法將正在策劃中的反侵略陣線擴大到遠東。中國方面開始與法國秘密商量在印度支那進行軍事合作的辦法。日軍在中國南海得寸進尺的軍事行動的確引起了英法，特別是法國的恐懼，這使得重慶的外交活動顯得十分有針對性，很快就有了進展。國民政府兩廣外交特派員與法國駐遠東特務機關負責人頻繁接觸，商洽中法遠東軍事合作的具體計畫，這一計畫得到了印度支那總督的同意。

三月下旬，中國政府進一步提出了一個中英法軍事合作共同維持遠東安全的計畫草案，並決定在提交英法的同時，要求美國予以協助。該方案還準備在適當時期，邀請蘇聯參與。軍事合作主要是希望參與協防的國家調遣海空軍配合中國陸軍的行動。

國民政府還希望獲得策劃中的歐洲反侵略陣線的另一方，即蘇聯的支持。爭取蘇聯出兵，並肩抗日，是蔣介石自抗戰爆發以來一直努力的目標。雖然在一九三七年底，史達林正式拒絕這一要求，不過蔣介石並沒有死心，一有機會他就暗示莫斯科日軍在準備進攻蘇聯。三月，蔣介石電告正在蘇聯訪問的立法院長孫科，要他請蘇聯在與英國進行合作交涉時「勿忘遠東，應同時提出，並望能促成中、俄、英、法在遠東具體之合作」。國民黨中央執行委員張沖也在四月十九日會見蘇聯駐華代辦，表達了同樣的希望。

四月廿五日，蔣介石致電史達林，並要求孫科親譯面陳。蔣介石表示讚賞蘇聯提出的集體安全制度，希盼蘇聯在與英法交涉時「特別提出遠東問題之重要性，及其與集體安全制度不能分離之理，尤盼闡明敝國抗戰與安全世界和平之密切關係，務使英、法均能透徹瞭解，俾敝國參加反侵略團結與各民主國進一步作伸張公理正義之共同努力，使歐亞問題得在同樣原則下同時解決。」

蘇聯沒有做出明確答覆，史達林在回電中表示，蘇聯當盡其力所能及，幫助中國完成解放大業。關於遠東的集體安全問題，蘇未有明確表示，只是說蘇聯與英法的談判仍在繼續進行之中，如果談判成功，則會促進愛好和平的各國結成聯合組織。

國民政府以日軍攻佔海南島爲契機展開的爭取軍事合作的外交努力終未獲成功。

英國有意介入中日談判，蔣介石堅拒「議和」，但試圖召集國際會議制裁日軍行動；西方各國各行其是繼續對日妥協，國際調停終無希望。

就在國民政府積極爭取遠東反侵略陣線的同時，有關列強將召開太平洋會議調停中日的消息開始在社會上傳播開來。

四月上旬，英國駐日大使克萊琪在上海會晤了駐華大使卡爾。英國人想做什麼？一時間，各種小道消息風傳全國，而時刻牽動抗日軍民心弦的，則是英國在進行有關中日調停的磋商。

外間的傳聞還真不是空穴來風。克萊琪在事後致英國外交部的秘密電報中說，日本政府的負責人士表示，日方實際上已解除了不少與蔣介石議和的限制，日本人希望通過卡爾瞭解重慶在歐戰爆發時的對日本的態度。不過，克萊琪對於風傳的調和之事，十分的謹慎。畢竟，上一年在慕尼克的行動已經讓大英帝國遭受了夠多的譴責。克萊琪建議，如果中國政府決心立場堅定地繼續抵抗，則英國完全不必促成和議。

在同克萊琪會晤後，卡爾於四月十九日抵達重慶，這不得不使人更加懷疑英國人的意圖。儘管重慶的官員站出來公開闢謠，聲明卡爾此行純係處理正常的外交事務，但關於卡爾是爲斡旋中日和議而來的消息仍然在盛傳。

遠東的形勢真的像太平洋上的波浪一樣，一波未平，一波又起。關於英國斡旋中日的傳言正盛，一貫對在遠東調停持消極態度的美國又被牽扯進來，更加讓人相信傳言的真實性。四月中旬，日本《朝日新聞》報導了一條驚人的消息，美國總統羅斯福將向日本提議召開太平洋會議，以解決遠東的衝突。不同於對英國的態度，蔣介石對此特別的關注，急忙吩咐查證消息的可靠性。駐美大使胡適的來電讓蔣介石很失望，胡適說他曾面見羅斯福，羅斯福憤然指責《朝日新聞》的消息純屬揑造。

卡爾在重慶會晤了王寵惠，還拜見了蔣介石。在與王寵惠的談話中，卡爾透露了日方的動向。他說，日本有許多重要官員主張結束戰爭，它們的條件大致是：華南華中的日軍可先行撤退，將來可恢復到「七七事變」以前的狀態，對內蒙則須有特別辦法。由於卡爾沒有表示英國有意調停，而且當時日本輿論正大肆宣揚中國政府急於求和，因此，重慶政要對與日本議和一事未置可否。對此，時任軍事委員會參事室主任的王世杰在其日記中有明確記載：「我政府因近日日方到處造謠，謂我求和甚切，固對於英使所報告，未予討論。」

卡爾後來在給英國外交部的報告中說，從與蔣介石談話可知，他是不會考慮不包括日本軍隊撤出中國條款的和平建議的。卡爾認爲：「中國人仍然確信，他們最終將會獲得他們所需要的條件，在這同時，抵抗能夠繼續有力地進行下去。」事實上，蔣介石在談話中還提出了擴大反侵略陣線的問題。他特別希望卡爾能向英國政府建議，在同蘇聯的談判中應迅速無條件締結軍事同盟，並將其擴大到遠東。因爲只要歐洲爆發戰爭，日本必定不會作壁上觀，但是如果英蘇成立軍事協定，就可以抑制希特勒，這樣，「歐洲和平可期，而遠東亦可獲安定。」

重慶方面事實上是十分希望召開遠東國際會議的。不過，鑒於以往的冷遇，這次蔣介石表現的比較謹慎，他準備事先與列強駐華大使私下磋商試探各國的態度。戰場上講究「知己知彼」，外交上也一樣。

五月十八日，蔣介石在會見卡爾時表示，他已經做好準備去面對一場長期化的戰爭，他也相信戰爭最終將以中國所樂於接受的方式而告結束。不過，他仍然希望有國際社會的共同干預，只有這樣，中日問題才可能獲得永久性的解決。他指出，國際干涉可以採取兩方面的行動：對日本施加經濟壓力和英美出面調停。中國的利益以及所有友好國家的利益都要求儘早地恢復和平，所以他強調，國際社會採取行動越早，事情就越有利。蔣介石對英美最近在鼓浪嶼的共同出兵，表示了讚賞，認爲這是一個朝著正確方向發展的令人鼓舞的趨勢。他希望在遠東問題上，英國美國也能協調一致地採取行動。

蔣介石還特意向卡爾透露，他最近收到了一份日本人的和談建議，只要中國人願意停戰，日本準備撤退到盧溝橋事件以前的位置。不過蔣介石也說自己不信任日本人，只有日本人真心誠意地撤軍時，他才能同意停戰。即使當撤軍完成，也必須通過一個所有與遠東有關的大國都參加的國際會議來求得中日問題的解決，並由這些國家提供保證。蔣介石說，日本人正在爲謀和尋找契機，英美正好可以爲中日之間的溝通做出有益的貢獻，他相信日本人是會表示歡迎的。爲了讓卡爾重視此事，蔣介石表示將向美國大使做同樣的提議。對日本是否真心謀和，卡爾不敢肯定，因而他建議英國外交部等待蔣與美國大使接觸的結果再作決定。

美國駐華大使詹森首先從卡爾那裏得知了蔣介石的意圖，立即向美國務院作了彙報。在對日本政府接受調停的願望及和談條件一無所知的情況下，美國政府並不願意蹚這趟渾水，所以不準備向日本提出調停。對於蔣介石熱心的太平洋會議，美國因看不到達成中日雙方都滿意的協定的希望，也不想在此問題上冒然採取行動。

六月上旬，日本方面再次傳言，聲稱英、法、美等國擬調停中日戰爭。但是，法國外交部官員很快就答覆中國駐法大使說：三國不僅並無此意，而且爲遠東及世界大局起見，都希望中國繼續抗戰，以達最後勝利，也使得日本無力西顧歐局。是啊，歐洲已經被戰爭的烏雲籠罩，他們哪還有閒心來操心遠東的衝突呢？

抗日戰爭進入相持階段後，中日雙方展開了心理戰，時常對外透露出消息，說對方正急於謀和。這一時期，日本在報刊上散佈消息，說中國求和甚切，而中國也在不斷聲稱，日本因久戰不能取勝，正提出各種各樣的條件與中國謀和。這種有趣的現象，加上各國大使匆匆奔走與政要頻頻會晤，使得時局更加撲朔迷離。當英法在西方演出了慕尼克會議並逐步顯示出其惡果時，人們完全有理由懷疑它們是否也想在東方搞一個「慕尼克」。對政府的妥協傾向進行批評的聲音開始多起來。蔣介石對此也不得不更加謹慎。

由於英美法（尤其是美國）的態度均不夠積極，重慶國民政府推動召開國際會議的行動毫無進展。正在這時，一個突發事件的到來和擴大給中國又帶來了新的希望，這就是天津租界事件。

這一事件本來是由中國抗日志士在英租界內刺殺漢奸所引起，但日本最後提出的要求已遠遠超出逼迫英方交出嫌疑犯的範圍。六月十三日，天津日軍發言人聲稱，僅僅交出四名嫌疑犯已不能解決問題，「除非英國租界當局的態度發生根本的轉變，即與日本在建立東方新秩序中合作，放棄其親蔣政策，否則，日本軍隊絕不會甘休」。為了表明日本的決心，第二天，日軍封鎖天津的英法租界，並對出入租界的英國人進行人身侮辱。

此時，提議召開九國公約會議的問題再次提上了蔣介石的議事日程。恰好這時駐法大使顧維鈞傳來情報，說美聯社有人從倫敦得到消息，英國政府因天津租界問題有可能希望召開九國公約會議。

踏破鐵鞋無覓處，得來全不費工夫，機會真的來了嗎？蔣介石不敢冒昧行事，他令軍事委員會參事室和外交部對這一問題詳加研究。參事室經過仔細探討，一致認爲召開此會雖不能解決中日戰爭，但對中國有利無害。會議如能召開，在天津問題上英國不至於退讓，會議結束後，中國也較易得到美國對華進一步的經濟援助。甚至還可能促成美國及英法蘇等國制裁日本，果真如此，就可以形成遠東反侵略陣線。至於各主要國家的態度，參事室估計，蘇聯不會反對；法國將順從英美；英國也應該會贊同，希望通過這次會議，以集體行動來拒絕日本提出的廣泛要求或對日本進行報復。所以關鍵是做美國的工作，美國政府在原則上自不會反對召開此會，但由於國會正在討論中立法修正案，態度會有所遲疑。

蔣介石接受了參事室的建議，先探詢英美政府意向，一旦英美贊同，立即正式提出照會要求召開會議，即使時機未熟不便召開會議，中方也要堅請美國勸告英國不對日本讓步。事實上，在美國國內，此時也出現了要求召開遠東國際會議的呼聲。

七月二十日，蔣介石致函羅斯福，提出了三個方面的問題：九國公約之維護；對華物資之

蔣介石視察重慶南開中學

援助；歐局對於遠東的影響。蔣介石首先要求美國實行對日禁運，削弱日本的戰鬥力和經濟力，迫使日本同意以國際會議的方式來解決遠東的問題。他還提出，也可以先由美國政府邀請主要關係國家舉行會議，如果日本拒絕參加，再進行制裁，迫使日本恢復理智。

蔣介石的計畫漏算了一步棋，那就是英國並沒有想像的那樣堅強，它過早地放棄了紳士的尊嚴。七月下旬，英日之間的談判在日本所提出的原則的基礎上達成協議。無論英國怎樣解釋，「有田－克萊琪協議」終究是對日本的一個重大妥協舉動。中國政府和各界團體都提出了抗議和指責。

聯繫英國以往對日妥協的歷史，中共加重了太平洋會議將成爲遠東的慕尼克會議的擔心。此時莫斯科也擔心英美在遠東與日本妥協，促使日本北上，要求中共警惕遠東的慕尼克陰謀。國民黨五屆五中全會大造反共的輿論，蔣介石也表現出更加急迫的溶共心情，國共摩擦開始增加，從整體上看，相持階段來臨後，國民黨蔣介石在抗戰的積極性上發生了退步。爲了制止一種可能出現的危險趨勢，中共發起了一場聲勢巨大的「反對妥協投降，堅持抗戰」的宣傳運動，以引起人們的警惕。

考慮到有田－克萊琪協議的簽訂對於中國士氣的影響，美國政府決心採取有力的措施來表明自己對於遠東危機的態度，以鼓舞中國人的抗日士氣。美國政府選擇了預先通知廢除一九一一年訂立的日美商約這一方式。

日美商約的廢除，消除了對日禁運的法律障礙，蔣介石從中看到了希望。國際會議雖然沒有開成，這一番折騰卻也不是徒勞無功。七月三十一日，蔣介石會見詹森大使，稱讚美日商約的廢除是「總統和國務卿的偉大而輝煌的舉動」，在英日協定達成之時，美國採取的這一行動，「減輕了中國自捲入衝突以來所面臨的極嚴峻的危機」，中國人民將不會忘記美國的這一重要行動。

這樣，在歐戰爆發之前，召開有關國際會議的想法始終未能獲得積極的回應，因而也始終只是停留在想法上。隨著歐戰的爆發，英法本身都已捲入戰爭之中，召開太平洋會議的可能性更加微乎其微。

四、全力應對將至的世界大戰

歐戰終於爆發，蔣介石看到了抗戰希望；「桐工作」無效，日本扶持汪偽政權上臺，抗戰的國民政府得到了美國的承認，蔣介石積極展開對美外交。

中國的抗日戰爭，處在一個利益紛爭加劇、國際格局大變動的複雜環境之中。正確把握國際局勢的發展趨勢，利用各國之間的矛盾爲中國抗戰爭取有利的國際環境，無疑是抗日戰爭中外交策略的重大問題。堅持正面戰場抗日作戰的同時，蔣介石密切關注著國際形勢的發展，極力捕捉每一個有利於中國抗戰的轉機。

一九三九年二月，日軍攻佔海南島。中國政府認爲，日本的這一舉動是南進的重要信號，蔣介石稱之爲「太平洋上之九一八」，日軍果然志在南進。三月，日本宣布統轄中國南海諸島，很快又提出對南太平洋大片領土的要求。蔣介石期待著由於日本的不斷挑釁，美英等國將走上制裁日本的道路。

▶▶蔣介石檢閱三民主義青年團團員

就在國民政府積極活動的時候，發生了「天津事件」。鑒於歐洲局勢緊張，爲避免兩線作戰，英國首相張伯倫堅持實行容忍政策，反對制裁日本。七月下旬，英日在東京會談，簽訂了《有田－克萊琪協議》，英國完全承認日本侵華行動的合法性，承諾不援助中國抗戰。英國此舉遭到了中國的強烈反對和譴責，也使許多人開始懷疑蔣介石的苦撐待變策略究竟有幾分勝算。

就在蔣介石的抗戰熱情大受打擊的時候，美國政府正式通知日本，廢除《美日友好通商航空海條約》。這是中日開戰以來，美國政府所採取的第一個對日制裁措施，它爲蔣介石期待已久的對日禁運鋪平了道路，這無疑是對他莫大的鼓舞。

九月，時局發生了更大的變化，歐洲戰爭爆發了。蔣介石興奮得如同見到了曙光，幾年的死拚硬擋終於等來了國際形勢的轉機！所謂「苦撐待變」，就是期待國際矛盾發生有利於中國的變化，使中國得到強有力的盟友。蔣介石頗爲得意地說，在兩年多前，他就預想將中國的抗戰必須堅持到歐戰爆發，曾有人懷疑他的策略，現在這一預想終於實現了。他認爲中國抗戰最大的基本策略已經達成，「我國抗戰兩年，期待國際變化，今果有大變化矣……如我能擇善固執，謹慎運用，余深信國家必能從此復興也。」

借助外力一舉解決中日戰爭是蔣介石的一貫策略。現在，蔣介石進一步指出，中國抗戰的目的，「就是要與歐洲戰爭——世界戰爭同時結束，亦即是說中日問題要與世界問題同時解決」。歐戰爆發，促進遠東問題解決的中國抗戰已與促進世界問題解決的歐洲戰爭，在東亞西歐同時並進，蔣介石正是從這裏看到了一個「中國問題將與世界問題同時解決」的可能。蔣介石甚至更爲直接地說：「今後我國之處世之道，反形簡單，即對內建設根據地，對倭更作持久抗戰到底，以待世界戰爭之結束而已。」

九月廿一日，羅斯福在國會發表演說，要求國會修改中立法，廢除武器禁運的條款。對待中日戰爭，美國的態度是逐步擴大對日本的禁運範圍。九月廿六日，羅斯福要求各有關企業停止出口十一種指定的原料。十二月，又把禁運範圍擴大到包括製造飛機用的主要金屬。

一九三九年，是國際局勢初現轉機的一年，但事情的發展卻沒有蔣介石設想的那樣順利，隨後而來的是一段漫長而焦灼的等待。值得慶幸的是，蔣介石終於看到了轉機，美國逐步疏遠日本而悄悄地靠近中國，這對處境艱難的蔣介石來說是個鼓舞，使他更加堅定了持久抵抗的決心。

日本方面也在等待，等待重慶政府的投降或分化瓦解！在攻佔武漢後，他們已經成功地獲得了汪精衛、陳公博、周佛海的合作，日本人希望這些資歷老、名氣大的人物的舉動，能引發重慶的混亂，迫使蔣介石重新考慮同天皇的關係。一九四〇年初，日本人突然發現蔣介石是在玩緩兵計，天皇賜給他時間反省，沒想到他居然在謀劃怎樣更加頑固地對抗天皇。怒火中燒的日本人爲了挽回面子，在一九四〇年三月匆匆忙忙地在南京把汪僞政權扶植起來。

美國擔心汪僞政權的出臺會削弱重慶國民政府的權威，從而威脅美國的遠東戰略，三月三十日，發表聲明斥責了日本的舉動，強調只承認蔣介石政府的合法性。

四月十五日，日本外相發表對外聲明，向荷蘭政府提出保護荷屬東印度的要求。美國認爲這是日本南下的信號，立即做出反應，反對日本干涉荷屬東印度的事務或改變其現狀。六月，歐洲的戰爭形勢迅速發展，德軍所向披靡，僅用六個星期就打破了號稱「歐洲最大的陸軍強國」的法國。法國投降後，日本趁火打劫，向法國在亞洲的殖民地發起了攻擊。

事實上，日本已決定進攻整個東南亞。六月廿九日，日本外相有田八郎發表了「謀求與亞洲各國共存共榮」的所謂「大東亞共榮圈」的演說，將英、法、荷在太平洋的屬地菲律賓、澳、新、印納入「共榮圈」。日寇侵略東南亞各國，一是掠奪戰略物資，再就是切斷越南、緬甸通往中國的運輸線，斷絕國外對中國的支援，逼迫中國政府投降。

蔣介石怕的是日寇繼續進攻中國的西南大後方，不過也設想過日本繼續南進的後果。蔣介石估計形勢說：「倭加南進，則其必介入歐戰，並與美發生衝突，於我有利也。」蔣介石開始加強與美國的聯繫。

爲了欺騙世界輿論，日本在對中國發動全面侵略戰爭的同時，在國內外大做宣傳文章，企圖使人們相信，戰爭爆發的原因在於中國而不在於日本。日本旅居各國的僑民所辦報刊、通訊社也在大造反華輿論，外國報紙不時轉載。面對這種嚴重局勢，中國必須開展國際宣傳，努力爭取國際社會的同情與支援。美國便是中國朝野努力爭取的重點。

「國舅」宋子文以蔣介石「私人代表」身分赴美開展長期外交，爭取美援；《柏林協定》簽署，戰爭矛頭直指美國，美國終於決定加強對華援助。

國民政府除了派遣一流的職業外交官赴美外，還派遣了不少在美有特殊關係或特殊影響的知名人士赴美作爲政府外交官、特使，遊說美國朝野人士，並在其周圍建立起重疊錯落的關係網絡，以期美國的遠東政策朝著有利於中國的方面轉化。

一九四〇年六月，蔣介石讓沒有擔任任何職務的宋子文以蔣的「私人代表」身分出使美國。宋子文帶上妻子張樂怡和孩子，聲稱來美國是爲「家庭事務」。他這次到美國居住了將近兩年半，但經常在重慶與華盛頓之間飛來飛去。宋子文最主要的任務就是獲取美國貸款。他充分利用他的宋氏家族與美國的特殊親密關係，致力於「在總統左右樹立各方助手」，除了與美國財長摩根索等政府要員建立深厚私交外，宋子文還審慎地挑選了一批同政府部門有密切聯繫的人員，如退役軍官、政府職員、宗教及群眾團體中有影響的人士，以及羅斯福的遠房親戚。這些人後來成爲所謂「援華院外活動集團或中國幫」的最初班底。對於宋子文的做法，美國人有獨到的理解，他們說這「反映了他的家族愛搞陰謀政治活動這一特點，又反映了中國流行的信念，即認爲有權有勢才能支配所接受的援助」。

當時，美國的能力主要集中在歐洲與希特勒抗衡，大量的物資在支援英國，羅斯福也在忙於競選第三次蟬聯總統連任，美國國會內的多數人仍抱著發生在遠東的中日戰爭與美國無關的觀點，因此，宋子文在美國最初的三個月，一美元的貸款也未得到。

一九四〇年九月廿三日，日寇出兵佔領越南北部，邁出了奪取東南亞和南洋的第一步，這大

宋子文與夫人張樂怡

大刺激了美國。九月廿五日，美國同意借給中國二千五百萬美元；次日，美國又宣布對日本禁運廢鋼鐵。蔣介石抓住這個機會召見美國駐華大使詹森，要求美國再多提供貸款，但是美國尚未認識到中國抵抗日本對遠東以至世界和平的重要作用，他們認爲不必要給中國過多的援助，蔣介石的努力再次付之東流。

其實，由於各種因素，特別是法國戰敗，美國安全道德受到來自德國的挑戰，其戰略注意力和戰略物資投入明顯偏向歐洲大西洋方面，並開始形成「先德後日」戰略構想。

一九四〇年九月廿七日，德意日三個法西斯國家在柏林簽訂了結成軍事同盟的《柏林協定》，規定三國彼此承認德意在歐洲和非洲、日本在亞洲和太平洋地區建立「新秩序」的特權。而且，每一個締約國保證，如果遭到當時還沒有介入戰爭的國家進攻，就互相支援。公約明確地把蘇聯排除在外，其目標無疑是美國了。

獲得這個消息，蔣介石很是興奮，他對身邊的人說：「德、意、倭三國同盟，果已實現，此在抗戰與國際形勢上於我實求之不得者，抗戰必勝之局已定矣！」蔣介石於是向各戰區將領宣示了一份手令，他認爲《柏林協定》的出現，是「抗戰最後勝利唯一的轉機」，日寇分兵力弱，無力西進，可以放心。只要等候國際局勢的轉變，期待美英蘇的合作，造成最後勝利。蔣介石的這種保全實力，坐視成功的消極思想，在國民黨軍隊中起了很壞的作用。

歐洲與亞洲的法西斯已公然聯合，把矛頭指向美國。隨著日本軍隊和艦隊的移師東南亞，中國的命運開始同整個東南亞的命運聯繫在一起，就像三國同盟的締結把歐洲戰場與亞洲戰場聯絡在一起一樣。日軍每一個向南發展的舉動都使蔣介石的希望增一分，他並不是在做白日夢。美國終於意識到，戰爭已隨著日本的擴張而逼近，其對華政策開始調整到援華制日的軌道，非軍事地介入了中日戰爭。

三國盟約的訂立使法西斯國家與英美等國雙方陣線漸趨明朗，這顯然是國際形勢朝著有利於中國抗日方向的一種發展。蔣介石不失時機地展開了外交攻勢，試圖以中、美、英三國結盟來對日本。

一九四〇年十一月五日，羅斯福當選為美國第三十四屆總統，至此他已連任三屆。蔣介石對羅斯福的當選十分高興，立即致電祝賀，因為此前羅斯福是傾向援助中國的。蔣介石在日記中寫道：「此雖為美國之內政，然有關世界之安危與人心之振靡者極大」，「美國之民主，令人羨慕不已，特電羅斯福總統，祝其成功。此乃出余之至誠，而非可以普通應酬之電文視之也。」

十一月九日，蔣介石分別接見美國駐華大使詹森和英國駐華大使卡爾，當面交出一份中、英、美三國合作方案。蔣介石在方案中提出三項原則和四項具體相互協助項目。三項原則是：中國堅持執行九國公約規定的門戶開放政策（即保證各帝國主義在中國「機會均等」，「利益分沾」）；反對日本獨霸亞洲的所謂「大東亞新秩序」；在認定中國獨立、自由的基礎上，作為遠東及太平洋地區之和平基礎。

四項相互協助項目是：發表宣言後，英美兩國即共同分別借款與中國，以維持中國之外匯與法幣信用。此項借款總額爲美國二億元至三億元；由美國每年以信用貸款方式給中國戰鬥機五百至一千架，但本年（一九四〇年）內先運華二百架至三百架。此外，並由英美兩國供給中國以其他之武器，其數量及種類另行商定之；英美派遣軍事與經濟、交通代表團來華，組織遠東合作機關。此項代表團之團員，得由中國政府聘爲顧問；四，英美與日本，或英美兩國中任何一國與日本開戰時，中國陸軍全部參戰，中國全國空軍場所，聯軍亦可使用。

美國認爲蔣介石要求給予數億美元貸款和一千架飛機「令人驚愕」。美國財政部長摩根索對宋子文說，要飛機「像是要五百顆星星」。蔣介石的要求雖被華盛頓婉言拒絕，但蔣介石並不氣餒，他認爲「英倭與美倭關係，皆無法改善，美參戰時期將日近矣！」他還相信英美會認清中國所占的戰略地位。

儘管美國拒絕了蔣介石結盟的建議，但後來羅斯福於擔心「蔣汪之間正在進行一些活動」，要求摩根索迅速向中國提供一億美元的巨額貸款，他對國務卿說：「這是生死攸關的大事……如果我不去做……就可能意味遠東爆發戰爭。」

一九四〇年十一月三十日，日本正式承認了他一手扶植的大漢奸汪精衛在南京成立的傀儡政權——僞中央政府，並簽訂了所謂「日華基本條約」。這說明日寇決心要摧毀重慶國民黨政府和蔣介石本人，加深了重慶國民政府的危機，國民黨軍政人員中，開始出現大批投降日僞的現象。美駐華大使詹森警告華盛頓說：「若不給蔣介石在財政和政治上更大的支援，重慶政權的垮臺就迫在眼前了。」支持蔣政權的中外人士也開始散佈說中國岌岌可危，隨時可能崩潰。

日本霸佔亞太野心凸顯，美國調整策略，開始對華進行軍事援助；蘇德戰爭爆發，國際反法西斯陣營初步形成，但中國戰場仍未引起重視。

美國、英國爲了保護自己的東南亞的殖民利益，一直避免與日本交戰。美國考慮到：中國和東南亞對美國的安全來說是重要地區，美國在太平洋的安全要維護一個獨立的中國政府的存在，它最好既不受日本控制，也不受蘇俄控制，在戰爭結束之後，唯有美國來取代大英帝國在亞洲的地位。駐華大使詹森曾向羅斯福總統建議說：唯有美國才能「領導世界擺脫它目前正在其中竭力掙扎的混亂局面。」

一九四〇年十二月二日，美國國會通過了提供給中國一億美元貸款的議案。日本加入了法西斯軸心國聯盟，進佔越南北部，也直接危及英國通往新加坡、馬來亞、印度的殖民地生命線。因此，爲抵制日本霸佔東南亞，英國隨後也貸給蔣介石政府一千萬英鎊。美國《時代》雜誌社社長說：「中國爲一億美元，答應把一百一十二萬五千名日軍牽制在戰場上，讓日本的龐大海軍繼續封鎖中國海岸，使侵略者向鄰近的美國勢力範圍的進攻放慢了速度。按照這種價格，這筆買賣是非常合算的。」同時，史汀生和馬歇爾同意調撥一百架殲擊機幫助保衛緬甸公路。這些措施旨在使中國能繼續戰鬥下去，而且最重要的是有助於制止日本向南攻擊法國、荷蘭和英國的領地。顯然，美國把它的對外政策重點從日本轉向了中國。

十二月廿九日，羅斯福發表「我們必須成為民主制度的偉大兵工廠」的爐邊談話，把中國列入民主制度的範圍，並高度評價了中國的抗戰。羅斯福向全體美國人表示，「在亞洲，中華民族進行的另一場偉大防禦戰爭則在拖住日本人」。「我們有些人樂意相信歐洲和亞洲的戰爭同我們無關。然而，不使歐洲和亞洲戰爭製造者得以控制通向本半球的海洋，乃是對我們最為生死攸關的問題」。經驗證明，任何人都不能靠撫摸把老虎馴服成小貓，不能姑息殘忍行為。「我們必須成為民主制度的偉大兵工廠」。月底，羅斯福要求國務院、財政部及陸海軍各部門尋找可行途徑，向中國盡可能提供軍事援助，他本人還同陳納德等商談了各種秘密空戰計畫。國民政府與蔣介石的外交攻勢開始有收穫了。

一九四一年一月六日，美國總統羅斯福向國會提出《軍火租借法案》，此法案是為了援助英國而提出的，但國會允許總統向其認為對美國至關重要的國家租借武器和物資。美國國會剛通過租借法案，三月十五日，羅斯福總統即發表講話說：

「億萬中國苦難人民，在抵抗割裂其國家的奮鬥中，已表現出非常的意志，他們通過蔣委員長要求美國的援助，美國已經說：中國應當獲得我們的援助。」

美國宣布軍火租借法案適用於中國後，蔣介石十分高興並催促美國對中國的軍事援助早日兌現。三月三十一日，宋子文向美國正式提出三項具體援華辦法：幫助中國建立有一千架機的現代化空軍，由美國提供飛機、技術訓練和飛行員；幫助訓練並裝備中國陸軍三十個師；幫助中國修整及建設滇緬公路等對外交通補給線。四月廿六日，羅斯福打電報給重慶國民政府，略謂：「業已批准四千五百萬美元的對華援助，包括有鐵路、交通器材、卡車、汽車、兵工器材等類。至於飛機和其他項目正在研究中。」對於正處於軍事緊張的蔣介石來說，這不啻是一個大的好消息，對於中國的抗戰事業來說，也是一大利好。

一九四一年六月廿二日，德國法西斯不宣而戰，突然向蘇聯發起進攻，蘇德戰爭成爲了世界性反法西斯戰爭的開始。蘇德戰爭爆發後，國際形勢已明顯形成了反法西斯陣營，中國在國際反法西斯陣營中已具有重要的地位。蔣介石一直希望著列強的援手，但真的到了這個時候，他卻發現不論是英國、美國、蘇聯以及荷蘭等國，都沒有把中國當作真正的盟友。

一九四一年二月廿二日，在新加坡召開的美、英、荷、澳四國遠東防衛協同作戰計畫會議，商定了「ABCD包圍網」（A・美、B・英國、C・中國、D・荷蘭）計畫，竟沒有邀請蔣介石參加。九月廿九日至十月一日，蘇英美莫斯科會議簽訂了三國協定，規定三國在反法西斯戰爭中聯合行動，並爲建立反法西斯聯盟奠定了基礎，這次會議同樣也沒有邀請蔣介石。美國有人說蔣委員長的政府「洩露機密是出名的」。言外之意是出於不信任，才沒邀請蔣介石參加重要的軍事會議。蔣介石對此十分惱火，更擔心現在不把中國當作第一流大國對待，戰後將得不到「平等地位和公平對待」。

這個時候，美英仍在推行「歐洲第一」的戰略，美英對日本的防務安排，主要就是向中國提供一些物資，使中國能支撐住，繼續與日本打下去，這樣英美就可以避免同日本交戰。更有甚者，日本派出的野村和來棲兩位特使，這時正在華盛頓與美國國務卿赫爾加緊談判。日本以從越南撤軍和不侵犯南太平洋為條件，要求美國恢復對日通商，繼續供應日本石油、鋼鐵等重要戰略物資，並要求美國不得妨礙日中兩國為和平而努力的行動。這就等於讓美國繼續支援日本而停止援華。美國出於重點支援歐洲和使本國有充分備戰時間，竟不惜出賣中國。十一月廿二日，美國國務卿緊急接見中國駐美大使胡適，通知中國，美國將與日本簽訂協定。

蔣介石得知這一消息後，立即電覆胡適，指示轉告美國政府，電文如下：

「此次美日談話，如果在中國侵略之日軍撤退問題沒有得到根本解決以前，而美國對日經濟封鎖政策無論有任何一點之放鬆或變化，則中國抗戰必立見崩潰。以後即使美國對華有任何之援助，皆屬虛妄，中國亦不能再望及友邦之援助，從此國際信義與人類道義皆不可復問矣。請以此意代告赫爾國務卿，切不可對日經濟封鎖有絲毫之放鬆；中亦萬不信美國政府至今對日尚有如此之想像也。」

同時，蔣介石又向邱吉爾發出電報，要求邱吉爾反對「中國如果崩潰，將大大增加英美共同的危機」。

但是，日美雙方仍在繼續談判，為了各自的利益，雙方不斷提出建議和反建議。就在這種情況下，日子一天天過去。十二月七日，這一天終於來到了。

美日談判是美國反法西斯全球戰略的一部分。雖有綏靖日本的傾向，但並沒有對美國援華制日政策的實施產生直接的影響。八月一日起，美國事實上實施了包括石油在內的對日全面禁運。

與遏制日本的同時，美國也加緊援助中國。六月廿二日，蘇德戰爭爆發，國際形勢對日本有利。美國認爲，日本無論是北攻蘇聯，還是南進東南亞、西南太平洋，都構成對美國的嚴重威脅，要避免這種危險，唯一的辦法是「鼓勵中國做出更大的努力反對日本，只要日本越來越深的陷入中日戰爭」，美國就能實現維持遠東現狀的目標，爲此「千方百計的加速和擴大對中國提供租借物資」，是「美國自衛努力的一個十分重要的方面」。七月廿三日，羅斯福批准了居里根據蔣介石、陳納德的要求擬定的：美國爲一支有五百架飛機的中國航空提供裝備和人員。

一九四一年十二月六日下午九時，美國總統羅斯福還讓美國駐日大使格魯轉給日本天皇，說美國非常希望與日本繼續談判。在這之後不到十個小時，即一九四一年十二月七日晨（當地時間），美國對日宣戰，太平洋戰爭爆發，全世界捲入空前大戰之中。

從盧溝橋事變到珍珠港事變這四年多的時間裏，太平洋上波詭雲譎，國際關係錯綜複雜，微妙多變，美國的對華政策正處於一個過渡時期，其意義遠遠超出了中美關係本身的範疇，它幾乎包含了帝國主義強國對半殖民地半封建弱國不平等政策的全部內容，如：強權政治、強權外交等，形成一種傾斜型的不平等關係。

第四章　艱難的獨自抗戰

一、「焦土抗戰」焚長沙

武漢廣州淪陷，日軍大舉南進，蔣介石重訂防禦計畫，決定保衡陽捨長沙；張治中受蔣密令準備執行「焦土抗戰」方針，絕不將長沙留給敵人。

廣州失守，國人一片譁然。蔣介石親自出面嚴懲了一批怠忽職守、貪生怕死之輩才暫時平息了民憤。

然而，就在此事隨當局努力與戰勢發展而風波暫息之時，不料又發生了長沙失火重案。蔣介石與國民政府再一次陷於輿論指責聲中。

十一月十二日，湖南省政府主席張治中接到蔣介石電令：「長沙如失陷，務將全城焚毀，望事前妥密準備，勿誤！」

決定火焚長沙城是迫不得已而為之的下策。廣州剛剛失守，十月廿五日，被圍攻了整整三個月的武漢陷落，緊接著日軍大舉南犯，湖南頓時腹背受敵。蔣介石估計日軍將攻打長沙，於是決定以南嶽衡山為防禦中心，在必要時放棄長沙。十一月七日，在蔣介石主持的長沙軍事會議上，他就決心已定地講到：既然長沙必陷敵手，只有焚毀整個城市，進行焦土抗戰，免資敵用！

三天以後，距離長沙一百四十公里的岳陽被日軍攻陷，湘省的北大門從此洞開。蔣介石已看到夾在粵漢線上的孤島長沙定然為日軍攻佔，於是下定了這樣的決心。

作為在湖南主政了一年多的省主席，張治中此時的心情是複雜的。

一年前，當蔣介石對他心生疑竇，他懷著悲痛的心情辭去軍職，離開正在激戰的淞滬戰場時，並沒有想到會到湖南來主政，而上任伊始，他也沒有想到長沙會有如此重要的地位。武漢撤守之後，不僅政府的許多重要機關撤駐長沙至衡陽一帶，而且大批物資都要經過長沙向廣西、貴州、四川轉移。如此多的上層人物雲集三湘四水，在瀟湘大地的歷史上不一定是絕後，但一定是空前的。張治中沒有想到這些，更沒有想到將在自己手上下令焚毀長沙這座歷史悠久的名城。

不過，這一年來，他雖也為不能將一腔熱血拋灑在抗日禦侮的最前沿而抱憾，更為戰場的節節敗退滿懷惆悵，但是既然身為一方父母官，就得兢兢業業。國家已經處於戰時狀態，後方的任何省分在抗戰全局中都發揮著作用。張治中經常說：「要樹立一種新風氣，來培育護持新政治的力量，即以這種新政治力量來支持抗戰，奠定復興民族、國家之基礎。」他是如此說的，也是這樣做的。他極力排除地方守舊勢力阻礙，積極組織群眾起來抗戰，妥善安置源源不斷送來湖南的傷兵，解決了一度成爲社會公害的傷兵和兵役問題。一年的努力終於沒有白費，長沙市面安定繁榮，湖南也呈現出新的氣象。如今，付出了巨大的心血才保持繁榮的省城就要被付之一炬，回想一年來的奔波勞累，張治中的心情更加沉重。

熟讀史書，又在政治風波場中沉浮多年，張治中深知焚毀長沙非同尋常，對這樣一件定然會載入史冊的大事，決不可掉以輕心。不管是爲了個人名節，爲向國人有一個交代，還是爲保存歷史真相，都要原封不動地保存好最高當局的絕密電令。

長沙還彙聚著大批傷兵和逃避戰火的難民，即使本來的市民也有數十萬。作爲一方父母官，現在不僅不能爲他們造福，反而要焚毀他們的家園、讓他們背井離鄉去逃難，張治中這位出身於黃埔軍校、真正信奉三民主義的儒將心情不好受啊！「對於焚城的計畫應周密妥善，盡可能減輕城中近四十萬軍民的損失。」只有這樣，才能使他愧疚沉痛的心有所慰藉。

張治中在緊張的苦思之中度過了一個小時，才長嘆一聲站起身來，拿起辦公桌上的電話，先找省警備司令酆悌，然後接通省保安旅駐於省城的二團團長徐昆，依次仔細交代一番，令他們下午報來詳細的執行計畫。

對於這樣的大事，酆、徐二人也不敢怠慢，急忙召集親信商討焚城的行動方案。是日下午四時，酆、徐二人把一份詳細的方案親自交到張治中辦公處。方案對於焚燒範圍、執行單位、發佈點火命令等具體的事項，擬定了十三條。令張治中注意的是，第五條寫得分明：「下令點火須以湘省主席之命令爲依據」。又在第六條寫道：「點火信號：首先是聽警報，其次看信號，以天心閣火焰爲准，方可點火。」

張治中費了半個鐘頭，連閱多遍，方才簽字表示同意。他突然覺得手中的筆是如此的沉，它畢竟掌管著千百萬人的禍福啊！張治中簽字後，對酆悌和徐昆再次叮囑：「一定要慎重行事，不可馬虎，必須待國軍自汨羅退後，再予點火。」

點火時間將至，城南突發火災，守軍誤點焚城大火；長沙城頃刻化為灰燼，張治中受蔣痛責，替蔣受過。

上天在這個緊要關頭卻同張治中開了一個致命的玩笑。在十二日晚南門外的傷兵醫院失火，預備焚城的士兵誤以爲是信號，便一齊點火。由於沒有預先通知，事後又沒有採取有效疏散措施，居民被燒死二萬餘人。整個城內大部分房屋都被焚毀，大火一直到十四日才熄滅。萬千百姓的生命財產在熊熊烈火中化爲灰燼，民眾的信任和信心也隨著撕心裂肺的慘叫、慘不忍睹的火祭而坍塌了，一時間湖南政局動盪，大後方人心惶惶。

本來，當戰火燒到湖南省境內時，湖南人民因爲蔣介石親臨長沙，盼望他能布重兵於湘北，力擋日寇，穩定戰局，保衛古城長沙。何曾料到，最高當局高唱焦土抗戰，蔣介石竟然親自部署要將長沙焚毀！長沙大火餘燼未滅，另一場大火以更旺的勢頭在更廣的範圍內燃起，群情憤激，怨聲載道，紛紛要求追究責任，嚴懲縱火犯。

長沙沖天的大火，燒得整個中國沸沸揚揚。蔣介石於十一月十四上午匆忙趕到，翌日在南嶽召開專門會議，就加強長沙防備、救濟安置災民等事宜做出佈置後，開始追究無令點火的責任。

據說蔣介石最先還是從陳誠的密電得知長沙失火消息的。在國民黨軍隊中，這時已經開始形成以何應欽和陳誠爲首的兩個派系，兩派勾心鬥角，不斷在暗中較量。張治中十分反感蠅營狗苟的派系鬥爭，加上與陳誠同爲高級幹部，一次次的衝突已經積累了許多芥蒂。陳誠當時任九戰區司令長官，負責鄂湘贛三省防務，他突然從長沙大火中發現了扳倒張治中、鞏固自己權勢的機會。在火起的當晚，陳誠就電告蔣介石，說此事全因地方長官輕信謠言而起，「事關民心重大，至懇請委座親臨處理」。蔣介石對於內部的派系爭鬥是心知肚明的，他允許其存在，並適時地控制著爭鬥的發展，這讓他有一種地位更加穩固的感覺。蔣介石十分信任陳誠，當然也明瞭他的意圖，不過現在蔣介石更需要的是他們同舟共濟，緩和事態。所以，決定自己親自處理縱火事件。

由錢大鈞、俞濟時等人組成的「長沙火難調查委員會」第二天證實張治中的確沒下點火命令。省警備司令部酆悌、省警察局局長文重孚、省警備旅二團團長徐昆，三個人同樣信誓旦旦態度堅決，沒有誰承認下令點火，完完全全的一筆糊塗賬。真的是上天安排的巧合嗎？

果然，面對審判長錢大鈞報來的判決書上，蔣介石拿起紅筆批示，酆悌、文重孚、徐昆三人怠忽職守「著即槍斃」。張治中則革職留任，後以待罪之身回到蔣介石身邊任侍從室主任。酆悌在行刑前淚流滿面，低聲哭訴：「我對不起長沙人民！張主席對不起我！」

蔣介石雖然槍斃了酆悌、文重孚、徐昆三人，也拿出百餘萬元做了安撫災民的工作，但並沒有平息民眾的怨氣，憤怒的矛頭直指蔣、張，認爲酆悌等三人只是做了蔣、張的「替死鬼」。

長沙大火因爲有蔣介石的講話和電令在先，一切的批評都會牽涉到蔣介石本人。而他早就對共產黨動員民眾的本領心生懼意，火災發生後，更是擔心他們會借此大做文章。但是出人意料的是他們在誠懇批評和要求當局嚴辦肇事者妥善救災外，更多的是協助當局救災，沒有開展宣傳戰。倒是後院失火，國民黨內部有人推波助瀾，在重慶的汪精衛就措辭激烈，要求追查縱火元兇，希望取蔣介石而代之。

十一月十六日，由國民黨中宣部、軍委會政治部聯合調查寫成的《關於長沙大火經過真相之證明》，作了這樣的解釋：「由於地方軍事負責者誤信流言，事先準備不周，臨時躁急慌張之所致。於是一處點火，到處發動，以至一發不可收拾。」

在張治中向蔣介石請罪的時候，蔣介石說過這樣一段話：「這次事件就其發生的根本原因說，不是屬於哪一個人的錯誤，而可以說是我們整個團體的錯誤。」蔣介石以模糊的團體概念來掩飾自己方針上的錯誤，用三隻替罪羊來向人民道歉，並未真正對其「焦土政策」進行檢討。

「焦土抗戰」本是國民政府的既定政策，國民黨內對於在嚴峻險惡的抗戰形勢下實行焦土政策，基本上是一致贊同的。汪精衛很早就表示：「我們是弱國，抗戰就是犧牲，我們要使每一個人、每一塊地都成爲灰燼，不使敵人有一點得到手裏。」李宗仁當年爲了表示自己的焦土抗戰決心，甚至給徐州的《國民日報》副刊題字，將其更名爲《焦土》。對於長沙大火，國民黨內有許多人雖然提出批評，但他們只不過認爲是「執行不力」罷了。

二、第二期抗戰方略與湘鄂贛激戰

抗戰進入艱難的相持階段，衡山軍事會議上，蔣介石帶頭檢討一期抗戰失利責任，領導制定二期抗戰方略，鼓舞士氣，準備再戰。

廣州武漢的佔領，使日本舉國上下欣喜若狂，當時的日本政府判斷：「從戰略角度可以認爲帝國已經粉碎了抗日的中國政權，今後已進入實施政略進攻、取得美滿結果的階段。」而對於中國戰場的局面則自信滿滿地認爲：「對華戰爭的本質屬於持久戰，對淪於地方政權的蔣政權，與其一味以武力窮追，莫如保持必要的戰力，向建設新的中國邁進。如單純立足於作戰，尋找敵之弱點進攻，或期望局部奪取戰略要點，即使多少也有希望，但鑒於此等作戰往往得不償失，故此際應主要以確保佔領地區安全爲宜。蔣介石政權雖然已被壓縮，但如對之放任，仍將成爲嚴重禍根，招致後患。爲此，爲促使其崩潰，應適當進行各種工作，故應適當進行部分作戰予以支援。」這一判斷字裏行間透露著日本已自居爲中國之新主的狂傲，但也透露著對於自己力量不足的顧慮。

「以確保佔領地區安全爲宜」，即表示日軍戰略進攻的階段必須停止。對於蔣介石而言，中國雖然抵擋住了日軍長達十幾個月的戰略進攻，但獨自抗戰的形勢似乎已成定局，身爲最高軍事統帥的他必須要重新考慮中國的抗戰佈局；而對中國軍隊來說，結束戰略退卻、轉守爲攻收復失地，這一更加艱難的戰略相持階段已經到來。

一九三八年十一月下旬的衡山，薄霧輕繞，氣溫已經很低了。衡山縣城戒備森嚴，剛處理完長沙縱火大案，蔣介石拖著疲憊的身軀來到這裏。綿延八百里的衡山的主峰祝融峰就在衡山縣境內，作爲旅遊勝地通常被稱作南嶽的就是指祝融峰這一帶，但蔣介石此行並不是爲了遊山玩水而來。

中國的抗戰在一九三八年進入了一個關鍵時刻，一連串重大事件使蔣介石忙得焦頭爛額。台兒莊大捷曾一度振奮全國人心，但徐州終在日軍南北夾擊中陷落，乘勢西進的日軍把豫東的中國守軍逼得節節後退。爲了打破日軍佔領鄭州沿平漢線南下猛攻武漢的企圖，蔣介石下令掘開了黃河。滔天的洪水淹沒了數百萬黎民的家園，也改變了日軍的進攻方向，卻沒能遏制敵人的攻勢。一部日軍在華南登陸並迅速攻佔了廣州，沿江西上的日軍也逼近武漢，蔣介石被迫撤守湖南。

蔣介石剛剛處理完廣州失守的問題，又發生了震驚全國的長沙大火。一年來，堅決抗戰把蔣介石推到了全國領袖的位置上，但是戰場上的節節失利，加上決策方面的漏洞帶來的水火奇災，越來越使他產生如臨深淵如履薄冰的感覺。這一切都源於軍隊作戰不得力，要有根本的改觀，還得從此開始。在蔣介石心目中，軍隊是他力量和信心的最大來源。

十一月廿五日至廿八日，蔣介石在南嶽召開了第一次南嶽軍事會議。第三和第九戰區的司令長官、軍團長、軍長、師長等一百餘人出席會議。中共方面周恩來、葉劍英等也應邀參加。

▶▶一九三八年十一月，蔣介石在南嶽主持軍政官員聯席會議

蔣介石把召開軍事會議的地點選在南嶽，主要還是考慮到湖南戰略地位的重要性。佔領武漢的日軍逞其餘威，也爲確保武漢佔領地區，興兵佔領岳陽。華南的日軍也蠢蠢欲動，意圖北犯。處於腹背受敵的狀態中的湖南既成了抗日的前哨陣地，又成了聯結東西南北戰場的紐帶，戰略地位極其重要。

按照蔣介石以空間換時間、將戰線穩定在平漢線東西兩側和長江南北兩岸的戰略意圖，武漢失守後，國民政府的控制區域已經不能再收縮了，剩下的問題是如何穩定住這條戰線，其中的關鍵又在於守住湖南。

湖南在近現代中國的歷史上有著重要的地位，主要都是與戰爭和傑出人物聯繫在一起。蔣介石很早就記住了湖南，不僅因爲他崇拜的偶像曾國藩和他的政治對手毛澤東都是湖南人，還由於他在湖南經歷過太多的戰事。這一切都加深了蔣介石對湖南的瞭解和認識。

當武漢還處於數路日軍圍攻中的時候，蔣介石就意識到湖南在將來戰局中具有重要的作用。只要守住湖南，北上可以直取武漢，東出江西、安徽、浙江，從而保住了東南半壁江山的聯絡線；西屏川黔，把守戰時首都重慶的大門；南護兩廣，阻止日軍打通大陸交通線，截斷日軍南北兩個戰場的聯繫，從而達到堅持持久抗戰的目的。所以，在南嶽召開軍事會議，實際上是爲保衛湖南這一戰略要地做準備。

再說，長沙大火導致湖南政局動盪人心不穩，人們對蔣介石和國民政府的信任發生了危機，最高當局必須向全國人民，特別是湖南人民表明政府的抗戰決心。在這樣的背景下，在南嶽召開這樣一次具有戰略意義的軍事會議顯然十分必要。

蔣介石希望南嶽軍事會議能成爲國軍振興的起點。南嶽所在地衡州，是曾國藩率領湘軍與太平軍在湘陰附近第一次交戰失敗後練兵的地方。蔣介石在會議的第一天就開宗明義地抬出了湖南人所信奉的曾國藩、左宗棠、彭玉麟、胡林翼，想以他們轉敗爲勝的故事激勵民心士氣。蔣介石認爲現在抗戰所處的形勢與當年曾胡所面臨的形勢幾乎相同，但「在兵力上與政治上，則我們現在比當時要超越幾十倍還不止」。既然曾胡當年能成就一番偉業，我們更當容易成功，蔣介石鼓勵全國官兵認清歷史，效法曾胡，這樣一定能轉敗爲勝，轉守爲攻。

軍事會議的主要議題是總結第一期作戰經驗教訓，確定第二期抗戰的戰略方針，長沙大火當然也是不能回避的內容。張治中作了沉痛的檢討，表示自己對這一浩劫應負全部責任。會後，張治中含著眼淚，懷著永遠的內疚，離開了湖南這片人傑地靈的土地。此後的歲月中，張治中竭盡全力去向國人贖罪，也是報答蔣介石的不殺之恩，在促進國共和談避免內戰方面、在解決新疆的民族矛盾方面，他都做出了巨大貢獻。蔣介石沒有過多地批評張治中，畢竟他已經主動地承擔了全部的責任，而仔細想來，那裏面或許也有自己的一份責任。蔣介石不想在這個使自己隨時可能陷進去的案件上糾纏，他把話題轉向全國的抗戰。

岳陽淪陷與長沙大火僅相隔一天，日軍並沒有趁亂向南進攻打長沙，蔣介石由此判定日軍已是強弩之末。他認爲，從盧溝橋事變到武漢退軍、嶽州淪陷爲止，是抗戰第一時期，從今以後是第二時期，也就是轉守爲攻、轉敗爲勝的時期。在此基礎上，蔣介石闡明了第一、二期抗戰的戰略上的區別，提出抗戰必勝的信念。

會議第一天順利結束，第二天卻風波突起，若不是蔣介石及時發現並加以補救，定會釀成大禍。當天的檢討會上，軍委會軍事參議院院長陳調元指責川軍王瓚緒第廿九集團軍、王陵基第三十集團軍作戰不力，影響了武漢會戰。原本因爲劉湘逝世，川軍化整爲零而有情緒的川軍官兵因此更加不滿。

晚上，蔣介石上廁所時，突然發現牆壁上到處都寫著小字標語：「川軍回川保衛大四川！」他的心突地一沉，這可是個危險的信號！他立刻找來軍委會政治部部長、九戰區司令長官、武漢會戰主要負責人之一陳誠，狠狠地訓斥了一通。

後來的大會上，陳誠主動爲武漢會戰時南戰場出現的一些失利承擔了責任，而把功勞歸於全部參戰部隊。蔣介石也即興講話，表揚了王陵基指揮第三十集團軍在萬家嶺等戰鬥中的驍勇善戰。晚上，陳誠還專門宴請了川軍將領。一場風波終於在波瀾未興之際得以平息，維護了統一戰線的團結。

在接下來的會議上，蔣介石對抗戰十七個月以來的歷史作了回顧，帶頭進行自我批評。如疏忽側背致使日軍在杭州灣登陸，蔣介石表示「這是我統帥應負最大的責任，實在對不起國家」；南京失敗則是「一生無上的恥辱」；對馬當要塞未能選擇適當人選而致失守「感覺慚愧」；對日軍大亞灣登陸而未派遣好的將領盡力抵抗則表示「我統帥職責所在，實在不能辭其責」。最後，崇尚精神力量的蔣介石提出了「要堅忍持久以濟遠人」，「要忠誠樸拙，和衷共濟」，「要提高道德之修養，改造軍隊與社會」等三項自我反省、轉敗爲勝的要道。

全面整訓軍隊是這次會議的另一重要議題。根據各師的戰鬥總結發言，蔣介石指出了國民黨軍隊存在的十二大缺點。除了之前已提出過的，還包括：部隊不能機動使用，往往被動挨打；部隊與友軍不能協調行動；保密性差；偵察工作不完備；監視封鎖不嚴密，敵探和漢奸深入我軍陣地刺探軍情等。他強調，這是導致初期抗戰中失敗的原因，也是國民黨軍隊的恥辱，不僅影響官兵的精神和士氣，而且影響民眾的精神和鬥志，影響著國民黨軍隊兵役的前途。蔣介石要求各將領本著「要雪恥必先知恥，知恥必須負責」的原則，效法先哲前賢的精神，將自已失敗致恥的缺點「徹底改革」，力圖「轉弱爲強，轉敗爲勝」。

針對抗戰以來中國軍隊各種戰鬥減員、裝備損失、編制殘缺、補給不足等嚴重問題，會議強調了整訓全國軍隊的必要性，決定分三批輪流整訓全國軍隊。三分之一配備在敵後擔任游擊，三分之一部署在正面前線作戰，剩下的三分之一到後方整訓。每期整訓四個月，整訓的內容爲加強教育和調整編制及指揮機構。關於編制，撤銷了兵團和軍團建制，基本戰略單位由師級變更爲軍級，廢旅級改行一師三團制。爲了統一指揮南北西戰場各戰區，蔣介石取消廣州、西安、重慶各行營，改設於桂林和天水。這些調整增強了戰略戰術操作的靈活性。

基於前期會議的分析總結，國民政府軍事委員會制訂了第二期作戰指導方針，至此，相持階段國民政府的抗戰形勢已頗爲明瞭：以四川爲中心，北守潼關、晉南、豫南及鄂西北；南守皖南、浙西、江西、湖南、廣西，其中尤以江北的第五戰區與江南的第九戰區爲扼守進川之門戶而戰事頻繁。

以此判斷爲基礎，一九三九年二月，蔣介石頒佈了第二期作戰指導方案，明確闡述了「誘敵深入」、「保持固定戰線」、「消耗敵人實力」、「苦撐待變」等戰略構想，指出：「國軍應以一部增強被敵佔領地區內力量，積極展開廣大游擊戰，以牽制消耗敵人。主力應配置於浙贛、湘贛、湘西、粵漢、平漢、隴海、豫西、鄂西各要線，極力保持現在態勢，不得已時，亦應在現地線附近，儘量牽制敵人，獲取時間之餘裕，俟新戰力培養完成，再行策動大規模攻勢。」

爲適應新的戰略方針，會議還重新劃分了全國的戰區：第一戰區，負責防守豫北與皖北，司令長官衛立煌；第二戰區，負責山西全境和陝西東北部，司令長官閻錫山；第三戰區，負責蘇南、皖南和閩浙兩省，司令長官顧祝同；第四戰區，負責兩廣，司令長官張發奎；第五戰區，負責皖西、鄂北、豫南，司令長官李宗仁；第八戰區，負責甘肅、青海、寧夏及綏遠，司令長官朱紹良；第九戰區，負責贛西、鄂南及湖南全境，司令長官陳誠（薛岳代理）；第十戰區，負責陝西，司令長官蔣鼎文。並且在敵後新設立兩個戰區：蘇魯戰區，司令長官于學忠，轄區為蘇北及山東；冀察戰區，司令長官鹿鍾麟，轄區為冀察方面。

關於具體作戰原則，蔣介石指示：正面第一線戰場連續發動有限度的攻勢和反擊，牽制消耗敵人，策應敵後游擊部隊，化敵人後方為前方，粉碎日軍以華制華、以戰養戰的企圖。後來蔣介石又提出了「游擊戰重於正規戰」的口號，這說明蔣介石開始注意到游擊戰爭的作用，在之後的會議中，他接受了中共代表周恩來、葉劍英等提出的設立南嶽游擊幹部訓練班的建議，迅速成立訓練班，並聘請中共黨員為教官，正式開始實施陣地戰與游擊戰相配合的抗日新策略。這一方針的調整更使得國共兩黨在堅持持久戰略方針的認識上開始趨於一致，從而為國共兩黨在相持階段的抗戰中，在南北兩個不同的戰場互相配合、協同作戰提供了可能，從這個意義上說，相持階段的持久，是國共兩黨兩軍共同努力的結果。

南嶽軍事會議是在抗戰形勢變換的主題下進行戰略機制大調整的會議，蔣介石及時抓住了抗戰形勢的轉化，分析了敵人的不利形勢和我方的有利條件，極大鼓舞了全國軍民的鬥志。會議開始把游擊戰提高到戰略的高度，更進一步完善了既定的「持久消耗戰」戰略，推動了部隊的分批整訓，恢復和強化了戰鬥力。由此會議開始，正面戰場的抗戰結束了慘痛的戰略退卻階段，進入了艱苦作戰但初見希望的新階段。

南昌會戰，蔣介石親作部署仍難扭轉敗局；一次長沙會戰，誘敵深入之策大獲成功，軍事委員會乘勝發動「冬季攻勢」，埋下禍根。

一九三八年底至一九三九年初，中日雙方先後進行了戰略調整。日軍大本營對駐中國日軍的任務進行了劃分，分區而治。駐武漢地區的第十一集團軍實際上成爲唯一一支對中國進行野戰攻擊的部隊，與中國湖南及其周圍江西、廣西地區扼守西南大後方的中國政府主力部隊形成對峙，並不斷尋機攻擊，企圖以軍事打擊配合政治誘降的迫使重慶國民政府投降。而根據軍事委員會的戰略安排，江南第九戰區和江北第五戰區是拱衛陪都重慶與抗戰大後方的屏障，必須守以重兵。於是，敵我雙方兵力交錯、精銳雲集之湘鄂贛地區成爲了雙方激戰之地。此時，日軍採取「以攻爲守、先發制人、各個擊破」的方針，南昌會戰即首當其衝。

江西省會南昌，居浙贛、南潯鐵路交匯處，鄰接鄱陽湖與長江相接，是日軍利用長江交通線，控制武漢的必奪之地。同時，南昌地區對中國守軍而言，不但掩護著聯繫第三、第九戰區戰略運輸線即浙贛鐵路，更是國民政府集結重兵的戰略基地，可對日軍構成重大威脅。爲消

南昌會戰後國民政府頒發的流血紀念章

除中國贛北駐軍對武漢的直接威脅，一九三九年三月十七日，日軍駐武漢十一軍司令長官岡村寧次親率第六、一〇一、一〇六、一一六師團首先向南昌發起進攻。早在一九三九年二月時，軍事委員會就已判斷出日本對南昌的進攻企圖，三次指令第九戰區向日軍另一線南潯方向發動進攻，以轉移敵人的進攻方向，破壞日軍的進攻部署。但是，該戰區一直以準備不周爲由拖延進攻，直至日軍突然發起進攻時才如夢方醒，倉促應戰。

三月廿七日，日軍迅速突破我守軍防線，在第九戰區尚未實施統帥部軍事部署之時南昌即告淪陷，第九戰區側背頓時遭受嚴重威脅。四月十七日，軍事委員會下令各戰區發動「四月攻勢」，蔣介石急電桂林行營主任白崇禧調集第三、九戰區兵力集結待命準備反攻南昌，並親作部署：以第十九集團軍總司令羅卓英爲總指揮，高蔭槐第一集團軍主力向樂化、永修間南潯線靠近；俞濟時第七十四軍主力向牛行、樂化間南潯線挺進，以徹底破壞交通線並協攻南昌；上官雲相第三十二集團軍主力相機佔領南昌；王陵基第三十集團軍主力進攻武寧；劉多荃軍向高安靠近，爲總預備隊。當時蔣介石懸賞：如攻克南昌，賞大洋五十萬。

四月廿二日反攻開始。敵我雙方在南潯線西高安方向反覆拉鋸，我軍損失嚴重。第九戰區的部隊首先開始行動。第一集團軍以兩個師進攻奉新，另派一師監視靖安日軍；以第七十四軍主力進攻高安，以七十四軍及四十九軍各一部北渡錦江，進攻大城、生米街。激戰至廿六日，日軍退守奉新、虬嶺、萬壽宮一帶。但爾後進展困難，攻擊受阻。兩個集團軍的部隊均未能按照計畫挺進至南潯鐵路。第三十二集團軍以四個師於四月廿三日渡過撫河，進攻南昌。激戰至廿六日，攻克南昌以南市汊街，向南昌逼近。廿七日，日軍集中第一〇一師團主力實施反擊，在猛烈炮火及航空兵火力支援下，與中國軍隊在南昌東南、正南郊區展開激戰，反覆爭奪該地區內的各村莊據點。

負責進攻南昌的第三十二集團軍七十九師師長段朗如因部隊傷亡過大，於四月廿八日夜改變進攻部署，並發電報向軍及集團軍作了報告。第三十二集團軍總司令以擅自更動計畫爲由將其撤職查辦。蔣介石急於攻下南昌，聽到報告後，於五月一日下令，以貽誤軍機罪將段朗如「軍前正法」，令第十六師師長何平「戴罪圖功」，令上官雲相到前方督戰，限於五月五日以前攻下南昌。羅卓英再次下總攻令，激戰四日克復南昌城東飛機場與火車站，但主攻部隊始終無法靠近南昌城下，日軍強大的炮火攻勢與空中支援使上官雲相部遭受嚴重損失，先後有兩位軍長陣亡。

面對如此慘烈之戰局，薛岳、白崇禧等將領向蔣提出放棄南昌反攻，五月九日，蔣介石含恨下令停止反攻南昌。在南昌會戰，中國軍隊既未能在防禦中守住南昌，也未能在反攻中奪回南昌，可謂失敗至極。但是，南昌會戰表明日軍雖然佔領了武漢三鎮，但既未能迫使國民政府屈服，也未能擊殲中國軍隊的主力，更沒有摧毀中國廣大軍民的抗戰意志。中國軍隊不僅繼續進行抗戰，而且還開始實施戰役範圍的反攻，這表明軍事委員會在戰略指導上確有改「單純防禦」為「攻勢防禦」的意圖。

但是也應該看到，蔣介石對此次作戰過急、過粗的指導反而導致作戰指導與戰略方針相抵牾，蔣介石對南昌戰敗實有極大責任。雖然他在口頭上一再聲稱「不復與敵人作一點一線之爭奪」，「我軍作戰之方略在消耗敵人而不被敵人消耗，避實擊虛，造成持久抗戰之目的」等等，但是在反攻南昌的作戰中，當奇襲未能成功、已形成以弱我向強敵進行陣地攻堅戰之極端不利局面時，他仍不顧戰場的實際情況，盛怒之下限令於五月五日前攻下南昌，不僅使南昌反攻未能按其主觀願望發展，而且使部隊遭到嚴重且不必要的傷亡。

南昌輕陷敵手，日軍以為我不堪一擊，在發動針對第五戰區的「襄東作戰」後，趁勢下達攻陷長沙命令，直接威脅第九戰區核心區域。當年九月，日軍兵分兩路，同時向贛北、湘北發起進攻，掩護主力迅速向長沙附近推進。此時，坐鎮第九戰區的已是是蔣介石愛將薛岳，中央軍精銳盡集於此。南昌會戰結束後，軍事委員會即著手制定了長沙作戰計畫，決心誘敵深入等待時機，在長沙以北地區對敵進行圍殲，薛岳將此次作戰的方針概括為：「後退決戰，爭取外翼」。

九月十九日，日軍主力在煙幕和毒氣彈掩護下強渡新牆河。關麟征集團軍之張耀明軍冒著毒氣英勇作戰以阻過河之敵，雙方激戰三日。至廿三日凌晨，日軍增援部隊趕到，一路配合主力強渡新牆河並迅速南進，一路由洞庭湖東路登岸，繞攻中國守軍左側。關麟征集團軍於外線依新牆河、汨羅河、撈刀河沿線逐次抵抗，但是收效甚微。而此時身在重慶的蔣介石對於長沙會戰已不抱希望。

自第一次長沙會戰以來，軍事委員會收到的幾乎全是日軍全線推進、中國守軍損失嚴重的戰報，如今擔任外線作戰的關麟征集團軍又腹背受敵，處境艱難，長沙決戰似乎已見悲觀結局。會同何應欽、白崇禧商量後，蔣介石決定向第九戰區下達放棄長沙的命令，他不忍見到自己苦心經營多年的中央軍精銳消耗於死守一座即將失去的城池。但是，薛岳卻出人意料地要求死守長沙。薛岳在戰前早已獲知，此次與他對陣的將是機械化程度極高的第十一軍。於是，在會戰開始前，當地民眾和就國民黨軍隊配合，把新牆河至撈刀河之間的主要交通要道全部破壞，就連這一地區間的土地都被翻了一層，成爲新土，從而使得日軍的機械化部隊無從施展。

待到雨季來臨，日軍的供給線也將受到極大影響。九月廿八日起，自贛北、鄂南增援的日軍接連遭到國民黨軍隊增援部隊襲擊，薛岳則將內線作戰之九戰區主力部隊集結主力於長沙東側，繼續堅壁清野，破壞交通，完全切斷了敵軍供給線，使已進入中國守軍陣地之敵遭遇重大損失。三十日，日軍一部達到撈刀河北岸，察覺有中國守軍設伏與此，建議主力部隊回撤。十月一日，進犯長沙之敵開始退卻，薛岳命湘北各部開始猛烈追擊，日軍迅速逃竄。

至十三日會戰結束，日軍消滅中國第九戰區主力的目的未達且長沙安然無恙，時稱此戰役爲「湘北大捷」，中國軍民大受鼓舞，蔣介石下達了對第九戰區作戰部隊的嘉獎令。軍事委員會進一步指示：今後在戰略方面要轉守爲攻，積極採取攻勢。

蔣介石此時的「積極心態」一方面是由於長沙會戰的「悲極生樂」。此次會戰，以日軍進

薛岳

攻開始，又以日軍主動撤退告終，戰場的主動權基本上操之於日方。戰鬥結果，兩軍都回到了原有陣地。就會戰局部而言，雙方未分勝敗。但從抗戰的全局而言，卻是對中方有利。日軍要消滅第九戰區主力的目的未達到，反而消耗了自己不少兵力和武器。而中國方面判斷日軍將進攻長沙，甚至爲此作好了「萬一長沙不守」的準備，故蔣介石更樂於將日軍未能攻到長沙而退卻視爲勝利。

另一方面，當時的國際形勢讓苦戰中的蔣介石看到了一絲希望。一九三九年九月，第二次世界大戰爆發，歐洲戰事的發展使他看到了「苦撐待變」的可能。在當年十月廿九日第二次南嶽軍事會議上即指出：「自歐戰爆發後，東西方的戰爭就緊緊連在一起了。只有世界的問題解決後，中國的問題才能解決。中國今後的戰略運用和官兵心理要徹底轉變，要開始反守爲攻，轉靜爲動，積極採取攻勢，絕不和談，力爭抗戰最後勝利。」

於是，遵照軍事委員會命令，各戰區於一九三九年十二月至一九四〇年初開始大規模冬季攻勢，地域遍及皖南、贛北、湘北、鄂中、鄂北、豫南、豫北、綏西。據日第十一軍戰後統計，此次冬季攻勢，中國軍隊共出擊九百六十次，中日軍隊交戰一千三百四十次，直接交戰的中國兵力達五十四萬。日軍認爲，此次冬季攻勢中國軍隊出戰規模之大、鬥志之旺、行動之積極頑強均屬罕見。此次冬季攻勢，在局部地區的確對日軍造成重創，極大地鼓舞了抗日士氣。

但是，在如此亢奮的環境中，發動冬季攻勢的弊端在當時卻很少爲人注意。首先，各戰區爲壯大攻勢常進行大規模跨戰區協同作戰，致使戰區原有兵力在這一時期處於波動狀態，易有後方空虛之虞，隨時可能出現「圍魏救趙」之困局；其次，爲體現戰果，各戰區將領將部隊長期投入於重要城池的攻堅拉鋸戰中，損耗兵力且得不償失；再次，因爲跨區聯合作戰，日軍則有機會刺探臨近戰區的兵力配置與各戰區軟肋所在，以尋機殲滅弱勢部隊。數月後的桂南戰場上，中國軍隊果然爲冬季攻勢的「後遺症」付出了慘重代價。身爲冬季攻勢「始作俑者」的蔣介石，則不得不爲自己調兵發動攻勢而疏忽桂南防禦而再作檢討。

襄東平原水淹日軍計畫擱淺，棗宜會戰中宜昌失陷，蔣介石迎來抗日中「最感壓力之時刻」；上高大捷戰報傳來，蔣介石重獎官兵。

第一次長沙會戰後，日軍駐武漢第十一軍承認：此次會戰頗有「決戰之勢」，在部分戰場上，部分戰況之激烈程度超過了此前最爲激烈的諾門檻戰役。中央直系軍隊的戰鬥力，尤其中堅軍官強烈的抗日意識和鬥志，絕不容輕視。儘管遭遇強敵，日軍仍然將奪取湘鄂戰略核心區域作爲對華作戰的戰略重點。一九四〇年二月，日軍準備再興攻勢，大部隊復向第五戰區外圍集結。

蔣介石注意到日軍異動，四月三日致電第五戰區司令長官李宗仁和江防軍司令郭懺，準備再興「水兵」，又提出一個大膽的「水淹日軍」計畫：一可在長江上游決堤，但考慮到這一帶湖泊星羅棋布，而日軍不太可能將大規模作戰兵團部署於此，故而放棄；二可在襄河（漢水之上游）上游決堤，氾濫區可達荊門、沙市、天門、潛江、漢陽一帶，可以有效阻止日軍行動，但又可能迫使日軍攻擊京山－鐘祥－荊門一帶，威脅江防軍側背所在，故亦不可取。最後決定，應將日軍主力誘至十里鋪、沙洋、荊州附近時，在襄河上游決堤；如果日軍主力在漢陽宜城方向，也可以在襄河上游東岸決堤，亦可有效截堵日軍。與此同時，日軍第十一軍也制訂了一個將第五戰區主力誘至隨縣、襄陽以北，將襄河東岸守軍壓縮至宜昌以北予以消滅的作戰計畫，雙方不約而同地將陣地設置在襄河東岸的狹長地帶，重鎮宜昌成爲雙方爭奪的焦點。

日軍爲隱蔽其戰役企圖、造成中國方面的錯覺，於一九四〇年四月下旬在九江附近進行「掃蕩」作戰，並以海軍向鄱陽湖、洞庭湖實施佯攻，以航空兵對湘、贛兩省要點進行轟炸，作出要在第九戰區有所動作的姿態，以轉移中國方面的注意力。待其主力部隊集結完畢後，按照預定計劃，以捕捉並殲滅第五戰區主力於唐河、白河以東迄棗陽一帶爲目標，採取兩翼迂迴、中間突破的戰法，於一九四〇年五月初正式發起了進攻。

五月一日，日軍由信陽、安陸、隨縣三面進軍。蔣介石於五月五日致電李宗仁，指出各路日軍「共只三師團強，且皆由其他方面拼湊而來，以配布於平漢、信南、襄花、京鐘、漢宜各路之廣大正面。其每路兵力，不過一旅團，最多至二師團。力量至屬有限，並無積極甚大之企圖，可以推見，我軍正宜識透敵情，把握時機，不顧一切，奮勇猛進，必予敵以致命之打擊。」

同日，第五戰區針對日軍態勢調整部署：第五戰區兵分三路，由張自忠、黃琪翔、孫連仲率兵應戰。南路日軍攻勢兇猛，連克長壽店、豐樂河、雙溝，張自忠第三十三集團軍渡襄河迎戰。中路日軍沿襄（陽）花（園）公路發起進攻，自突破第五戰區第一線陣地後更是進展迅速，以每天三十至四十公里的速度向前突進。

張家集、高城、安居、隨陽店、棗陽相繼失守，中路黃琪翔所部陷於重圍而後艱難突圍，掩護主力撤退的鍾毅師傷亡殆盡。蔣介石立即調整部署，決定在襄東平原殲敵，急調第三十一、三十二、廿九、二等集團軍依次加入戰鬥，使北路日軍面臨潰滅局面，以解中路、南路危急。不料，南路日軍堅持全力攻殲我三十三集團軍，甚至破譯了我軍作戰電文，提前偵知張自忠總司令部位置，五月十六日誘張軍至襄河以東與其在南瓜店決戰，張自忠將軍壯烈殉國。蔣介石痛失愛將，通電全軍以示哀悼。日軍主力復由南線迅速渡過襄河，六月一日攻陷中國守軍重要屏障襄陽。

▶▶ 張自忠

隨後，兩個師團隨即並列向南攻擊前進，進入我三十三集團軍背後，壓迫我軍調轉正面。由向東改爲向北抵抗，中國守軍倉促間陷入混亂，日軍趁機猛擊之，將三十三集團軍各部予以各個擊破。軍委會見戰況緊急，急令第三十一集團軍率五個軍南進追擊，希望能牽制日軍的行動，但戰果不大。三日，在突破中國第三十三集團軍防禦後，日軍第三師團佔領南漳，第三十九師團佔領宜城。

日軍推進速度如此之快，戰場形勢如此之慘，是蔣介石始料未及的。為保存戰鬥力延緩日軍推進速度，蔣介石急電江防軍司令郭懺，下令掘開漢水造成氾濫以阻敵軍，同時令江防守軍嚴防日軍由舊口渡河而使我軍陷入腹背受敵之險境。

然而，蔣介石「南阻北攻」的計畫在軍事委員會作戰會議上未獲通過，負責江防與第廿九、三十三集團軍的陳誠首先表示異議。陳誠認為，日軍不會由沙洋、十里鋪方向突破，掘開漢水並不能有效阻擋日軍，相反，保持漢水右岸陣地才能對日軍渡江主力形成有效牽制。況且此時的長江、漢水水位尚低，似乎不能形成氾濫之勢。日第十一軍在漢水（襄河）以東作戰中也是損失嚴重。停止追擊後，迅速收縮部隊，至棗陽附近進行休整，但並未立即撤回原防，而是就是否按原計劃執行漢水以西的宜昌作戰任務進行討論。

就在軍事委員會猶豫決堤計畫之時，六月四日夜，日軍第十三師團、池田支隊、漢水支隊果由鐘祥以南的舊口、沙洋附近強渡漢水，與第三、第三十九師團對荊門、當陽形成南北夾擊之勢。十日已推進到董市、當陽、遠安一線，直逼宜昌。軍委會雖已提前將戰區部隊劃分為襄樊、宜昌作戰兩兵團以防日軍突襲宜昌，但短期內兵力仍然捉襟見肘。

自萬縣馳援宜昌的第十八軍到達時，已是六月十日凌晨。因中國守軍聚於漢水下游進行宜昌會戰，蔣介石的水淹日軍計畫只能取消。日軍以三個師團的兵力連續攻擊，以戰車部隊突進，以上百架飛機瘋狂掃射。守軍兵力單薄，不敵日軍的猛烈攻勢。眾將士與日軍激戰二晝夜，十二日，宜昌終告淪陷。

外圍負責尾擊日軍的孫連仲、湯恩伯集團軍雖在當陽、荊門、十里鋪以及沙洋一線猛擊日軍後續部隊，但確已久戰疲憊，最後只能沿長江兩岸對峙。日軍佔領宜昌四天以後又陸續撤出，我軍則乘日軍撤退時沿途予以反擊。第十八軍於十七日晨收復宜昌。

宜昌之陷在日軍判斷，是蔣介石在抗戰中「最感壓力之時刻」。戰後，蔣介石立即成立拱衛戰時中樞的第六戰區，由陳誠（後由孫連仲代理）任司令長官駐守恩施，扼守長江口。日軍佔領宜昌後即沿長江構成補給線，我軍乃沿荊州當陽一線在漢水下游監視日軍。第五戰區的對峙局面只維持了數月，一九四一年三月，第五、九戰區交界處的上高地區又成爲中日爭奪的焦點。

上高位於江西省西北部錦江北岸，山水縱橫易守難攻，是第九戰區扼守湖南的關鍵堡壘，對第五戰區之南昌日軍更是巨大威脅。當時，由於華北中共領導的游擊活動展開而該地區日軍量明顯不足，根本無力對付游擊隊活動。

日中國派遣軍總部遂決定從華中派遣軍中，抽調第三十三師團去支援華北的「掃蕩」。第三十三師團原駐贛北一帶，一旦調走該師團，南昌地區將只剩下一個三十四師團擔負這一沉重的防守任務了，第三十四師團長大賀茂滿腹惶恐，他向第十一軍司令官園部和一郎建議，趁三十三師團尚未北調之際，發動對南昌周圍羅卓英等部的進攻，以減輕他將來守城的壓力。於

王耀武

是，華中日軍開始制定解除贛北陣地威脅、打擊第九戰區戰力的上高作戰計畫。日軍決定兵分三路進擊：北路攻奉新，中路占高安，南路由錦江南岸攻擊灰埠，對上高之中國守軍形成包圍之勢。

上高地區之正面守軍是裝備精良的王耀武第七十四軍。一九三九年正當其他部隊苦陷南昌作戰時，第七十四軍卻在高安一枝獨秀，盡顯鋒芒，其戰績不僅得到了第九戰區的表揚，還獲得了軍委會的嘉獎。此時，換上了全副美式裝備的第七十四軍更是如虎添翼，對上高之戰志在必得。左翼部隊爲第七十軍，以拊敵右側背；右翼是第四十九軍之兩師，準備對來犯日軍進行反包圍。

三月十五日，北路日軍首先進犯奉新，一度攻佔奉新後被我左翼七十軍痛擊，十九日即先行撤退；中路日軍三月十八日攻佔高安，但被七十四軍阻擋於棠浦、泗溪一線，難以策應南路日軍；南路日軍三月二十日按計劃攻佔灰埠，中國守軍右翼部隊西渡贛江尾擊敵軍，使日軍南路部隊改變行進方向，北渡錦江與中路匯和，以便合圍正面七十四軍，從漆家方向進攻上高。然而，中國守軍第七十軍早已繞至中路日軍之右側面，與七十四軍之一部對敵形成反包圍。三月廿二日至廿五日，中國守軍迅速發起反擊，上高東側各部對日軍逐次形成包圍，而將敵軍之大部壓縮至我火力包圍圈內，正面扼守上高之七十四軍堅韌以戰，等待合圍之勢形成。包圍圈內日軍死傷枕藉，突圍者被右翼四十九軍外圍部隊殲滅大半，馳援者被中國守軍二次反包圍，死傷殆盡。

此次作戰，中國守軍痛殲一萬五千餘敵，第一次打破了正面戰場作戰我對敵之兵力六比一之慣例，是在敵我實力相仿的情況下取得的空前大捷。軍事委員會特向上高參戰部隊發出嘉獎令並獎勵十五萬元，參謀總長何應欽將其稱之爲「抗戰以來最精彩的一戰」。蔣介石特以軍委會名義授予七十四軍「飛虎旗」一面，此爲國民革命軍中最高獎勵，七十四軍也贏得了抗日鐵軍的稱號。從此，七十四軍不僅成爲國人傳誦「英雄」，而且成爲蔣介石對日作戰的「殺手鐧」，更成爲之後數次會戰中日軍重點攻擊的「宿敵」。

三、華南戰區的艱難作戰

海南、潮汕陷於敵手，日軍大本營下令攻佔桂南；軍事委員會與桂林行營判斷失誤，桂南戰役中南寧初戰即陷，日軍進犯崑崙關。

進入相持階段後，正當國民政府江南防線第九戰區備受壓力之時，東南門戶兩廣第四戰區也深陷苦戰。早在一九三九年二月時海南島已失陷，當年六月下旬潮汕、粵北作戰又連續失利，第四戰區門戶洞開。蔣介石一向視廣東為革命策源地，但無奈廣東卻無猛將守關，任由日軍蹂躪。佔據廣東後，日軍大本營仍然認為：「中國雖已喪失華南沿海主要港口，但仍可以由法屬安南（越南）及緬甸公路處獲得補給，而廣西公路已成為中國主要補給線，其輸入量每月可達四千至六千噸，占輸入額百分之三十。」一九三九年十月，日軍大本營正式下達桂南作戰命令，十一月十五日，廣州日軍即由欽州灣企沙登陸，十七日攻佔欽縣。

大敵當前，軍事委員會與桂林行營卻一面判斷日軍近期不會進攻桂南，一面將注意力繼續集中於冬季攻勢，不斷抽調桂南兵力以加強粵北戰場。結果，守衛桂南的夏威集團軍對日軍突然登陸缺乏準備，稍作抵抗即撤退。日軍廿四日渡過邕江，順利攻入南寧並迅速北進，十二月四日佔領崑崙關。

輕取南寧，日軍第五師師團長今村十分得意，馬上向李宗仁、白崇禧發出威脅通電云：「將軍若仍執迷不悟與帝國之軍為敵，則隨時可舉全部兵力前來奪回南寧，我南寧屯駐軍隊將獨立對抗將軍之五十萬軍隊，且有足夠兵力、裝備航空力量及信心取得戰爭勝利。」李、白二人當即向蔣介石呈報崑崙關作戰計畫，蔣介石亦決定將其嫡系精銳，機械化「王牌軍」杜聿明第五軍投入戰場，誓與日軍周旋到底。

崑崙關前日軍挑釁，蔣介石將「王牌」第五軍投入桂南戰場，崑崙關得而復失；柳州軍事會議上蔣介石再作檢討，大批將領因戰獲咎。

一九三九年十二月上旬，中國守軍應援部隊杜聿明、傅仲芳、葉肇、姚純各部到達崑崙關前線集結完畢，十二月十七日兵分四路反攻崑崙關。

中國守軍正面進攻主力爲第五軍主力師鄭洞國部，以戰車部隊迎戰關前。西路軍夏威部主力由武鳴方向奪取已被敵佔據之高峰隘，另一部到達南寧東北之四塘、五塘方向協攻崑崙關；東路葉肇、蔡廷鍇部於邕欽路阻擊日軍增援部隊，破壞交通線；北路徐庭瑤率第五軍其餘部隊從賓陽方向進攻崑崙關，迂迴包圍敵之側背。鄭洞國部在戰鬥中損失巨大，蔣介石迅速抽調戴安瀾、邱清泉部繼爲主攻，第五軍承擔著整個戰場上最爲激烈的正面作戰任務，據點幾經爭奪，戰況慘烈，部隊減員嚴重但始終堅守陣地。經我軍反覆攻堅十餘日，十二月三十一日克復崑崙關，中國軍隊爲此付出死傷一萬四千餘人的巨大代價。一九四○年一月上旬，兩軍在八塘一帶形成對峙。

正當崑崙關戰役緊急之際，廣州日軍抽調第廿一軍至桂南增援，桂林行營商議待後續部隊集結完畢後再發起總攻。不料，日軍增援部隊提前秘密抽調有力部隊悄渡邕江進入甘棠東西一線，向崑崙關以東中國守軍側後賓陽方向集結，一月廿七日，復由高峰隘方向對崑崙關發起進攻。第四戰區原計劃在甘棠、古辣一帶設阻，同時由東線葉肇之部從側後合圍敵軍，但葉肇部並未按時到達指定位置，沒有對崑崙關東側之敵形成有力打擊，戰場形勢出現逆轉。崑崙關以西，甘麗初、傅仲芳部與崑崙關兩側之敵殊死搏鬥一周有餘，終因東線戰事潰敗而痛失甘棠據點，二月二日，第四戰區下令棄守崑崙關。同日，日軍攻陷賓陽，截斷中國守軍後方交通線，中國守軍頓時大亂。據守崑崙關與九塘的李延年、姚純軍的後方補給線亦隨之斷絕，陷於與九塘、賓陽日軍雙面作戰的危險境地。

中國軍隊耗時兩月、付出巨大代價而進行的崑崙關爭奪戰竟以這樣的方式落下帷幕，身爲統帥的蔣介石無論如何也不能接受。他迅速撤換了先前指揮桂南戰場、在軍中號稱「小諸葛」的桂林行營主任白崇禧，代之以第四戰區司令長官張發奎，並急調軍委會政治部部長陳誠協同指揮作戰。二月四日，蔣介石下令猛攻賓陽、崑崙關。然而，疲戰已久、人心惶惶的中國軍隊根本無力與補給充足、裝備精良的日軍再作抗衡，部隊很快潰散。桂林行營主任白崇禧急電蔣介石，請求放棄攻勢。蔣介石再度命令軍隊夾擊由永淳增援之日軍，無奈也無人執行。直至二月九日，日軍完成既定作戰任務開始南撤時，中國軍隊才逐次收復失地，再次追擊日軍。

眼見精心組織的桂南會戰慘澹收場，蔣介石難平心中怒氣。此次會戰中，第四戰區戰力最強之部隊、最高級別之將領悉數參戰，還有軍中「王牌軍」跨區參戰並傾其全力擔任主攻，然而各軍之間的配合如此拙劣，大敵當前同袍苦戰，居然還有人敷衍行事以致貽誤戰機！蔣介石決定就地整軍重施懲戒，以儆效尤。廿六日會戰結束，蔣介石立即於柳州召集軍事檢討會議總結桂南會戰經驗。

蔣介石在會上總結了敵我作戰之優劣勢，指出今後作戰應以我之「穩定」勝敵之「迅速」，以我之「堅韌」制敵之「強硬」，以我之「縱深伏兵」打擊敵之「銳利先鋒」，以我之諜報「嚴明」對抗敵之「秘密伎倆」等等「克敵制勝」的方略。

戰後總結雖能冷靜如此，但提及戰時狀態，蔣介石仍然難掩憤怒。此次桂南會戰初戰即敗，南寧、崑崙關輕陷敵手，我之「穩定」不見，敵之「迅速」難擋；反攻崑崙關雖然作戰頑強但損失過重，我之「堅韌」慘勝敵之「堅強」；而賓陽戰役中，中國軍隊明明數倍於敵，但卻因爲疏失側背防守而慘遭失敗，「縱深伏擊」，「嚴明諜報」更是無從談起，蔣引此役爲恥。

接著，蔣介石自作檢討，對其判斷日軍近期不會進攻北海，而將桂南軍力抽調至西江戰場加強冬季攻勢「殊感自責」。但是，他更多的是指責第四戰區一些參戰將領「意志薄弱，驕慢怠忽，竟至精神頹喪，信心全無」，在二月廿五日閉會時，宣布了一個抗戰以來絕無僅有的處分名單：白崇禧督率無方降級；陳誠指導無方降級；張發奎記大過一次；第二十七集團軍總司令葉肇扣交軍事法庭會審；徐庭瑤、姚純、傅仲芳、陳驥等軍長撤職查辦。此次受處分之將領級別之高，人數之多爲抗戰中所僅見。

然而，「雷聲大雨點小」的軍事檢討會議後，軍事委員會的注意力再次移回湘鄂贛核心區域。此後華南戰場再未興起較大攻勢，兩廣地區的拉鋸形勢日漸明顯，第四、七戰區部隊只有陷入孤軍奮戰的據點爭奪戰中。

廣西方面，第四戰區於一九四〇年三月從邕江岸邊發動春季攻勢，中日雙方軍隊在靈山一線開始拉鋸戰。自三月廿五日至十月十二日之半年內，第四戰區在桂南與日軍進行大小百餘次戰鬥，但日軍仍然大致保持原有佔領區域。特別在當年六月日軍發動的龍州作戰中，第四戰區的先期失利使日軍進入越南，迅速攻佔海防、河內等城市，以致中國軍隊的反擊持續半年之久，在龍州、防城、欽州、南寧一線形成膠著之勢。日軍在撤退過程中大量使用地雷，雙方對戰甚烈。中國軍隊不顧犧牲，終於當年年底完全收復桂南，日軍從海上撤走，退入越南。

廣東方面的局勢則更為嚴重。因為國民政府的抗日戰略重點在湘鄂地區，沿海地區本未納入防禦體系內，沿海浙閩粵港口早被日軍封鎖。廣州淪陷後，粵北屢受侵犯，日軍試圖擴展廣州外圍據點，先後多次與余漢謀第七戰區軍隊在從化、花縣、良口一帶激戰。一九四一年五月，日軍攻陷博羅、惠陽、清遠等重要據點，直至太平洋戰爭爆發後中國戰區成立時，蔣介石才再次抽調第九戰區兵力，增援苦戰已久的廣東部隊，共同牽制日第二十三軍的香港作戰。而隨著日軍開闢太平洋戰

桂南會戰中，中國指揮官在岩洞裏召開軍事會議

場的計畫付諸實踐，華南地區的戰局日漸成為牽制內地日軍作戰的重要因素。

四、中條山慘敗與再戰長沙

晉南作戰前，蔣介石反覆叮囑衛立煌「防共」而疏忽中條山防務；防禦遭錐形突破，中條山輕陷敵手，蔣介石怒斥衛立煌無能。

在蔣介石主持的歷次作戰會議中，他總是不厭其煩地強調軍事情報工作的重要性。但縱觀整個抗戰時期，蔣介石始終難以將全部精力集中於對日情報，中共的動向總是牽動著他敏感的神經。尤其是與中共兵力交錯的第一戰區，蔣介石指示軍統嚴密監視軍中的「左傾」分子，嚴防中共對國民黨軍隊進行「滲透」，絕不容許守軍與八路軍「合作抗日」。第一戰區雖然扼守國民政府在華北最後一塊抗日根據地，然而在蔣介石心中，黃河以北陣地始終是難以保住的，遲早都得放棄。

因此，這一戰區的使命除了抗日之外，更重要的是「防共」，額外「功用」則是消耗那些長期與蔣介石貌合神離的地方軍閥，特別是最難馴服的西北軍將領。但這一戰區的敵軍卻是長期佔據同蒲路、戰力較強的日第一軍，因此蔣介石也不能掉以輕心，特別增加了此戰區的駐軍數量，由自己的得意門生衛立煌率領包括中央軍、晉軍、西北軍在內的二十六個師扼守黃河北岸中條山地區，而衛立煌也確實不負眾望，在一九三八年日軍佔領同蒲路後，先後擋住了日軍十三次掃蕩，中條山的堅固陣線也久爲日軍所忌。

中條山位於山西南部，橫亙黃河北岸，橫廣約一百七十公里，縱深約五十公里，瞰制豫北、晉南，屏障洛陽、潼關，與晉東之太行山、晉中之太岳山、晉西之呂梁山互爲犄角，平漢、同蒲鐵路分通兩側，晉（城）博（愛）、晉（城）陽（城）、沁（水）翼（城）等公路縱橫環繞，山勢蔓延，層巒迭峰，戰略地位極爲重要。特別是在華北淪陷、山西各大關口（雁門關、平型關、娘子關）失守之後，中條山更成爲「關係國家安危之要地」，成爲敵我雙方命運所繫之結。

就敵方說，占之，則佔領了繼續南進的「橋頭堡」，大可問津隴海、侵奪洛陽，進而威脅第五戰區側背；棄之，則不僅失去了由此南進之可能，而且失去了「征服」晉南的制高點。就我方說，守之，則守住了華北最後一塊國土；失之，則失去了在黃河北岸國軍反攻華北的唯一作戰基地，同時在氣勢上還可能助長日寇南進的氣焰。

一九四一年，日軍中國派遣軍司令部判斷：「中共進行了百團大戰以後，因幾次受到日軍的討伐，戰鬥力恢復很慢。另外，山西軍仍然無意與中央軍合作，戰鬥力也很低」；「擾亂治安的主要力量，仍然是盤踞在中條山的衛立煌軍，它牽制著日本軍三個師團，首先將其消滅，日軍即可自由行動。」

於是，日軍中國派遣軍決定，在確立「對華長期戰指導計畫」的同時，「一九四一年度按照現行作戰任務，大致確保現有佔領區，特別是要在夏秋之際，發揮綜合作戰威力，對敵施加重大壓力，在華北要殲滅山西南部的中央軍。」日軍對此次攻勢非常重視，稱之爲「中原作戰計畫」，一方面要求兵力要對衛立煌軍形成絕對優勢，調集包括七個兵團、二個飛行團在內的十萬大軍於中條山附近集結；另一方面部署情報科偵查中條山防務情況，特別是各據點守軍將領的個人情況，包括派系歸屬、從軍履歷、性格特徵、個人戰術風格、所轄部隊的士兵戰鬥力等等，事無巨細。

▶▶中條山

而中條山此時「危機四伏」的防務也確實能給日軍提供「絕佳」的偵查環境：因日軍久戰疲憊，自一九三九年冬季攻勢後，中條山守軍就沒有經歷過較大的攻勢，軍紀已見鬆散；衛立煌赴重慶述職，新的作戰部署遲遲未被批准，大規模部署無從展開；因爲修築防禦工事抽調了青壯年兵力，負責把守中條山主要進山公路的部隊，幾乎全是戰鬥力薄弱的雜牌軍，軍紀更是無從談起，平時雜役進出人聲鼎沸，絲毫沒有軍營陣地的嚴密整肅；軍內派系複雜，對內嚴防他派侵犯領地，對外鎮守推諉敷衍。而且更爲重要的是，此時中條山兵力已見明顯不足，援軍卻遲遲不見蹤影。

早在一九四一年初，衛立煌就已經向蔣介石提出了總攻作戰指導方案，因為這時的日軍與中條山守軍尚處於相持局面，無力大舉進攻。

衛立煌

其作戰計畫主要內容有：「乘敵疲憊，無力進犯之際，國軍整訓完成之時，集中優勢兵力，採取全線攻擊，收復失地，總攻日期預計在四月開始」；「要求中央軍與晉西軍聯合行動，以恢復晉南三角地帶為第一作戰目的，然後攻略晉地，切斷白晉、晉博各敵之封結，以取豫北、晉東南，為第二作戰目標」，「希望能增派整訓軍二至三個軍及少數炮兵、獨立工兵、空軍配合作戰，增派部隊，除加強第五集團軍外，取留一部為預備隊。」同時，衛立煌還「鑒於中條山各守備地區之工事應整補以備使用」，乃於三月間下達了加強陣地構築計畫，加強了陣地防禦工事。

但是，蔣介石卻認為堅持華北抗戰，守衛中條山要消耗自己大量實力，正在猶豫放棄黃河以北陣地。況且蔣介石早已對衛立煌在第一戰區與八路軍的合作抗日的做法深惡痛絕，正值「皖南事變」結束，蔣盛怒之下召衛立煌赴重慶述職，就是為了向他強調「防共要務」，同時警告他中條山守軍中「左傾分子」已經坐實，必須速行清洗。

辛苦擬具的「中條山總攻作戰指導方案」被軍委會束之高閣，增兵無望，而且中央還趁自己不在洛陽之際任意改變原來部署，調走了部分主力部隊和中央炮兵團，衛立煌不禁心生忿岔。蔣介石命他暫住重慶待命，衛立煌就藉故跑到峨嵋山療養，眼不見爲淨罷了。中條山戰役就在群龍無首、準備全無的狀態下突然爆發了，戰局已可想而知。

自五月三日起，中條山東路劉恩茂集團軍就與日軍陷入苦戰，北路武士敏防線被迅速突破，劉恩茂軍後方補給線被截斷。隨後，東西兩路日軍完成集結，向中條山核心區域垣曲進犯。

五月七日晚，西線日軍突然向通向垣曲的要道橫皋公路發起進攻，防守的第四十三軍幾乎未加抵抗即潰散，致使日軍在第二天就迅速攻佔了垣曲。其實，日軍之所以選擇橫皋公路作爲突破口，就是因爲提前偵知此處的防禦工事並未進行特別加固，只是「任其自然」而已，而擔任守備任務的卻是收編雜牌部隊而成的戰力最差、人員構成最複雜、毫無鬥志的第四十三軍。攻佔垣曲後，日軍又迅速偵知衛立煌此時尚未歸營，各軍只是自行防守，故而採取分進包圍之策，以主力向東西掃蕩，直至各個擊破。

按照軍事委員會此前在洛陽制定的作戰計畫，中條山戰役實施的其實是較爲保守的「內線作戰」方式，只以一部出外游擊牽制敵軍，其他主力部隊扼守堅固工事以「保守要地」，核心地區垣曲更是重兵集結，嚴防死守。可是，一字排開的第八十、三、十七、十三、九十八等諸軍在垣曲淪陷後被截爲兩段，只能退入尚未整修完畢的工事死守待援。在前臨強敵，後背深水，進被截擊，退被阻擊的窘境中，只得全軍潰退。

衛立煌在戰事爆發後星夜兼程趕回洛陽收拾殘局。得知垣曲失守後，衛立煌決定放棄死守之策。爲保存實力，他命參謀長郭寄嶠迅速率領第九軍主力「星夜南渡」，同時命令各部「避免與敵決戰」、「誘其深入」，其實就是默許撤退。

於是，第九軍兩師主力於五月九日放棄了豫北作戰，匆忙於十、十一兩日從官陽渡過黃河。五月十日，第五集團軍西部防線被突破後，主力受命從官陽南渡。這樣，中條山西面第十四集團軍立即深陷三面夾擊之中，遂請求長官部指示。衛立煌即令第十四集團軍「暫避決戰」，「分區疏散游擊」，並批准其放棄陣地請求。

最後，第十四集團軍各自突圍，陷入大亂。然而，突圍的兩個集團軍仍然難逃被圍殲的厄運，部隊被壓縮於黃河北岸苦戰，既無法渡河以脫，又無後續補給，更無援軍來助，大軍絕食三日奮力突圍，戰況慘烈。結果，第三軍軍長自戕殉國，第九十八軍傷亡殆盡，第七十軍新二十七師師長、副師長、參謀長均壯烈犧牲。日軍自五月十二日起封鎖山口、渡口，對中條山內剩餘守軍進行梳篦式清剿。直至五月二十七日戰役結束，日軍統計數據是：殲滅中國軍隊四萬二千餘人，俘虜三萬五千餘人，日軍只陣亡六七三人，傷二二九二人。懸殊如此，日軍引此次戰役爲「事變以來罕見戰果」。

蔣介石得知戰敗後大怒，速召衛立煌回重慶作戰敗檢討，軍事委員會也召集會議總結經驗教訓。其實，身爲戰役直接指揮者的衛立煌執行的也是軍事委員會的「內線作戰」方略，只不過洛陽的兵力部署變化後，他只能在已見頹勢的戰局中進行些許補救工作。

在向軍事委員會呈遞的作戰檢討報告中，衛立煌總結了十一條戰敗原因：會戰前地域條件太缺；因兵力與特種兵缺乏，對敵人對山口之封鎖，雖屢經突破，終難長期掌握；作戰之重要因素，兵力過於懸殊；會戰之地域內政治經濟情形特殊，作戰軍編制待遇未能一律之影響；部隊雜項組織太多，戰鬥力因之削弱，往往戰鬥兵不及編制之二分之一；官兵驕怠，警戒疏忽；白刃戰術及體力一般，不能與敵抗衡；武器不足難以維持戰鬥；感受日空軍威脅較大；通信較差。

衛立煌的總結中，有些是非常恰當的。中條山防務的拙劣確實與重慶方面的掣肘有極大關係，衛立煌的總攻計畫中也數次要求增加防衛力量但總不見答覆。然而，身為指揮官，他卻通篇不談自己的指揮失誤與消極避戰。

蔣介石對於衛的推諉非常不滿，在晉南作戰檢討會上，他對衛立煌的指揮失誤與準備不足作了尖銳指責，特別指出在垣曲失陷後其命主力部隊未戰先退的行為「殊為可恨，愧為軍人」。

但蔣同樣也避而不談自己對於非嫡系部隊的歧視與懷疑，更不提自己嚴令胡宗南等部專注圍攻陝甘寧邊區，而不就近救援深陷苦戰的衛立煌軍。早在戰前的洛陽軍事會議上，何應欽也在大講「嚴防陝北匪軍趁機謀攻西安」，軍委會的注意力似乎總在中共而不在抗日，所制定的作戰計畫不也是「消極避戰，欠缺靈活」麼！其實，日軍正是因為看到皖南事變後國共雙方劍拔弩張、自相殘殺的局面，才下決心趁虛而入的，戰役結束後，日軍對中共太行、太岳根據地也成功地進行了大規模掃蕩。

中條山戰役是正面戰場抗戰以來遭受的最慘重的失敗，戰後國民黨正面戰場華北陣地全失，日軍立即佔據中條山區以及黃河渡口，威脅西安洛陽，留守沁河以北的武士敏軍遭遇滅頂之災。此後，國民黨正面戰場被壓縮於長江中游湘鄂贛地區，第九、五、六戰區的壓力進一步增大。緊接著，日軍發動了二次長沙攻勢。

作戰部署被日軍提前偵知，二次長沙會戰初戰失利；九戰區官兵殊死搏鬥，長沙失而復得。

在日軍看來，中條山戰役與二次長沙戰役同為「大本營擬於夏秋之際痛擊敵軍的對華戰略」，為保密起見，第十一軍將其命名為「加號作戰」。中條山戰役完勝，但在長沙，日軍卻再次敗給第九戰區的老對手。

一九四一年八月中旬，日軍開始向臨湘、岳陽一帶集結重兵，以絕對優勢兵力發起長沙攻勢，總共調動了包括四十五個步兵大隊，二十六個炮兵大隊，並配有軍艦二十餘艘，汽艇二百餘艘，飛機一百餘架，總兵力達十二萬餘人的作戰部隊。

按照第十一軍司令官阿南惟畿的部署，日軍將主力集結於狹窄正面，以縱深突破的戰略進犯長沙。九月六日首先向大雲山游擊根據地進犯，以掩護其三個主力師在新牆河右岸集結。十八日，四個師團強渡中國軍隊正面防線新牆河，全部主力師團在新牆河北岸完成集結，準備發動對湘北的進攻。當晚，日軍乘汽艇於洞庭湖東岸湘江口之上青山登陸，十九日迅速佔領汨羅江南岸。

第九戰區原來的部署是誘敵至汨羅江以南、撈刀河兩岸地區後尋機殲敵，但是這一部署卻為日軍提前偵知。日軍不僅提前佔領汨羅江南岸，而且以兩個師團從東部山區迂迴，從東側對中國守軍進行反包圍。

廿四日，日軍強渡汨羅江，企圖圍殲右翼守軍。廿一日至廿三日，第五十八軍在洪橋，第二十軍在關王橋，第四軍在洪源洞以南，與日軍展開激戰，第三十七軍和第十軍與日軍激戰於神鼎山、密岩山、班召廟一帶；第二軍與日軍激戰於甕江、蒲塘地區。我軍正面主力第三十七軍陣地被突破，被迫向安沙地區撤退。第二十六軍被日軍包圍於蒲塘地區。廿四日晨前來增援第十軍，遭日軍攻擊，苦戰至午，陷於混亂。

薛岳急調王耀武第七十四軍從江西萬載增援，不料，日軍又早獲情報，於撈刀河兩岸設伏等待這一「宿敵」。王耀武軍趕來時即在春華山、永安市附近地區與日軍遭遇，展開激戰，又遭日機襲擊，損失甚重，被迫向南撤退。日軍遂於廿六日渡撈刀河直逼長沙。廿七日下午，日軍第四師團一部渡過瀏陽河，並於傍晚從長沙城東南角衝入市內，廿八日佔領長沙。廿九日，日軍第三師團攻抵株州附近。

第六戰區緊急抽調湘西兵力進行增援，並奉最高統帥部電會轉移攻勢，將日軍包圍於撈刀河、瀏陽河之間。援軍一面與日軍在瀏陽河、撈刀河沿岸激戰，一面派兵爭奪長沙，三十日援軍主力攻入長沙，美軍志願航空隊配合攻擊長沙日軍。

與此同時，蔣介石特命第三、五、六戰區向其當面之敵發動進攻，策應第九戰區對日作戰。第九戰區先以一部吸引日軍注意力，主力在其他戰區兵力的掩護下繞至日軍後方截斷其補給線，然後以優勢兵力逐次加入戰鬥行列，對日軍進行截擊追擊。長沙被圍之日軍與後方聯絡線已被切斷，補給十分困難，遂於十月一日傍晚向北退回原有防線。

蔣介石對長沙的安危深感憂慮。長沙是重慶的門戶，這是萬萬不能讓日軍佔領的。第九戰區的作戰部署電文竟被日軍破譯，這是蔣介石所不能容忍的，立即電令薛岳進行檢討。雖然日軍最後還是撤退了，但第九戰區的兵力卻受到嚴重損失，而且還遠沒有解除湘北、湘西、贛北日軍對長沙的威脅，雙方對峙情形依然嚴重。心高氣傲的薛岳經過此次挫折開始變得沉穩起來，呈報了詳細的作戰檢討。第九戰區能夠頂住壓力應戰至最後勝利，這讓蔣介石感到欣慰。

但眼前的形勢仍然使他焦慮不已：自一九三八年十月武漢、廣州相繼淪陷後，正面戰場已經歷了南昌會戰、第一次長沙會戰、隨棗會戰、桂南會戰、棗宜會戰、豫南會戰、上高會戰、晉南會戰和第二次長沙會戰等九次大規模戰役，他的部隊早已疲憊不堪。

爲了實現「以空間換時間」的既定戰略部署，他的將士在湘鄂贛地區連續激戰，「苦撐待變」。眼見魚米之鄉被日軍一點點蠶食，眼見黃河以北的國土淪陷敵手，蔣介石不禁悲從中來。

身爲政客，他身在戰中卻從未放棄談判這一儘早結束戰爭的「捷徑」；但身爲軍人，他深知談判桌上的實力要靠戰場上的廝殺獲取，中日雙方必須以戰求和，中國也只有以戰求存之一途。中國戰場身繫世界和平，日軍獨霸中國稱霸世界的野心早已世人皆知，中國戰場遲早要和世界戰場相連。

可是眼下歐洲戰事早已爆發，世界戰事早已連爲一體，爲何仍遲遲不見英美關注亞洲戰場？如果國際形勢再無變化，他多年苦拚積攢下來的軍隊恐怕就要被消耗殆盡，難道中國必須得「犧牲到底」嗎？

在這年十月第三次南嶽軍事會議上，蔣介石已早無前次會議大講「敵我短長」之亢奮，而是一再表示「我處處不如敵，但吾人猶存制勝之把握者何在？此爲我數千年之正氣在民間。此正氣何所言？曰禮義仁智信是也。」堂堂軍事統帥大講「精神勝利以制敵」，蔣介石此時的灰心沮喪亦不必多言。

第五章　整頓內務與精神動員

一、整頓國民黨，反對汪精衛

國民黨「臨全會」召開，蔣介石決心整黨圖強，獨扛抗日大旗；黨總裁之位終落己手，獨裁專斷自此更加鞏固。

八個多月的英勇奮戰還沒有有效遏制日軍的強勁攻勢，戰局未穩，大片國土淪陷，抗戰前途尚不明了，悲觀懷疑情緒潛滋暗長，蔣介石極需要統一全黨思想，堅定民眾信心。前期抗戰中，國民黨黨政軍各部門暴露出不少積弊，蔣介石開始意識到，國民黨隊伍的現狀已遠遠不能

▶▶蔣介石在國民黨臨時全國代表大會上講話

適應持久抗戰，國民黨需要一個像樣的施政綱領，需要改革以團結所有的抗戰力量。

外交上屢受冷遇，軍事上節節失利，內部也有人心懷他圖，這就是一九三七年底的中國。蔣介石是在憤恨與失望中走進新一年的，外交上的暫時受挫使他再度將目光放回國內。集全國之力，怎麼會鬥不過一個小小的島國呢？民族抗戰的旗幟已經高高舉起來了，一定要讓日本人知道，中華民族並不是任人欺負的。爲此，蔣介石選擇了加強中央集權這條路。他很想在統一抗戰的同時實現國民黨一黨獨尊的地位，當中共領導人之一的王明開始叫喊「一切通過抗日民族統一戰線，一切服從抗日」「我們要擁護統一指揮，八路軍也要統一受蔣指揮」的時候，蔣介石第一次覺得這個從馬克思主義書齋中走出來的合作者特別地可愛。

一九三八年初，蔣介石做了幾件事：懲處了一批抗戰不力的將領，處決韓復榘是其中影響最大的；調整了黨政軍領導機構，他辭去了行政職務專事軍職，統率全國軍隊，指揮全民抗戰；連續召開軍事會議，檢討前期抗戰的得失，確定以後的作戰方針，對「持久消耗戰」做出具體的解釋：「是以廣大的土地來和敵人決勝負，是以眾多的人口來和敵人決生死」，戰略的持久代替了戰役的持久。蔣介石希望把他的思想與行動貫徹到國民黨的正式決議中去。

中國共產黨在一九三七年底發表了對時局的宣言，肯定了蔣介石提出的「貫徹抗戰到底」、「爭取國家民族最後之勝利」的主旨，還具體提出了保證繼續持久抗戰、爭取最後勝利的六項工作。從與共產黨競爭抗日民族統一戰線領導權的方面考慮，蔣介石也期望召開一次國民黨的全會，鞏固自己的領袖地位。

在這樣的背景下，一九三八年三月廿九日至四月一日，國民黨在武漢召開了臨時全國代表大會。由於一批黨務和行政要人已經移駐重慶，漢渝兩地往來不方便，大會開幕式在重慶舉行。蔣介石的開幕詞由丁惟汾宣讀。

蔣介石在開幕詞中說，大會最主要的目的是檢討國民黨自抗戰以來的工作，尋求努力的方法，「以增加抗戰的力量，使我們這個肩荷革命重責、負有興亡大任的黨，在這樣艱難重大的時期中，能夠擔得起非常的使命。」

對於國民黨差強人意的現狀，蔣介石毫不掩飾：「我們的黨差不多已成爲一個空的軀殼而沒有實質了，黨的形式雖然存在，但黨的精神差不多是完全消失了……我們黨的缺點最顯著的是組織鬆懈、紀律廢弛，以致黨的精神衰頹散漫，黨的基礎異常空虛……」蔣介石希望在國家民族危難之際召開全黨大會來激勵全黨同志發奮自強，承擔起艱巨的歷史使命，他說：「我們在敵寇深入、抗戰劇烈的今天來舉行這個大會，我們對於爲國犧牲的將士和先烈，對於全國流離困苦受辱的同胞，都負有非常重大的責任。關於抗戰大計以及政治軍事與戰時經濟教育等方面，當然要根據檢查過去的結果，定出精詳的方案來，共同努力以求實現。但最根本而首要的還在於恢復本黨的健全。」

負責黨務、政治、軍事、外交、財政等工作的要員各自作了工作報告，蔣介石還專門作了一個題爲《對日抗戰及本黨前途》的長篇報告。蔣介石指出，日本帝國主義的「大陸政策」是侵略中國的一貫相傳的政策，強調國家和民族如果要生存，捨抗戰別無他途。「盧溝橋事件發生，如果我們還不起而發動全面抗戰，而要容忍放縱，讓它占去平津，囊括華北，不僅我們國家大勢已去，民氣由此消沉，而且他日以暴力相恫嚇，更要肆其宰割鯨吞的兇焰。我們要苟安一時亦不可能，結果非至亡國滅種不止！所以我們要認定此次事變爲國家民族生死存亡的最後關頭，毅然決然要擔負此次革命的戰爭！要以抗戰來遏止日本殘暴的侵略，進而打破他大陸政策的迷夢。」他對日本帝國主義實行「大陸政策」的各種陰謀毒計如「瓜分、獨佔、蠶食、鯨吞、以華制華、不戰而屈」等也予以揭露，告誡全黨同志要時刻警惕，謹防上當。

蔣介石還分析了敵我態勢，對抗戰前途作了樂觀的展望，他指出：日寇雖然蹂躪我們七個省，但「他用了五十萬以上的兵力，耗三十億元的金錢，費了八九個月的時間，而所得的結果是如此，以後敵人如再要進犯，他的困難愈多，危險更甚！」「我們是死中求生，爲求生而戰，民心士氣，只有一天一天的強固；敵人是恃強侵略，送死異域，只有一天一天地厭戰，戰爭愈持久，它愈感困難，而且它進入愈深，我們解決它的機會愈多。」

關於國民黨的前途，蔣介石流露出「一黨獨尊」的意向，「當仁不讓」地表示國民黨在抗日民族統一戰線中居於領導地位，委婉地把內戰的責任推給了國民黨以外的其他政黨。他說：「國家到了非常時期，本黨以外別樹黨派的人，已經明白宣言，願意拋棄以往的政策，服從本黨政府，願爲三民主義而奮鬥，這種態度，可以說是革命者很好的態度。本黨同志即應寬宏大度，從國家利益上著想，開誠接納，俾能共同一致對外。」對於如何才能達到「共同一致對外」的目標，蔣介石表示：「我們應該在法律範圍以內，容許他們的自由，在本黨三民主義指導之下，統一他們的行動，集中全國的力量來爲國效命！」

大會圍繞這些報告，檢討了過去九個月以來的抗戰工作，通過了《抗戰建國綱領決議案》。《抗戰建國綱領》包括戰時的外交、軍事、政治、經濟、民眾、教育各綱領共三十二條，把國民黨抗戰路線、方針、政策集中地反映出來，是國民黨抗戰時期的施政綱領。制定《抗戰建國綱領》是中國抗戰史上的一件大事，抗戰當然是對日作戰，建國的含意並不是戰後的建國，而是在戰時的西南建國，也就是在西南立國。《抗戰建國綱領》以「（一）確定三民主義暨總理遺教爲抗戰建國的最高準繩。（二）全國抗戰力量應集中在本黨及蔣委員長領導之下，奮勵邁進」兩大原則爲支柱。雖然隱含有國民黨一黨獨尊的意圖，但是他基本上全部接受了中共提出的《抗日救國十大綱領》中的主張，承諾改革政治擴大民主，其中有一條就是組織國民參政機關。這是有利於抗日的各派力量加強合作的，是有利於鞏固和擴大抗日民族統一戰線的。

大會還對國民黨的領導體制作了重大改變，突出的是在全黨確立了領袖總裁制。大會通過了由國民黨中央執行委員會提出的《改進黨務並調整黨政關係案》，其內容爲：確立領袖制度，實行總裁負責制；強調對黨員的訓練、監督與考核，並從組織機構改進上加強對全黨及全國的控制。大會通過的新黨章規定，國民黨設正副總裁各一人，由全國代表大會選舉產生，代行總理職權。總理制本是因孫中山在國民黨內的地位和威信而立，孫中山爲總理，對全國代表大會決議有複議權，對中央執行委員會決議有最後決定權。孫中山逝世後，無人能行使總理之職權。國民黨臨時全國代表大會選舉了蔣介石爲總裁、汪精衛爲副總裁，以立法形式肯定了蔣介石的最高領袖地位。

大會發佈了《中國國民黨臨時全國代表大會宣言》，表達了國民黨團結全國抗日力量，鞏固抗日民族統一戰線，促進抗戰發展的積極態度。

四月一日，蔣介石發表了《閉幕詞》。對於自己榮任黨總裁，他謙虛地表示：「兄弟承大會推選爲總裁，自己感覺德業才能，均不足以負同志的期望，我們國家民族受此奇恥大辱，兄弟職責未盡，正自悚懼不遑，還要受大會付託以如此重任，格外覺得惶恐！」

既然是尊爲總裁，過度的謙虛是有損於威信的，領袖必須有指引領導的魄力。蔣介石當然對之心領神會，他接著說：「不過現在是抗戰時期，我們國家民族處於生死存亡關頭，本黨爲充實力量，堅持抗戰，以答覆敵人陰謀侵略起見，特強化黨的組織，設立總裁制度，以示本黨負責盡職奮鬥到底的決心，兄弟既受任於危難之際，大義所在，不敢推辭。」

對於國民黨今後的行動，蔣介石表示：「現在大會既已通過抗戰建國綱領，今後一切努力，均已有所遵循」。他特別說及如何對待共產黨的問題：「現在國內實在也沒有多少黨派，過去與本黨有過鬥爭歷史比較長久的自然是共產黨。我們是當政的唯一大黨，只要我們本黨本身健全，能夠負起抗戰建國的責任，他們一定是要受本黨的領導。所以這個問題的關鍵，完全要看本黨同志今後能自強自立，能否真正努力，由改造個人來改造本黨，復興本黨；如果本黨今後能日趨健全，日益充實，負理起革命建國的責任，不僅共產黨要尊重本黨，服從領導，國內現存一切黨派，都必然消融於三民主義之下，共同為完成國民革命而努力，絲毫沒有問題！」

在當時蔣汪抗日態度顯然不同的情況下，確定由蔣介石任總裁、汪精衛任副總裁，這對削弱汪精衛的權力、打擊親日勢力，起了積極的作用。當然，由此給了蔣介石進行「獨裁」一個合法的依據，這是消極的一面。自此之後，蔣介石一直擔任國民黨總裁。

堅持「和平運動」，「曲線救國」，汪精衛終與日本沆瀣一氣；堅持抗戰，與汪精衛徹底分道揚鑣，蔣介石終成全國領袖。

國都南京的失陷是讓蔣介石的心灰暗了一陣，但他並沒有做出日本人所希望的「議和」舉動。黔驢技窮的日本政府在一九三八年一月十六日發表，「不以國民政府為對手」的聲明，一面期望出現一個親日的政權取代蔣介石和國民政府，一面又叫囂武力滅亡中國。然而，日軍侵佔武漢後，損兵折將，已成強弩之末，擊潰重慶的國民政府只不過是一個幻想而已。不得已，十一月三日，日本政府發表第二次近衛聲明，改變了不以國民政府爲對手的對華政策，轉而對重慶政府採取政治誘降，試圖從國民政府內部尋找代理人。

其實，日本人這一年來爲組織僞中央政權、構建其政治核心費盡了心機，多方物色和拉攏「有影響的人物」。在北方，以土肥原爲首的「竹」機關（又稱土肥原機關），積極策動北洋軍閥舊官僚靳雲鵬、唐紹儀、吳佩孚等人出山，但是固有的民族情感和蔣介石與國民政府的抗戰態度，使這些人不得不有所顧慮。事關民族大義，靳雲鵬、吳佩孚即使有東山再起的心思，也不願仰日本人鼻息，他們堅決地拒絕了日本人的邀請。態度曖昧的唐紹儀又被人行刺，土肥原的計畫終於破產了。

不過南方以影佐禎昭爲首的「梅機關」，開展「渡邊工作」，爭取國民政府內部的汪精衛集團卻獲得巨大成功。日本最終選定由汪精衛來主持僞中央政權，並在南京「重建」國民政府。日本企圖利用汪精衛原來在國民政府中的地位和影響，取代以蔣介石爲首的重慶國民政府作爲中央政權的正統地位。

汪精衛是「恐日病」患者，他看不到國民黨及中國人民蘊藏的巨大潛力。「七七」事變後，鑒於全國人民及各黨各派群情激憤，深知民意可畏的汪精衛爲時勢所驅，不敢公開反對抗戰。不過汪精衛在私下裏倒是網羅了一批悲觀分子，形成主張對日妥協的集團，成員包括實業部長陳公博、代理宣傳部長兼委員長侍從室二處副主任周佛海及各自的班底。

日本在戰場上的勝利，更使得他們對形勢做出了悲觀的判斷，認爲「戰必大敗，和未必大亂」，只有對日「和平」才有生存希望，繼續抗戰會使共產黨坐收漁人之利。因為他們散佈抗戰是「玩火自焚前途渺茫」，攻擊堅持抗戰爭取勝利是「唱高調」，因此胡適把這個小團體命名為「低調俱樂部」。

陶德曼調停期間，汪精衛十分活躍，穿插其間，推波助瀾，極力勸說蔣介石接受日本條件停戰議和。為了說服蔣介石，他們甚至於把自己的悲觀論調發展成為民族悲觀主義，說什麼中國人生來就不如日本大和民族，抗戰註定就是要失敗的。

日本人就這樣看中了汪精衛，「汪兆銘在中國國民黨和國民政府中，屬於重要地位，但卻自抗戰開始以來，不斷力倡和議，反對全面抗戰。」他們認為爭取汪精衛的合作是十分可能的。佔領南京不久，日本人便派唐紹儀的女兒專程從香港抵達武漢做汪精衛的工作。陶德曼調停徹底失敗後，日本當局把誘降的重點轉向汪精衛。近衛首相一月的聲明，有許多話實際是對汪精衛說的，鼓勵他拋開蔣介石，重組政權，親自主持和談。日本人顯然高估了汪精衛的能力，在蔣介石牢牢控制著軍權的條件下，汪精衛的確可以給他製造麻煩，但永遠不可能從內部取蔣介石而代之。

不過，汪精衛的「合作態度」還是蠻討日本人歡心的。他漸漸地越過蔣介石，另闢蹊徑，開始與日本直接交涉。時任外交部亞洲司司長的高宗武是汪派骨幹分子，在周佛海的安排下，他以收集情報為名常駐香港，經常秘密去上海與日本人談判，還曾單槍匹馬密赴東京向日本政府摸底。立法委員梅思平是汪派又一骨幹成員，他和高宗武是汪日密談中汪方的主要代表。據梅思平說，由汪精衛領導的所謂「和平運動」，還曾聯絡過一些地方實力派人物，像雲南的龍雲、廣東的張發奎及一些川軍將領。

日軍相繼攻佔廣州、武漢後，日本政府更加狂傲放肆，儼然以東亞霸主自居，於十一月三日發表第二次近衛聲明，否認重慶的國民政府爲全國性政權，提出在華建立「新秩序」的方針，隨時歡迎汪精衛的合作。汪派的投降活動也隨之進入高潮。據日本大本營陸軍部《調整日華新關係方針》這一文件所記載，「十月下旬，影佐禎昭大佐、今井武夫中佐一行，在上海與高宗武、梅思平等，根據調整日華新關係的原則，對和平條件試行方案共同進行協商。十一月二十日，意見達成一致，分別向日本政府和汪兆銘進言，如雙方同意，汪兆銘即由重慶出來，並相互發表聲明。高、梅等期望，汪兆銘一旦出馬，國內外當相繼回應。」由此可知，汪精衛的叛逃在一九三八年十一月時就已經定下來了。

手握數百萬大軍的蔣介石並不懼怕日本武力亡華，他知道，只要穩住現在的戰線，中國就亡不了，總有反攻的那一天。他最擔心的是日本改變策略，「以華制華」、「以戰養戰」，這對退居西南的國民政府來說還真會構成強大威脅。值得慶幸的是，日本人在那裏靠一些封建遺老末流政客拼湊的兩個僞政權，在民眾中並沒有什麼影響，成不了多大氣候。令蔣介石頭痛的還是黨內那批以汪精衛爲首，力主求和的人。

對於黨內這個力主求和的副總裁，蔣介石總是有一種異樣的感覺。他倆也曾以兄弟相稱，同得孫中山的賞識，一文一武，一柔一剛，似乎應該成爲絕好的搭檔。但是兩人都有不甘人後、雄霸天下的心志，一個欲當三代聖王卻得不到武將誠服，一個想做戰國霸主也總有元老文臣的忌妒，儘管表面上依然和和氣氣，暗地裏卻不知爭鬥了多少回合，兩個人早已心生芥蒂。蔣介石牢牢地抓著軍權，在政治風波場中縱橫捭闔遊刃有餘，他對中國政治的特性顯然參悟得更加透徹。

當汪精衛在外敵面前表現得戰戰兢兢，一心妥協退讓的時候，蔣介石更是暗笑他的幼稚。對於生活的這片土地，蔣介石的理解要深刻得多，近代以來的中國民眾需要的領袖是有魄力、能引導他們抵禦外侮的民族英雄，像汪這樣一味妥協，只會盡失人心，江山易主。他是不怕汪精衛奪權的，擔心的是汪迎合日本的誘降策略再次掀起和談風潮，那樣的話，不僅會使抗戰鬥志大受打擊，還可能導致國民黨的內部分裂。

汪精衛一夥的鬼祟活動，蔣介石並非一無所聞。當他發現高宗武私自潛往東京一事後，果斷地宣布停發活動經費，斷絕與高的所有關係。不過，當時忙於組織武漢會戰的蔣介石並沒有把這件事與汪精衛聯繫起來。作為僅次於蔣介石的第二號人物，汪精衛在黨內的地位是顯赫的，他的資歷使得他在某些方面在黨內比蔣介石更得人心。以汪

汪精衛（左）與陳公博（中）、板垣征四郎（右）等在一起

精衛的聰明才智絕不會不知當漢奸賣國賊的下場，在國人積極主張抗戰到底的呼聲中，蔣介石不相信汪精衛會冒天下之大不韙。

但是不久，蔣介石就意識到自己的估計可能有誤。戴笠方面不斷有消息說，重慶有人在同日本人秘密談判。十二月三日，日本首相近衛透露口風：「中日衝突有解決之望，只需蔣介石將軍向國民政府辭職，參加行將成立之新中央政府。」這個消息很快就從戴笠的諜報網傳遞給正在桂林的蔣介石。前方戰線未穩，千萬不能後院失火，蔣介石感到不可掉以輕心，立即動身去重慶。他先派親信陳布雷於十二月七日回渝，探測動向，次日自己也飛抵重慶，寓居南岸的黃山官邸。與日本方面約好八日離開重慶的汪精衛，還以爲自己的叛逃計畫已敗露，一下子亂了方寸，惶惶不可終日。

十二月九日，蔣介石邀汪精衛及孔祥熙、王寵惠等至黃山官邸，討論今後抗戰大計。針對日本的誘降策略，蔣表示：「勿論國際形勢如何，我國必須作自力更生獨立奮鬥的準備。」汪精衛卻不以爲然，大放「和平」的厥詞，說現在「敵國之困難在結束戰爭，我國之困難在如何支持戰爭」；既然兩者皆有困難，而且相互知情，所以和平並不是沒有希望。汪精衛悲觀乞和論調使蔣介石更加不放心，他在三天後的國民黨中央黨部紀念演講中著重指出：「中國抗戰的前途愈形光明，各戰線的中國軍隊已退入山地，能夠阻止日軍的進攻，形勢更於我方有利。」「抗戰已使全國統一，國民團結，任何強敵均不足懼。」故作鎮靜的汪精衛出席了紀念會，還分別接見和聽取孔祥熙、戴笠、陳布雷等人的彙報，以掩人耳目。

蔣介石的突然到來和顯然針對自己的言論，使得汪精衛如陷虎穴、成日膽戰心驚，他意識到如不及時脫身，不僅「和平行動」將徹底破產，而且連保全自己身家性命都難。箭在弦上不得不發，十二月十八日，孤注一擲的汪精衛冒險飛往昆明。次日，汪偕陳璧君、陳公博、周佛海、曾仲鳴等人，由昆明潛往河內。

當日，正在西安向西北將領傳達南嶽軍事會議精神的蔣介石收到雲南省主席龍雲的密電：「汪副總裁於昨日到滇，本日身感不適，午後二時半已離滇飛航河內，昨夜及臨行時兩次電祥呈。」

汪精衛出逃了！汪精衛自從清末以來，一直追隨孫中山並深得賞識，是黨國元老，現在也身居要職，蔣介石十分清楚他在黨內的分量。這樣一位重要人物出走，如果處理不當，還真有可能鬧得黨國分化瓦解，抗日民族陣線崩潰。蔣介石一面急電龍雲，詢問詳情，並讓龍雲勸汪回國；另一方面急電正在河內訪問的外交部長王寵惠面會汪精衛，促其醒悟回國，不要中日本人的離間計。國民黨系統各報發表消息時，都稱汪精衛旅行昆明時，舊疾復發，一時不能回渝云云。蔣介石在其廿一日的日記中這樣寫道：「此事殊所不料。當此國難空前未有之危局，不恤一切，拂袖私行，置黨國於不顧，這豈是革命黨員之行動乎?痛惜之至!唯望其能自覺回頭耳!」

蔣介石的感召在汪看來更像是抓捕自己的誘餌，汪精衛拒絕回國，從出走的那一刻起，汪精衛就意識到再也沒有回頭的餘地了。在一九三九年七月，汪精衛在《我對於中日關係之根本

一九三八年，汪精衛（右二）叛逃前夕在重慶與陳璧君（左一）、曾仲鳴（右一）和長女汪文惺（左二）在一起

觀念及前進目標》文中，對其思想徹底進行了披露。他說：「我覺得今日有兩條路擺在面前：一條是跟著蔣唱高調繼續抗戰，以蔣現有的兵力，不但不足以抵抗日本，並且不足以控制共產黨，以蔣現有的環境，雖欲不跟著共產黨而不能，這樣下來，只有以整個國家民族跟著蔣爲共產黨而犧牲。另一條路是把總理孫先生的遺志重新的闡明起來，重新的實行起來，對於日本，本著冤仇宜解不宜結的根本意義努力於轉敵爲友。第一步恢復中日和平，第二步確立東亞和平。這兩條路，前一條是亡國滅種的路，後一路是復興中國復興東亞的路。我決定向復興中國復興東亞的一條路走。我決團結同志並團強全國各黨各派以及無黨無派有志之士，來共同走上這一條路。」

在蔣介石焦急尋覓對策之時，日本方面卻大喜過望，十二月廿二日，近衛首相發表公開講話，尊汪爲中國有卓見之士，並提出了與「新生的中國」調整關係的總方針：「日、滿、華三國應以建立東亞新秩序爲共同目標而聯合起來，共謀實現睦鄰友好、共同防共和經濟合作。」日本人的歡迎態度，使汪精衛懸著的心變踏實了，幻想汪精衛「幡然悔悟，重返抗戰隊伍」的蔣介石卻因此陷入麻煩中。

幾天後，各地傳言紛起。有的說汪精衛業已叛國投敵；也有人說汪精衛悄然出走，乃是奉蔣介石和國民政府之命，與日本人進行秘密談判，「作和戰兩面工作的一個使者」。每一傳言都有板有眼，後者尤其盛行。

蔣介石的外國顧問端納正在重慶，認爲這種傳言實屬不利，尤其是友邦人士莫辨真僞，將影響到中國抗戰以及在國際間的地位，於是立即面見蔣介石。

蔣介石依然對汪精衛存有幻想：「只要他不公開投敵，我還是要爲他留下後悔餘地。」

「這是你的良好願望。汪精衛既已走出第一步，斷不會懸崖勒馬。委員長，你沒有必要替他背這個黑鍋，不如將事實公之於天下。」

「嗯，嗯。外間確有謠傳，說是汪精衛受了我的指派，與日本人接觸，真是豈有此理？今日英美大使也來訪我，探詢事情的真相，叫我很是爲難。」

在端納的勸說下，蔣介石同意立即公佈事實真相，並委託端納向英美大使通報了汪精衛出逃的經過，國民政府是中國唯一的正式政府，在目前情況下不會與日本談判求和，汪精衛無權和任何人談判和平。

十二月廿四日，端納拜會了英美大使館，轉達了蔣介石的「談話精神」，同時強調：「只要中國的土地上還有日本的一兵一卒，還有汪精衛，那就沒有什麼和平可言。」

十二月廿六日，蔣介石借中央黨部紀念周之際，發表《揭露敵國陰謀，闡明抗戰政策》的演講，全面駁斥了第三次近衛聲明，揭露了其侵華本質和欺騙伎倆，向黨、政、軍要員表示了繼續抗戰的信心和勇氣。他聲明，汪精衛的出走與政治無關，純屬個人行動。

十二月廿八日，汪精衛再次致函國內，認爲自己的行動同原來蔣通過陶德曼同日本搞和談是一致的。「今日方既有此覺悟，我方自應答以聲明，以之爲和平談判之基礎，而努力折衝，使具體方案得到相當解決，則結束戰事以奠定東亞相安之屬，誠爲不可再失之良機矣。」次日，汪精衛發出著名的《豔電》，建議在日本政府的「中日友好，共同防共，經濟提攜」三項原則的基礎上與日本進行談判。兩天後，該電發表在香港的《南華日報》上，汪精衛終於與國民黨蔣介石公開決裂了。

一九三九年元旦，蔣介石主持召開國民黨中常委緊急會議，商討對汪精衛的處置辦法。決議認爲汪精衛「隱匿異地，傳播違背國策之謬論」，違反紀律，危害黨國，實質就是通敵賣國，因此決定對汪「永遠開除黨籍並撤銷其一切職務，嚴肅綱紀，以正視聽」。

鑒於汪精衛尚在河內，爲了不使他除了投敵之外別無出路，蔣介石沒有立即公佈對汪的通緝令。一九三九年二月中旬，他又秘密派遣了與汪精衛頗有淵源的國民黨中央執行委員谷正鼎專程去河內，給汪精衛等人帶去出國護照和旅費，力勸他們去歐洲。汪精衛卻一心要繼續他的和平運動，將谷正鼎大罵而歸。見事態已不可逆轉，爲了減小對國民黨的衝擊，蔣介石終於同意了軍統的暗殺計畫。三月下旬的一個夜晚，數名殺手神不知鬼不覺地翻牆進入汪精衛在河內高朗街的住所，不曾想到這個罪魁禍首命不該絕，讓住在他房間的曾仲鳴夫婦做了替死鬼。已成驚弓之鳥的汪精衛急忙與日本特務機關聯繫，在他們的保護下，秘密逃往上海。

汪精衛原來希望《豔電》的發表能夠得到國內那些悲觀人士，以及那些與蔣介石有嫌隙的西南地方實力派的積極回應，沒有想到，《豔電》一經發表便受到全國人民的一致聲討，蔣介石也因此得到了更多擁護。中共領導的各抗日根據地在支持蔣介石抗戰、聲討汪精衛叛國的口號下，展開了一場聲勢浩大的政治宣傳運動。各民主黨派、各階層人士也紛紛舉行討汪集會，發表討汪通電，堅決要求國民政府將其緝拿歸案，以正國法和定人心。連汪精衛寄予厚望的龍雲、張發奎、劉文輝、余漢謀等地方實力派也通電斥責汪精衛「謬論謬辭，為敵張目」，要求他「明正刑典以肅綱紀」，表示抗戰到底。反汪討逆聲浪席捲全國，波及海外，各地華僑也集會通電，怒斥汪精衛叛國投敵的罪行。這樣的反應是蔣介石始料未及的，也完全出乎日本人的意料。

沒有實權的汪精衛在這一場風波中成為人們所詬罵的賣國賊，日本人當然也意識到了這點。所以直到一年多以後，一九四〇年三月三十日，萬般無奈的日本人才拉出汪精衛在南京粉墨登臺。又過了整整八個月，日本才予以正式承認。至此，汪精衛的賣國行為告一段落。

值得補充一下的是龍雲在這一事件中所起的作用。蔣介石一直想把自己的勢力滲透到雲南，抗戰給他提供了名正言順的機會。作為雲南的最高統治者，龍雲雖然積極支持中央的抗戰決策，但也擔心蔣介石乘機削弱自己的地位，這樣，他同蔣介石之間必然會產生矛盾。汪精衛集團正是看到了這點，所以極力拉攏龍雲。

一九三八年，陳璧君在回渝途中，停留昆明，與龍雲「保膝長談」。陳璧君一面表示同情龍雲處境，一面挑撥說，抗戰持久，蔣介石總是以非嫡系軍隊作犧牲，以此鼓動龍雲反蔣。陳璧君還以汪精衛的名義提出幫助解決雲南軍隊急需的醫藥和醫療器械，並說要開發錫礦，極力拉攏。龍雲與汪精衛素無交往，對其一向十分推崇，並且龍雲也想用汪的地位，以鞏固自己的地位。在陳璧君的工作下，龍對汪就更有好感了。

▸▸蔣介石（左）和龍雲（右）合影

陳璧君見火候已到，便訴說汪精衛在重慶徒有虛名，很想換換環境。龍雲聽後爲之動容，向陳表態：「汪先生如果來昆明，我很歡迎，如果願意由此出國，我亦負責護送，一切決無問題。」於是汪精衛集團在後來便確定了從雲南出走這一線路。

汪精衛於一九三八年十二月十八日以「赴滇講學」爲名飛往昆明，當晚曾與龍雲秘密交談，據說已將全部「和平運動」的計畫告訴了龍雲。十九日下午，汪精衛一行十餘人乘坐龍雲代包的專機從昆明飛往越南河內，開始了他的「曲線救國」之旅。

不管此前龍雲在維護和壯大自己的勢力方面對汪精衛寄予了多大期望，流露出多少擁汪的傾向，龍雲在得知汪精衛「道出真語」以後，並不是贊同，而是震驚和憂慮。所以當汪精衛等人一走，他立即致電蔣介石，報告了汪的傾向和行蹤。

在十二月廿二龍雲給盧漢的密電中，表露了自己的心態。他說：「汪先生前日到滇，昨赴港，願效昔之李鴻章、今之張伯倫，與日方直接商洽，不顧一切，力主和議，加入防共協定。因在渝受人攻擊，蔣、汪之間亦未盡同意，故謂成則返渝，否則不再返渝，云云。語氣憤慨，大有各行其志之概。大局如此，兄聞之憂心如焚，黨內糾紛從此又開始矣。兄為杞人之憂，宿食俱廢，三日不能成眠，如似大病，故深望弟早日告痊也。」

這樣，龍雲最終未按汪精衛的願望行事，而廣東的張發奎以及廣西、四川的地方實力派，也都繼續留在抗日陣營中，使汪精衛一夥的如意算盤未能得逞，蔣介石在西南的統治也免於分崩離析。

二、國民精神總動員運動

以民族主義充實「力行哲學」，將思想意識歸於集權體制，蔣介石發動「國民精神總動員」以鼓士氣民心。

自武漢撤退之後，國民政府所面臨的中心問題，是如何在落後的西部地區維持國家機器的正常運轉。國民政府要完成立國西南進行持久抗戰的既定戰略，有大量的事情需要妥善安排：使中央政權能在西部立定腳跟，組織好社會生活，安排好工業生產，調整好主要靠公路的交通運輸與通訊系統，安置好內遷的高等學校與新設置的十餘所大型全公費的國立中學和科學研究機關與文化團體，整頓西部地區的政治與社會秩序，安頓好由東部轉移至西部的大量難民。

做好這一切工作，不但要充分調動全國的力量，而且要充分協調各方面的工作。事關中華民族生死存亡的抗戰已經激起了各方面的熱情。組織協調好這些力量，既在抵抗日寇侵略中發揮最大效用，又不至於威脅國民黨的統治地位，可能的話還要改造國民黨的隊伍，借抗日輸入新鮮血液，注入生機，久經政治風波的蔣介石面臨著比軍事失敗、國土淪陷更嚴峻的考驗。

蔣介石深知，政治上得勢必定會推動軍事的轉機，而這些又將他成爲重定乾坤、舉國擁護的領袖。在加緊同最具威脅性的對手——中國共產黨談判的同時，蔣介石開始從國民黨組織的改革上下功夫，爲將來作打算。

日本在佔領了廣州和武漢後，公開拋棄以前所承諾的「門戶開放」，「機會均等」原則，一九三八年十一月三日，發表所謂建立「東亞新秩序」的聲明。這實際上是要推翻九國公約所確立的遠東秩序，必然增加與英美等國的矛盾。利用這一有利時機，國民政府積極推動國際社會對「東亞新秩序」的外交反擊。美英爲阻止國民政府崩潰投降和「東亞新秩序」的出現，十二月十五日，主動向中國提出貸款援助，分別爲二千五百萬美元和一千萬英鎊。

就在處境艱難的蔣介石認爲終於有了轉機的時候，在日本的威逼誘降下，國民黨內對日妥協投降分子又活躍起來，以汪精衛爲首的親日集團公開叛國投敵，時局進一步嚴峻起來。黨國副總裁叛逃降日，一時謠言紛起，人心惶惶，國民黨內開始籠罩一種悲觀失望的情緒。爲了挫敗日本侵略者的政治誘降，澄清因汪精衛集團投降而引起的思想混亂和政治動盪，堅定民心穩定軍心提高士氣，蔣介石加緊了建立自己絕對權威的步伐。

一九三九年一月，國民黨五屆五中全會召開，設立國防最高委員會。這是國民黨抗戰時期的最高領導決策機構，也是國民政府在摸索建立以蔣介石個人爲中心的對黨政軍實行最高統治的最終形式。國防最高委員會委員長蔣介石「對於黨政軍一切事務，得不依平時程序，以命令爲便宜之措施」。

通過設立國防最高委員會，確立了蔣介石對黨政軍一元化領導的高度集權體制。這種體制既包含了抗日的戰時政治體制的要求，也是國民黨「建國」政治體制努力的方向。那就是以國民黨一黨、蔣介石一人爲中心，實現獨裁專制。並且在這次全會上還規定了實施《國民抗敵公約》的辦法，其中規定：全國民人以保甲爲單位，宣誓「服從最高領袖蔣委員長之領導，盡心盡力，報效國家」；宣誓後如違犯誓言，要「依法治罪」，以此嚴加控制人民的思想、行動，禁止人民的革命活動。

雖然以軍事起家並終生迷戀武力，但蔣介石並不願以武人面目示人，統治欲極強的他，在政治風波場上摸打滾爬了十幾年，對權術之道嫺熟之極，他深知武力難以長久維持自己的地位，要服從還必須在武力外下功夫。他構建了自己的一套哲學——力行哲學，並自稱這是對孫中山「知難行易」學術的「發揚引申」，「與總理『知難行易』的學術，不唯不相反，而且是相輔相行的。」十年內戰期間，爲了對抗中共及共產主義思想體系，蔣介石承繼戴季陶的思路，極力把儒家仁義道德與三民主義糅和在一起，從孫中山的遺威和傳統文化中爲處於艱困之中的國民黨尋求統治依據。

國民黨政權具有軍閥的特徵，蔣介石要獨裁，但各地方勢力擁兵自重，造成他沒有絕對權威。蔣採取縱橫捭闔的手段，對地方勢力又打又拉，但始終沒有使之聽命於自己，相反，時時尋機發難，逼他下野。爲此，蔣曾憤恨地說，封建割據的實際，仍潛伏在形式的統一之下，當今中國的病源就是地方割據。在內外交困的時刻，蔣介石在加強專制獨裁和加強對民眾控制的同時，不失時機地在其力行哲學中充實了民族主義精神，決定發動「國民精神總動員運動」，以使思想意識的統一與權力的集中相一致。

在國民黨五屆五中全會上，蔣介石表示：「我們的精神絕對不要被敵人所脅制，我們絕對不能受敵人的欺騙，我們一定要堅持抗戰到底，不但使敵人過去『速戰速決』的目的不能達到，而且使他們『速和速結』的陰謀成為粉碎，這就是我們今日唯一的方略，這就是敵之失敗，也就是我國勝利的基礎。」

一九三九年一月十一日，國民黨中央執行委員會發表宣言稱：「總理昔日講述軍人精神教育，痛切說明『人類有精神之用，非專恃物資之體』，『欲任非常之事業，必有賴非常之精神』」，提出「抗戰精神之徹底振作，此實抗戰建國勝利成功之最大保障，必須盡全力以實行者也」。

敵強我弱，抗戰艱難，「國民精神總動員」堅定國人抗戰決心；「抗戰救國」，「以戰求存」，支持中華浴火重生。

二月二十日，蔣介石在國民參政會上提出《國民精神總動員綱領及其實施辦法》。三月十二日，蔣介石通電全國實施動員。據蔣報告，國民精神總動員是為「集中國民一切意識思維、智慧與精神力量，於一個方向而提高使用之」，使國民「每一分子皆能根據同一的道德觀念，為同一的信仰而奮鬥犧牲是也」。

一九三九年三月，蔣介石在國防最高委員會下設了精神總動員會，蔣介石親自出任會長，並公佈了《國民精神總動員綱領》和《精神總動員實施辦法》。

《國民精神總動員綱領》稱：「吾人回顧十八月以來奮鬥之經過，而檢討其缺失，則物質條件之欠缺固甚明顯，而精神條件之未備尤萬居首要。」「所謂國民精神總動員者」，為「集中其一切意識思維智慧與精神力量於一個方向，而提高之」，它不僅為排除暴敵之侵略，「尤在於努力抗敵之中，樹立戰後建國之永久基礎」。國民精神總動員的共同目標是：國家至上民族至上；軍事第一勝利第一；意志集中力量集中。所謂國家至上民族至上，就是必須認定「國家民族之利益應高於一切」；所謂軍事第一勝利第一，就是要求「國民一切之思想行為，均應絕對受國家民族軍事利益之支配」，「竭其全部之智慧與全中國精力，以求取軍事之勝利」；所謂意志集中力量集中，就是「要求國民全體的思想，絕對統一集中於國家至上民族至上與軍事第一勝利第一兩義之下，不容其分歧與懷疑，不容作其他之空想空論」。

國民黨在一九三九年五月一日正式開展全國國民精神總動員運動。蔣介石在重慶親自主持首次會議並訓詞。會後，重慶萬餘人進行了火炬遊行。此後國民精神總動員運動在各地開展起來。

強調精神力量的作用，尤其是精神力量高於物質力量，其實是中國近現代許多政治人物共同的特點。近代以來，中國正處在由封建王朝向近現代民族國家演變的過程中，組織性並不嚴密，孫中山稱之爲「一盤散沙」，中國人本來就是靠精神文化聯繫在一起的。

蔣介石雖然掌握著中國大部分的財力資源，但在與日本的較量中，也同樣深感力量薄弱。抗戰爆發之後，蔣介石一直強調精神力量對抗戰的意義，而「發動精神以配備物質，利用空間換取時間」更是其持久抗戰的戰略。他認爲：「我們抵抗日本，先要攻擊日本的侵略精神，如要攻擊日本的侵略精神，就是先要具備我們的立國精神。」南京失陷時，他又發表公告，稱「我之抗戰，唯求三民主義之實現，與國民革命之完成；故憑藉不在武器軍備，而在強毅不屈之革命精神，與堅忍不拔之民族意識」。

一九三八年五月，蔣介石發表「告全國國民書」

在總結抗戰前期經驗教訓的南嶽軍事會議上，蔣介石對此講得更加直白：「我們現在要爭取第二期抗戰的勝利，達到最後的成功，我以爲需要物質上的成分少而精神上的成分多，而且我們現在物質不如敵人，將來更感困難。如果我們要專憑物質來戰勝敵人，必難成功；如果我們的士氣和精神不強，紀律不好，雖有如何好的武器和優裕的物質，亦不相干。所以精神的修養和道德的提倡，乃是我們高級將領最大的責任。」

抗戰爆發時中日力量之懸殊，蔣介石看在眼裏，急在心裏，那時就已經有發動精神總動員的想法。一九三八年三月七日，蔣介石在武漢召集親信開會，討論有關發動精神總動員的步驟。會上提出：「我們在欲發動全國精神總動員，即應針對敵方的計畫，確定目標，領導全國民眾朝此目標努力，始能發生效果。」不過，一年以後蔣介石才正式發動這場運動，給他啓發和壓力的還是日本先行一步發動的精神總動員。

深陷中國戰場的日本政府爲調動其國民支持戰爭，緩解矛盾，在通過全國總動員法案的同時，發起國民精神總動員運動。在一九三八年十二月五日的內閣會議上，決定組織「精神團體」，設立理事會和評議會，公推近衛爲總裁，內務相末次信正副之，全體閣僚，貴族院、眾議院的委員長，政黨總裁及內閣參議等爲顧問。當日，內閣還通過「國民精神總動員旨要說明書」，宣稱：「此次運動目的，不唯宣傳『事變』意義，企圖更集中『物心兩用』力量完成『東亞建設』，包括國民各階層皆在組織之內。」

日本的精神總動員運動，引起了當時中國國內輿論的廣泛關注，報章書刊均有研究和評論，這對一直強調精神力量作用的蔣介石無疑是一種強烈的刺激。在這種刺激下，國民精神總動員開始從理論預想推向實際操作。

抗戰之前的中國，四處瀰漫著絕望的氣氛。「三十年代是一個令人痛苦的年代，是一個民族自我譴責的無情時代」，一位作家悲嘆道：「在中國，一切都落後於西歐」。全民族的抗戰一度使國人精神振奮，但戰場上的節節敗退，以及國民黨要員散佈悲觀言論甚至公開投敵，使民眾再次陷入迷茫。在這樣的背景下，的確有必要來一個精神總動員。

從國民精神總動員綱領到國民公約、誓詞，始終都沒有離開「抗日」、「救國」等字眼，這在汪精衛叛國投敵，引起抗戰情緒動盪的情況下，對於堅定全國的抗戰意志，增強國民黨抗戰力量，是有十分重大的意義的。正是由於它的主旨是為了堅持抗戰，延安的中共領導人對此也作了積極回應，號召全國民眾擁護蔣介石抗戰到底，反對一切漢奸賣國賊，動員一切力量，爭取抗戰勝利。

然而，蔣的這一舉動是在其一九三九年前後連續推出加強個人獨裁措施，國共關係發生逆轉的情況下發生的，這就決定了國民精神總動員運動的多重性質。

蔣介石在聯共抗日的同時，他也念念不忘要「剿滅」共產黨及其領導的人民武裝。在軍事限制的同時，鑒於統一戰線的存在，蔣介石更注重從政治思想方面限制其發展，使之逐漸失去在群眾中的影響。精神總動員的主要內容就是宣揚民族主義，蔣介石從中看到削弱共產黨思想影響的機會。他欲借民族主義來宣揚中國古代固有的文化道德，從根本上否定中國共產黨及共產主義思想體系在中國存在的合理性。

在蔣介石看來，中國近代史上，中國遭受侵略是由於傳統主流文化精神的喪失和西方文化的衝擊。他認為：「如今一般人不講究固有的好道德，視為陳腐的東西……所以幾十年來，弄得人欲橫流，四維滅絕。」「如此國家，當然要被外國人侵略壓迫」。他所指的「西方文化」

除了資產階級文化外，還包括五四以後在中國廣泛傳播的馬克思主義思想。所以，這次運動還有它消極的一面。

三、經略西南、西北為後方

「攘外」亦可「安內」，利用抗戰時機統一西南軍政，蔣介石早有準備；民國政府遷都、川康軍事會議多效並舉，蔣介石坐收天府之國卻難取西康大權。

在抗日戰爭時期，國民政府才開始對西南各省進行實際控制。西南各省原不在中央政府的直接控制之下，在一九三五年追擊中共工農紅軍時，蔣介石雖然已極力把中央勢力滲透進去，但仍沒有根本消除地方的割據狀態。這時，他利用抗戰的時機，在西南地區再度大張旗鼓地統一軍政，力圖完全控制西南各省。

消除地方割據，增強中央對地方的控制力，是歷代政府孜孜以求的目標。在頻頻遭受外敵侵略，備受喪權辱國之煎熬的近代中國，統一與集中的願望和要求更顯迫切。蔣介石在三十年代初推行「攘外必先安內」的政策，就是以這種歷史願望和要求爲背景的。他的失誤在於固守黨派之爭、信仰之別，在「安內」方面採取了僵化的排除、消滅異己的力量的態度。

日本利用中國內部紛爭之機，加緊「蠶食」中國。「攘安」論調，終於被中共「求同存異」的「抗日民族統一戰線」口號擊退。居於中國最高統治地位的蔣介石對日本「蠶食」中國的舉動早有顧慮，隨著日本亡華意圖日漸明顯，對於「攘外」和「安內」他也作了新的思考。一九三五年，他開始更多地考慮對日作戰的問題，雖然不乏悲觀陳辭，對內對外的態度確實已經發生了變化。

西安事變後，輿論普遍認爲蔣介石是屈於民意被迫抗戰，這實在是缺乏對他的深入瞭解。當許多人認爲蔣介石被迫放棄了「攘安」之論的時候，他卻作了「以退爲進」的規劃。在蔣介石的思考中，抗日實際上已經把「安內」與「攘外」統一起來，事實也表明聯合抗戰的方針比「攘外必先安內」的方針更靈活，因爲以深得人心的抗日爲旗號，「安內」的措施實施得更順利，就連排除異己也能名正言順地進行。

西南包括四川、西康、雲南、貴州四省。抗戰期間，貴州幾乎完全爲蔣介石所控制，西康在四川軍閥劉文輝的統治下，雲南則在龍雲的控制下。所以，西南問題的中心在於四川、雲南兩省。蔣介石想乘抗戰之機，使中央勢力深入川、滇，結束這些地區多年來的半獨立狀態。

四川在抗戰時期是國民黨統治的政治、經濟、文化中心。當時四川有六千多萬人口，是兵源的基地；重慶又是國民政府的陪都；抗戰爆發後，沿海許多企業內遷四川，又建了不少新的小型工廠；四川每年糧食產量又居西南各省之首。所以，四川自然是西南問題的重中之重。

抗戰爆發前，劉湘在蔣介石的卵翼下成功打擊了四川其他軍閥，成了四川的統治者。蔣介石在追擊紅軍時，不斷向四川擴張。在四川統治權問題上，劉湘同蔣介石之間的矛盾日益加深。兩廣事變時，劉湘密令所部軍隊在夜間向成都、重慶兩地集結，準備策應李宗仁。西安事變時，劉又有同樣的舉動，甚至直到蔣被扣的第五天都沒有發表聲明支持蔣。不但如此，他甚至還勸張學良要毫不猶豫地把蔣幹掉。當時，劉湘還想乘機恢復四川行政和財政的獨立。但時局變化太快，就在劉湘準備大顯身手的時候，西安事變就和平解決了。此時，蔣介石的部隊正大舉進攻陝西楊虎城部隊。爲自衛計，川軍在重慶一帶佈防，阻止蔣介石部隊的進犯。但是，劉湘的一切活動，都瞞不過蔣介石的耳目。

在張學良、楊虎城的兵諫下，蔣介石已經同意聯共抗日，一場大規模對日作戰即將到來。從兩次事變中，蔣介石看清了劉湘並不真心擁護自己。爲了有一個安定的大後方，他越發覺得必須一勞永逸地解決四川問題，即使引起武裝對抗也在所不惜。

▸▸一九三九年十月，蔣介石兼任四川省主席

一九三七年春，蔣介石提出要縮編四川軍隊，又提出要軍民分治，劉湘主軍，由蔣介石派人任四川省主席，劉湘堅決抵制。但在中央政府的優勢兵力面前，劉湘最終屈服，同意將所有軍隊都轉歸國民政府軍委會直接指揮，川軍的財政開支轉歸蔣的重慶行營負責，一切軍事設施也由國民政府接管。同時蔣決定召開整軍會議改編川軍。

七月初，川康整軍會議由何應欽主持在重慶召開。矛頭主要指向劉湘，對其他軍閥（二十軍楊森、二十四軍劉文輝、二十八軍鄧錫侯、廿九軍孫震及四川邊防軍李家鈺）是能吃則吃，能削則削。當時劉湘是省主席兼四川善後督辦（後改為川康綏靖主任），各派軍閥對他獨攬大權都十分不滿，但懾於劉湘的實力，表面不得不唯唯諾諾以示遵從，而思想深處則有強烈的反感。蔣介石就利用這一點，縱橫捭闔，終於使會議通過了有關川軍的三項決議：各軍縮減五分之一；團長以上軍官由中央直接委派；軍餉每月由軍政部派員點名發放。至此，川軍的人事權和財政權都被收歸中央統一掌管。

▶▶ 劉湘

這一階段，劉湘對蔣介石還是比較強硬的，劉湘說過這樣的話：「我如果要幹的話（指川軍要反蔣）就是天也要打它一個洞。」不過，劉湘終於沒有行動，在民族危機加重的關頭，一切以民族大義爲重，任何私怨都可以也應該捐棄。

一九三七年八月七日，劉湘赴南京參加蔣介石召開的最高國防會議，在會上竭力主戰，提出「抗戰四川可以出兵三十萬，提供壯丁五百萬，供給糧食若干萬石」。劉湘慷慨激昂的發言得到全場的讚許，高漲的民族主義終於開始驅散擁兵割據的落後觀念。九月一日，川軍分東、北兩路開始出川抗日。

隨著天津、北平、上海相繼淪陷，國防最高會議決定國民政府遷移重慶，十一月二十日，發表遷都宣言。蔣介石及國民政府重心機構並沒有馬上入川，而是遷移到武漢。他還有顧慮：一是以韓復榘、宋哲元爲首的一批北方將領能否利用黃河天險，在中原組織有效的抵抗，確保後方及華中側翼的安全問題；二是以劉湘爲首的一批川軍將領能否保證中央機關安全入川。

蔣介石的擔心並非空穴來風。據宋哲元的密報，韓復榘曾派人遊說宋部，提出由劉湘令川軍封閉入川之路，韓本人率部撤居南陽、襄樊、漢中一帶，勸宋部撤守潼關以西，然後聯名通電倒蔣。蔣介石嚇出了一身冷汗。劉湘、韓復榘、宋哲元三部有數十萬大軍，在外有日軍步步緊逼的形勢下，如果聯合行動，真的是能「把天打一個洞」的。

對劉湘積極支持抗戰的表現，蔣介石是十分讚賞的，但劉對韓復榘的曖昧態度不得不使蔣介石有所顧慮。在獲悉韓復榘的陰謀之後，蔣介石不動聲色。隨戰勢變化，他任命劉湘爲第七戰區司令長官。劉湘無法抗拒，帶病親自率領主力部隊到南京前線。川軍大量外調爲中央政府各部門順利遷入重慶鋪平了道路。後來，韓復榘戰場上擅自撤退，蔣雖以臨陣脫逃罪將韓處決，並沒有公佈其想擁川獨立的陰謀。

爲此，蔣介石付出了一定代價。因蔣韓之間積怨較深，處死韓復榘曾引起世人對蔣介石

「公報私仇」的猜疑和議論。如果披露韓復榘的分裂陰謀，這種議論便會煙消雲散，但蔣介石寧可承受輿論不明真相的壓力，也未披露韓、劉陰謀真相，其目的在於繼續團結川軍和韓復榘舊部及宋哲元部抗日。

蔣介石的努力並未白費，八年中，數十萬川軍壯士轉戰祖國的大江南北、黃河內外，爲民族抗戰的勝利付出了巨大的犧牲。據不完全統計，在八年抗戰中，川軍將士共傷亡六十餘萬人。一九三八年一月二十日，劉湘在漢口病逝，國民政府爲劉舉行了隆重的「國葬」，以安撫川軍，這對其他雜牌軍也有穩定作用。蔣介石的寬容態度和處置辦法，確實有利於鞏固抗日陣線。

劉湘死後，四川已是群龍無首，蔣介石認爲控制四川的機會到了。劉湘死後三天，蔣介石連下幾道命令，撤銷劉湘第七戰區司令長官、川康綏靖主任和四川省主席等職務，同時任命張群爲四川省主席，撤銷川康綏靖公署。此舉遭到川康實力派的強烈反對，率軍留守四川的十七名旅長聯名致電蔣介石，反對張群主川。劉的部下認爲：劉湘剛死，蔣介石既不派員來蓉慰言，又不與有關各方商洽，即命張群主川，實屬「趁火動劫，意圖宰割」。因而群情激昂，決定反對張群來川，在成都全城張貼標語，並舉行遊行示威。

成都的激烈反應使蔣介石大爲震驚，也使他清楚地意識到川事不能操之過急。但是，考慮到四川已成爲抗戰的大後方，若是動盪不發，國民政府就無法在四川立足，而當時的形勢又不允許他對川用兵。蔣介石於是改變策略，覆電安撫四川各將領，同時，一面保留川康綏靖公署，任命鍾體乾爲主任，另一方面則任命張群爲重慶行營主任，並擬委派曾任重慶行營主任的顧祝同代替張群主持川政。代理全川保安司令王陵基得消息後，聲稱「顧祝同如敢飛成都，當以大炮在機場歡迎」。蔣介石無奈，只好滿足四川軍閥的要求，任命王瓚緒代理川省主席。

不久，王瓚緒被蔣介石收買過去，同康澤勾結，向蔣介石密報四川地方軍人反蔣活動的材料。被激怒的川地軍人聯合起來揭露王的種種罪狀，還調遣一部分軍隊集結成都，劍拔弩張，形勢嚴峻。蔣介石又不得不罷免了王瓚緒，由自己兼任四川省主席，行轅主任賀國光兼省府秘書長，代行主席職務。

武漢失守以後，國民政府各機關全部遷移重慶，四川的重要性進一步增強。蔣介石爲安定抗戰大後方，千方百計分化劉湘嫡系將領，封官許願，收買川康實力派，爲張群主川鋪平道路。張群也進一步拉攏川康各方人士。在組織川康經濟建設委員會、川康興業公司，開發川康的活動中，張群日漸取得了四川地方軍閥的支持。蔣介石認爲張群的佈置已告完成，於是電轉川軍將領，說明自己實難再兼川省主席，擬任命張群繼任，希望他們協助張群。川康實力派得到了經濟實惠，認爲此時再反對張群主川已不可能，遂表示贊同。

一九四一年十一月十五日，蔣介石明令張群爲成都行轅主任兼四川省政府主席，調賀國光爲憲兵司令兼重慶衛戍總司令。四川「中央化」在經過了一段艱難的歷程後，終於實現。

「芝麻開門」的神話故事在蔣介石身上發生了，蔣介石打開的是煥發勃勃生機的天府之國。抗戰八年，四川除派數十萬軍隊出川抗戰外，還向國家貢獻了二百五十多萬壯丁，補充了南北戰場上的國民黨軍隊，以致當時前線有「無川不成軍」之說，有六十餘萬將士傷亡。另外

▶▶蔣介石（右）孔祥熙（左）陪同林森（中）步出國民政府禮堂

還有幾百萬民工服務國防。抗戰時期軍糧的相當一部分靠四川提供，在一九四一至一九四五年年的時間內，共向政府交糧八千二百多萬市石，占同期全國徵糧總數的百分之三十一點六三，爲抗戰的勝利做出了重大貢獻。

事實證明，蔣介石努力實現四川「中央化」是對的，也是堅持抗戰所必須的，不過他用王纘緒來挑撥四川實力派之間的矛盾，從而實現控制的做法是值得商榷的，這也爲以後鄧錫侯、劉文輝的投誠埋下伏筆。

蔣介石成功地控制了有天府之國美稱的成都平原，但是繼續向西前進的時候，卻遇到了麻煩，「芝麻開門」的咒語在西康這道門前失靈了。

二劉大戰（劉文輝、劉湘爭奪四川的戰爭）後，劉文輝退居康定、雅安地區。一九三八年，南京國民政府遷渝後，蔣介石對屢屢反對自己的劉文輝採取了拉攏政策，以打擊劉湘的勢力。劉湘死後，蔣介石同意劉文輝在西康建省。王纘緒在謀取四川省主席職位過程中，爲獲得劉文輝的支持，也答應將川邊廿一縣劃歸西康建省。

一九三九年元旦，西康省正式成立，省府設

在康定，劉文輝任省主席。同年二月一日，蔣介石撤銷重慶行營，分設成都、西昌委員長行轅，試圖控制西康。而劉文輝則利用西康地處抗戰後方、動輒牽涉大局的有利條件，實行了「經濟上開門，政治上半開門，軍事上關門」的較爲強硬的對蔣方針。

在軍事上，劉文輝堅持不讓蔣介石的一兵一卒進入西康。蔣介石曾派人收買土匪武裝，委以官職，就地組織反劉文輝的武裝力量，被劉文輝以違反兵役法爲由強迫解散，國民政府的兵役法是不允許收編土匪的。

▶▶劉文輝夫婦

一九四二年，西藏地方政府與英印當局相勾結，圖謀脫離中央搞獨立，蔣介石使出一箭雙雕之計，命劉文輝率二十四軍進藏，另派兩個師的中央軍入康接防。劉文輝將計就計，向蔣介石索要軍械、裝備、經費和物資，還要求擴大編制，並派參謀長伍培英長駐重慶催促。經過半年糾纏，蔣介石以「暫緩實行」收場。一九四四年初，蔣介石派中央軍一個旅入康，被劉文輝擊退。

一九四四年冬，蔣介石想以通敵叛國的罪名武力解決劉文輝。中央又不好出兵，蔣介石把希望寄託在楊森、潘文華身上。楊森對蔣言聽計從，潘文華卻認爲中央既已掌握劉文輝確鑿罪證，最好公諸國人裁判，不必興師動眾，更不宜加以襲取。由於潘文華不從命，只好作罷。

從西康建省到一九四九年西康起義，劉文輝始終沒讓「中央軍」勢力進入西康，劉文輝的二十四軍沒有一兵一卒被蔣介石調出，沒有一兵一卒參加抗日，他雖然保住了自己的實力，但也在客觀上不利於抗戰的大局。

劉文輝的「政治上半開門」即是堅持省府人選由他確定，雖然在省府中曾安排過一些蔣介石的人，卻始終以川籍人員爲主。在經濟上，蔣介石花了很多錢養西康，但是一直沒能奪走西康的軍政大權。

蔣介石未能把西康的軍政大權收回，除了劉文輝的強硬態度外，還有一個很重要的原因，是劉文輝和當地少數民族關係十分好，而蔣介石要奪取西康，就不能不考慮少數民族的態度。並且西康是扼守西藏的要道，在少數民族地區，蔣介石不得不慎重行事。

調滇軍抗日，派中央軍戍邊，蔣介石「一出一進」順利蠶食「雲南王」；備受排擠，政見迥異，龍雲最終走上反蔣道路。

雲南，簡稱滇，位於中國的西南邊陲，與緬甸、越南接壤。唐、宋時分屬大理國和南詔，元代置省，因地處雲嶺以南得省名。雖然自辛亥革命開始，雲南就宣布接受中華民國中央政府的領導，但是不管是在軍閥控制的北京政府時期，還是在國民黨執政的南京政府時期，雲南事實上都處在滇系地方力量割據狀態中，儼然是個獨立的小王國。蔣介石早就有心控制雲南，卻總是找不到扳倒「雲南王」龍雲的機會。

龍雲，字志舟，出生於雲南昭通燕山的黑彝家族，彝名納吉烏梯，自幼習武，在彝民中以械鬥英勇著稱。辛亥革命時期與表弟盧漢離鄉投軍反清，後入雲南陸軍講武堂學習，接受了正規的軍事訓練，深得唐繼堯的信任。大革命時期，雲南爆發反對滇系軍閥唐繼堯的群眾鬥爭，龍雲深受影響。一九二七年二月六日，他與胡若愚、張汝驥等滇軍將領聯合發動政變，推翻了唐繼堯對雲南的十四年統治。在隨後的將近三年內，他們之間又展開了軍事混戰，一九二九年下半年，龍雲擊敗胡、張聯軍，統一了雲南，確立了自己對雲南的統治。此後，直到一九四五年十月，蔣介石指使杜聿明在昆明發動政變，龍雲被迫離開雲南為止，龍雲統治雲南十八年之久，是民國時期任職雲南主要領導職務時間最長的一位。

龍雲統治雲南之初，繼承了唐繼堯軍閥統治的衣缽，一面追隨蔣介石鎮壓共產黨，一面建設「半獨立」式的「新雲南」。雲南大小官吏設置任選都由龍雲一手操縱，蔣介石根本無法插手。雲南經濟政策和金融系統也自成體系，龍雲搞了一個雲南人民企業公司，經營和管理雲南各項企業，原始積累都歸雲南地方所有，一直到一九四一年，雲南仍使用地方發行的滇幣，蔣介石的「法幣」在雲南一度被視為廢紙。

西安事變後，龍雲確定的方針是「抗日防蔣」。首先是加強軍事力量，四萬多人的滇軍是龍雲的衛隊，採取法式武器裝備，戰鬥力甚強，且唯龍雲馬首是瞻，似乎不知道中國最高武裝長官是蔣介石。其次是穩定雲南經濟，繼續阻止法幣在滇境流通，大量儲備糧食。雲南的糧食不能自給，歷來要從越南進口。龍雲早就意識到中日之間的戰爭將是持久戰，所以從「九一八」事變後就大力積累糧食。另外是加強同各方面的聯繫，以比較開明的政治態度對待中共、進步文人，支持抗日民主運動。此外，他同汪派的人也有暗中聯繫。

全面抗戰爆發以後，爲了阻止其他國家援華物資進入中國，日本在一九三七年八月二十日宣布封鎖中國沿海。由於海運受阻，加上桂越公路及滇越鐵路也已受到威脅，新闢對外通道就成爲當時中國的當務之急。所以，八月的國防會議期間，蔣介石接受了龍雲的建議，通知交通部協助雲南方面加緊修築滇緬公路。龍雲回到昆明後，立即抓緊籌辦。

從一九三七年十二月起，雲南省政府徵調數十萬民工，經過九個月苦戰，到一九三八年八月底，滇緬公路中國段全程九五九點四公里全線通車。共完成土方一千一百二十三萬立方米，石方一百一十萬立方米，當時缺乏築路機械，主要靠人力挖山開路，勞動十分艱苦。工地沒有住房，風餐露宿；冬天高山區，以烤火熬過難眠之夜；夏天在河谷地區，汗流浹背，瘴瘧流

▶▶ 龍雲與家人

行。在整個修路過程中，民工傷亡在萬人以上。爲了補充勞力，婦女也走上了艱苦的築路工地。

美國駐華大使詹森考察這條路線後，向美國總統羅斯福報告說：「這條公路選線適當，工程艱苦浩大，沒有機械施工而全憑人力修成，實屬不易，可同巴拿馬運河工程媲美。」

隨著戰爭形勢的變化，中國對外交通斷絕，滇緬公路幾乎成爲抗戰時期中國唯一的對外陸上交通線，成了抗戰的輸血管、生命線。這樣，雲南成了重要的工業基地和唯一的外貿集散地；清華、北大、南開等高校遷入昆明後，雲南又成了抗日的文化中心之一，雲南的地位更加重要。在一九三九年四月以前，龍雲還利用他所控制的滇緬公路，向各省來往貨物徵收過路費，雲南的分割獨立狀態已經成爲全國抗戰的阻礙。蔣介石爲了抗戰考慮，也爲了其統治地位考慮，一心想控制雲南。但龍雲也不想輕易地把自己的地盤轉手讓人，圍繞著雲南的控制權，蔣介石與龍雲展開了一系列鬥爭。

蔣介石採取了三步法，即調出、派進和解決。

抗戰一爆發，蔣介石就以抗戰統帥的權力，將龍雲經過多年訓練的雲南精銳部隊的主力抽調出境。一九三七年九月，以盧漢任軍長的第六十軍，轄三個師，奉命出滇保衛南京外圍。當時，蔣介石十分注重對非嫡系將領施以恩惠，加以籠絡。六十軍到武漢時，蔣介石待之禮遇有加，允許盧漢增編三個補充團，撥給汽車二十多輛以及德造手槍八百支，子彈十多萬發，還專門爲該軍配備後方醫院。此外，他還令六十軍全副武裝，列隊行軍經過武漢鬧市區，以宣示國軍仍有精良部隊未投入戰鬥，藉以鼓舞後方民心，同時也振奮了六十軍軍威。滇軍在武漢遊行時，蔣介石的德國顧問看到後，驚異地對蔣介石說：「盧漢率領的滇軍是你們中國的驕傲，是最有力的部隊。」

徐州會戰時，六十軍開赴魯南戰場，在禹王山之戰中打得英勇頑強，苦戰近月，全軍官兵傷亡過半，其中旅、團長陣亡五人，負傷四人。徐州會戰以後，滇軍雖然損失很大，但名聲大振。此時的蔣介石沒有採用削弱雜牌軍的慣用手段，他在武漢召見龍雲和盧漢，對滇軍英勇作戰大加讚揚，保證部隊不縮編，可速請本省補充兵員，武器不足由中央補充。當然，他還要求龍雲再派一個軍出師抗日，於是孫渡率領第五十八軍奔赴湖南第九戰區參加抗戰。為了避免分化瓦解滇軍的嫌疑，蔣介石任命盧漢為第一集團軍總司令，統一指揮五十八軍和六十軍。

早在南京國防會議期間，龍雲三番五次地表示，現在國難當頭，大家都應「少說廢話，多負責任。身為地方行政負責者，當盡以地方所有之人力財力，貢獻國家，犧牲一切，奮鬥到底，俾期挽救危亡」。現在，他奉命派滇軍出征，大部分裝備、給養均由地方自籌，滇軍在前線也忠勇奮戰。但是龍雲的抗戰熱情並沒有抵消蔣介石對他的顧慮，一個突發事件反而增加了蔣對他的疑心。

一九三八年十二月十八日，汪精衛以「赴滇講學」為名飛往昆明，十九日下午，由昆明飛往越南河內，開始了他的「曲線救國」之旅。據汪派人士說，汪精衛已將全部「和平運動」的計畫告訴了龍雲，還得到龍的贊同。汪精衛在發表「豔電」投敵之後，其爪牙們也不斷宣稱，龍雲是可能「回應」的重要人物。

雖然龍雲在汪出走當日就電告了蔣介石，後來又就此事做專門報告，但在外敵緊逼，內部分裂，流言四起的環境下，蔣介石是不可能不懷疑龍雲的真實態度的。

在此期間，蔣介石曾先後派遣李烈鈞、唐生智來雲南考察，實際上是監視龍雲。不過，考察後，唐生智給蔣介石的報告認爲，龍雲抗戰態度是堅決的，「擁護鈞座，始終不渝」，與汪精衛叛逃事件並無牽連。唐生智的報告並不足以使蔣消除疑心，何況，削弱龍雲勢力、解除雲南半獨立的割據狀態是蔣介石素來的願望。汪精衛經由昆明出逃的事件，不過是加速了蔣介石控制雲南的步伐。

龍雲也在防備著蔣介石。滇軍主力部隊被調往抗戰前線後，滇中軍力空虛，爲了加強雲南防護，龍雲不顧蔣介石「國防歸中央」的規定，又組編了七個步兵旅，但是這並不能阻止中央軍開進雲南。

一九三九年冬，日本入侵桂南接著侵入越南，中國經越南的交通線被截斷。爲了保衛雲南大後方及緬甸這條國際交通線，一九四〇年九月，蔣介石下令抽調第一集團軍總司令盧漢率原第六十軍的一八二、一八四兩個師及第九集團軍司令關麟征率領第五十二軍開入滇南，沿滇越邊境佈防。這是蔣介石的中央軍首次進入雲南，這是他爲吃掉龍雲而下的第一步棋。蔣介石爲了消除龍雲的顧慮，任命龍雲爲軍委會昆明行營主任，並允許龍雲新成立一個軍（第九十三軍）。

一九四一年，中英達成共保滇緬國際交通線的協議後，蔣介石調集大量部隊到雲南邊境，出於抗戰大局的需要，龍雲再次同意中央軍入滇。當時，駐紮在雲南的蔣介石部隊主要有三個部分：國民政府軍事委員會駐滇參謀團（以林蔚為參謀團長）的部隊，昆明防守司令（初為宋希濂，後為杜聿明）的部隊，準備入緬的遠征軍。一九四三年四月，蔣介石又成立了以陳誠爲首的遠征軍司令長官部，設在滇西楚雄，把楚雄以西的軍隊指揮權從昆明行營（原行營主任為龍雲）劃分出來，削弱了龍雲的實力，並且楚雄在昆明附近，可以就近監視龍雲。

蔣介石利用中央軍入滇來解決龍雲的用心是十分明顯的。他常常向在滇的親信面授機宜，要求他們秘密監視龍雲的動向。他曾對宋希濂（當時第十一集團軍總司令兼昆明防守司令）說：「你到昆明後，首先要瞭解雲南的情況，搞清楚昆明附近的地形，對各重要據點要確實控制，隨時提高警惕，並與王叔銘（時任昆明空軍司令兼空軍學校教育長）密切關係。」中央軍進入的同時，許多軍統特務也開進雲南活動。

就是通過這樣一步一步行動，蔣介石把他的勢力逐步滲透到雲南的各個領域，龍雲的力量不斷受到排擠。但蔣介石想解決龍雲，徹底控制雲南的圖謀一直未能得逞。但抗戰一勝利，蔣介石就利用機會用武力把龍雲請到重慶任軍事委員會參議院院長，從而在表面上了控制了雲南。但滇系的幾十萬大軍和地方勢力依然存在，一番波折後，只好任命滇系第二號人物盧漢繼任雲南省政府主席，雲南政權仍然落在滇系手中。

在龍雲領導下的雲南爲抗日作出了巨大貢獻。滇軍先後在魯南、武漢、湘北、贛北及滇南作戰，「均能忠勇奮發，一往無前，彈雨槍林，傷亡枕藉」。據統計，在抗日戰爭期間，雲南派出滇軍支援前線抗戰約近四十萬人，傷亡約十萬人。龍雲自己也曾表示：「滇省原爲貧瘠之區，但國事如此，誓以將政府歷年所蓄，及民間所有公私力量，悉數準備貢獻國家」，而無怨言。

但是，這並沒有贏得蔣介石的信任。相反，蔣介石不斷排擠龍雲的力量，在雲南安插自己的親信，密佈特務，監視龍雲的舉動。雲南「中央化」的過程中，蔣介石並沒有獲取地方實力派的人心。

蔣介石排斥異己的做法，促使龍雲政治思想發生轉變，在抗戰中，龍雲暗中支持抗日民主運動，促進了昆明民主堡壘的形成。蔣介石把龍雲趕出了雲南，不僅沒有解決雲南問題，反而是促使雲南及其他省分的地方實力派背蔣而去，加劇了蔣介石政權的離心力。

「東禦日寇、北制共匪、西防蘇俄、內懾回馬」，蔣介石調集胡宗南精銳坐鎮西北；親巡西北，與軍閥握手言和，蔣介石為退向西北做準備。

西北有著遼闊的地域和十分重要的戰略地位。不過，多年以來，中央政府在這裏的統治卻又是最薄弱的。同時，在這片土地上，民族、宗教問題又錯綜複雜。蔣介石非常重視西北，抗戰以前就派遣胡宗南率中央軍主力鎮守西北。全面抗戰爆發以後，西北有著雙重的意義——國際通道和西南地區門戶。正因如此，自一九四〇年以後，蔣介石不斷加強西北的軍事力量。

蔣介石將胡宗南的第十七軍團擴編爲第三十四集團軍，他給胡宗南制定了「東禦日寇、北制共匪、西防蘇俄、內懾回馬」的十六字戰略方針。爲了加強空中防禦，蔣介石同時下令在河西之玉門、張掖，青海之居延海等地修建重型轟炸機機場。另外，蔣介石還親自兼任「戰時工作幹部訓練四團」、「西北幹部訓練團」團長和「西北游擊幹部訓練班」班主任，以培養國民黨在西北的政治、軍事骨幹。

太平洋戰爭的爆發使中國東部和南部的國際通道被完全截斷，緬甸的失守又使西南面臨被日軍攻擊的危險，這樣，蔣介石更感西北戰略地位的重要。他認爲「今後我國局勢，西北重於西南，對內重於對外，整軍重於作戰」，因而計畫「從事於西北之建設，並將新疆與青海之全部鐵路一氣呵成。蓋戰後二十年內，如有外患，則我必取守勢，仍欲引敵至我內地決戰」。他甚至有遷都西安的打算。他認爲「南京與北平皆近海，最初三十年必不能建立強大之海軍爲之掩護。故首都地點不能不在西安。以其地位適中，介於東北與西北之間，足以控制全國」。

▸▸ 盛世才

於是，蔣介石進一步增兵西北，使這一地區中央軍多達十三個軍。一九四二年三月，他將胡宗南任命爲第八戰區副司令長官，並將其所率部隊擴充成三個集團軍。其中，陝南、豫西、隴東、關中一帶的第三十四、第三十七集團軍駐用於防共和禦日；在蘭州、平涼及河西走廊一帶的第三十八集團軍防範盛世才，牽懾回馬。

蔣介石對此還不是很放心，決定親自到西北去巡視。爲什麼選擇這個時間去巡視西北呢？其目的主要有三：

首先是爲解決新疆問題。蘇德戰爭爆發以後，善於見風使舵的盛世才以爲蘇聯和共產黨不可靠了，便積極投向蔣介石。恰在此時，原駐哈密的蘇聯紅軍第八團主力被調回參加衛國戰爭，盛世才見時機到來，便派人向第八戰區司令長官朱紹良輸誠。蔣介石也認爲這是千載難逢的機會，從而確定了解決新疆問題的幾項原則：向新疆派兵；將新疆劃歸第八戰區，以盛世才爲副司令長官；新疆與蘇聯間的政治、經濟問題，其交涉權由中央行使。但盛世才又爲中央軍入新後其地位無保障而顧慮重重。朱紹良爲穩住盛世才向蔣介石提議，由蔣派親信大員攜其親筆信函前往迪化，承諾不危及盛世才在新疆的權力和地位，以解除其反蘇反共的後顧之憂。

其次，處理西藏問題。西藏此時也出現了比較嚴重的危機，國民政府同西藏的關係此時存在危機。關係惡化的主要根源是西藏地方政府阻止中央政府修築中印公路。雖然，蔣介石採取了軟硬兼施的政策，但西藏地方當局以英印爲靠山，堅決拒絕康印公路經過西藏，尤爲嚴重的是在一九四二年七月六日成立專理漢藏間一切事情的「外交局」，儼然以獨立國自居。因此，蔣介石計畫乘巡視西北之際，決定對西藏問題的解決方針。

最後就是督促胡宗南加強封鎖陝甘寧邊區的目的。

一九四二年八月十五日，蔣介石乘飛機從重慶飛往蘭州，這是抗戰全面爆發後，蔣介石對西北地方進行的首次巡視。一個月左右的西北之行，他先視察了甘肅，後又視察了青海、寧夏、陝西等地，並對上述各個問題進行了安排。

在新疆問題上，他於八月廿九日派宋美齡、吳忠信、朱紹良等攜帶他的親筆信飛往迪化，撫慰盛世才。這封信的主要內容是：中央軍由蘭州開進安西、玉門，控制哈密的蘇軍；委派新疆外交特派員，收回外交權，歸中央政府，使蘇聯在新疆的外交步入正軌；肅清在新疆的共產黨；下令蘇聯軍隊撤離新疆；收回迪化的飛機製造廠。與此同時，對新疆省黨務特派員、教育廳長與省政府秘書長等人選作出規定，要求均由重慶任命。

在迪化，盛世才盛情款待宋美齡一行。經過一夜洽談，盛世才在宋美齡一再保證其在新疆地位不變的條件下，同意了蔣介石的要求，並當即覆函表示按蔣的要求去做。九月五日，在蔣介石返回西安不久，盛世才便命令蘇聯撤走所有駐新疆專家、顧問以及駐甘新邊界星星峽的蘇軍。九月十七日，盛世才在新疆掀起清共浪潮，中共駐新疆領導人陳潭秋、毛澤民、林基路等被逮捕。蔣介石在新疆反蘇反共的陰謀得以實現。

爲解決西藏問題，蔣介石於廿六日由蘭州飛抵西寧。爲了解除馬氏兄弟的戒備心理，他在青海省政府下榻，除了錢大鈞、朱紹良、顧祝同、胡宗南、戴笠等心腹大員外，只帶貼身保鏢四人。在召見馬步芳、馬步青時，蔣介石大加讚賞馬家軍，鼓勵他們「精忠報國」，並犒賞他們十萬元。蔣介石青海之行有著十分明顯的目的，即要借馬家軍的力量對西藏造成壓力。馬步芳對西藏早存非分之想，早在一九三二年就同西藏軍隊在玉樹進行過青藏戰爭。

這次，蔣介石設想在青海與西康之間單獨設立一個單獨的省，把玉樹作爲省會，以加強對青藏康邊的控制。他乘飛機巡視了青藏邊地區後，決定「對藏暫時隱忍，以冀其自覺」，解決西藏問題以政治手段爲主，軍事手段爲輔，只要西藏承認中央政府只有一個，即重慶政府就可以了。蔣介石認爲，只要西康和青海控制在手中，川康和青藏公路打通，「藏事自然解決」。

因此，他在青海對馬步芳百般籠絡，要其在軍事上給西藏加強壓力，並修築西寧至玉樹長達一千四百餘公里的青藏公路，修建飛機場，儼然使青海成爲解決西藏問題的前沿陣地。蔣介石還部署馬步芳派軍隊兩個團進駐青藏邊境，配合西康劉文輝的軍事行動，該支部隊不久便進入西藏境內。蔣介石在青海期間巡視並佈施於塔爾寺和東關清真大寺，並於廿七日召見藏教活佛、回教阿訇、藏滿蒙回漢各王公、千戶、百戶、士紳等於西寧，大談民族團結。他稱漢、藏、蒙、回、滿是五大宗族，均是中華民族的一部分。

在軍事問題上，他先後巡視了河西走廊的肅州（酒泉）、嘉峪關、甘州（張掖）、涼州（武威）等地，視察了第廿九集團軍各部隊和寧夏馬鴻逵部隊，爲中央軍進入新疆做準備。同時，先後在蘭州與隆山、寧夏謝家寨召集西北高級將領召開軍事會議，並對西北的軍事問題進

蔣介石巡視西北與蒙旗各族王公合影

行部署。防範共產黨，是他強調的重點，他要求加強對陝甘寧邊區的封鎖。

在西北的巡視中，蔣介石發現西北軍隊軍心渙散，戰鬥力低下。各將領也普遍反映後勤補給困難，士兵經常吃不飽肚子，部隊藥品缺乏，疾病流行，從而怨聲載道，要求中央給予解決。蔣介石對此十分惱怒，他訓斥各級長官事事依賴中央，並要西北駐軍體諒中央的困難，力行「勤勞儉約」，凡事「自動自理，來解決一切補給困難」。他指示西北駐軍除了軍事訓練以外，更重要的是開展建設西北的活動，即屯墾、畜牧、興辦水利、植樹造林、發展交通運輸五大任務。他告誡胡宗南等人，「必須認清西北目前的形勢與其在國際上的重要性」，「一致努力來建設西北，鞏固西北」，「不可視爲邊疆而言辛苦」。

九月三日，蔣介石從寧夏飛抵西安，於六日在西安召集長江以北各戰區（第一、二、五、八戰區）高級將領會議，參加會議的有李宗仁、蔣鼎文、孫蔚如、湯恩伯、胡宗南等。會議持續了五天，蔣介石聽取了各軍、師長的彙報，並針對逃兵、兵役、軍糧、軍隊編制、軍隊的教育與訓練、軍紀、對敵戰略與戰術等問題，作了兩天的講評。

九月十四日，蔣介石離陝返回重慶。事實上，蔣介石此行並不像他在公開場合所說的那樣，是例行視察，而是緬甸戰役失敗後，爲國民黨政權從西南退往西北做準備。

第六章 與羅斯福、史達林、邱吉爾平起平坐

一、盟軍中國戰區最高統帥

太平洋戰爭突然爆發，英美終於對日宣戰；蔣介石力主成立軍事同盟，中國從此進入反法西斯戰爭大國行列。

一九四一年十二月八日，本是一個平常的日子，而就在這一天，一件令人意想不到的事情發生了，它改變了整個二次世界大戰的形勢和力量對比，世界戰爭的進程從這一刻起發生了轉折。蔣介石的命運也從這一天開始發生了戲劇性的變化，日本軍國主義分子膨脹的野心把一個

左起：蔣介石、羅斯福、邱吉爾、宋美齡在開羅會議上

頑強抵抗侵略的半殖民地國家推進大國之列。

東京時間八日凌晨一時三十分（夏威夷時間七日早晨六時），一百八十三架日機飛臨毫無戒備的珍珠港上空，隨著呼嘯傾瀉的炸彈、魚雷，美國在太平洋上最大的軍事基地頓時變成一片火海。在日機輪番轟炸襲擊下，美國太平洋艦隊幾乎全軍覆沒，四十餘艘艦艇被炸沉，一百八十八架飛機爆炸起火，四千五百名官兵傷亡。

同日，蓄謀已久的日軍在亞洲也發動了攻勢，入侵泰國，直逼馬來亞，英國最新式、最具威力的威爾士親王號戰艦和卻敵號巡洋艦也令人難以置信地沉沒在馬來沿海。對於英美在中國天津、廣州、上海等地的租界，侵華日軍也一一進行強佔。日本以極其微小的損失，大大推進了侵略進度。

美國白宮，如茵的草坪外聚集著遊行的民眾。進進出出的軍政要人行色匆匆，嚴肅的表情掩蓋不了內心的極度震驚和憤怒。在事變的前一天，華盛頓還在進行美日談判，日本的欺騙伎倆和太平洋上的巨大損失使輪椅上的總統表現出了罕見憤怒和激動。羅斯福此刻多想站起來，走到遊行的民眾跟前，揮動拳頭作一番即興講演，表達自己的憤怒和政府的決心！可是多年以前那場小兒麻痹症使得這位五十九歲的總統下肢永遠癱瘓了。他只得通過廣播向美國民眾發表講話，發誓要領導全國民眾報仇雪恨。

英國倫敦。羅斯福那充滿激動和憤怒的廣播講話越過茫茫的大西洋，依然是那樣的清晰。彼岸大地上升騰起來的復仇火焰也感染著此岸的民眾，首相邱吉爾激動地叫起來：「我們從此不會單獨作戰了！」與美國同時，英國也對日宣戰，太平洋戰爭爆發了。

中國重慶。苦撐待變的決策者從珍珠港的火海中發現一個堅強的戰士在崛起，而自己與他正處於同一個戰壕中，面對的是同樣的敵人。蔣介石掩飾不住激動興奮的心情，在當天的日記中寫道：「抗戰政策之成就，至今已達於頂點。」得意之情躍然紙上。

可以說，自從一九三一年「九一八」事變以來，日本一步步地發動對華侵略擴張勢力，其險惡用心可謂昭然若揭。日本在中國的擴張頻頻得手，固然與蔣介石所執行的不抵抗政策有關，但我們也無法否認英美等國所採取的對日妥協退讓的綏靖政策所產生的影響。即使在盧溝橋事變後，日本發動全面侵華戰爭，英美雖對中國表示同情給予一定的支持，同時仍幻想通過中國的妥協讓步，與日本進行談判來解決問題。然而事與願違，如今終於殃及自身。珍珠港事件使得國際形勢突變，中國自此開始擺脫孤軍抗戰的困境。

珍珠港事件爆發時，蔣介石正在黃山官邸。這

蔣介石（左）、宋美齡（中）與史迪威（右）在一起

幾天來往的電報特別多，都是關於日軍大舉南調的報告。吃過早餐，他繼續批閱電文，特別注意關注來自華南方面的軍情報告。

蔣介石早就看到了日軍有南下擴大戰事的企圖。當然，爲了促成蘇聯對日作戰，他還常向莫斯科誇大日軍北進的可能性。攻佔香港是日軍南進作戰的重要一環，也是配合他的歐洲盟友希特勒迫使英國屈服的強力舉措。爲了牽制日軍對香港的進攻，蔣介石曾下令從第九戰區抽調兩個軍增援粵桂，同時要求第四和第七戰區向廣州的日軍進襲，還調遣了第五、六、六十三個軍向雲南方面移動，隨時準備進入緬甸協助英軍作戰，確保滇緬交通線的安全。

日軍大舉南進究竟意在何爲，蔣介石一直在思考著。英國在太平洋上的殖民地領土一定是攻擊的目標，他們會繼續進犯美國的利益嗎？不敢肯定。現在我國只要守住長沙，確保重慶的安全，不管日本人在太平洋上鬧出個什麼名堂，對我國抗戰都是有好處的，最好是鬧個天翻地覆舉世震驚！正這樣思考著，室內的電話響了。中央宣傳部董顯光報告了一個驚人的消息：「日本海軍機動部隊的艦載飛機突然偷襲夏威夷珍珠港，停在港內的美國太平洋艦隊受到嚴重損害。」

當美國人得知這一消息後，大都呆若木雞，悲極而泣。完全有理由相信，蔣介石此時的心情絕對與此截然相反，他彷彿看到了國際戰局突變給他所帶來的機遇。他非常清楚，這一定會改變美英對中日戰爭不重視的態度，他們對日的曖昧態度更不用說，那是難以用仇恨描述的。

一貫表情嚴肅讓人琢磨不透的蔣介石，這時也流露出一些激動，立即吩咐召集特別會議。

當天上午八時，由蔣介石主持的國民黨中常委特別會議準時召開，研究目前和未來戰爭形勢。蔣介石發言時指出：「太平洋戰爭爆發以後，我們中國的地位特別重要。我國軍事力雖不能說有左右戰局之勢，但被侵略各友邦今後對日態度能否一致，我國實可操決定性之影響。」

會議最後幾乎沒有異議地通過了三點國策：太平洋反侵略各國，應立即正式成立同盟，由美國領頭，並推舉同盟國聯軍總司令。要求英美蘇與我國一致實行對德意日宣戰。聯盟各國應相互約定在太平洋戰爭勝利結束以前，不對日本單獨媾和。

這天蔣介石特別繁忙，一面關注著美英政府對事件的反應，一面積極籌備著國民政府之後的對策。特別會議後不久，給羅斯福的電報就擬好了，不過沒有馬上發出去。下午，他分別接見了英美蘇三國駐華大使，面交關於建立中美英蘇等國軍事同盟的建議書，表達了中國將對日本、德國以及義大利宣戰的決心，並建議美國對於德意日與蘇聯對於日本皆請同時宣戰。還建議，成立中、美、英、荷、澳五國軍事同盟，由美國總統羅斯福在華盛頓主持其事，並強調各國要協調作戰，決不能單獨媾和。接見完畢，蔣介石給羅斯福的電報也發出去了，相信這位輪椅上的總統很快就會收到更多的建議。

「七七事變」以後，中國和日本實際上已經處於戰爭狀態，但是兩國都沒有宣戰。日本方面，擔心正式宣戰會刺激在中國有巨大的殖民利益的美國和英國，所以單方面把它定義爲「中國事變」，後來又擴大爲「支那事變」，以事變來替代戰爭是日本謀求建立所謂的「大東亞共榮圈」的一個策略，它實際上是想效法十九世紀美國的門羅主義。

當時，美國總統門羅說過一句很有名的話，「美洲是美國人的美洲」，以此來反對和排除歐洲人干涉美國在美洲擴張勢力範圍。進一步說，日本就認爲東亞是它的勢力範圍，中國是沒有組織的國家，在這樣的地方進行軍事行動本來是不需要宣戰的，天皇的宣戰對象只能是與他爭霸的強國。也正因爲日本人的這種邏輯，才會開國際外交之先河，在一九三八年初明確宣布「不以國民政府爲對手」。

鑒於日本沒有宣戰，特別是美英等國對侵略國日本的曖昧態度，一直認爲中國沒有做好戰爭準備的蔣介石也決定不正式對日宣戰。他還認爲，如果中國正式對日宣戰，就會給日本用武力迫使中國簽訂和約的機會，使它能夠合法地佔用武裝侵略得到的一切。所以，蔣介石在廬山談話時一直在強調，「我們是應戰，而不是求戰」，是「正當之防衛」。實質上，蔣介石還是擔心憑中國一國的力量難以戰勝強大的日本，這種奇怪的關係一直持續到珍珠港事件的爆發。現在，美英已經對日宣戰，蔣介石再也沒有孤軍奮戰前途渺茫的擔心了。

爲了配合美、英行動，聯合打擊日本，十二月九日下午七時，國民政府正式對日宣戰：

「日本軍閥夙以征服亞洲、獨霸太平洋爲其國策。數年以來，中國不顧一切犧牲，繼續抗戰，其目的不僅以保衛中國之獨立生存，實欲打破日本之侵略野心，維護國際公法、正義及人類福利與世界和平。此中國政府屢經聲明者。中國爲酷愛和平之民族，過去四年餘之神聖抗戰，原期侵略者之日本於遭受實際之懲創後，終能反省。在此時各友邦亦極端忍耐，冀其悔禍，俾全太平洋之和平得以維持。不料殘暴成性之日本，執迷不悟，且更悍然向我英美諸友邦開釁，擴大其戰爭侵略行動，甘爲破壞全人類和平與正義之戎首，逞其侵略無厭之野心。舉凡尊重信義之國家，咸屬忍無可忍。茲特正式對日宣戰，昭告中外，所有一切條約協定合同有涉及中日間之關係者，一律廢止。特此佈告。中華民國三十年十二月九日。」

在對日宣戰的同時，國民政府對與日本結成侵略同盟（軸心國）的法西斯德國和義大利也正式宣戰。

這份訓令是由林森（國民政府主席）、蔣介石（行政院院長）、孫科（立法院院長）、居正（司法院院長）、戴季陶（考試院院長）、于右任（監察院院長）等人聯名簽署的。全面抗戰爆發四年後，國際形勢風雲突變，中國終於擺脫了孤軍奮戰的困境，蔣介石不再擔心美英會袖手旁觀。至此，國民政府主動結束了中日間戰而不宣的關係。

當天晚上，蔣介石針對對日宣戰一事，專門發表談話予以說明：「本日發表宣戰文告了此大事，必須從大局遠者著想。此次世界戰局，必爲一整體總解決，斷不容分別各個媾和；否則，雖成功亦敗矣。」接下來兩天，他又接連發表了《爲日軍發動太平洋戰爭勖勉全國軍民同胞函》和《爲日軍發動太平洋戰爭勖勉海外僑胞函》。在函中他號召國人以及海外僑胞「應盡其赤誠，奮其偉力，各就其所在地區，貢獻所有力量，協助友邦，消滅共同之公敵，造成祖國之榮譽」。

南進的日軍勢如破竹，十日登陸菲律賓，進攻關島，十九日突入香港、威克島……兩個月後，八萬英軍在新加坡成了日軍的戰俘，緊接著數萬美軍也在菲律賓演出了歷史上最爲恥辱的一幕。此時，被日本這個戰爭瘋子逼得幾無喘息之地的美英列強猛然醒悟，差不多是赤手空拳與日本死拚硬擋了四年半的中國，是多麼的了不起！

在珍珠港事件發生後，美英對日宣戰，世界反法西斯和法西斯陣營的分界已基本鮮明。受到重大打擊的美英已經開始認識到中國的抗日力量對於牽制日本，打擊在華日軍來防止日德聯手，使日本侵略勢力不能滲入歐洲以及其他地區，有著重要的意義。同時蔣介石在珍珠港事件後的積極表現，也令英美等國深爲高興。

獨具慧眼的羅斯福因此而看到「在將來，一個仍然不可戰勝的中國將不僅在東亞，而且在全世界要爲維護和平、繁榮發揮它應有的作用」，戰後的中國「將重申其歷史上的地位」。因此羅斯福總統確立了兩個目標：「第一是有效地共同作戰；第二是在戰時和戰後，爲了籌建國際組織以及在東方確定穩定和繁榮，承認和把中國建成一個跟俄英美這三個西方大盟國具有同等地位的大國」。在歐洲苦戰的英國首相邱吉爾，也在下院演講中盛讚中國軍隊的驍勇善戰，不過他很快又開始緘默。大英帝國昔日在遠東的殖民地已經被打得七零八落，承認中國的大國地位，意味著英國將放棄在遠東的許多權益。因此邱吉爾稱讚過後又突生悔意，對羅斯福的目標也始終抱不合作態度。

與此同時，單槍匹馬與日軍苦戰了四年多的中國人也意識到了自己在戰爭中的地位。蔣介石深知，珍珠港事件發生，美英對日宣戰，中國的戰略地位發生了變化，中國戰場與英美等國的利益緊密地結合在了一起。中國人民堅持了四年的抗日戰爭，與太平洋各國反法西斯侵略戰爭終於有機會聯成一體。他深知，利用中國抗日戰場的重要戰略地位定能得到英美的支持和援助，並能進一步在世界反法西斯陣線中佔據重要地位，這對於抗日戰爭的發展及取得最後勝利都有著極其重要的意義。他抓住了這一機遇，並利用了這一機遇，對於抗日戰爭及勝利，以及中國大國地位的確立都做出了重要貢獻。

就在國民政府發表宣戰訓令當天，美國總統羅斯福就致電蔣介石，向中國堅持抗日戰爭四年發表敬意，並呼籲共同協作打倒日本。十二月十日，蔣介石覆電美國總統羅斯福，對美國的援助表示謝意，並重申對共同的敵人而作共同之奮鬥，竭盡所能，團結一致，奮鬥到底。

積極遊說召開中美英重慶軍事代表會議，會議結果令蔣介石大失所望；英美「重歐輕亞」態度初顯，蔣介石頗感弱國外交之無力。

蔣介石非常想儘快打敗日本，擺脫戰亂的困擾。尤其是全面抗戰爆發以來，大半個中國淪陷，國民政府雖然在重慶又緩過一口氣來，但終歸已經筋疲力盡苦不堪言，美英對日宣戰使他看到了希望。

爲了早日促成太平洋地區反法西斯軍事聯盟的實現，十二月九日，蔣介石致電國民政府駐美代表宋子文，讓他轉告美國政府，儘快成立聯合指揮部，確定遠東軍事的戰略計畫，同時簽訂軍事同盟協定。蔣介石已經隱隱覺得美國和英國可能把全局戰略重點放在歐洲，優先集中力量擊敗德國，這是他十分不願意看到的。

十二月十日，蔣介石又會見了美國駐華軍事代表團團長馬格魯德，希望美國儘早拿出五國聯合軍事行動的具體方案。中國是最早提議進行聯合軍事行動的國家，他當然希望五國初步談判的地點應爲重慶，至於永久地點將由大家討論決定。在蔣介石的腦海裏，一個強大的中國將在這場世界性的戰爭中崛起，民族的抗戰將成爲這個古老民族脫胎換骨再創輝煌的洗禮。正因爲這樣，任何一個可以提高國家地位和聲譽的機會都不能讓他擦肩而過。同日，蔣介石再次致電羅斯福，表示中國「將貢獻其所能與其所有，與美國相聯合」。

在蔣介石一再敦促下，同時，也由於美國自身戰略的需要，十二月十日至十四日，羅斯福派財政部長摩根和陸軍部長史汀生同宋子文會談，就遠東軍事合作問題進行磋商，並達成了初步共識。十二月十四日，羅斯福總統致電蔣介石，代表美國政府正式提出軍事合作的具體設想。他也認爲，爲了協調各國的立場和行動，更有利地打擊敵人，有必要立即召開一次國際會議。羅斯福同意了蔣介石的提議，建議由他主持於十二月十七日前在重慶召開聯合軍事會議，以交流情報，共同研究遠東陸海作戰方案。羅斯福也希望由此成立一個永久性機構，會議參加人員應包括中國、英國、美國、荷蘭和蘇聯的代表。

在致電蔣介石的同時，羅斯福還向英、蘇、荷三國發出了同樣內容的建議，爲了避免爭端，他還提議同時在莫斯科和新加坡分別召開軍事同盟會議，同重慶軍事會議相呼應。

但是，反法西斯陣線內部各國的戰略重點和利益並不完全一致，英、蘇、荷三國對召開重慶軍事會議的倡議反響各異。十二月十四日，羅斯福總統分別致電英國首相邱吉爾、蘇聯領導人史達林和荷蘭女王威廉娜，正式要求他們派代表到重慶出席會議。但是，蘇聯政府因與日本簽有《蘇日中立條約》，不願激怒日本，於是以對德作戰緊張不能分散兵力為由，拒絕參加會議。荷蘭政府也表示，因忙於東印度群島的防衛工作，不願參加。這給自美日開戰以來就興奮不已的蔣介石潑了一瓢冷水，幸好還有英國表示支持並派代表參加了會議。

▶▶蔣介石聽取中美聯合作戰簡報後步出會場

十二月廿三日，在羅斯福、邱吉爾的支持下，蔣介石在重慶黃山官邸召集中、美、英軍事代表會議。出席會議的有美國代表勃蘭特及馬格魯德兩位將軍，英國代表駐印度軍總司令魏菲爾，中國參加的還有何應欽、徐永昌、周至柔等人，宋美齡擔任翻譯。會前蔣介石對太平洋戰局發表評論說：「日美開戰之初，日本不宣戰，偷襲檀島，使美國遭受不測之重大損失……我國抗戰，以後如能自強不息，則危險已過大半。往者美國限制日本，不許其南進北進，獨不反對其西進。而今則日本全力侵華之危機，已不復存在矣。」然而，令他想不到的是，雖然中美英已置身於同一條戰壕，但是各自的目的和期望並不一致。

最讓蔣介石頭疼的還是英國代表魏菲爾，他雖然是印度軍總司令，卻也保留了英國紳士特有的傲慢。英國只注重自己的利益，極度輕視中國方面的防務。在討論中，魏菲爾只言保衛緬甸而對支持中國戰場隻字不提。蔣介石一再強調，保衛緬甸固然重要，但現在需要的是兼及整個亞洲的新防衛計畫，否則只能是頭痛醫頭，腳痛醫腳。況且中國也有權享用租借器材，如果中國戰場得不到支持，局面一旦失控，保衛緬甸的計畫也會土崩瓦解。美國代表勃蘭特也贊同蔣介石的見解，在他的撮合下，雙方終於互相妥協，達成了按比例分配的協定。

會上中英代表在中國是否出兵緬甸的問題上也發生了爭執。鑒於中緬交通線已經成為與連通美英盟軍的唯一道路，蔣介石也十分關心緬甸的防衛，主動提出願意派八萬人入緬作戰。可惜，蔣介石一番好心卻被魏菲爾拒絕。魏菲爾甚至表示，如由中國軍隊解放緬甸，實在是大英帝國的恥辱，日暮西山的英國特別擔心中國國際地位升高將危及它在亞洲的殖民利益。

不管分歧有多大，由於大敵當前，會議還是通過了《中英共同防禦滇緬路協定》、《遠東聯合軍事行動初步計畫》等決議案，商定在重慶設立中美英蘇荷五國聯合作戰機構，由美國總代表主持，以協調一致，共同保衛新加坡、緬甸、荷屬東印度（即今印尼）的具體計畫，以及對越南、泰國的軍事外交方針。重慶聯合軍事會議取得了一定成果，但對中國戰場的重視程度並不高，與蔣介石所期盼的尚有較大差距。

按照蔣介石的本意，這次會議應該討論亞太戰場在整個反法西斯戰爭中的地位，並制定一個亞太戰場的中長遠戰略，羅斯福也要求會議拿出一個遠東戰場的作戰計畫。然而，會議並沒有就亞太戰場總體戰略達成協議，對全球戰略問題，甚至根本就沒有討論。所以，蔣介石對此很不滿意，他初次嘗到了做英美強國「小兄弟」的滋味。這個不盡如人意的開局，似乎預示著蔣介石復興中國的規劃難以一帆風順的實現。

重慶軍事會議沒有充分發揮商討協同作戰的作用，原因是多方面的。當時中國較低的國際地位以及蔣介石的威信尚不足以在反法西斯陣營中發揮主導作用，這是其中重要的原因，但更關鍵的則是美英「先歐後亞」的戰略指導思想。

阿卡迪亞會議上，英美「先歐後亞」已成定局，中國成為拖住日軍的砝碼；羅斯福積極幫助中國獲得世界四強地位，蔣介石成為中國戰區最高統帥。

十二月廿二日，羅斯福和邱吉爾及其參謀人員在華盛頓舉行了「阿卡迪亞」會議，緊急規劃戰爭全局。美英一致同意：德國是舉足輕重的軸心國家，打倒德國是勝利的關鍵，大西洋和歐洲戰場是決定性戰場，德國一經擊敗，義大利的崩潰和日本的失敗必然跟著而來。蔣介石不願看到的事情終於發生了。

在「先歐後亞」思想指導下，美英是不會真正重視重慶軍事會議的。羅斯福說過一句話：「沒有亞洲，白種人將因此而難過；沒有歐洲，美國將不成其爲美國。歐洲第一，這是美國在任何時刻都確定不移的戰略方針。」在美國看來，中國雄厚的人力資源和廣袤的土地加上源源而來的美援，將能有效地拖住和消耗日本軍隊，從而爲美英首先擊敗德意法西斯提供保證，而且，中國還是將來美國空軍轟炸日本本土及海上供給線的最佳陸上基地。

所以「美國在這一地區的政策的目的是使中國繼續作戰，因此要加強它，使它能夠迫使日本入侵者付出不斷提高的代價」。美英僅僅注重遠東戰場戰略牽制作用和潛在政治意義，也就是他們所說的「持續不斷地提供以異常低廉的代價取得驚人的軍事和政治勝利的可能性」，這是蔣介石極力想改變卻又無力回天的。

從美英戰略利益出發，提供對華援助的確是「異常低廉的代價」，可是對蔣介石來說，代價卻是驚人的。大片富饒國土的淪陷，大量精銳部隊的傷亡，無一不讓他痛心疾首，何況除了抗日，他心中還有一個死結——對付共產黨。

「阿卡迪亞」會議決定設立盟軍最高決策機構——參謀長聯合會議，還組建了軍需分配委員會。中國在反法西斯戰爭的全盤戰略中雖然將以極大的犧牲去發揮舉足輕重的作用，但是在這兩個重要的機構中竟然沒有中國代表的席位。這無疑是給信心滿懷的蔣介石當頭一棒，美英對日開戰帶來的興奮被一掃而光。

正當蔣介石深感失望的時候，外交管道卻傳來好消息：羅斯福與邱吉爾商定準備成立包括越南、泰國在內的中國戰區，組建最高統帥部。至於統帥的人選，羅斯福提議由蔣介石出任，消息很快就被羅斯福的電文證實。十二月三十一日，美國總統羅斯福致電蔣介石，建議成立中國戰區以「達成我等同抗敵力量之聯繫與合作」，並建議由蔣介石「指揮現在或將來在中國、安南（越南）、及泰國境內的聯合國家軍隊」，並在蔣介石領導下，由中美英三國政府代表組織一個聯合計畫作戰參謀部。

羅斯福似乎已經預料到蔣介石對重慶軍事會議和「阿卡迪亞」會議的失望，他也意識到讓中國承擔巨大的犧牲去牽制日軍的行動，對已經孤軍奮戰四年多的中國來說有些不公平，但對美國來說又是「不得已而爲之」，爲了給中國以補償，確切說是鼓勵，他決定把蔣介石推入大國領袖之列。除了美援之外，這也是他唯一能夠對苦難的中國表示敬意的方式了，而這也是中國人願意接受的，這就是羅斯福能夠成爲世界領袖的高明之處。羅斯福終於把蔣介石從失望中拖了出來。

一九四二年一月，蔣介石在盟軍中國戰區最高統帥的就任書上簽字

一九四二年元旦，由美、蘇、英、中領銜的廿六國共同在華盛頓發表《聯合國家宣言》，各國約定「加盟諸國應各盡其兵力資源以打擊共同之敵人，且不得與任何敵人單獨媾和」，這標誌著世界

反法西斯統一戰線正式形成。正是中國在戰爭中不可忽視的地位，蔣介石爲首的國民政府作出的積極姿態，才使中國在《聯合國家宣言》簽名序列中榮列領銜的前四位。宋子文代表中國正式簽字後，羅斯福特向他表示：歡迎中國列爲「四強」之一。

自鴉片戰爭以來，中國在國際社會一直被人輕視，如今得以與美英蘇並列齊名，任何一個有民族自尊心的中國人都會爲之激動和感嘆。蔣介石稱這一宣言「實爲人類反抗強權的革命精神之結晶」，中國「於此乃列爲四強之一」。也許是自感中國國民黨政府的實際地位有愧於「四強」形象，欣慰之餘，他又頗覺內心「但有愧惶而已！」不管怎麼說，中國從此開始以大國的身分出現在國際政治舞臺，走上通向聯合國發起國之路。

中國一直在呼籲出現一個能以國際法準則爲指導、阻止在國際關係中使用武力的國際組織。早在一九三八年的《抗戰建國綱領》中，國民政府就提出要「聯合一切反對日本帝國主義侵略之勢力，制止日本侵略，樹立並保障東亞之永久和平」，強調要增強國際和平機構及保障國際和平公約的權威。一九四一年《大西洋憲章》發表後，中國政府立即給予高度評價，稱其「有利於中國，有利於世界」。當然對於只提摧毀納粹暴政而未提日本之名的不足也表示遺憾。珍珠港事件爆發後，中國政府則更爲明確地提出要建立保障世界永久和平的國際組織。

《聯合國家宣言》簽署後，蔣介石又致電羅斯福，指出英國的殖民政策與盟國的共同作戰目標相悖，亞洲當地民眾「久受西方帝國之統治，統治者與被統治者間，經濟、社會與政治，皆無平等可言」，建議採用某種形式以獨立爲目標的國際託管來治理這些領土，直到它們具備自治條件時為止。蔣介石的外交顧問王寵惠還提議用三條普遍性原則來補充大西洋憲章，即一是關於解除各侵略國武裝及各國各民族自決等原則應適用於世界；二是日本的領土應以一八九四年甲午戰爭以前範圍為準；三是各民族、各種族一律平等。這些建議對日後組建聯合國的平等原則均發揮了一定的影響。

一月二日，蔣介石覆電羅斯福，表示自己對於擔任中國戰區統帥「自當義不容辭，敬謹接受」，竭誠歡迎美英立即派定代表，組織聯合作戰計畫參謀部。一月三日，蔣介石被正式推舉為中國戰區最高統帥，負責中國、泰國及越南地區聯合部隊的總指揮任務。中國戰區成立後不久，美國就向中國提供五億美元的信用貸款。

蔣介石深知沒有美國的支持和幫助，中國以及他本人不會有如此高的地位。他在三月份的《反省錄》上寫道：「二十六國共同宣言發表後，中美英蘇四國已成為反侵略之中心，於是我國遂列為四強之一。自我允任中國戰區最高統帥之後，越南、泰國亦列入本區內，國家之聲譽及地位，實為有史以來空前未有之提高。甚恐受虛名之害，能不戒懼乎哉。」因而為了進一步取得美國的支持和信任，蔣介石在擔任中國戰區最高統帥後，隨即致電宋子文，請求羅斯福指定一高級將領來華擔任中國戰區統帥部參謀長。

一月十四日，美軍參謀總長馬歇爾向羅斯福推薦了史迪威，獲得批准。一月廿九日，美國陸軍部發佈史迪威為中國戰區統帥部參謀長的任命。

從珍珠港事變到蔣介石出任中國戰區最高統帥不到一個月，雖時間短暫，但其意義影響深遠。從世界而言，反法西斯陣線正式形成，各國互相配合支援，從組織上保證了對法西斯力量的打擊。對中國而言，不僅中國的抗戰成為世界反法西斯戰爭的重要組成部分，而且中國以四大國之一的身分出現在世界面前，以後中國大國地位即發軔於此。至於對蔣介石本人而言，委任為中國戰區最高統帥，其領袖地位以及作為世界大國首腦的地位都得到了世界上的承認，內心喜悅之情就可想而知了。

二、出訪鄰國印度

印度國內「不合作」運動高漲，蔣介石積極促成印度訪問；自信滿滿斡旋英印關係，呼籲中英印共同抗日。

自十七世紀以來，印度就成為英國的殖民地，並成為英帝國東殖民地的核心，印度人民為擺脫英國的殖民統治不斷掀起民族解放運動。一九三九年，歐戰爆發，英國單方面代表印度向軸心國宣戰，卻又不承諾給印度以自由和獨立的地位。因此，領導印度獨立的國大黨掀起了更大規模的不合作運動，反對這「沒有自由的流血」。

日本趁虛而入，對印度進行分化，與英國爭奪在印度的統治。它利用印度人民反抗英國殖民統治的民族心理，大肆宣傳「亞洲乃亞洲人之亞洲」、「大東亞聖戰的目的在於解放亞洲有色人種」、「驅逐英美帝國主義出亞洲」，並利用佛教和日貨進行滲透。

在日本政治、經濟、宗教的全面進攻下，印度「反英親日」情緒一度高漲，還有人主張印度的自由獨立應爲參戰的條件。但無論從戰略還是從經濟上考慮，英國是不願失去印度的，英國被迫答應戰後予印度以獨立自治，以此爭取印度在戰爭中的合作，但國大黨則強調先獨立而後參戰，雙方在獨立與參戰的步驟上僵持不下。

珍珠港事件爆發後，國際形勢驟然緊張，日本征服的地區向東伸展到太平洋，向南已達澳大利亞沿岸，向西直逼印度海岸，前鋒直逼東南亞，威脅到中國與外界聯繫的國際交通線——滇緬公路。

面對嚴峻的勢態，中國政府深感憂慮。自抗戰以來，日本封鎖了中國的全部海岸，切斷了中國海外聯繫，因此，戰時中國要獲得軍火物資的援助，就必須依靠西南的交通線，由印度和緬甸轉至中國。如果印度在此關鍵時刻背離盟國加入軸心國，或日軍攻佔印度，則中國將被完全包圍，導致抗戰的極大困難。

重慶政府對英國當局能否控制住南亞局勢、抵擋日軍的進攻表示懷疑，因此蔣介石從中國和世界大局出發，認爲有訪問印度的必要，其目的一是與英國人商討協防戰事，二是協調英印關係，使印度加入盟國作戰，三是與國大黨取得進一步聯繫，促進中印合作，以提高中國的國

▶▶蔣介石在加爾各答發表《告印度國民書》

際地位。考慮到與英國的關係，蔣介石對英國則稱此行是以亞洲同種人的身分，勸說印度國大黨與英國冷靜協商，一致協力抗日。

但英國對此心存戒備，反應十分冷淡，不願意別人插手其內部事務，不過考慮到盟國關係和對日戰爭，只得同意。一九四二年一月廿八日，英國通過駐華大使通知重慶，表示歡迎訪問，但又提出若干應注意之點：一是印度總督認爲蔣介石應保守訪問秘密，並於離印時發表一則消息以促進印度對於共同抗敵的全面合作；二是希望蔣介石致甘地、尼赫魯各一電，要他們前往新德里相見；三是總督希望在蔣介石會晤甘地、尼赫魯之前先行拜訪蔣介石；四是希望蔣介石能接見印度回教領袖真納。

一九四二年二月四日下午，蔣介石偕夫人宋美齡，率國防委員會秘書長王寵惠、辦公廳商震、國民黨中央宣傳部副部長董顯光、教育部長張道藩、駐緬總領事保君健一行十餘人，在英國駐華大使卡爾及駐華軍事代表團團長鄧尼斯陪同下，從重慶出發，中經緬甸臘戍、印度加爾各答，飛赴總督署所在地新德里進行正式友好訪問。

當晚九時三十分，蔣介石夫婦抵達第一站臘戍，並與英國駐緬甸總司令哈登會談，雙方商討了加強中緬合作、互設外交性質代表及防止日本間諜在緬甸活動等問題。首先，蔣介石夫婦會見孟加拉省省長赫白脫、印度總督林里資哥、英駐華大使卡爾及英印總司令哈特萊，並多次晤談，就幾個重要問題提出了看法。

第一，表達了中國人民堅忍不拔的鬥爭意志。蔣介石夫婦在新德里總督歡迎會上指出：「溯自日本第一次入侵中國領土，中國人民即一致奮起，發揮高度之熱情與堅忍不拔之勇氣，爲公理、愛國之心與不自私之心所驅使，以邁赴共同之目的，期於忍受痛苦與犧牲後，得能產生一新世界，而使男男女女都能享受和平與幸福之生活也。」

印度總督則盛讚了中國人民的鬥爭精神，說：「我們現在很榮幸得與中國並肩作戰，以對付殘酷的侵略者。就是在成立同盟以前，我們對中國英勇堅毅的抗戰，也早有欽敬佩服的心理。中國的英勇對於我們有很大的鼓勵。」

第二，提出應加強戰時合作。雙方表示了加強合作的願望。中印兩國的友誼十分悠久，在地理上雖有阻隔，但是對文明進步和自由的追求克服了這種阻隔。林里資哥認爲，「兩個偉大的國家共有八萬萬人民，占世界人類的三分之一，只要中印一心，爲共同目標共同努力，中、印、英和一切盟邦的最後勝利必將早日到來。」蔣氏夫婦深表贊同。

關於中印間的物資運輸。蔣介石夫婦在會見孟加拉省省長赫白脫時特別強調，自從太平洋戰爭爆發以來，加爾各答不僅是中國航空公司航線的終點，且成爲中國另一個物資海運的中心，因此要求赫白脫對於中國物資經由加爾各答轉運予以全力協助。赫白脫欣然表示同意，並建議在加爾各答設置一個類似「對華交涉署」的聯絡機構，以加強雙方聯繫與合作。

關於緬甸戰事，蔣介石夫婦認爲在聯合抵抗侵略的戰爭中，特別對於中國軍隊入緬作戰，英方可充分信任中方的合作與援助，並保證中國會盡最大努力保衛緬甸，因爲這是盟國間彼此間應盡的義務，英方則表示不惜任何代價保衛緬甸。

另外，在二月十五日與卡爾的會晤中，還商討了改進中國密電，印緬與中國互設半外交性質常駐代表，及建立中、美、英聯合對敵宣傳機構等問題。

第三，建議英國政府給印度以自治領地位，戰後再考慮給印度以獨立。二月十日，蔣氏夫婦正式會見印度總督林里資哥。英國政府對蔣氏夫婦到來是心懷戒心的，擔心他們會充當「審判官」角色，插手英印糾紛，偏袒國大黨。因此林里資哥在二月十日的會晤中直言相告：

「閣下暨夫人與尼赫魯的友誼很好，這是印度國民同知的事情。閣下此次前來，國民大會分子在報紙曾經大力傳播消息。如果在民眾心目中留有印象，以爲閣下此來有如審判官地位，將判斷是非曲直，並且袒護國民大會的，那麼將使我感覺十分困難。這種印象絕不利於聯合作戰之努力。」因此建議：「希望閣下接見尼赫魯之後，並接見其他各黨的領袖。」

蔣介石夫婦在同英印政府要人協商的同時，還數次會見印度勢力最大的國民大會黨領袖並作深入交談，勸導印度人民與英印政府妥協，積極參戰。

二月十一日，蔣介石夫婦在新德里接見了印度國民大會主席阿柴德和執行委員尼赫魯。

「印度國民對太平洋戰爭的態度如何？」蔣介石開門見山問。阿柴德說：「我們的手足爲英國所桎梏，無法參加努力作戰。」「如欲使印度得能參加作戰，英方應當如何改變態度？」蔣介石問。「英國給我們獨立，我們可協助戰爭。假使手中無權，對戰爭也就無能爲力。」阿柴德回答。顯然，在給予印度以自治地位問題上，雙方未取得共識。

第四，建議加強印度的軍事防衛。蔣氏夫婦對於英印間的衝突及印度內部的不和非常憂慮，他們此次來印一是「欲知印度是否上下一心，軍民合作」，二是欲知印度的作戰力量，目的是保衛印度，從而避免中國四面被圍。經歷長期戰爭的磨煉，蔣介石深知軍事力量的重要性，因此一到新德里，就於當天上午會見英國駐印軍總司令哈特萊將軍，後又多次會見。

蔣介石瞭解印度的軍事力量和防衛後，對日軍進攻的可能性作了分析：日軍進攻印度，十有九成不必自緬甸陸路進攻，它可以用海空軍擾亂沿海一帶，打擊印度士氣，使印度人民慌張混亂。如果要從陸路進攻，現在可以分出五六師團來。當日軍進攻時，印度是否有足夠多的防衛力量呢？蔣介石認爲「印度沒有足夠的軍隊以保衛印度」，而要保衛的海

蔣介石（左二）、宋美齡（右一）與東南亞盟軍總司令蒙巴頓（右三）合影

岸線又太長。在這種情況下，印度可以採取的戰略是把所有的軍隊集中在少數戰略據點，待敵前進到相當距離，地勢於印度軍隊有利的時候，即行反攻。這樣的戰略比較有利，哈特萊完全同意這個看法。

但是談到防衛重點時，雙方發生分歧。蔣介石夫婦從戰略出發，認為最重要的一點是集中力量於東北及西北，日本進攻印度，第一步可能是侵略錫蘭，因為印度在東北方面保持與中國軍隊的聯絡，在西北方面保持與蘇聯軍隊的聯絡，將來的海道交通是靠不住的，必須依靠陸路的交通。而哈特萊則說，參謀會議認為錫蘭是次要城市，日軍不會那麼遠地前來進攻這裏，雖然錫蘭附近有遇見日軍主力艦的危險，但他們不過是想擾亂東北及印度工業中心而已。蔣介石對此持異議，堅持敵人將先進攻錫蘭的看法，而且認為錫蘭如果失陷，孟買與卡查克就在日軍的威脅之下，因此必須用各種方法不惜代價保衛錫蘭。日軍佔領錫蘭，如果德軍再從近東前進，如此就很便於日、德會師。不言而喻，後果是嚴重的。對此英國並未引起重視。

蔣介石會見「聖雄」，積極遊說「合作抗日」；甘地堅持「不合作」運動，不肯妥協，會面不歡而散。

二月十八日上午十二時十分，蔣介石夫婦趕至加爾各答的一個私人寓所會晤甘地，在座的有尼赫魯、甘地秘書、董顯光、張道藩。「我見先生身體健康，心中頗感欣慰。」蔣介石向甘地問好。

甘地答：「人人以爲我的身體甚佳，也就是各方面對我的希望很多，我真不知如何竭盡綿力以答各方面的雅望。賤軀表面很好，實已枯萎。」當時甘地已近八十歲。他轉而說：「閣下與顯貴者如印度總督等談話，當然需要正式的通譯官，對我這樣一個老頭子談話，似可不必拘此，尊夫人英語極爲流暢，聲音極爲悅耳，即煩夫人翻譯如何？」宋美齡當即表示說：「很好。」

蔣介石（左）、宋美齡（右）與甘地（中）

「閣下革命有閣下的武器，我有我的武器，你的武器聲音洪亮，我的武器則寂然無聲。」接著，甘地說了他的武器——非暴力不合作的起源及過程，認爲「它已經給我們國民以希望及勇敢，並且訓練了大批民眾，起而對抗世界上最大有組織的武力。我的目的就是要用非暴力來完全有效地代替今日世界處處橫行的暴力」。

宋美齡問：「先生以爲先生的方法已經獲得部分成功，如果時間因素有利，還要用它完全這樣做下去，是不是這個意思？」

甘地說：「非暴力政策從來沒有失敗過，所以我不會讓新的形勢使我恐懼得無所措手足。」

蔣介石：「我認爲不必等到日德入侵，不如從英國人手中直接取得自由。先生已艱辛奮鬥了四十一年，時間非短，而革命尙未完成。」蔣的意思是，印度支持盟國（特別是英國）儘快打敗日本人，可早日取得自由，而如果一旦日本人入侵了，則印度獨立的日期將大大延長。

甘地堅持說：「即使獨立也不願以暴力來得到，否則我五十年的生命史重新寫過。我不以爲一個日本軍比他們更加惡劣，英、美的民主主義是假面具，他們只爲了白種人的利益，從黑人手中偷竊了非洲的土地，南非土人可以像兔子那樣隨便給歐洲人殺害；黑人無論受過怎樣的高等教育，在美洲是不准與白人同車的。對於被壓迫的民族，任何外族統治者都是一樣惡劣，只有印度獲得自由方能解脫英國的屠殺或其他外族的屠刀。」

宋美齡說：「黑人與白人同車，在南美不行，北美是可以的。」所以國民大會黨改變政策參加戰爭，「對本身有益而無損，且與推倒英國在印度統治權之目的並行不悖，殊途同歸」，這就是所謂爭取時間的一點；二是爭取世界同情，「這比任何力量爲大，印度如欲得到此種同情，唯有參戰。現全世界人類，其中百分之八十的知識分子，俱表同情於印度，然如印度參戰，同情者的數量必定增加，否則必致減少。」

甘地說：「抵抗侵略是中印兩國應有的共同目標。但國大黨現在無力參戰，心中也絕無餘地可以容納英國的帝國主義。」但是他保證：「我們接受閣下忠告，不作節外生枝增添災害的舉動，讓惡魔去自生自滅。」接著，他轉而告訴宋美齡：「現在我想把我的武器贈獻夫人。」

宋美齡很是納悶，什麼東西？原來是一架紡車。甘地領導非暴力不合作運動，要求國民不納稅，不買英貨，自力更生，豐衣足食。自幼生長於優越環境的宋美齡，哪見過這玩藝，遂問：「你可以教我如何使用嗎？」

甘地答：「那麼你最好到我家裏去，你可以充任委員長的特命大使。」接著，席地而坐，紡起紗來。

事已至此，已無再談下去的意義了，蔣氏夫婦只得告辭，宋美齡帶走了甘地贈禮——紡車。

宋美齡助夫外交，向印度婦女界宣傳抗戰；蔣氏夫婦發表《告印度人民書》，引起強烈關注。

宋美齡在印度還擔負起對印度婦女界宣傳抗日的任務。她對印度婦女協會發表了「動人的演說」，一是揭露了日本侵略者殘酷迫害中國婦女兒童的罪行。「日軍搜捕中國兒童後為日軍輸血，並以船運回日本，施以奴化教育，俾其成為出賣祖國的奸賊」，例如，「日軍佔領東北後，即在一九三二年，數千中國兒童被日軍擄去。」「凡被日軍雇充勞工之人，均以鴉片為其工資之一部，千方百計摧殘人民之身體與精神。」

二是宣傳了中國人民的英勇抗戰。「吾人與敵戰鬥時，大都以血肉之軀用劣勢武器對付之，並於敵撤退之前，凡足以資敵之物資與建設均予破壞」，患難使中國人民團結起來，日本欲征服中國的企圖已經失敗，我們的努力一定獲最後勝利。

三是表達了中印合作的願望。「中印兩國悠久之歷史，已使其成為兄弟之邦。中印兩國乃世界經濟與社會機構之二大棟樑於爭取民主安全之偉大工作中，中印兩國實負重要任務」，現在戰爭正臨近印度，看到這美麗的山川與肥沃的土地，「余即默禱貴國萬勿遭受中國所遭受的苦難」。

四是說明了婦女在抗戰中的地位。中國因抗戰而產生無數團體組織，婦女界在其中實佔有重要的地位，特別是在救濟傷兵及難童中，中國婦女進行了「相當有價值的工作」。

印度人士對宋美齡作了高度的讚揚，土邦聯合主席拉斯・衣・薩爾頓尼在致蔣介石夫婦的信中說：「余之夫人及家屬與各界婦女，咸望與尊夫人相見。余甚望彼等有緣得獲拜見尊夫人之光榮，彼等認為尊夫人為中國第一位之偉大女領袖，不僅因尊夫人之地位關係，而因其多方面之美德及成就故也。」有的王公在拜訪蔣氏夫婦時，還捐獻印幣二點五萬盧比，為宋美齡作婦女工作之用。

經過半個月的訪問，蔣介石夫婦對印度政情已有深入的瞭解，遂於二月廿一日在加爾各答發表了《告印度人民書》。這一重要文告闡明了以下幾個問題：一是中印兩國有悠久的友誼。中國與印度人口占全世界人口的二分之一，其毗連之國境有三千公里之長，其文化、經濟關係之歷史，有兩千年之久，然而兩國間從未有一次武力之衝突，此種悠久和平之邦實為世界上其他國家所未有，此足證明吾兩大民族實為世界真正和平之民族。而且，中印兩國國民之德性，亦有共同之特點，即為捨生取義、殺身成仁之崇尚，所以吾人傳統之精神，乃不惜犧牲自己，以達其救世之目的。

二是印度應當積極參加反侵略戰爭。因為已分為侵略與反侵略兩大陣營，進行著自由與奴隸、光明與黑暗之戰。日軍野蠻殘暴，凡是想為國家和人類爭取自由的人絕無中立旁觀的可能，印度要早日獲得自由獨立，只有一致擁護大西洋憲章及廿六國反侵略共同宣言，積極地參加此次反侵略戰線，聯合中、美、英、蘇等同盟國，一致奮鬥，獲得中印兩大民族自由。無論中國與印度，其中如有任何一民族不能得到自由，則世界即無真正和平可言。

三是呼籲英國從速賦予印度更能發揮其精神與物資方面的無限力量，這是對大英帝國有益無損的最賢明政策。這個文告全文是宋美齡用英語對印度廣播的，在國際上引起強烈回響。

印度民眾對《告印度人民書》反應極佳，每日各

蔣介石、宋美齡與甘地等人合影

地首領到領事館或去信對蔣介石和夫人宋美齡表示敬意者有數十起，認爲他們的訪印可「增厚中印友誼，亦且促進印人對日覺悟。」國大黨黨報及各大報分別發表社論，讚頌他們「不辭勞瘁，顧及中印友誼及世界前途，遠道飛行，令人景仰，尤盼隨時指導」，「早日實行，東亞文明，實深利賴。」

美國也給予很高的評價，華盛頓政府深表關注，《告印度人民書》引起了各界強烈同情，各大報對此皆有評論。原來在外交政策方面主張不同的報紙，現在也一致擁護印度獨立，並希望蔣氏夫婦或許能勸告印度貢獻全部力量以抗戰。認爲若能於中國偉大貢獻之外，進而動員印度龐大潛力，則所予同盟之幫助不可限量。

英國反應強烈，但普遍認爲戰時解決印度問題不合時宜。上下兩院進行了激烈的辯論，上院議員薩慕爾認爲蔣氏夫婦的訪印與《告印度人民書》的發表，對印人必有影響，「英政府應鼓勵印度各派領袖，自相磋議，提出具體方案，印度危在眉睫，唯中國可以爲其援助」；新殖民部長兼上院政府代表克蘭彭稱「印人自治，亦爲英政府之主張，並非消極一味反對」；下院議員倍立夏稱「希望英政府從速以徹底的普遍的方案接受建議」；保守黨議員諾克思則認爲「在目前戰事進行期間，對印度作任何政治上之主張，等於妄言」；克利浦斯爵士則代表政府謹慎地說：「印度已瀕險境，英政府對其統一及作戰力量整個問題，十分關注，但茲事體大，政府將召集國會詳加討論。」

英國各報也紛紛對此評論，但也如同議院一樣觀點不一，《斯特導報》稱蔣氏夫婦「勸英印兩方面覺悟其責任，以遠大眼光共謀合作，爲唯一解決英屬地問題之途徑」；接近政府的《每日電聞》則稱「印度問題之困難癥結，並非英政府不願滿足印度之正當企圖壟斷權力之要求。蔣氏夫婦訪印，必已使此覺悟日本揚言之共榮待遇，與現在印人在英政府統治之下享受之地位，究有不同」；《旁觀週報》評論說：「告印度人民書中，申述世界戰爭，告誡印民欲達其民族自由思想，須首先戰勝各軸心國，主持人類公道，抵抗侵略，爲印民建國條件，英方應使印民滿足其欲望，印民亦應證明其獨立能力。」

《告印度人民書》集中反映了蔣氏夫婦解決印度問題的基本立場，他們希望印度人民積極參加反侵略戰爭，聯合各盟國一致奮鬥以獲得最後的解放；同時不惜冒著得罪英國政府的後果公開期望英政府能從速賦予印度國民以政治上之實權。這在國內外產生了巨大的影響，甚至連英政府也不得不公開宣稱：「印度的獨立也是英國的目標，與中國並無二致。」

蔣氏夫婦結束印度之行回國。廿七日下午，昆明各界婦女開會歡迎宋美齡訪問歸來，到會千餘人，由雲南省政府主席龍雲夫人主持會議。席間宋美齡致答辭，對戰時及戰後建國過程中中國婦女所負責任作了申述，辭意懇切，與會聽眾莫不深爲感動。昆明婦女參加公共活動，從來沒有這樣熱烈過，會場內座無虛席，天井裏也站滿了人，既有當地政府官吏和軍官的夫人，也有工廠女工。宋美齡演說後，許多婦女自動脫下耳環戒指，捐獻給國家，當場認捐廿五萬元。在以後的短短幾天共募集了四十萬元捐款。

其間，由於在印度未能與英軍司令魏菲爾達成任何協議，蔣介石對英國人的無所作爲感到不滿，對中國能否獲得經由印度的供應物資也感到擔憂，尤怕英國將入緬的中國部隊作爲犧牲品。因此，當宋美齡在昆明策動婦女進行抗戰努力時，他則於三月一日又自昆明前往緬甸臘戍，向中國部隊進行佈防，以防英國突退，而爲他人暗算，並先後約見了魏菲爾、史迪威、陳納德等。

三月五日中午十二時半，蔣氏夫婦由昆明回渝，結束了第一次出訪。

三、出席開羅會議

同盟國召開首腦會議，中國第一次受邀參加；蔣介石雄心勃勃遠赴開羅，成為世界四巨頭之一。

一九四三年七月至八月間，世界反法西斯戰爭勝利的形勢發展得很快。蘇聯紅軍在打擊德國法西斯的戰爭中掌握了主動權並轉入了戰略總進攻，英美聯軍也先後取得了北非戰役的勝利，擊垮了義大利法西斯。德國佔領下的法、比、荷、波、捷、挪威、丹麥、希臘、阿爾巴尼亞等國的民族解放運動有了蓬勃的發展。同年八月，美軍在瓜達卡納耳島消滅了日本的全部守軍，日軍喪失了作戰主動權，美軍轉入戰略總反攻。

在這樣的形勢下，同盟國召開三國（中、美、英）首腦會議，討論與中國和亞洲有關的重大軍事、政治問題，包括聯合對日作戰計畫和戰後處置日本問題。這是第二次世界大戰期間，同盟國召開的十幾次最高級會議中唯一有中國參加的一次。能夠參加中美英三國最高首腦會議，這不僅標誌著蔣介石，也標誌著中國在世界地位的上升。

弱國無外交，近代中國積貧積弱，在世界上毫無地位可言，毫無外交可談。世界反法西斯戰爭中，中國千百萬將士的浴血奮戰，終於使中國在國際事務上擁有了發言權，使英美等大國不得不重視中國的地位和影響。開羅會議是中國孤軍抗戰，打出亞洲，走向世界加入同盟國，擠進世界四強之一的第一個高峰會。

會議原本計畫由美英蘇中四國首腦參加，鑒於史達林拒絕參加有蔣介石參加的國際會議，羅斯福和邱吉爾經商議決定把一個會分兩次來舉行：中國人參加，蘇聯人不參加的開羅會議，和蘇聯人參加，中國人不參加的德黑蘭會議。

一九四三年十月廿八日、十一月一日和十一月九日，羅斯福先後三次致電蔣介石，建議在埃及的開羅召開中、美、英三國首腦會議，此外，十一月十二日，赫爾利以羅斯福特使身分來到重慶，與中方就開羅會議預先交換意見。赫爾利解釋了羅斯福的用意，並強調：關於亞洲問題，中英兩國如有分歧，羅斯福可以第三者的身分從中調解。蔣介石本著「無所求、無所予」的態度參加開羅會議。

會前他就中國方面對於將在開羅會議中提出的問題整理了一個意見：第一，在戰略方面的主要提案爲：反攻緬甸海陸軍同時出動之總計畫，成立中、美、英三國聯合參謀會議。第二，在政治方面的提案爲：東北四省與臺灣、澎湖應歸還我國，保證朝鮮戰後獨立，保證泰國獨立及中南半島各國與華僑之地位。第三，籌建戰後有力的國際和平機構。第四，對日本投降後處置的方案。第五，中、美經濟合作的提議。第六，對美租借物資的提案。

十一月十八日，蔣介石在宋美齡的陪同下，與國防最高委員會秘書長王寵惠、軍事委員會辦公廳主任商震、侍從室一室主任林蔚、航空委員會主任周至柔、國民黨中宣部副部長董顯光、侍衛長俞濟時等十六人，自重慶乘飛機啓程，飛往開羅，途經阿格拉、卡拉奇各留宿一夜後，於廿一日抵達開羅郊外的培因機場。

蔣介石深知此行的意義非同凡響，自己在國內事務上比妻子高明，但在國際事務上卻是夫人技高一籌。他自知在開羅會議上少不了同邱吉爾有一番較量，便在開會前向妻子諮詢道：

「夫人，你瞭解邱吉爾嗎?」

「Darling，邱吉爾可不好對付，」很顯然，宋美齡對邱吉爾所知甚深，「他既傲慢又謙遜，既彬彬有禮又粗暴魯莽，他足智多謀，獨出心裁，長於即興發揮，是把握細微末節的天才。他的演講富於鼓動性、煽動性，他是個貴族，帝國主義者和保皇分子，但同時他又信賴民眾。他經常穿黑色短上衣和灰條紋褲，他身體肥胖結實，他有許多禮帽、蝴蝶結，嘴裏叼著的雪茄、他的手杖和V形手勢，都成了他的個性特色。」

以此話題開頭，宋美齡將她對羅斯福和邱吉爾的認識，以及對當前國際形勢的看法，一一向蔣介石闡述，使蔣介石在會議召開前，對形勢有一個細緻的估量。

為了絕對保證會議的安全，在開羅的吉薩金字塔附近的卡塞林森林區一帶已經佈置了一旅的兵力，把這裏變成了與外界隔離的禁區。森林中，星羅棋布的各國達官顯貴們的花園別墅都安排了用場。羅斯福住在美國大使柯克寬敞的別墅裏，邱吉爾住在英國中東大臣凱西舒適的房子裏，二者相距三英里，而蔣介石夫婦則住在第一號別墅，距離邱吉爾的住處僅半英里。

舉行會議的梅納大飯店就在吉薩金字塔和獅身人面像的對面。這一帶佈置了五百門高炮對空警戒，所有的道路上都佈置了最嚴密的警戒線。為了做到萬無一失，英國在幾百公里外的亞歷山大港安排了八個空軍中隊，隨時準備截擊從希臘或羅德島方向可能襲來的德國飛機。

一九四三年十一月廿一日晨，當蔣介石和宋美齡的專機在培因機場徐徐降落時，開羅城內教堂的鐘聲正好敲打七下，蔣介石夫婦一下飛機就立即被幾十名美英記者圍住了。記者們的照相機鏡頭對準了蔣介石，可他不苟言笑，身著黑色綢緞旗袍、滿身珠光寶氣的宋美齡，更引起記者們的好奇與注意。

在機場迎接的只有提前到達的陳納德及美國第九航空隊軍官若干人，蔣介石和宋美齡很感詫異。這時英方聯絡官解釋說：「委座抵開羅時間較預定期早一日，當時美國空軍人員嚴守秘密，故英方軍政長官未能前來機場迎接，深以為歉。」

蔣介石夫婦乘美軍準備的汽車，由陳納德前導，經過開羅市區，先赴梅納飯店會議場，即由英軍負責人員迎接，領至住處。

上午十時，英國中東國務大臣凱西來訪，說明未曾預知到達時日，表示歉意。當他得知宋美齡正患眼病時，表示願意請當地名醫診視，宋美齡一再致謝。

當天，邱吉爾到達開羅。隨行有英軍參謀總長布魯克上將、海軍參謀長肯寧漢元帥、空軍參謀長波多爾上將、艾登外相、麥克米倫及邱吉爾的女兒等一百多人。

次日，羅斯福總統飛抵開羅。陸軍參謀總長馬歇爾上將、北非盟軍總司令艾森豪等同機到達。

開羅會議上，各國爭論不休，宋美齡盡顯外交才華；中國與會但備受輕視，蔣介石緬北反攻計畫徹底擱淺。

十一月廿三日，開羅會議開幕。三巨頭相見了，時值蔣介石五十六歲，羅斯福六十一歲，邱吉爾六十九歲。羅斯福滿懷熱情，邱吉爾半心半意，蔣介石則是抱著討價還價的目的參加了會議。

整個會議是關於遠東戰略問題的辯論，這是一次大規模的聚會，所有知名的英美軍官都參加了。宋美齡是與會者中唯一不穿軍裝的女性。據史迪威記載：

「宋美齡穿著一件繡著金色菊花的緊身黑緞旗袍。她的頭髮上和露出腳趾的高跟鞋上，用黑色絲帶打著蝴蝶結，她盡力以她那優雅舉止和旗袍開叉處一閃一閃地露出的勻稱的腿來吸引與會者的注意力。」

「在開羅會議中，宋美齡作為蔣介石的翻譯、秘書和顧問，始終陪在他身邊，為他出謀劃策，針對會議中出現的任何問題她都與會討論，可以說對會議全盤過程，她比蔣介石瞭解得更徹底，更具明細輪廓。」

這次，宋美齡的外交才能又一次得到了展示。見到老朋友羅斯福，她熱情迎上去打招呼。與邱吉爾是第一次見面，她對這位高大的英國首相的第一印象是嗜煙如命，一根接一根地吸著黑熊牌大雪茄，劈啪作響。兩位說英語的首腦和一位說英語的夫人，代表著三個國家，自如地交談起來，用不著任何翻譯。

簡單的開場白後，代號「六分議」的會議正式舉行。三國首腦各有想法。

羅斯福在會前曾躊躇滿志地對兒子伊里亞德談到對世界局勢的看法：「美國將不得不出面領導，領導並運用我們的斡旋進行調解，幫助解決其他國家之間必將產生的分歧：俄國和英國在歐洲，英帝國與中國、中國與俄國在遠東，我們

▶▶中英美三巨頭在開羅會議上

有能力做到這一點，因爲我們是大國，是強國，而且我們不妄求。英國在走下坡路，中國仍在十八世紀狀態之中，俄國猜疑我們，而且使得我們也猜疑它。美國是能在世局中締造和平的唯一大國。這是一項巨大的職責，我們實現它的唯一辦法是面對面地與這樣的人會談。」這段話形象地說明了羅斯福想做戰後世界的「領袖」。

與羅斯福相比，邱吉爾不那樣躊躇滿志，他主要關心歐洲戰局，另外是不讓日本進入英屬印度，以及收復新加坡這塊陷落的基地，仍保持英國在整個亞洲的殖民利益。

蔣介石夫婦則是要求英國協助進行緬甸反攻，爭取美國更多軍援物資和貸款，並收回被日本佔領的東北及臺灣、澎湖等群島。

根據事前協商，推定羅斯福擔任會議主席。他首先致簡短的開幕詞：「今日開會儀式雖簡，但本會爲歷史性的會議，因爲這是美、英、蘇、中莫斯科會議四國宣言之具體化，影響所至，今後將達幾十年間。」

與會者一起鼓掌。

羅斯福接著說：「同時，余以爲余可以代表英國盟友歡迎蔣委員長及夫人。」宋美齡和蔣介石點頭致意。

會談分政治問題與軍事問題。政治問題主要是戰後對日本的處理問題，由霍普金斯起草的關於政治問題的幾項意見，蔣介石夫婦完全同意。只是經軍令部第二廳廳長楊宣誠提議，在日本應歸還中國的領土中加上了澎湖。全部內容與開羅會議最後公佈的共同宣言相同。

在討論亞洲行動時，三國發生了分歧，整個會議幾乎成了關於遠東戰略問題的辯論。

首先由東南亞盟軍總司令蒙巴頓說明收復緬甸的整個計畫，他打開黑皮包，取出一疊厚厚的文本和作戰地圖，那是魁北克會議之後盟軍聯合參謀長會議制訂的緬甸作戰計畫。他說：「感謝蔣委員長將中國遠征軍交余指揮，參加收復緬甸及打通中印公路。」接著，他講了作戰計畫。

蔣介石夫婦越聽越不對勁。蒙巴頓在重慶時不是說得好好的嗎？說有大批英國艦隊投入反攻，怎麼這時隻字不提了呢？現在說的方案好像只是要打一場有限的北緬戰爭，而且把最困難的野人山地區的行動交給中國軍隊，簡直欺人太甚了。蔣介石皺起了雙眉。

這時邱吉爾發言，表示：「自義大利海軍投降後，吾人已能抽調一部分海軍艦隊至孟加拉灣使用。此艦隊將以錫蘭島爲根據地。」聽到這句話，蔣介石才舒了一口氣。接著邱吉爾又說：「除其他配屬艦艇外，還有最新式喬治五世級戰鬥艦兩艘、重型戰鬥巡洋艦一艘、Renown級十五寸口徑炮戰鬥艦兩艘、大型航空母艦四艘、小型航空母艦約十艘。此一力量，吾人相信可以超過敵人所能派遣至孟加拉灣之任何海軍力量。」

蔣介石說：「今日承邱首相告知攻緬海上使用各種艦艇數目，甚爲欣慰。」

邱吉爾接著說：「在陸地方面，英軍準備十八萬人，連同盟軍部隊，共約三十二萬人，在數量上已占居優勢。至於空軍方面，印度皇家空軍及美國駐印、駐華空軍力量，均相當雄厚。故吾人覺此攻緬計畫有成功之把握，只須各軍事長官速訂詳細計畫，即可開始行動。」

但是蔣介石夫婦聽來聽去都聽不出這次水陸兩棲夾攻的地點在哪裡，時間如何安排，心中十分放心不下。

羅斯福宣布請蔣介石發言。蔣介石認爲：反攻緬甸勝利的關鍵完全在於海軍與陸軍的配合作戰，同時發動，「蓋如此，則吾人在海上可獲得制海權，以斷絕敵人由海上增援與補給，再加我空軍對敵後方交通不斷破壞，則我陸上之進展，始能容易而確定。否則敵軍則由海上轉運，源源增加，補給自如，我軍勝利殊無把握。此點必須特別注意。余之意見，如海軍未集中，則陸軍雖已集中，仍少勝算把握。」

在座的三國參謀長們立即明白了蔣介石的意思：如果英國方面不從緬南配合，則中國不願投入一場沒有多大把握的局部作戰。

爲了說明緬甸戰場的重要性，蔣介石接著說：「吾人須知敵人決不輕易放棄緬甸，必經一度苦戰。蓋緬甸如失敗，則彼在華南、華中皆將不守，所以敵對緬甸作戰，必將盡其可能使用全力。據情報，敵在緬使用兵力可達十個師團，如果後方不予截斷，則敵仍必增加，希望羅總統、邱首相特別注意。敵陸軍作戰，其生死關頭有三：一爲緬甸，二爲華北，三爲東四省，由此可見緬戰之重要。簡言之，陸軍集中，必須海軍同時集中；亦可說陸軍集中之日，由海軍集中之日而定。」

羅斯福望著邱吉爾問：「邱吉爾首相，你看這事能夠定下來嗎？」

邱吉爾狡黠地眨動著眼：「海軍集中，事關機密，不便在此宣布，當私自面告委員長。」

他又辯解道：「唯敵之補給線，不僅海上，泰緬間之陸上路線亦可通行，且此新築之線距海面頗遠，不是我們海軍力量所能阻止的。」

蔣介石當即指出：「正因其有陸上路線，所以吾人必須控制海岸，予以妨害。」

在以後的會談中，各方代表，尤其是中英雙方對緬甸戰事進行了激烈的爭論，但英方就是不明確提出英國海軍在孟加拉灣集中的時間。蔣介石夫婦一再要求英國海軍集中於孟加拉灣並從南緬登陸，配合中國軍隊南北夾擊，收復緬甸全境，以恢復滇緬公路，確保中國的補給線。

開始，美國不少人贊同蔣介石提出的緬甸採取海陸兩棲作戰的行動，也就是史迪威建議書的內容，即英國動用海軍攻佔緬甸的安達曼群島，並登陸攻取仰光，在欽敦江上建立橋頭堡，派空降部隊佔領英都，以控制通往密支那的鐵路線。這個計畫的代號爲「海盜」。馬歇爾認爲蔣介石同意從雲南出兵，打通緬北交通便有了保證，因此支持這一計畫。

應該說，這項「海盜」計畫的實施對恢復和維護英國在印、緬的殖民利益是有好處的。但英國方面從「歐洲中心論」出發，認爲「海盜」行動會削弱英在歐洲的兵力，因此堅決反對，只要求中國單獨在緬北作戰，牽制住日軍不向英屬印度進攻就可以了。英國海軍集中的時間不確定，兩棲作戰也就是一句空話。

蔣介石夫婦非常氣憤，因爲緬甸不能收復，滇緬公路打不通，美國援助的物資就不能大量運到中國來，從而也就削弱了中國的抗戰力量，而如單獨從緬北發動戰役，勢必遭受重大損失。蔣介石在十一月三十日的日記中寫道：「開羅會議之經驗，英國決不肯犧牲絲毫之利益以濟他人。英國之自私與貽害，誠不愧爲帝國主義楷模也。」

英國人的自私與貽害還表現在其他事情上。當蔣介石向馬歇爾提出中方派人參加英美參謀長聯席會議的要求時，馬歇爾答應在討論有關中國方面事務的時候接納中國代表參加，可是英方堅決反對，英軍參謀長們根本不同意中國進入這個軍事組織活動。爲此，羅斯福非常惱火，對邱吉爾當面指出，這是英國人不願中國成爲一個強國，有意壓抑中國。但邱吉爾裝作沒聽見，他明白美國這樣做的結果是什麼，認爲一個在美國扶助下強大起來的中國只會對美國有好處，而對英國在亞洲的霸權地位卻會提出挑戰。

羅斯福對邱吉爾的態度也非常不滿。但他極力說服蔣介石儘快出兵緬甸，他願以人格保證，只要緬北戰役揭開，英國的海軍必能同時採取行動，那時若英國不在孟加拉灣部署海軍，就由美國塡補這一空白。此外，美國將派遣經過嚴格訓練的三千名遠程突擊隊員參戰，在物資上也保證供應。

蔣介石經再三權衡，最後也沒有做出中國單獨發動緬北戰役的保證，堅持一切都應該是有條件的。由於各方的分歧，對緬甸作戰未達成任何協議。

在會議上討論的與緬戰相關的另一問題，是關於喜馬拉雅山的「駝峰航運」。

蒙巴頓問：「目前印度方面運輸力有限，而攻緬部隊補給準備需要巨大之運輸量。故十一、十二兩月供給中國運輸量爲九千七百噸，待到明年一、二月，則能供給中國者爲七千九百噸。開戰三個月以後，運量增加，除供給中國九千二百噸外，其餘均供緬甸作戰之用。如此，如仍感不足，則唯有儘量增加運輸機之數耳。」邱吉爾也認為：「吾人交通線困難，故想特別注意補給，使在數量上佔優勢者，在品質上亦佔優勢。」

真正關心物資供應的是中國。蔣介石提出「駝峰航線」的運輸量必須保持一萬噸，並堅持供應五百三十架飛機，迅速在中國建立強大的空軍，達到驅逐機二十個大隊，中型轟炸機一隊，偵察、運輸機各一隊，重型轟炸機一個大隊。羅斯福有些吃驚：這麼多的東西！但是，蔣介石的這個要求是可以理解的，當時中國深受日本空軍的騷擾而無可奈何。有了自己的空軍後，既可以保衛自己的領空，又可以破壞敵人的後方；而且中國戰場的消耗非常大，戰爭物資極度匱乏，如汽油，中國幾乎都要靠進口。

蒙巴頓解釋道，即使能搞到這麼多飛機，翻越喜馬拉雅山輸送如此大量物資也是難以保證的，同時在緬甸的雨季使用空降襲擊也是無法辦到的。蔣介石對此說法不予理睬。

會議期間，羅斯福通過與蔣介石夫婦的面談，產生了這樣一種印象：國民黨辦事效率低下，政治腐敗，軍隊戰鬥力不夠強，蔣介石把反共看得高於一切，軍援物資也可能被囤積起來對付中共，因此對反攻緬甸的計畫產生了動搖。

然而中國仍是美國B-29型遠端轟炸機的有效基地，中國戰場仍然消耗著日軍的主力，為了最後戰勝日本，沒有中國軍民的抗戰是無法想像的。羅斯福對這點是堅信不疑的，他曾對其兒子伊里亞德說：「如果中國屈服，會有多少日本軍隊脫身出來？那些部隊會幹什麼呢？會佔領澳大利亞，佔領印度，會像摘桃子一樣輕而易舉地佔領那些地方。然後長驅直入，直搗中東……那將是日本和納粹的鉗形攻勢，在近東某處會合，完全切斷俄國同外界的聯繫，瓜分埃及，切斷經過地中海的所有交通線，難道不會這樣嗎？」而且，羅斯福還有更長遠的想法：中國戰後應成爲一個名副其實的大國，這個東方大國首先要站在美國一邊，以塡補日本留下的真空，並成爲抵禦蘇聯的廣闊的空間地帶。「在同俄國的任何嚴重的政策衝突中」，國民黨中國將「站在我們這一邊」。

基於以上考慮，儘管邱吉爾直到開羅會議結束時，還一直堅持在緬甸作戰英國不承擔任何義務，可羅斯福還是一再保證，英美將在南緬出動海空軍配合中國作戰，援華物資也儘量供應；同時，要求重慶政府與蘇聯友好，國共兩黨要聯合，以增強中國的抗戰能力。

外交是利益的重新劃分，需要妥協，當然更需要據理力爭。開羅會議上，在涉及一些中國利益問題上，中英雙方發生了一些衝突和爭執。

英國的計畫是：在一九四四年元月中旬，中國軍向緬甸北部、英軍向緬甸西部同時進攻，預期在四月間收復緬北。但中國方面主張應奪回包括仰光在內的緬甸全境，以恢復滇緬路，確保對中國的補給路線。因此，蔣介石向邱吉爾提出：在陸軍反攻緬甸的同時，英國宜採用向孟加拉灣出動海軍，奪得制海權，切斷日軍補給線，自南北兩面夾攻緬甸的陸海協同作戰。邱吉爾當即以積極態度答稱：「英國海軍集中時期，當在春夏之間。」接著又說：「海軍集中，事關機密，不便在此宣示，其詳細內容，容俟面告。」

會後，蔣介石三度與邱吉爾晤談。宋美齡還就此事與邱吉爾有過一次短暫的單獨會談：

「夫人，你認爲我是一個很老的人嗎？」
「哪裡，您這位大政治家是老當益壯，精神看上去比年輕人還要強。」
「夫人，你知道我相信什麼？」
「據說閣下相信殖民主義，可我卻不相信你會……」
「夫人，對我的看法如何？」
「我認爲閣下說的時候比做的時候要兇。」
宋美齡機智的回答，令老謀深算的邱吉爾甚爲折服。後來，他曾不止一次在公開場合表示，宋美齡是他在世上最欣賞的少數女性之一。

蔣氏夫婦展開對美外交，蔣介石充分發揮「夫人外交」作用；《開羅宣言》發表，中國終於躋身世界四強。

廿三日下午七時，一輛懸掛著青天白日滿地紅國旗的黑色大轎車駛至羅斯福門前，蔣介石和宋美齡走出汽車，來赴羅斯福的晚宴。雙方進行了私下會談，一直到深夜才結束。在座的只有羅斯福、霍普金斯及蔣介石夫婦四人。雙方會談的內容非常廣泛，戰後問題是交談的主題：一是關於領土問題。中美雙方一致同意，「日本攫取中國之土地應歸還中國」，包括東北四省、臺灣及澎湖列島。對琉球群島，蔣介石夫婦提出由國際機構委託中、美共管，目的是可使美國安心，以免將來發生爭議時處於孤立地位。對於香港，羅斯福提議「由中國先行收回，然後即宣布與九龍合成爲全世界的自由港」。蔣介石夫婦深以爲然，希望美國從中疏通，使中國至少能收回九龍，但遭到邱吉爾的斷然拒絕。關於太平洋上日本所強佔的島嶼，雙方認爲應永久予以剝奪。

二是關於對日本的處置。羅斯福指出，美國內輿論要求追究天皇的戰爭責任，廢除日本天皇制。蔣介石答：「這個問題，我認爲除了日本軍閥必須剷除，不能再讓其起來預聞日本政治外，至於他國體如何，最好待日本新進的覺悟分子自己來解決……我們應該尊重他們國民自由的意志，去選擇他們自己政府的形式。」關於對日本的軍事管制，羅斯福希望以中國爲主，以減輕美國對遠東的負擔。蔣介石夫婦認爲應由美國主持，中國可以派兵協助，究竟如何處理，可視將來情況再定。蔣介石夫婦還提出戰爭賠償問題，戰後日本在華的公私產業應完全由中國政府接收。羅斯福表示贊成，允許日本以實物作爲賠償。

三是關於戰後中國的國際地位。羅斯福希望在戰後保持中國的大國地位，與美、英、蘇共同擔負維持和平的責任。蔣氏夫婦欣然應允。

四是關於中美合作。羅斯福提出，爲維護太平洋和平，戰後美國應在太平洋各基地保持足夠的軍隊，中美雙方應做出安排以便互相支援。蔣介石夫婦非常歡迎美方這一提議，要求美國幫助裝備中國的陸海空軍，並提出將旅順作爲中美雙方共同的基地。他這樣做的目的顯然是針對中共與蘇聯的，對此，羅斯福並未做出承諾。關於經濟合作，蔣介石夫婦提出戰後中國重建經濟任務艱巨，迫切需要美國提供貸款形式的財政援助及各種類型的技術援助。羅斯福表示對此將作周密而切實的考慮，實際上，美國是要以「門戶開放、機會均等」即全面開放中國市場爲條件，這一點在一九四六年的《中美友好通商航海條約》談判中暴露無遺。事實上，蔣介石夫婦所得到的僅是一句空洞的保證。

五是關於中國周邊國家朝鮮、印度支那和泰國的獨立問題。蔣介石夫婦從中國長期受外國壓迫的民族主義立場出發，提議讓這些國家取得獨立。對於朝鮮，蔣介石支持流亡在中國的李承晚臨時政府，但美國認爲這種海外組織與其國內人民聯繫極少，不便予以支持，還要考慮到蘇聯的態度，因此羅斯福只同意朝鮮獨立的原則，對支持臨時政府未明確表態。其後，邱吉爾採取了同樣態度。蘇聯在後來的德黑蘭會議上也同意支持朝鮮獨立，然而由誰來組成獨立後的朝鮮政府問題上，各國的目標並不一致。在越南問題上，蔣介石積極扶植越南革命同盟，支持越南國民黨的「親華、反法、抗日」運動，鼓吹越南獨立，但對胡志明領導的越南獨立同盟卻不予以支持。後在英法的堅決反對下，蔣介石夫婦不再提出讓越南獨立，而是國際託管，由中美兩國盡力幫助越南在戰後獨立。具體做法是，由中、美、蘇、法、菲律賓各派一人，另選越南兩人，成立託管機構，訓練越南人建立自治政府。羅斯福表示認可。

另外，蔣介石夫婦與羅斯福還談到了中國國內問題，尤其是關於中國共產黨的問題。蔣介石一再辯稱中共並非僅僅是內政問題，是蘇聯「赤化中國」的工具，他們勾畫了一幅共產國際利用亞洲共產黨「赤化」亞洲的可怕前景，建議美國從各方面防止共產主義在遠東的蔓延。他們表示，中國可以向蘇聯做出某些讓步，包括大連成爲國際託管下的自由港，向蘇聯開放，但要求蘇聯必須支持中國國民政府，不支持中共。羅斯福則要求蔣介石以政治療法解決中共問題，在戰爭尚在繼續進行的時候與延安方面握手，組織一個聯合政府。羅斯福有自己的打算，他希望戰後有一個穩定的合作的大國作爲美國在遠東的夥伴，發揮更大的作用，以遏制日本，對抗蘇聯，參加對原殖民地的國際託管，從而加強美國在遠東的地位。他曾對英國外相艾登說過：「中國既不會侵略，也不會成爲帝國主義，而可成爲抵消蘇聯力量有用的平衡力量。」所以他不希望國民黨在內戰中消耗力量。

蔣介石夫婦與羅斯福的會談是「非常融洽」的，但會談是在私下進行的，雙方對會談中所談及的各項內容均不負義務，這使蔣介石的開羅之行大爲遜色，特別是在要求十億美元貸款一事上也未得到圓滿答覆。經過幾天的會談，開羅會議接近尾聲。十一月廿六日，中、美、英三國首腦聚會於羅斯福的寓所。雖然是軍事會議，可參加會議的人都身著便裝，唯獨蔣介石像往常一樣穿著整整齊齊的呢料軍服，繫著武裝帶，格外顯眼。

羅斯福被人用輪椅推到院子裏的時候，代表們都圍了上去，唯有蔣介石站著沒動。當羅斯福在人群裏發現他的時候，叫人把輪椅推到蔣介石的面前，伸出手說：「歡迎你呀！」

「謝謝！」蔣介石摘下軍帽欠了欠身子，以示致禮。

「我們今天將宣布《開羅宣言》，這對我們都是一個重要的日子。」羅斯福說。宋美齡走過去握住了羅斯福的手，然後一邊扶著他的椅子，一邊俯下頭去親切地與他說話。

邱吉爾拿下銜在口中的大雪茄煙，與蔣介石握手說：「我相信，中、英兩國軍隊會在緬甸配合得很好的。」

宋美齡翻譯過後，蔣介石微笑著：「我們期待著皇家海軍的合作。」接著，蔣介石、羅斯福、邱吉爾最後審定了宣言稿，各方約定由羅斯福、邱吉爾會晤史達林後再發表。

這天下午，蔣介石夫婦在第一號別墅舉行茶會。赴會的英方人士有中東大臣凱西、外相艾登、邱吉爾的二女兒、布魯克上將、駐蘇大使卡爾等，美國方面有羅斯福的兒子、駐英大使魏南特、駐蘇大使哈立曼等。作爲女主人的宋美齡，談笑風生，招呼著各位來賓，始終是茶會的主角。相比之下，蔣介石倒大爲遜色，他鬧不懂夫人和這些人「咕嚕咕嚕」說些什麼。

十一月廿七日，夜色朦朧之中，蔣介石和宋美齡乘機飛離開羅，次日晨，他們到達了印度藍姆伽營地。在那裏，他們受到了中國駐印軍的熱烈歡迎。蔣宋心情激動，不住地把手舉過頭頂向那些「海外孤兒」官兵們致意。蔣介石夫婦還會見了駐印軍將領孫立人、鄭洞國、廖耀湘等。

十二月一日，蔣介石夫婦回到重慶。

在開羅期間，宋美齡還隨同蔣介石與羅斯福進行了會談，他們的會談未作正式記錄。根據一九五七年臺灣就美國國務院外交文件編纂處提供中方記錄英譯文記載如下：

「關於中國的國際地位：羅斯福表示，中國應取得四強之一的地位，並平等地參加四強機構，參與制定該機構的一切決定，蔣介石答稱，中國將欣然參加四強的一切機構和參與制訂決定。關於中國的領土：蔣羅雙方同意，日本用武力從中國奪去的中國東北四省、臺灣和澎湖列島，戰後必須歸還中國。經諒解，遼東半島及其兩個港口，即旅順和大連必然包括在內。羅斯福一再問，中國是否想要琉球群島。蔣介石答稱：中國願由中美兩國共同佔領該群島，最後，在一個國際組織的託管下由兩國共管，羅斯福還提出香港問題，蔣介石建議，在進一步考慮之前，請羅斯福跟英國當局討論一下這個問題。」

廿六日，開羅會議結束，達成了《開羅宣言》，它向全世界莊嚴宣告：「三國之宗旨在剝奪日本自第一次世界大戰開始後所奪得或佔領的一切島嶼；在使日本所竊取的中國之領土臺灣、澎湖無條件地歸還中國！」

▶▶蔣介石簽署《聯合國憲章》

從總體上看，開羅會議是有利於中國和亞洲殖民地人民的，《開羅宣言》是中國鴉片戰爭以來，爭取民族獨立的一個重要里程碑！

在開羅會議上，宋美齡的外交能力給人們留下了很深的印象。以至於羅斯福返美後，對記者說：「在開羅，我所知道的都是蔣夫人向我講的她丈夫如何如何，以及她是怎樣想的。她總是在那兒回答所有的問題。我可以瞭解她，卻根本看不透蔣先生。」應該說，宋美齡在開羅會議上所起的作用從某些方面講超過了蔣介石。開羅會議是宋美齡政治生涯的頂點。

第七章　遲到的協同抗戰

一、中國遠征軍出征緬甸

緬甸戰事危急，蔣介石決心出兵緬甸，保衛大西南後方；英國擔心中國染指其殖民地，對中國出兵百般阻撓。

緬甸位置介於印度與中國戰區之間，滇緬公路是美國援助物資運往中國的唯一通道。緬甸的戰略位置十分重要，一旦失守，不僅會直接威脅英印大陸，而且還會切斷中國的戰爭補給線。更爲嚴重的是，一旦中國因失去補給而被擊垮，日本將可從中國戰場抽出幾十個師團的兵力南進或者西進，如此就會出現羅斯福所擔心的危險局面：日軍「會佔領澳大利亞、佔領印度，會像摘熟梅子一樣輕而易舉地佔領那些地方，然後長驅直入，直搗中東……那將使日本和納粹德國的大規模鉗形攻勢在近東某處會合，完全切斷俄國同外界的聯繫，瓜分埃及，切斷經過地中海的所有交通線」。

正因爲緬甸的戰略位置如此重要，中英美對緬甸戰局都顯示出了極大關注。同時，又因爲泰國、越南均被劃入中國戰區，蔣介石作爲中國戰區最高統帥，不論從中國自身還是整個戰區利益考慮，都不得不赴緬作戰。中國在這一地區的傳統利益也對蔣介石入緬作戰的積極性有一定影響。在上一個世紀，積貧積弱的中國被剝奪了在這裏延續了數百年的天朝權威。雖然中國現在並不想恢復那些不合時宜的宗主權，但增強自己在這裏的影響力卻是十分有利的。

但是，大英帝國的指導思想卻是不容許第三國進入不列顛王權控制的區域，即使在這一區域受到嚴重威脅的情況下也是如此。蔣介石雖然知道英國的擔心，但就算只從保障中緬交通線暢通的角度來說，他也不得不爲出兵緬甸積極活動。不過，蔣介石在時機不成熟的情況下是不會輕易採取實際行動的，至少，他還要表示對大英帝國

蔣介石在印度藍姆伽對遠征軍訓話

應有的尊重，即使它已經日暮西山，即使它一度背信棄義地拋棄了中國。

蔣介石關於出兵緬甸的考慮是從加強雲南防務開始的。抗日戰爭爆發後，中國重心向西轉移，國民政府遷都重慶，西南幾省仍是安全可靠的。但日本繼續南進後，在一九三九年春攻佔了海南島，意圖進佔越南、泰國、緬甸，蔣介石頓覺後方安全隱患凸顯。日軍如果攻佔緬甸，就可以向滇西發動進攻，不僅昆明受到威脅，四川也不再安穩——敵人就打到中國背面來了。如果日本攻佔雲南，四川不保，中國抗戰如何堅持？蔣介石突然發現了緬甸在戰略位置上的重要性。但是，那裏畢竟是英國的勢力範圍，而英國並沒有宣布與日本開戰，所以現在只能從加強中緬邊境的防務著手。

一九三九年十一月，蔣介石致電「雲南王」龍雲，要求他從速加強雲南邊境防務。一九四〇年夏，日本外相發表建立所謂「大東亞共榮圈」的演說，入侵東南亞的企圖表露無遺。蔣介石雖然估計美日矛盾會加深，形勢將對中國有利，卻也沒有對雲南防務掉以輕心。五月三十日、八月廿一日，蔣介石兩次致電何應欽、龍雲等，督令向雲南邊境集結兵力，對日本從越南進攻雲南要「有備無患」。九月，日本侵入越南，軍事委員會向黔桂川與滇省交界處集結兵力。

爲解除龍雲對中央軍開入雲南的顧慮，蔣介石下令駐雲南的兵力全部受龍雲節制。另外，爲了協調雲南軍事防務，軍委會還在昆明建立了駐滇參謀團和昆明防守司令部。一九四一年一月，軍委會組織「中國緬印馬軍事考察團」赴緬甸、印度、馬來亞考察，擬制雲南與泰緬邊境防禦日軍進攻方案。十一月，因滇南情況緊急，軍令部根據蔣介石的旨意，擬定了保衛滇緬的作戰計畫。蔣介石令盧漢、關麟征兩集團軍分別進至滇越鐵路蒙自、河口段以西以東地區部署，第五、第六兩軍由貴州向雲南前進，隨後向滇緬邊境集結，隨時準備赴緬協助英軍作戰。

太平洋戰爭爆發後，日本對英國遠東部隊發動進攻，在日本的強大攻勢下，英軍疲於應戰，緬甸、印度受到嚴重威脅。在這種情況下，英國駐華軍事代表團團長鄧尼斯於十二月十日拜會蔣介石，請求中國派兵協助英國，保衛緬甸。十五日，英國駐華大使卡爾和鄧尼斯再次向蔣介石援助請求：緬甸軍事緊急，希望下令派遣一個整編師的兵力開入緬甸；令駐雲南的華軍抽調一個師待命，必要時立即開入緬甸；命陳納德指揮的美國空軍志願隊留緬甸參加保衛緬甸的戰役；准許英國動用一部分美國租借法案下留在仰光的軍用器材。

面對英國人的援助請求，蔣介石是十分積極的，表示願意承擔赴緬作戰保衛緬甸的責任。十二月十日，蔣介石就命令第六軍在滇緬邊境的六支隊立即入緬，同時要求該軍在滇緬公路的四十九師先派一步兵團開赴畹町準備入緬。十二月十五日，蔣介石電令第五軍於次年一月十八日前在滇緬路保山以東集中完畢，第六軍主力限在一月廿二前在保山以西集中完畢。

做好部署後，蔣介石提出：「我國軍隊入緬作戰，唯一要求，爲防守某地區或某線時，必單獨負責，絕不願與英軍混合作戰。某區某線，劃歸我軍，某區某線，劃歸英軍，責任分明，必能得最佳之效果。」他同時聲明：「一年以來，予早視保衛緬甸爲保衛中國之一部分工作，且以保衛緬甸決非一師兵力所足任，最少當以一軍當之。」

另外，蔣介石還要求鄧尼斯電告倫敦：「入緬之軍隊應指定某區某線由其負責防守。其行動自應由英國方面指揮之，唯與英國混合防禦同一區域戰線，則爲予所堅決反對者，凡指定中國部隊守禦區域之防備，尋可負全部責任。」不幸的是，後來的英軍司令還是美國參謀長都沒有把他的話當一回事。

當時英方在局勢緊迫、亟待援軍的形勢下，急切地請求蔣介石從速發兵，慷慨相助，而對蔣介石提出的這個條件卻避而不談。面對這一僵持狀態，英國代表魏菲爾訪華，想緩和中英之間的矛盾。十二月廿三日的中美英聯合軍事會議上，魏菲爾也希望蔣介石派兵協同作戰，但是不同意中國派大軍征戰緬甸，他更多的是要求動用美國援助中國的租借物資。同時魏菲爾對於蔣介石拒絕中國軍隊與英國軍隊混合使用表示不滿，激動地表示「第五軍及第六軍主力暫時勿用入緬，嗣又表示四十九師開抵畹町之一團暫勿前進」。

面對英國傲慢態度，蔣介石大爲不悅，但他深知保衛緬甸對於中國自身利益的重要性。自從太平洋戰爭爆發後，蔣介石就把緬甸戰場看成是中國抗日戰爭

蔣介石在昆明視察中美訓練機構

與整個太平洋戰爭的樞紐。因而在魏菲爾離開重慶之前，蔣介石再次表示願意派兩個軍赴緬作戰，然而這位剛愎自用的英軍統帥卻答稱：「如由貴國軍隊解放緬甸，實在是英國人的恥辱，我們只要請貴國能惠允撥借美援物資就可以了。」

英國人不是不知道緬甸的重要性。一九四二年一月廿一日，邱吉爾在給參謀長委員會的電報中就指出：「緬甸如果喪失，那就慘了。這樣會使我們同中國人隔絕，在同日本人交戰的軍隊中，中國軍隊算是最成功的。」但出於對中國從戰爭中崛起有可能對英國遠東殖民利益產生威脅的憂慮，邱吉爾對聯華守衛緬甸仍存有戒心。英國政要擔心中國參戰會刺激這一地區民族情緒高漲，鼓勵他們脫離英國的傾向。

魏菲爾就認爲，「英國在中國的威信已夠低的了，如果承認沒有中國的援助就守不住緬甸，那麼英國的威信將進一步下降。」在這樣的情況下，儘管蔣介石已經命令中國遠征軍整裝待發，但遲遲不能成行。日軍發動大規模的進攻後，英國仍然拒絕中方立即出兵緬甸，直到仰光撤退前夕，英緬軍隊被圍困且急於逃逸時，英國人才徹底放棄了幻想和傲慢的「自尊」，請求中國政府急速派兵入緬援英抗日。

中國遠征軍入緬作戰但難挽敗局，蔣介石決心將軍隊集中於曼德勒保存實力；史迪威雄心勃勃準備在緬甸再興攻勢，蔣史矛盾迅速激化。

在中英兩國懷著不同的目的把戰略視線都集中於緬甸的時候，日本制定了緬甸作戰計畫。一九四二年一月二十日，日本第十五軍越過泰緬邊境線，侵入緬甸。日本發動侵緬戰爭，其意圖首先是爲了打擊英軍，切斷中國的國際交通線以封鎖中國；其次是爲從西線對中國施加軍事壓力。日本大本營「關於緬甸作戰的陸海軍作戰協定」中規定：「緬甸作戰之目的，在於擊破緬甸之敵，佔領並確保其要域，同時強化對中國之壓力。」

在這一方針的指導下，日本參謀本部對入緬的日軍特別強調，作戰重點在於打擊殲滅中國軍隊，「以此作爲解決中國事變的轉機」。正因爲這樣，在侵緬戰爭順利進展的時候，日本便開始醞釀過進攻西安的五十號計畫和進攻四川的五十一號計畫（後改稱「五號作戰計畫」），企圖殲滅該方面中國抗戰軍的主體，迫使重慶政權屈服崩潰或分裂。後因日軍在中途島的攻勢被美國挫敗，太平洋上的戰事發生轉折，這一計畫未得實施。

在日軍凌厲的攻勢下，英緬軍總司令胡敦感到形勢異常嚴峻，一月廿三日，他直接向中國求援。二月三日，英方軍事代表哈浦生再次來電請求蔣介石派軍入緬作戰。二月十六日，仰光告急。這時的英方不得不允許中國派大軍入緬，日軍的進攻迫使不列顛的紳士低下了高傲的頭。

緬甸的危機牽動著蔣介石的心弦，甘麗初第六軍於二月間進入緬北地區。此時魏菲爾一反常態，不斷地來電請求蔣介石增加援軍。二月十四日，蔣介石命杜聿明任代理司令長官率遠征軍入緬，協助英軍保衛緬甸。中國遠征軍統稱為「中國遠征軍第一路軍」，司令衛立煌（未到任，後改派羅卓英）、副司令杜聿明，史迪威兼任總指揮。中國遠征軍下轄三個軍：杜聿明的第五軍、甘麗初的第六軍、張軫的第六十六軍。二十世紀以來，中國人第一次應人之請派兵出國救援，而且被救援的是百多年來許多國家都望其項背的大英帝國。不過，之前英國對中國遠征軍入緬表現出的三心二意，已經預示遠征軍在緬作戰將不會一帆風順。

蔣介石派遣的入緬部隊均為精銳兵力，從這一點來看，他是特別重視緬甸戰役的。二月廿五日蔣介石飛抵昆明，親自指揮入緬軍事部署，二月廿七日，他派侯騰飛返緬甸向英方在該國最高軍務長官胡敦提出七項要求，主要內容是：鐵道由中方軍隊看守，派副司令主持運輸，劃清中英作戰地境，中方派聯絡員駐英軍司令部等。胡敦拒絕了中方派聯絡員的要求，其他六條均表示接受。

三月二日，蔣介石偕軍令部次長林蔚等飛抵緬甸臘戍，視察軍事。蔣介石先後會見了西南太平洋盟軍總司令馬歇爾，英軍指揮官魏菲爾，緬甸總督以及史迪威等人。魏菲爾請求蔣介石派第五軍進入緬甸同古地區，兩人還商討了英堅守仰光之事。三月三日，蔣介石在臘戍召集第五軍軍長杜聿明、第六軍軍長甘麗初等遠征軍高級將領商討作戰方針，並親自指示作戰要點。

他指出「我軍此次在國外作戰，可勝不可敗，故在未戰之前，應十分謹慎」。

當時蔣介石希望協同英國在緬南與日軍決戰，爭取打垮敵人保衛仰光，戰略設想和戰略目標是很積極的。和後來中國方面在指揮權問題上寸土必爭不同，這個時候蔣介石在指揮權問題上表現得十分大度，他多次指示，中國遠征軍入緬後，「即歸英方指揮」。兵貴神速，蔣介石不希望因指揮權問題影響遠征軍出動以至整個保衛緬甸的戰事，儘快加入緬甸作戰的心理相當迫切。三月六日，史迪威在與蔣介石談話後也感受到：「他看來渴望戰鬥，對英軍不斷後撤、半死不活的狀態感到厭倦。」

天下事不盡如人意者常十之八九，蔣介石的熱情和決心都沒能換來英國人的理解和支持。由於英方的拖延和英緬軍的消極悲觀，中國遠征軍出動途中，緬甸的形勢很快發生重大變化。英國在緬甸根本就沒有表現出充足的堅守決心，南部重鎮仰光於三月八日輕陷敵手，緬甸出海口事實上已被封閉。同時，在東南亞戰場，英國軍隊全面潰敗，日軍控制南太平洋，其海軍可順利出入緬南海面，緬南出海口的有效性大受影響。仰光失陷及英美在南太平洋的一連串失敗，對中國方面形成很大的心理衝擊，日本人對自己在東南亞風捲殘雲般的進攻得意忘形，他們興奮地宣稱一系列軍事行動的成功「給英、中的合作造成了一大裂痕」。

是啊，從香港陷落到十萬英軍在新加坡被三萬日軍俘虜，只有四十九天。而在兩地之間的越南、泰國和馬來西亞盡成日占區，甚至外圍的印尼、菲律賓也大部被佔領。「珍珠港事件」發生以來，蔣介石一直以爲美英的參戰會重創日軍，哪裡想到被寄予厚望的盟軍竟然如此不堪一擊！不只是蔣介石，所有那些爲美英對日宣戰而歡呼過的中國人都瞪大了雙眼找尋日軍的敗績，令人沮喪的是在東南亞以至南太平洋的海島上，放眼所及，躍入眼簾的淨是飄動的膏藥旗幟，像是在嘲笑這些寄希望於別人的人，又像是在招展皇軍的威猛。如果沒有中國守軍一月初的長沙大捷，盟軍真的是一敗塗地了。中國人終於發現了自己身上蘊藏著無與倫比的力量，國際上不論是朋友還是敵人也不得不對堅韌的中國人產生敬意。

在日軍猛烈的攻勢中，中國已經苦苦撐守了將近五年的時光，蔣介石深知對日作戰的艱辛和困難。所以，在上一年的重慶軍事會議上，當魏菲爾表示英國將靠自己的力量守衛緬甸時，蔣介石只是付之一笑，他知道英國人遲早會降低調門來求他的，因而並沒有停止出兵的準備。蔣介石早就預料到在異域緬甸作戰情況將會更加複雜，一再告誡遠征的將領們要謹慎。現在，既然英國沒有堅守的意圖和決心，他怎麼會讓自己的精銳之師去充當掩護別人逃跑的犧牲品呢？面對形勢的突然變化，蔣介石縱深配備，謹慎出擊，持久抗戰，既能打擊敵人，不做無謂的犧牲，又可以保障中國的大後方，這才是最符合中國利益的戰略。蔣介石已經有了應變的初步計畫：以臘戍、密支那等緬北重鎮爲後方，以位於緬北的首都曼德勒爲中心，「集結主力於曼德勒附近，誘敵深入，待與交鋒之後，再反攻突破之」。

對緬甸的地形，蔣介石早已熟悉，從決定派兵入緬的那一刻起，他就開始研究緬甸的地形和交通，經常在侍從室送呈的緬甸地圖前沉思，構想著進攻和防禦的戰略部署。緬甸的中軸線就是南北貫穿的唯一一條鐵路幹線，從南端的仰光起，向北依次經過同古、平滿納、曼德勒到達緬北重鎮密支那。仰光失守，同古兵力薄弱，遠征軍的主力還在緬北，離得最近的是曼德勒。如果傾力前突，後方將會空虛，一旦戰事不利，將面臨孤軍深入的危險。

蔣介石在三月十九日與史迪威談話中明確談到他的這種擔心，指出由於指揮難以統一，「他日有撤兵必要之時，兩國軍隊必陷入絕對混亂之現象而肇空前之危機」。而向曼德勒一帶集中，可以有充足的佈防時間。仰光輕易失守已經表明英國人是不可靠的，他們只想遠征軍掩護他們撤退，在一切都要靠自己的力量去應付的時候，蔣介石更加謹慎起來。

蔣介石這一計畫，還有別的考慮：他十分懷疑中英軍隊的協同作戰能力。中、英在指揮權和聯絡上均不協調，仰光失陷前，中國在指揮權上雖願讓步，但英方並不願意指揮中國軍隊，不願承擔由此而來的責任。仰光失陷後，蔣又對英方不放心，不願將遠征軍交給英方指揮，中、英、美在共同指揮上的協商始終未有結果。

此外，英國長期殖民統治造成當地民眾反感甚至痛恨英軍，中國作為英國盟軍，必然受到連帶影響，而緬甸混亂的交通管理也將極大影響中國軍隊的機動。蔣介

蔣介石（右二）、宋子文（左一）接見魏德邁（左二）和赫爾利（右一）

石說到，英緬軍不能取得人民合作，「當地人民多被敵人所利用，尤以僧家反英爲甚。第五縱隊之猖獗，幾乎防不勝防。此種情形最爲可慘而可危」。後來，遠征軍幸得緬甸華僑的幫助，杜聿明回憶遠征緬甸時曾感嘆過，「如果不是廣大愛國華僑積極援助，我軍便不免要全軍覆沒了」。在得不到民眾支持，又是出國作戰，地形生疏，天時、地利、人和均不在盟軍一方情況下，慎重行事，應屬必要。

把遠征軍集中在曼德勒地區，縱深配備在防守中俟機反攻，從蔣的立場看，還有幾方面的有利因素。曼德勒扼緬北之咽喉，是緬北廣大地區的屏障，同時，又是中國經緬北西向印度公路、鐵路交通的樞紐，戰略地位十分重要。控制住曼德勒，既可使緬北地區成爲中國大西南地區的緩衝，避免日軍對大後方的直接威脅，又可保住中國經緬甸到印度的對外通道，維持獲得美國租借物資的國際交通線，符合中國的戰略利益。換句話說，在日軍攻佔仰光後，守住曼德勒，就成爲中國在緬作戰的最大利益目標。從緬甸地形看，以曼德勒爲界，以南多平原地區，以北則爲山地，便於防守，對武器配備落後於日軍的中國軍隊也更爲有利。即使作戰失利，中國軍隊以曼德勒爲中心，後有密支那、臘戍等穩固據點，撤兵也比較容易。

但是，新任中國戰區參謀長史迪威的想法一開始就和蔣介石有很大差異。史迪威對中國之行雄心勃勃，他一開始就沒有把自己在中國的位置僅限於蔣介石的參謀長地位上。作爲一名職業軍人，指揮軍隊建功立業，是史迪威追求的目標。三月六日，當史迪威得知蔣將把緬甸戰役指揮權交給他時，如釋重負，寫道：「現在我不必每天早上在惶恐不安中醒來，搞不清楚我究竟能做些什麼來證明我的存在價值了。那種日子實在難以忍受。」史迪威認爲遠征軍只有立即反攻，才有取得大規模勝利的可能性，如若拖延，可能會貽誤戰機。

對於史迪威的進攻主張，蔣介石當然是不贊同的。三月十九日，蔣介石同他談話時指出：「我入緬部隊是應取消極態度，不應過分積極，自不宜遠離根據地向前突進。第五、六兩軍爲我軍唯一精銳，一旦遭受挫折，其影響將爲整個中國不可挽救之損失。」同時他還告誡史迪威，要對英軍具備戒心。史迪威以爲蔣介石是畏懼作戰，對此極爲惱火，躊躇滿志的他爲了實現自己的抱負，不得不以辭職和自己的國籍來逼迫蔣介石。

當然，史迪威之所以積極主張在緬甸進行進攻作戰，更主要的還是源自於美、英的全球戰略。緬甸是英國抵抗日軍侵犯印度的屏障，保住緬甸就可以減輕英國在印度的壓力，保證其在歐洲戰場充分發揮作用，這是符合美國「先歐後亞」全球戰略的。所以，雖然史迪威對英國在緬甸的消極避戰和逃跑極度不滿，但他仍然接受了這一現實，並在戰爭中多次以中國軍隊作爲英軍退卻的掩護。史迪威這種不顧及中國官兵民族情感的做法，惡化了他同中國將領間的關係，也終於加深了同蔣介石的矛盾。

緬甸作戰形勢艱難，蔣史二人矛盾時時掣肘作戰指揮；滇緬公路淪喪敵手，中美英三國終於攜手開闢駝峰航線。

三月廿一日，史迪威簽發中國遠征軍作戰命令。在決定中國遠征軍命運的關鍵時刻，蔣介石並不情願地對史迪威做出了讓步。中國遠征軍重心大幅度南移，蔣介石綜合中國各方情況提出的在曼德勒地區縱深配置兵力防守反擊的戰略計畫實際已告放棄。史迪威也滿意地承認：「這是一個相當大度的讓步。」遺憾的是，衡量當時緬甸戰場的實況，這一讓史迪威滿意的決策在戰略上卻並不明智。鋒芒畢露的史迪威對蔣介石提出的中英協同問題、緬甸地形、後方聯絡、第五縱隊等在緬甸作戰諸困難均未予重視。在戰爭大規模展開後，這些問題即一一暴露。本來應該事先通盤考慮的問題被忽視，其後果是極其惡劣的。

三月廿四日，同古正面日軍向遠征軍戴安瀾部發動猛攻，遠征的將士奮勇抵抗，雙方傷亡慘重，同古保衛戰是第一次緬甸戰役中堅持最久的防禦戰。它使日軍南洋作戰以來第一次遭到嚴重挫折，沉重地打擊了日軍的囂張氣焰。在此役中陣亡的日軍大佐橫田在日記中寫道：「南進以來，從未遭受若是之勁敵。勁敵為誰？即支那軍也。」

三月底，同古戰役結束，鑒於第二〇〇師傷亡很大，杜聿明請示蔣介石後從同古撤退。史迪威大為不滿，四月一日，飛抵重慶，告知蔣介石其許可權未足，未能令出必行，並提出辭職。爲了保持同美國的友好關係，蔣介石對他好言相勸，重申對等支持。

在史迪威壓力下，蔣介石表現得十分沮喪，不得不派出羅卓英爲中國遠征軍司令官，協調前方指揮。羅卓英的職權，按蔣對史迪威的解釋是：「秉承將軍命令指揮在緬甸作戰之第五、第六兩軍以及其他部隊」。史迪威的到來，帶來了中美兩種文化間的衝突，史與包括杜聿明在內的大部分高級將領間都發生了嚴重衝突。任用資格較老而爲人又較圓通的羅卓英，可在史迪威與各將領間起一緩衝作用，減少發生誤會的機會，同時，史、羅形成的中美結合的指揮系統也可進一步加強指揮部的權威，對高級將領形成更大約束。蔣介石認爲出兵緬甸事關國家民族威望，他不希望因此而影響緬甸的作戰。

▶▶ 蔣介石和史迪威

蔣介石在指揮權上做出最大限度的讓步，應該說在四月間的緬甸戰場，史迪威對中國遠征軍的行動享有充分發言權，而按他一貫的進攻性作戰設想，是不會滿足於逐次抵抗的。於是，繼同古會戰之後，在平滿納地區與日軍繼續展開會戰成爲不可避免的選擇。蔣介石也有進行平滿納會戰的考慮：中國遠征軍浩浩蕩蕩大規模南下後，無不戰而後撤之理，而在同古會戰失利，英軍戰鬥精神再受打擊背景下，要使英緬甸軍維持戰線，中國軍隊必須在正面進行有效抵抗，這樣才能鼓起英緬軍繼續作戰的勇氣。幸好戴安瀾率領的第二〇〇師在同古血戰十二天爲主力集結贏得了十天時間。中路第五軍主力已在平滿納附近完成集結；東路第六軍已前出棠吉、羅衣考一線，與中路成犄角之勢；戰略預備隊第六十六軍也在快速跟進。

四月五日，蔣介石同遠征軍第一路軍總司令羅卓英飛抵臘戍，再乘車至眉苗，會見駐緬甸英軍總司令亞歷山大，要求英軍竭盡一切辦法固守阿藍模。但亞歷山大拒絕了蔣介石的要求，反而要求蔣速派一個師南下，英國人的態度使蔣介石突然感覺到一絲陰影掠過並不怎麼明朗的會戰計畫。四月八日，蔣介石在杜聿明、戴安瀾陪同下巡視曼德勒一帶地形，對可能出現的最壞變化進行了安排。他認爲萬一在平滿納失利，可以把部隊撤回緬北山地，依託地形作縱深防禦。

平滿納戰役開局就不利，醞釀初期，西線英緬軍已節節敗退。四月一日，放棄卑謬，五日，又失亞蘭謬，接著仁安羌又被包圍。四月十日，中國遠征軍部發佈由史迪威提交經蔣介石批准的平滿納會戰計畫，隨後出兵仁安羌。在仁安羌戰役中，張軫的第六十六軍新三十八師在師長孫立人指揮下，經過兩晝夜激戰，擊潰西路日軍第三十三師團，斃敵一千二百多人，收復仁安羌，救出陷入絕境的包括英軍總司令亞歷山大上將在內的七千餘名英軍和一百餘輛輜重汽車，一千餘匹戰馬以及被俘的英軍、記者和美國傳教士五百餘人。

仁安羌大捷是第二次世界大戰中，中國軍隊和盟軍並肩作戰所取得的一次重大勝利。不少英國官兵飽含熱淚豎起大拇指高呼：「中國萬歲！」遠征軍的壯舉轟動了英倫三島，提高了中國在反法西斯戰爭中的地位。英美政府特向新三十八師師長孫立人頒發「帝國司令」勳章及

「豐功」勳章，團長孫繼光及營長多人也獲得勳章。

但是，局部的勝利並沒有扭轉遠征軍戰略上的劣勢。遠征軍的積極作戰雖達到了遲滯敵人的效果，但是沒有達到擊垮敵人的目的。更爲嚴重的是，日軍抓住遠征軍主力前突，防禦地區縱而廣，側翼薄弱的弱點，對遠征軍進行了大範圍地迂迴包圍，盟軍方面的行動事實上已處處受制於日軍。

由於英國方面一再拖延，當時對中英軍隊既無統一的戰略部署，又無統一的指揮系統；中美英三國在戰略目標上也不一致；加之關鍵時刻，駐緬英軍背信棄義，單方面由曼德勒西渡伊洛瓦底江向印度退卻，致使遠征軍陷入孤軍作戰的境地。更令人氣憤的是，英軍爲了自己順利逃跑，竟然向遠征軍司令部發出假情報，致使第二〇〇師跑了五百公里的冤枉路，延誤了整整三天的時間，東線因此未得及時支援，節節敗退，一直退回西雙版納。日軍相續侵佔臘戍、龍陵、騰衝，五月三日，雲南邊城畹町亦不守，中國對外交通要道滇緬公路被切斷，第五軍開始向緬北撤退。

五月七日，蔣介石電令第五軍第二〇〇師、第九十六師及第六十六軍新三十八師向密支那、八莫轉進，勿再猶豫停頓，向國境撤退。但兩地已於四日、八日被日軍佔領，最後第五軍大部退往印度，第六、第六十六軍大部退回雲南。曾在台兒莊、崑崙關立下戰功，被周恩來譽爲「黃埔之英，民族之雄」的戴安瀾在率軍突圍中身負重傷，犧牲於緬北茅邦村。

緬甸戰役，中國遭受巨大損失，近十萬精銳部隊，折損過半，美式軍械也大部丟失，蔣介石對此十分痛心。

蔣在四月底遠征軍敗勢已定時作過檢討：「緬甸戰役失敗之主因，是在作戰方針為人轉移，不能自主，而為情勢所趨，不得不對美國有所遷就，然犧牲價值亦頗大矣」。五月初又談到：「如果照我們原定方針，入緬國軍全部集結在瓦城附近地區，待機決戰，我相信一定可以打很大的勝仗。」宋子文也認為，蔣對「一般客卿待遇過厚，往往失其戒懼之心」。

親歷戰鬥經過的杜聿明則指出：英軍作戰不力，有些甚至不戰而逃，而擁有指揮權的史迪威在戰役指導中，過多強調進攻，沒有注意到緬甸戰場的實際情況，造成中國軍隊分割使用，疲於奔命，處處為英軍堵漏洞的惡果。但就中國方面說，蔣介石過分遷就英美，恐怕應負最大的責任。

不管誰應該對作戰失敗負責，總之這次失利使蔣介石與史迪威之間互生嫌疑，為他們之間合作最終破裂埋下了伏筆。

盟軍在緬甸戰場的失利，導致日軍完全控制了滇緬公路，切斷了西南最大的援華通道，中國的持久抗戰面臨新困難。蔣介石強烈要求中、美、英三國確實合作，迅速開闢新的援華交通線，這時英國也認識到維持與中國聯繫的戰略重要性。三國領導人對中國戰場國際交通線的戰略重要性取得共識，為中印駝峰航線的開闢創造了先決條件。

正當中國遠征軍往回撤退時，滇西重鎮騰衝、龍陵的失陷也使蔣介石頭痛不已。他最不願看到的局面還是出現了：中英緬甸作戰不能阻擋日軍，日軍就要繞到他抗日的大後方來了！

五月四日、六日，他兩次致電雲南行營主任龍雲，指示：以第三十六師在怒江東岸佈防，一面收容由緬甸撤回之部隊，一面阻擊已進入滇西國境的日軍，以使「寇患不至延及潞（怒江）瀾（瀾滄江）兩江之東岸，滇境不難立圖恢復。」五月十日騰衝失守後，軍事委員會下令第十一集團軍宋希濂部反攻。擔任進攻的各部隊自廿三日起開始向龍陵、松山、騰衝等地日軍發起反攻，連續激戰五日，仍無法有效遲滯日軍。三十一日，蔣介石下令停止進攻，主力部隊撤回以固守怒江。六月十日後，雙方各有攻防作戰，但怒江兩岸對峙局面趨於穩定。直至一九四三年三月上旬，第三十六師再度渡江，奇襲敵軍，才將雙虹橋、大塘子等重要據點奪回。

滇西淪陷後，騰衝、龍陵、潞西、盈江、瑞麗、隴川等地傣族、景頗族、傈僳族等各少數民族配合軍隊對日展開鬥爭。特別是作戰局勢最不利的騰衝縣，抗日政府團結地方士紳，策動民眾協助軍隊抗戰，嚴詞拒絕日軍的誘降書，堅決抗戰到底。

民國元老、騰衝著名愛國士紳、國民政府雲貴監察使李根源發出《告滇西父老書》，遍寄諸土司，啓以愛國大義。滇西作戰中，裝備遠不及日軍的滇軍將士頂住巨大壓力，以驚人的毅力堅守在對日作戰第一線，特別是一九四四年仍然戰況膠著的松山戰役，中國軍隊苦撐三個月零三天才將松山最後攻克，此役最終打破了滇西抗戰的僵局，中國軍隊的反攻隨即展開。

同時，蔣介石在美國的壓力下，於一九四四年底再次出動中國遠征軍，與史迪威訓練的中國駐印軍配合打通中印交通線。在這一過程中，雲南駐軍也相機發動了反攻騰衝的戰役，最後以擊斃日軍九千餘人，中國官兵傷亡一八五五〇人的代價結束戰鬥。此次作戰，傷亡之重，實爲八年抗戰所僅見。

二、策應英美盟軍的作戰

策應香港作戰，日軍三襲長沙；薛岳大擺「天爐陣」迎敵，中方獲得空前勝利，盟軍刮目相看。

自太平洋戰爭爆發以來，中美英在東南亞協同對日作戰之局已經初步形成。一九四一年十二月中旬，日軍大舉南下進攻香港，英國作戰壓力空前增大。應盟軍請求，中國抽調第九戰區第四軍、暫第二軍赴粵支援作戰。而第九戰區內的武漢日軍也在這時下達新的作戰命令，以牽制中國兵力向南增援，尋機重創第九戰區主力。

但日本中國派遣軍的戰力在這時卻顯得有些捉襟見肘。其實，一九四〇年六月棗宜會戰（日方稱為宜昌作戰）的勝利，標誌著日軍在長江流域基本已達到其進攻頂點。由於日軍「陸軍中央部按照明治以來的傳統，把戰力的重點放在了對付蘇聯的北方國境，因此，並沒有力量投入現實的主要戰場即中國戰線。」在這個限制下，中國派遣軍一直爲大本營強迫縮減兵力、限制作戰地域、限制兵站等作法而感到苦惱。

尤其一九三九年至一九四一年兩年間，第十一軍得到的彈藥，只有一九三八年武漢作戰的一半。這無疑極大限制了日軍的進攻能力。但是，一九四一年十二月三日下達的日軍「大陸命第五七五號」中，規定華中方向日軍的任務是：「確保從岳州至長江下游的交通，以武漢三鎮和九江爲根據地，竭力摧毀敵之抗戰能力，其作戰地區大致在安慶、信仰、宜昌、岳州、南昌之間」，第十一軍仍然承擔著消耗擁有最強戰鬥力的中國第九戰區野戰軍的任務。所以，第九戰區的作戰壓力並未減輕。

十二月十二日，武漢日軍第十一軍參謀長木下勇下達作戰命令，以其第三、六、四十師團主力以及獨立混成第十四旅團對汨羅江一線中國部隊發起攻擊，策應第廿三軍香港作戰。在日軍最初的作戰構想中，此次作戰僅以擊潰中國第三十七軍、給汨羅江正面防守軍隊以打擊爲目標，進攻長沙根本不在作戰任務之內，這一計畫同時得到了中國派遣軍司令部的批准。

但作戰任務下達後，第三師團師團長當即表示不滿，要求進攻長沙。該師團士兵在集結途中亦紛紛傳言，此次作戰最終目標是攻取長沙。身爲司令官的阿南惟幾也對進攻長沙的計畫表示贊同。然而第十一軍參謀部仍對一線作戰部隊擴大攻勢的要求感到擔心，始終不能決定是否進攻長沙。他們認爲：「這次作戰因其動機以及策應對象不確定，攻勢難以明確展開，更因後勤幾無準備時間，部隊不能勉強行事，是一次稍稍不徹底的行動」。因此，參謀部要求部隊在開赴前線途中務必不能聲張其「去往長沙」。十二月十八日，香港作戰開始，第十一軍下達戰鬥命令。

第九戰區自第二次長沙會戰後就特別注意對日情報的搜集工作。早在十月十六日，蔣介石侍從室即致函軍令部，判斷日軍近期將再有大舉進攻湘北之舉。日軍集結過程中，第九戰區長官薛岳也判斷：「當面之敵抽集部隊，將有使用。」該戰區副司令長官楊森認爲：集團軍當面之敵，最低限度大有掃蕩之企圖。蔣介石此時也注意到了廣東戰局與武漢日軍調動的聯繫。日軍南下速度加快，中國抽兵南下的舉動定已被偵知，第九戰區定然會再受攻擊。長沙雖然仍在我手，但絕對要作好大戰準備。

薛岳經過第二次長沙會戰的挫折，狂傲之氣已收斂不少。早在第二次長沙會戰結束後，他就向軍事委員會呈報了新的長沙作戰部署。在總結了前兩次長沙會戰和上高會戰的經驗後，他決定以準備充足之「天爐戰」迎擊日軍突然進攻，即將所轄兵力細分爲誘擊、挺進、警備、尾擊、側擊、守備、預備等諸兵團，先將強大之日軍誘至瀏陽河、撈刀河之間，然後像熔爐一樣將敵軍分割包圍各個殲滅。

第九戰區下達的作戰方針是：「戰區以誘敵深入後進行決戰之目的，在敵進攻時，以一部兵力由第一線開始逐次抵抗，隨時保持我軍於外線，俟敵進入我預定決戰地區時，以全力開始總反攻，包圍敵軍而殲滅之。」爲此，中國軍隊此次的作戰區域將擴大至新牆河、汨羅江、撈刀河、瀏陽河等廣大地區，還將在長沙附近與敵決戰。

第九戰區這一陣勢可謂空前絕後，傾盡全力。但是，如果仔細對比中日雙方的作戰部署機會發現，大家的作戰構想都有些「一廂情願」。

首先，日軍的進攻目標是第九戰區的主力部隊，但是重點進攻區域卻在正面防線汨羅江、新牆河，而九戰區主力卻保持在兩翼，日軍正面只是中方誘敵兵團；其次，中國的「天爐戰」是「誘敵深入」戰法，包圍圈要求「先開後合」，如果日軍僅僅推進至汨羅江一線，整個作戰計畫就會落空。當然，這只是「後見之明」罷了。中日雙方當年的大戰，就這樣「以錯對錯」地開始了。

十二月廿四日，日軍正式發起攻勢，廿六日即迅速向既定作戰目標——汨羅江左岸的三十七軍發起進攻。三十七軍則按照計畫，在自己陣地堅持激戰兩日後撤往東面。按照參謀部原定作戰計畫，日軍此次攻勢已順利完成。但是，前線部隊的「順利推進」，特別是第三師團的積極進展，又讓參謀部「乘勝」擴大戰局的欲望燃燒起來。

阿南惟畿這一次沒有再向參謀部徵求意見，而是直接向中國派遣軍司令部發去請求進攻長沙的電報。廿七日、廿八日均未收到批覆。廿九日，他接到航空兵的偵察報告，說「中國軍已向長沙退卻」，認爲正是乘勢攻佔長沙的良好戰機，遂獨斷決定改變原作戰計畫，向長沙追擊，並分別向「中國派遣軍」總司令部和大本營陸軍部申訴理由，請求認批。司令部當晚下達了進攻長沙的命令。十二月廿九日，阿南惟畿向回撤部隊再次發佈進攻長沙命令。至此，第三次長沙會戰出現戲劇性的逆轉。

中國方面原就將長沙設想爲此次會戰與日決戰之地，因此長沙方面準備尤爲充分。十二月三十日，蔣介石指示：「應以第二線兵團保持遠離主戰場之外線作戰有利態勢，確保機動自由之戰力，趁敵苦戰長沙受挫時迅速集舉各方全力，一舉將敵殲滅。」

薛岳對各部下達「死戰」命令，要求包括自己在內的所有正職將官必須完成既定作戰任務，如果自己殉職即速以副職頂替指揮官位置，直至最後勝利。當然，這種壯烈的「死戰」肯定不會出現。蔣介石爲保證對日絕對兵力優勢，除加強擔任主力的第十軍之戰力外，更特別抽調「抗日鐵軍」第七十四軍作爲主力之預備部隊，以確保主力攻勢始終如一。

進攻長沙之日軍則恰好相反，此次攻勢可謂「一味蠻幹，毫無準備」。其一線部隊士兵只攜帶一百二十發步槍子彈，而補給線路被大水沖斷，工兵只能在丘陵地帶一邊伐木一邊鋪路以運送兵力，進展甚緩。對於進攻長沙的命令，只有第三師團團長不感意外。作戰命令下達後，他迅速率部向長沙集結，一九四二年一月一日便迫不及待地獨自開始攻城。

不料，其直轄大隊剛剛突入長沙東北角即遭滅頂之災，薛岳從被擊斃的大隊長身上獲得一份秘密戰報：日軍此役實爲孤軍深入，後勤補給將有較大困難！

一月三日，日軍第六師團加入攻城，但與第三師團爭功心切，無法形成有效配合。我正面部隊迅速收縮攻勢加大打擊力度，側翼部隊則以優勢兵力合圍攻城日軍，將敵包圍殲滅。日軍遭受巨大損失而進展緩慢，一月三日夜決計退兵。但第三師團團長仍然堅持再興攻勢，爲參謀部否決。

一月五日，薛岳下達追擊殲敵命令，將兵團劃分為追擊、堵擊以及東西截擊四部追擊撤退日軍。蔣介石致電參戰各部，要求他們「發揚最高度攻擊精神，務必將敵徹底殲滅」。一月六日，長沙攻城之敵已全部陷入中國軍隊包圍，死傷枕藉。同日，日軍更換了第三師團師團長，但已難挽敗局。

就在中國方面認為會戰即將結束之際，一月八日夜，日軍獨立混成第九旅團山崎大隊加入了戰鬥序列，並向中國軍隊第五十八軍軍部、新十師師部發起突然進攻，中國軍隊一度陷入混亂，戰場出現第二次逆轉。隨後山崎大隊被全殲，日軍完全陷入被動。一月十日後，增援的日軍相繼受到我軍重創，十六日，第三次長沙會戰以中方的完全勝利結束。

戰後日軍承認，完全跳入重慶軍事當局事先設置的陷阱而進行的作戰「錯誤重重，作戰始終是在極為困難的情況下進行的」，而造成這一失敗的最大原因則是「錯誤地評估彼我的戰鬥力」。中國軍隊則引此戰為空前大捷，這一會戰的成功也使盟軍對我刮目相看。它是珍珠港事件後同盟國獲得的第一個大規模勝利，極大地鼓舞了孤軍奮戰多年的中國軍民。

美英兩國給國民政府發來賀電，全國各地為勝利之師捐款達兩百五十萬，海外華僑紛紛致電、匯款慰問，長沙的空前勝利推動了全國抗日愛國熱潮。更為重要的是，三次長沙會戰我方均取得勝利，極大地打擊了武漢日軍的士氣。此後的兩年內，長沙再未受到日軍威脅，湖南也成為國民政府繼續抗戰的重要支撐。

美軍突發「杜立特空襲」，引來日軍大規模報復性作戰；第三戰區積極準備浙贛會戰，蔣介石戰前突然放棄作戰計畫，中國沿海機場盡失。

一九四二年四月十八日，美國空軍中校杜立特率領十六架B-25重型轟炸機對日本本土之東京、橫濱、川崎、橫須賀、名古屋等地進行長達三小時的轟炸，給正陶醉於太平洋戰爭初期勝利的日本造成打擊。

日軍大本營震怒，發佈「大陸命第六二一號」：「中國派遣軍總司令部應儘快開始作戰，主要擊潰浙江省方面之敵，摧毀其主要航空根據地，遏制敵用該方面空襲帝國本土之企圖。」日中國派遣軍即決定，自五月十五日起，以第十三軍主力攻擊中國第三戰區東部，以第十一軍一部攻擊第三戰區西部，第一飛行團攻擊中國玉山、麗水、衢州各機場。同時，從華北方面調來三個大隊以作補充。這樣，日軍總共八十二個大隊對我第三戰區發動進攻，戰陣可謂空前。在日軍看來，這是一九三九年至一九四二年間使用兵力最多、時間最長的對華攻勢。

隨後，侵華日軍總司令畑俊六進一步將此次作戰擴大為打通整個浙贛路的戰役，作戰區域延伸至浙江、江西。

中國方面從日軍大規模調動中查知日軍企圖，決定戰區以最少兵力集結於浙贛路西段，集重兵於浙贛路東段，依靠原有陣地持久抵抗並竭力襲擾敵之後方，特於蘭溪、金華等地構築防禦工事，最後利用衢州機場誘敵集結，在衢州附近與敵決戰。第三戰區部署：堅守衢州及其機場，以此爲核心誘敵主力，由南北兩面夾擊敵人。第三十二集團軍開赴壽昌以西集結，加強蘭溪、壽昌守備；第十集團軍擔負錢塘江沿岸作戰任務，鎮守金華；第廿三集團軍配置兵力於鄱陽、德興、翕縣；第九戰區十九集團軍配合第三戰區作戰，阻擊南昌方面日軍。

這一計畫經軍事委員會同意立即展開部署。但日軍的推進速度卻大大超過中國方面的估計。因爲使用毒氣作戰，日軍自五月十五日起，沿浙贛鐵路向西南迅速推進，我軍一線部隊依託桐廬、新昌既有陣地進行抵抗，至十八日即放棄一線陣地。日軍至二線金華、義務、長樂、蘭溪一帶時進展頗爲順利。蘭溪守軍頑強抵抗，但仍然在五月廿八日放棄陣地。五月廿九日，金華亦失守。日軍佔領金華後稍作休整，隨後繼續沿浙贛鐵路向西進犯。三十日佔領龍游後順利突破我守軍靈山陣地，逼近衢州外圍。這時，南昌方向日第十一軍配合第十三軍渡過撫河繼續東進，對我衢州外圍守軍造成東西夾擊之勢，衢州危在旦夕。

本來，中國軍隊放棄金華、蘭溪陣地並未影響衢州決戰部署，第三戰區主力已在衢州完成集結準備迎戰，但軍事委員會認爲，鑒於日軍兵力較大銳氣較旺，且有後續部隊源源不斷開赴戰區，衢州守衛只會得不償失。就在五月三十日，日軍已下達作戰命令之時，蔣介石卻致電第三戰區司令長官顧祝同，指示：「三戰區主力不應在衢州與敵決戰，金衢之得失已不關今日戰局之成敗。」顧祝同隨後下達撤退命令，只留下八十六軍一部守城，其餘部隊儘快向衢州東北撤退。大戰前夕主力突然撤退，衢州守軍的悲慘命運自不必多言。

六月一日至六月三日間，衢州守軍與數倍於己之日軍在城外激戰，守軍損失慘重但無人言退。六月三日夜，大雨傾盆而下，日軍不但未減攻勢更趁機突襲衢州火車站，雙方在不到一千米的戰場血戰，死傷千餘人。

六月五日，守軍開始突圍，七日衢州、臨川淪陷，衢州機場被毀。第十三軍佔領衢州後兵分兩路繼續西進，順勢佔領江山、廣豐、常山、玉山、上饒等地，至七月一日與第十一軍會師橫峰，慶祝打通浙贛鐵路。日第七十軍復向南攻擊，依次佔領麗水、青田、溫州，悉數破壞沿線機場，七月十一日，閩浙水上運輸線亦被日軍切斷。

七月廿八日，日軍大本營下達撤軍命令，認爲擊破浙江軍隊、破壞衢州、玉山、麗水等機場的作戰目標業已完成，應以確保有利態勢爲要。

▸▸浙贛會戰中的中國軍隊陣地

蔣介石在浙贛會戰中的消極動搖與當時美國的態度有很大關係。浙贛會戰是「杜立特空襲」引起的，美國直至空襲前一個星期才通知中國方面，這令蔣介石大爲惱火，但美國卻不予理睬。因反對無效，蔣介石不得不表示同意，並以此作爲索要美援的籌碼。

五月廿五日，蔣介石親自給羅斯福總統寫信，說中國的局勢正處於一個「我從來未經過的危急階段」，除非他親眼看見了美國的援助，否則其信心「將徹底動搖」。而當時美國在太平洋戰場的形勢異常嚴峻，羅斯福十分擔心中國會在此時崩潰，立即指示有關部門「利用一切可能的機會和手段」，向中國空運物資。蔣介石隨後利用中日軍隊在浙贛開戰之機，要求羅斯福同意中國參加美英聯合參謀長會議，從而成爲聯合軍需品分配委員會成員以掌握租借物資分配大權。但是，美英以保密爲由，予以拒絕。蔣介石因沒有達到目的，對浙贛戰役的態度更加消極。繼放棄衢州決戰後，他對於贛東防禦也大爲放鬆，讓主力部隊撤到鐵路沿線兩側山地，坐視日軍搶劫、破壞。

蔣介石本希望以消極對抗來換取盟國對他的讓步，結果適得其反，美國對此強烈譴責。美蔣之間的緊張關係延續到十月間才得以緩和，但它給浙贛會戰所帶來的損失卻無法挽回。

這裏姑且不論美蔣矛盾的是非，對蔣介石在抗戰艱難時期保存實力的做法也給予某種理解，但就浙贛戰役而言，戰略決策出爾反爾，不斷地打亂原定作戰計畫，尤其是放棄有勝利把握的戰機，讓敵軍有恃無恐爲所欲爲，如此指揮作戰，保存實力也只是一句空話。

金蘭作戰，顧祝同本打算採取內外配合的戰法，這本當收到良好戰果。當時，金蘭城內守軍抵抗頑強，埋設的地雷屢顯威力，給日軍造成很大打擊。如果此時外線軍隊迅速回轉，對敵實行反包圍，完全可以予敵重大殺傷，遏制其進攻計畫。可惜當時外線兵力太少，無力實施有效策應作戰，結果讓敵軍過早地實現了前期目標。

突然放棄衢州決戰是此次會戰最大失誤。當時的江南正暴雨成災，新安江、蘭溪江河水位猛漲，使日軍渡河十分困難，各部隊行動又參差不齊，作戰計畫被打亂，日軍非常擔心會遭到攻擊。日軍六月三日向衢州發起總攻時，突然爆發「幾十年未見的大雨」，暴雨一直持續到七日。衢江、烏溪江水勢猛漲，衢州直到龍遊一帶均化爲一片汪洋，交通斷絕。正在平原地區運動的日軍只能在少數高地集結而無法行動，在烏溪江前岸的只有十五師團的主力，其他全部被洪水所阻，留在後岸。

可惜，國民黨軍不能從外線打擊日軍，城內守軍也沒有主動出擊，及時除掉眼前處於困境中的隱患，等敵軍增援人馬到齊，就只有任人宰割了。七月上旬，顧祝同利用日軍轉入防守立足未穩之機，命退據信江南岸的二十六、四十九、七十四軍奪回廣豐、上饒，其他各部趁勢發動全線反攻。

這次行動雖遭日軍猛烈還擊，仍取得相當戰果，收復失地多處。可是，短暫反擊後主力即遠離戰場，進行「第五期整訓」，整訓一直延期到九月日軍完成撤退之時。顯然，這是借整訓之名行避戰之實。

八月上旬，日軍爲順利撤退，採取以進爲退策略，又對國民黨軍發動一次攻勢，以收迷惑之效。蔣介石果然上當，以爲日軍將從湘粵贛三方面進攻衡陽，急忙命第三戰區抽調三個軍協助該地防守，再一次失去了打擊敵人的機會。日軍目的達到，迅速撤兵。

常德會戰中敵圈套，余程萬師喋血孤城；蔣介石下令死守常德，八千虎賁悉數殉國。

鄂西會戰之後，國際形勢對日本越來越不利：蘇德戰場上，蘇軍正在全線發起反攻，已推進至斯摩稜斯克和第聶伯河一帶；美英聯軍在突尼斯擊敗德意聯軍，西西里登陸後，墨索里尼被迫下臺，義大利宣布投降；美軍在阿留申群島、新喬治亞島登陸後，正在新幾內亞等地進擊日軍。日軍不僅在太平洋戰場上節節敗退，其海軍及航空兵也遭到毀滅性打擊。

日軍大本營「從戰爭全局要求出發，不允許中國派遣軍進行任何進攻作戰」。所以，日軍第十一軍在鄂西會戰結束後的四個月內再未向外圍的第五、第六、第九戰區進攻，而這三個戰區的部隊也沒有對日軍進攻，雙方形成「和平」相峙。國民政府此時為了與盟軍協同打通中印公路，先後從第六、第九戰區抽調七個軍轉用於雲南及印度，準備反攻緬甸。日軍為牽制中國軍隊不再向印、滇轉用，以策應其南方軍的作戰，準備再興攻勢。

常德據沅江下游，為洞庭湖西第一大城。東為洞庭湖，西為武陵山，南為雪峰山，北為太陽山。過沅江為德山，有湘黔公路通長沙，四周河川亦富舟楫之利。為湘西穀倉。清初大儒顧炎武在其《天下郡國利病書》中寫道：「常德府左包洞庭之陽，右抗五綏之要，不特荆湖之唇齒，即滇黔之喉嗌也歟。」抗戰時期，國民政府在沅陵設有後勤部湘穀轉運處，常德即爲湘穀轉運之中心。常德城本身有古城牆，極爲厚實，城郊及太陽山並築有永久工事。此城若失，則第六戰區糧道斷絕且長沙側翼將被威脅，戰略位置極爲重要。日軍爲達到牽制中國滇緬用兵、打擊主力部隊削弱中國抗戰意志的戰略意圖，決定以常德爲進攻目標，常德會戰由此發生。

日軍中國派遣軍總部根據大本營的指示，於八月廿八日制訂了《一九四三年度秋季以後中國派遣軍作戰指導大綱》。其作戰方針是：派遣軍努力確保和平定現有佔領地區，特別是在華北方面，本年秋季以第十一軍及第十三軍主力分別進行常德作戰和廣德作戰。來年春季，以華北方面軍及第十一軍進行打通京漢線作戰。其中，關於常德會戰的規劃爲第十一軍主力（**加上由其他方面轉用來的部隊，共三十五個步兵大隊**）由董市及石首附近向前推進，擊敗各地之敵，攻佔常德附近，繼而追索常德方面集結的反攻之敵，予以殲滅。

第十一軍總司令官横山勇決定採取由正面多路推進、多點突破、相互呼應的戰法：第十一軍所屬四個師團於左翼濱湖區齊頭並進，意圖打散濱湖區之第一線兵團；第一一六師團爲派遣軍突進隊，徑行由右翼洞庭湖區突破；而後左右翼部隊與一起左轉的北面部隊會師常德，期能以此包圍國民黨軍隊的第一線兵團，並與進援常德之第二線兵團正面決戰，達成消耗國民黨軍隊實力之目的；隨後，全軍於國民黨軍隊包圍圈形成前一起撤出。

相比之下，中國方面的戰力部署則顯得有些力不從心。鄂西會戰後，第六戰區共有第三十三集團軍、第廿六集團軍、江防軍、第十集團軍、第二十九集團軍，計十二個軍、三十五個步兵師，防守著由監利至石牌再折向漢水的V字形防線，正面防線長達二百七十公里，兵力明顯不足。

由於鄂西會戰並未能收復石首、華容等地，所以不但使日軍仍然佔領著良好的西進橋頭陣地，而且使防守長江南岸的第廿九、第十集團軍失去了長江天險之利，只能利用沿松滋河以東的九都大河、太平運河、松滋河等河汊障礙建立第一線防地。戰區長官部僅掌握駐瀏陽的第一〇〇軍為總預備兵團。雖然另有第七十四軍駐於常德、桃源附近，但該軍係軍事委員會直屬部隊，暫歸第六戰區督訓。

一九四三年九月間，當面日軍的活動突然頻繁起來。第六戰區判斷日軍有可能再度發動進攻，遂在鄂西會戰前制訂的防禦計畫基礎上，重新研究修訂。修訂後計畫的作戰方針是：「一、戰區以鞏固陪都之目的，配置重點於石牌、廟河兩要塞，先以第一線兵團依縱深據點工事逐次予敵以打擊，最後固守常德、石門、漁洋關、資丘、石牌、廟河、興山、歇馬河、南漳各要點，再由第二線兵團之機動，協同第一線兵團轉移攻勢，擊滅進攻之敵。二、敵如以小部隊向我某一方面行局部攻擊時，則主要以第一線兵團擊潰之。」

但戰區此時因對日軍進犯目標仍無明確認識，只能命令主力保持機動位置策應兩方。第六戰區身膺拱衛陪都之重寄，在戰略部署上自然以入川要道各關隘之守備為主。以此而策定的戰略規劃，理所當然偏向將精兵部署在石門以西。而石門、常德等戰區的右翼陣地則成次要，這與日軍的進攻方向正好相反！

當時，第六戰區深信日軍必然以直取巴萬要塞為主要目的，即使在常德有所動作，也不過是協攻或佯動。結果，常德會戰前夕，第六戰區以重兵屯駐入川大道，而對湘西方面腹地的防禦則殊顯薄弱。

一九四三年十一月一日，日軍五個師團兵分三路，依原訂計畫全線出擊：第三十九師團與第十三師團為左翼，直取第十集團軍主力陣地；第六十八師團居中，準備自兩個集團軍交界中間穿過，徑攻慈利；第三師團則在第廿九集團軍前渡江，希望捕捉王纘緒集團軍的主力；日軍主攻常德的「奇兵」第一一六師團則水運渡過洞庭湖，在第廿九集團軍的右翼澧縣一帶登陸，一面包抄第四十四軍，一面兼程直取常德。常德一戰，日軍集結了所有華中方面能動用的兵力將近九萬人，規模遠遠超過我方預期，惡戰在所難免。

十一月一日，第十集團軍長江南岸第一線前哨部隊第九十八師首當其衝，戰況激烈。正面敵軍番號經判明為第三、十三、三十九師團、第六十八師團的一部份及獨立第十七旅團。番號之多，頗出軍委會與第六戰區的預期。

十一月二日，第一九四師與向暖水街急進的第十三師團接戰。十一月三日，第四十四軍南縣陣地也遭第一一六師團主力衝擊。最後渡河的第三十九師團則直接西向進軍漁陽關，第一八五師奮起接敵，戰況激烈。

十一月四日中午，公安陷敵。敵第六十八師團向第四十四軍猛攻，第四十四軍眾寡懸殊，節節後撤。第廿九集團軍王纘緒總司令決定向石門方面轉進，但此時第六戰區長官孫連仲調整部署，電令該集團軍移往澧縣。

十一月六日，日軍陸續進入既定攻防位置，與我軍在毛家山、二方坪、石門、津澧、慈利展開激戰。

十一月十日，日軍第三師團渡過霧氣河、太平運河、松滋河之後，順利分割了第十、廿九集團軍。隨後，石門、慈利、漁陽關、澧縣相繼失守，日三萬大軍陸續向常德集結。

第六戰區司令長官孫連仲在研判湘西方面軍情後，認爲敵主力似乎已經表明指向常德，乃於四日晚間電令自第九戰區開來的第七十四軍開往桃源，作爲第十集團軍之後衛，同時令該軍已在常德附近構築工事的第五十七師立即進入常德佔領陣地。

但是孫對日軍主攻方向仍無信心，他率領的是陪都大門的護衛軍，自然不敢輕舉妄動。他對於戰況激烈的沿江第一線兵團戰場，僅指令應極力保守安鄉，並憑藉既設陣地逐次行堅強抵抗。對於戰區預備隊第二十六集團軍與第三十三集團軍則遲遲不願過早調往湘西，仍訓令兩集團軍待命策應江防軍作戰。

蔣介石對於湘西激戰也頗爲關注。自日軍進攻以來，蔣連續致電孫連仲與薛岳，調整部署。十一月七日，他要求第十集團軍主力擊破暖水街方面之敵；十七日，指示薛岳常德之保衛由七十四軍五十七師承擔；十八日，他要求王耀武迅速指揮七十四軍與第一○○師在浮山、慈利一帶阻擊敵人，並調第四十四軍協助作戰。但是蔣介石的調整速度顯然無法有效遏制日軍進攻，日軍此時已對常德形成重兵包圍之勢。

戰前，蔣介石特致電有關將領：「進犯常德之敵，三旬以來經我迭次痛擊，傷亡慘重疲憊已極。其補給斷絕，後方空虛，必將潰退……無論常德之狀況有無變化，決以第六、九戰區協力包圍敵人於沅江之畔而殲滅之。」但是，待到日軍攻城時，蔣介石已身在開羅。眾軍缺乏蔣介石的嚴令，作戰配合開始顯得有些各行其是，軍事委員會缺少了蔣的權威，軍隊調動更是倍受掣肘。

第五十七師師長少將余程萬，參軍前就讀於中山大學政治系，黃埔一期畢業，堪稱文武全才，是七十四軍中打防衛戰的能手。上高會戰中曾死守上高城，榮獲陸海空軍第一號武功狀。蔣介石欽點余程萬擔此重任，即是看中余的守城能力。

余師進駐常德後，立即搶修工事以構成完整的防禦體系。此時第五十七師並配署第七十四軍炮兵團的一個七六二炮兵營及戰防炮營第一連，高炮第四十二團一個排，擁有遠超一般國軍師級單位的炮兵火力。第五十七師在會戰初期即待命應援前線，此時則全師就位，準備與攻城敵寇決一死戰：第一六九團防守城北，第一七〇團防守城西，第一七一團防守城東，城南則為沅江，形成背水而戰態勢。戰前，縣城內居民完全遷出。十一月十八日，日軍第一一六師團與第六十八師團逼近常德，第五十七師前哨據點涂家湖市遭敵攻擊，局勢已然明朗，常德即為敵我決戰之地。

十一月二十日，第六戰區電轉蔣介石訓令，余師長接獲訓令後即通令全師官兵，服從統帥意旨，發揚上高殲敵之精神，爭取本軍之榮譽。

廿二日，日軍第十一軍主力在常德城郊集結完畢，開始向常德發起總攻，意圖以壓倒性兵力在短時間內一舉掠取常德。第一一六師團在會戰前期儘量避戰，此時部隊完整，整個師團均用以攻城。第六十八師團負責在第一一六師團攻城時掩護左翼，抵禦來自第九戰區的援軍。第三師團與第十三師團在慈利、桃源方面截阻王耀武集團軍第二線兵團，第三十九師團、獨十七旅團與第五十八團一部則在後方抵擋第十集團軍攻勢，並掩護第十一軍退路。日軍第一階段之戰略企圖已經完成，而我軍兩線兵團仍處於分散狀態，常德危急。

橫山勇一動手便全力猛撲德山，守軍匆促應戰，僅一晝夜德山陣地便告失守。德山是常德對外聯絡最重要的要害，是城南沅江上的渡口。德山失陷後，第五十七師後路被截，與外界交通中斷。

廿四日，第一一六師團集結完畢，對常德城防展開主攻。初期仍以傳統步炮協同攻城，城廂陣地中，敵我展開白刃肉搏。第一一六師團以強大的炮兵轟毀第五十七師據點工事，步兵隨後突入。第五十七師各團營長則親率所部衝鋒逆襲，在城巷以手榴彈與火攻遏阻來敵，並以近戰搏殺將侵入的日軍。日軍爲求速進，除集中炮火轟擊外，另施放大量催淚瓦斯和毒氣，我軍只能依託防禦工事，集中火力痛擊敵人。

余程萬

廿六至廿八日，日軍進攻更猛，常德城內「集屍滿街，血流成渠」，援軍遲遲未見蹤影。第五十七師官兵損傷殆盡，余程萬下令將城內炮工輜部隊、政工、師部幕僚及所有官佐雜役全部編隊投入戰鬥。常德警察亦編入部隊，並發掘常德警局埋藏之槍彈一萬發，此爲第五十七師之最後接濟。廿九日，敵空軍大量投放燃燒彈，城區隨即大火蔽日。余程萬率副師長據守中央銀行，各團團長劃分區域各守一屋，逐屋逐巷作最後抵抗，直至退守寬不及三百公尺的最後陣地。

正在參加開羅會議的蔣介石此時根本無心指揮作戰，十二月一日指示孫連仲：「此次守衛常德與斯大林格勒之保衛戰價值相等，實爲國家民族之光榮，務必苦撐到底。」

常德戰事至此悲慘局面，軍事委員會此前一再應允的援軍至今尙不見蹤影，「苦撐到底」基本再無任何戰略價值，五十七師就是甘作「橡皮糖」黏住日軍，我軍從外線進行反包圍的機會恐怕都很渺茫了。

從這個角度說，蔣介石在此時發出「死守」命令不過是顧及顏面罷了。十二月三日，最後時刻已經來到，深恨友軍的余程萬師長向孫連仲及軍事委員會發出最後一電：「彈盡人亡，城已破，友軍觀望不前。」「此刻大街小巷混戰成一團。職率副師長參謀長死守中央銀行，決心謹守職責，以身報國。職余程萬謹叩。」坐鎭軍委會的陳誠讀到余程萬的訣別電報時，不禁落淚。

當然，余程萬也不是有勇無謀的匹夫，發出訣別電報後，決心由自己率領所屬三員團長及兩團殘部百餘人，冒險向德山突圍，尋找正向常德增援的第十軍，最後又帶領援軍成功收復常德。

其實，軍委會鑒於常德方面軍情轉急，早在十一月十八日就已電令第九戰區出兵北援。第九戰區並未動用最接近前線的第九十九軍，反而令第六戰區所屬第十軍自長沙向常德方面推進。

薛岳此舉，很明顯是在提防日軍轉向攻入第九戰區，當然，這也不是絕無可能。由於第六戰區形勢渾沌，第十軍推進緩慢，廿六日至戰區跨界處與敵交戰時，又藉口戰況膠著左翼暴露，幾乎停止行進。

軍事委員會一面哄催第十軍加快速度，一面數次致電薛岳盡速增援，可是這位百戰居功的猛將又怎會輕易受人左右呢！而有心救援的王耀武軍又在向黃石推進時，與日軍第十三師團陷入苦戰無法抽身，只能眼見常德化爲焦土。十二月三日凌晨，最後留守常德的柴意新團長集結第一六九團殘部，進入雙忠巷最後陣地。柴團長深知第五十七師末日已到，率部奮力做最後一搏，壯烈殉國。

第六戰區根據其拱衛陪都安全的任務，根據敵強我弱的實際情況和戰區地形按慣用方針，制訂了逐次抵抗消耗敵人，最後依常德守軍之抑留與外線兵團協同，向心攻擊，將日軍壓迫於洞庭湖畔而殲滅之的計畫。就計畫本身而言，並無失當之處。

第五十七師固守孤城長達十二晝夜，廣大官兵艱苦奮戰，勇猛衝殺，直至城破後仍浴血拚搏，寸土必爭，全師八千餘人，除極少數人在完全無望的情況下突出重圍外，絕大多數官兵，特別是主動承擔掩護師長突圍的柴意新團長所部二百餘人戰鬥至最後一人，寧死不屈，全部犧牲，確實最大限度地盡到了固守常德，吸引、抑留日軍的責任。

但是，縱觀整個會戰過程，各戰區的配合以及對友軍的態度卻令人髮指。許多高級指揮官缺乏鬥志，畏難畏戰，根本不聽軍事委員會調度，戰鬥行動始終不能落實作戰指導，結果，第十軍的增援甚至要等蔣介石的電令到達後才繼續前行。戰鬥配合如斯，余程萬虎賁之師八千將士最後僅餘百人。

蔣介石自開羅回國後，得知五十七師其實並未全部陣亡，指責余程萬「臨陣脫逃，擅離職守」而置全師官兵性命於不顧，執意要將余送交軍事法庭審判。最後還是軍中多位將領聯名請求才使余程萬逃過死刑。其實，國人皆知余程萬已竭盡所能恪盡職守，而蔣的愛將卻驕縱如此、畏戰如此、推諉如此，身為統帥的他難道不該負責麼！

第八章 從「溶共」、限共到反共

一、有軍隊、有政權的合作

國共再度攜手共禦外辱，中共接受改編開赴華北戰場。首戰平型關，一一五師痛殲敵軍；再戰忻口，兩個戰場密切配合。

盧溝橋事變之後，日本方面的戰略目標，很明顯是要以華北會戰來結束事變，達到其預期的華北特殊化結果。一九三七年七月底，平、津相繼失陷，日軍在華北軍事冒險的成功大大刺激了全面侵佔中國的野心。爲配合華北的軍事行動，日軍大本營又對上海發動了大規模的進攻，並瘋狂叫囂「三個月內滅亡中國」。

日本的全面侵華戰爭，使中華民族面臨亡國滅種的嚴重危險。事實清楚地擺在中國人面前，在生死存亡的危機關頭，只有全民族團結抗戰才是唯一的生路。

八月初，蔣介石邀請周恩來、朱德、葉劍英到南京參加最高國防會議。廿二日，國民政府軍事委員會接受紅軍改編爲第八路軍並開赴華北前線抗日。九月，八路軍改稱第十八集團軍，列入閻錫山指揮的第二戰區，朱德被任命爲二戰區副司令長官。

九月廿二日，國民黨中央通訊社發表了《中國共產黨爲公布國共合作宣言》，次日，蔣介石針對這一《宣言》發表談話說：「此次中國共產黨發表之宣言，即爲民族意識勝過一切例證。」「在存亡危急之秋，更不應計較過去之一切，而當使國民徹底更始，力圖團結，以共保國家之生命與生存。」至此，蔣介石終於承認了共產黨的合法地位。國民黨和共產黨終於拋開了十年來的恩恩怨怨，攜起手來共禦外侮。

日軍佔領平津後，迅速以三十萬兵力沿平綏、平漢、津浦三路向華北地區擴大進攻。沿平綏西進的日軍，很快奪取大同，計畫沿同蒲路南下奪取山西。蔣介石決定增兵上海，以擴大淞滬戰事來牽制華北日軍的南下。其作戰方針是，「以國軍一部對華北之敵持久，確保山西；相機集中主力於華東，對上海之敵取攻勢，以迫誘日軍轉變其作戰線路爲沿長江由東向西。」基於這一構想，蔣介石先調集主力部隊在察、綏、晉方面，向將會由華北南下的日軍右側發動攻勢，並確保山西，以牽制或遲滯日軍南下；繼而藉「八一三」事件集中精銳部隊於華東方面，主動向淞滬之敵猛攻，迫誘日軍大本營自東北基地、日本本土以及華北原主力作戰方面相繼增援淞滬。如果成功，日軍的戰線將變爲沿長江展開的由東向西的趨勢，這就等於鑽進了我軍的「消耗戰」的圈套，這對於中國軍隊來說是有利的。

對照當時中日雙方戰場形勢，這一作戰部署無疑起到十分積極的作用。正如蔣介石在八月二十日對陳誠、熊希齡所說：

「敵人侵華，早已處心積慮，熟讀了中國戰史，對中國歷代興亡之道無不了然。今天，我最擔心的是敵人如由河北打到山西，渡過黃河，由陝西下四川，而進攻雲南、貴州，這是效法元朝忽必烈亡宋之路，再由西南向東席捲。到那時縱使保有沿海各省，敵人可用海軍封鎖海口，形成數面包圍夾攻，我們還有生路嗎？爲徹底摧毀敵人的這一奸計，我們唯一的辦法，就是要在上海開闢戰場，迫使他們力量分散，在沿海各省陷入泥沼而不能自拔。至於我們的軍力不妨逐漸西

一九三七年八月，周恩來（右二）、朱德（右一）、葉劍英（左二）等在南京

移，遷都重慶，誘敵西上。」

在淞滬會戰激烈進行的時候，蔣介石對華北戰場做出重要部署，與日本侵略軍展開了一場以保衛太原爲目標的忻口防禦戰，又稱山西抗戰。在蔣介石的抗戰方略中，山西的持久抵抗與主動開闢淞滬戰場如鳥之兩翼，缺一不可。

九月，沿平綏線西犯的日軍主力板垣第五師團由宣化南下，企圖突入長城防線，打開通往太原的通道。其中第二十一旅團兩個聯隊連同炮兵、輜重等約五千人，沿靈丘到平型關的公路追擊後撤的國軍第七十三師，伺機奪取平型關。閻錫山聽取二戰區各方面的意見，制定了迂迴包抄、前後夾擊的作戰計畫。九月廿五日，林彪、聶榮臻率領的八路軍一一五師在平型關東北山地伏擊了進犯之敵，經一天激戰，日軍一千餘人被殲，八十餘輛汽車被摧毀。平型關大捷是全面抗戰爆發以來，中國軍隊的第一個殲滅戰，打破了日軍不可戰勝的神話，鼓舞了全國軍民的鬥志。蔣介石接到戰報之後，廿六日，致電朱德、彭德懷祝賀。

九月上旬，日軍進逼忻口。忻口是晉北地區通向太原的門戶，是保衛太原的最後一道防線。蔣介石爲確保山西，督飭閻錫山以第二戰區兵力在晉北忻口地區組織全線防禦。當時，河北戰局也不利，九月廿四日，國軍棄保定，退守石家莊。晉北、河北同時告急。權衡利弊，蔣介石下令將在平漢線原編屬第一戰區的衛立煌第十四集團軍調赴山西參戰，並任衛立煌爲第二戰區前敵總司令。

閻錫山爲了保衛老巢，一改往日拒絕中央軍入晉的傳統，歡迎蔣介石的部隊參加忻口會戰。當時正值抗日民族統一戰線剛剛建立，國共關係較好，身爲前敵總指揮的衛立煌表現出積極的團結態度，確保了八路軍部隊作用的充分發揮。衛立煌將先後到達忻口的約十萬兵力，調整編組爲左、中、右三個集團軍，右翼方面軍部署在五臺山一線，由朱德指揮。

衛立煌部的調動，增強了山西的防禦力量，但卻使原本鬥志不強的河北劉峙方面更加虛弱。日軍抓住機會，在雙十節那天攻佔了石家莊。大同和石家莊的日軍開始聯手進攻太原，以保衛太原爲目的的忻口會戰就這樣打響了。

敵軍第五師團等三個師團七萬兵力，在飛機、大炮、戰車掩護下，從中央突破猛攻崞縣得手後，於十月十三日開始向忻口陣地發起攻擊，英勇的中國軍隊在晉北大地上奏響了一曲悲壯的戰歌。在懷化我守軍與日軍連日反覆爭奪，陣地失而復得，第九軍軍長郝夢齡及五十四師師長劉家麒，獨立第五旅旅長鄭廷珍等英勇陣亡。而日軍的主帥也躲不過中國守軍憤怒的子彈，死一個換一個，三易其人。

朱德、彭德懷率第十八集團軍在敵軍兩翼及後方展開猛烈攻擊：一一五師切斷了忻口與張家口、北口的敵軍交通線；一二〇師切斷了忻口與大同之敵的交通線；一二九師一部十九日夜襲陽明堡機場，毀傷敵機廿四架，殲日軍百餘名，大大削弱了敵軍對我陣地的空中威脅。

敵我連日血戰，中央軍傷之甚眾，十七日起轉攻爲守。蔣介石應衛立煌之請求，電令來自四川的鄧錫侯、孫震第廿二集團軍自潼關馳援。我抗日將士不畏強敵堅守陣地，曾於廿四日出擊，把戰線推進了兩公里，雙方膠著僵持直至三十一日。

蔣介石對忻口戰役非常重視和關注，衛立煌、閻錫山差不多時時、事事向蔣介石稟報，前線將領劉茂恩、李仙洲、黃伯埧等也常常直接致電蔣介石，報告戰況及部隊的作戰、傷亡情況。蔣介石每每致電將領直接部署、調派軍隊，並鼓勵官兵頑強抗戰。

這場戰役體現了中國軍民堅決抗戰的決心和不怕犧牲、奮勇抗敵的精神。衛立煌在致蔣介石的一封電報中說：「當時抗戰之勇敢，與陣地同存亡之精神殊爲壯烈，而損傷之奇重亦爲前所未有。」

十月廿四日，蔣介石對在忻口陣亡的赫夢齡軍長、劉家麒師長發表祭文，哀悼英雄亡魂，勉勵前線將士，誓作堅決抗戰。

日軍在忻口以北受到頑強抵抗，被阻而不得前進，死傷萬餘人。爲突破僵局，日本調遣佔領石家莊的日軍，沿正太路西進。蔣介石下令馮欽哉第十四軍團和曾萬鍾第三軍在正太路沿線佈防，孫連仲第一軍團守娘子關，第十八集團軍一二九師配合作戰。正太線戰鬥進行甚烈，雙方血戰數日，傷亡慘重。敵人不斷增兵，以猛烈炮火轟擊，十月廿六日，再次攻佔娘子關，三十日，佔領陽泉、平定，直撲太原。此時，蔣介石又調湯恩伯第二十軍團等參加晉東作戰阻擊敵人，但緩不濟急，日軍繼續西進不止，忻口後方受到威脅。

十一月二日，衛立煌指揮忻口大軍退守太原以北一線，日軍第二十師團和第五師團從東北兩路會攻太原，十一月九日，太原失守。

忻口防禦戰是一場關係整個華北地區抗戰的一場重要戰役，雙方相持二十餘日，殺傷日軍兩萬餘眾，打亂了敵人企圖迅速侵佔華北，進而南圖中原的戰略部署，形成了華北戰場持久抗戰的有利態勢。這也是抗戰以來，蔣介石指揮國共雙方軍隊互相配合，共同作戰，有力抗禦敵人的一次重要戰役。

忻口會戰充分展現了正面戰場與敵後戰場的密切配合的作用。對於八路軍的有力配合，蔣介石在當時持肯定與讚賞的態度。他在十月廿二日致何柱國的一封電報中說：「八路軍已發揮機動效能，希飭部果敢實施擾亂牽制，使正面作戰有力爲要。」在閻錫山、衛立煌發給蔣介石的電報中，除了稟報國民黨部隊的作戰情況外，還常常報告由朱德指揮的第十八集團軍的戰績。晉北戰場初期的有利態勢正是由國共軍隊共同創造的，這一點，何應欽在一九三八年三月在國民黨臨時全國代表大會的軍事報告中已加以肯定。國共雙方能在忻口會戰期間密切合作，也正體現了當時蔣介石堅持抗日民族統一戰線、堅決抗日的積極態度。

華北正面戰場國土淪陷，國共開闢敵後游擊戰場，開展軍事合作；國民參政會上，兩黨共商國是，開展政治合作。

蔣介石指揮他的軍隊對日軍的猛烈進攻死拚硬擋，但是血肉難堵炮火，北平、天津、太原、上海、南京相繼失陷。山河破碎風飄絮，頓時，神州大地一片風雨淒迷，天地變色，草木含悲。蔣介石面對潮水般湧進的侵略軍，悲痛、憤恨一時雲集心頭。在正面戰場血肉橫飛，戰線不斷向內地收縮的同時，中國共產黨深入已淪陷的地區，廣泛發動民眾，展開了人民游擊戰。

一九三八年二月，蔣介石在武漢會見了彭德懷。徐州會戰在即，蔣介石心中並沒有底，他詢問道：「是否可以在青紗帳起時派隊襲擊津浦線，支援徐州會戰？」多一份力量就多一分勝算，蔣介石已經開始意識到共產黨的游擊戰在對日作戰中有巨大的作用。同仇敵愾，自當義無反顧，彭德懷慨然回答：「不待青紗帳起即當派隊前往！」津浦線的日軍開始不得安寧，在北段，八路軍頻頻出擊；南段，新四軍第四支隊協同國民覺軍隊李品仙部、廖磊部運動於淮河流域，使準備北進的日軍不得不慎重考慮。

中共以陝甘寧抗日根據地的建立爲範本，在敵後戰場先後建立了晉察冀、冀南、冀魯豫、蘇南等多塊根據地，就是在林海雪原的東北也活躍著中共領導的抗日聯軍。八路軍和新四軍的敵後游擊戰有力地支援了國民黨軍隊在正面戰場組織的抗戰。兩個戰場互相配合，互相依存，分別牽制著大量日軍，使狂妄不可一世的侵略者處於腹背受敵的境地。

一九三八年十一月廿五日至廿八日，蔣介石在湖南南嶽召開了軍事會議，中共代表周恩來、葉劍英等也應邀參加。會議接受了中國共產黨的建議，決定設立南嶽游擊幹部訓練班，聘請共產黨人擔任教官。一九三九年二月，在國共共同努力下，南嶽游擊幹部訓練班正式成立，參加訓練的成員除了國民黨軍官外，還有大批進步知識青年，他們結業後，深入敵後，積極開展游擊戰爭，給日寇以沉重打擊。

軍事合作是以政治上的諒解爲基礎的。蔣介石與共產黨人在國內的政治改革方面，也取得了一定的共識，最大的成就是召開國民參政會。

中國共產黨在抗日戰爭爆發的初期便提出應把「實現民權政治」作爲國共合作的政治目標之一，並且，社會各界對於政治改革的要求也十分迫切。在武漢臨時全國代表大會上，蔣介石做出了政治改革，政黨整頓的姿態。在《抗戰建國綱領》「政治」部分指出：「組織國民參政機關，團結全國力量，集中全國之思考與識見，以利國策之決定與推行。」剛剛卸任教育部長的王世杰，受命參與國民參政會的籌備工作。

王世杰相當瞭解各黨各派的民主主張，他也傾向於按照西方民主國家的模式，在三民主義的基礎上建立一個初步的民意機關。一九三八年六月中旬，他經過慎重考慮，向蔣介石提議：爲了獲得國際上民主國家的同情和好感，務必趁此時期宣言中外，著重表示國民政府的政治活動向來奉行民治主義，決非反民治的法西斯主義或馬克思主義。王世杰特別強調「民治」，他是想按照孫中山的遺教精神不失時機地做一個政治改良的設計師。

六月十六日，由國民黨中央發表了國民參政會參政員二百人的名單，其中共產黨方面，有毛澤東、王明、秦邦憲、林伯渠、吳玉章、董必武、鄧穎超七人。

國民參政會第一次大會，於抗戰一周年紀念日的七月七日在武漢開幕，由汪精衛擔任議長。

蔣介石以國民黨總裁身分在國民參政會發表了演說，對於來之不易的國內政治統一局面，他十分滿意。就此，他表達了自己對於日軍發動侵華戰爭的看法。在演說中，蔣介石說：「敵人之所以敢於輕視我國，其最大的理由，還不在軍事方面；而是他看到我們國家內部不團結，政治不統一，沒有形成現代國家的基礎。但是，現在已表現我們全國一致抗戰的組織和行動，使敵人不得不重新認識我國國民的力量已團結集中於政府指揮之下，來排除侵略，這實在給予敵寇以致命的打擊。」

共產黨方面，除毛澤東外，其餘六個參政員都參加了國民參政會。他們都稱讚大會成功，林伯渠這樣評價道：「在中國歷史上沒有能比得上國民參政會的大會，奠定了民族獨立、民權自由、民生幸福的基礎。」

大會的最後一天，發佈了宣言，宣言稱：中華民族並不敵視日本民族，但對於暴虐的侵略者將長期抗戰到底，以達最後勝利。否認國民政府，就是否認中國國家；仇視蔣委員長，就是仇視全中華民族的國家意識。

一九三八年七月六日，第一屆國民參政會全體參政員合影

宣言表達了中國抵抗侵略的堅決態度，承認了蔣介石爲國家和民族的代表，這就等於向各界昭示，與日本侵略軍做鬥爭的是整個中華民族，而不是某一個黨派。所以宣言是對日本分化中國抗戰力量的有力回擊。蔣介石在當天的日記中，盛讚道：「國民參政會發表宣言，強調擁護政府團結禦侮之誠意，此無異答覆敵寇一月十六日《不以國民黨政府爲對手》之聲明，使其知所畏懼，亦可見我政治力量大增矣！」

進入相持階段後，蔣介石對共產黨的疑心越來越重，以至於不惜動用本來應該用來打鬼子的槍炮對付共產黨。但是，由於與日軍的正面交鋒並沒有完全停止，所以國民黨與中共領導的敵後戰場的配合與支持也沒有斷絕。從武漢失手到日本投降的七年時間中，蔣介石在正面戰場先後發動了近七十次較大的戰役，絕大多數戰役中，共產黨領導的部隊都做出了有力的支援和配合。

也就是在這個階段，敵後戰場的武裝力量逐漸發展成中國抗戰的中堅力量。一九四四年，當日軍發動豫湘桂戰役，繼續向正面戰場進攻的時候，中共在「敵進我進」的作戰方針下，領導敵後戰場的軍民對日軍發起了局部反攻，主動配合了友軍的作戰。到一九四五年，敵後戰場已經成爲全國大反攻的「最前面的戰略基地」。

眼見中共敵後發展壯大，蔣介石加緊謀劃「溶共」之策，數晤中共領導人；中共多次婉言以拒，國共合作又生嫌隙。

中國有一句老話，「兄弟鬩於牆，外禦其侮」。日軍全面侵華的狂風驟雨終於把國民黨和共產黨兩個老對手逼到了守土抗戰的同一條船上，相逢一笑，十年恩仇雖未冰消融釋，總算不計前嫌，在患難中攜起手來，共渡劫波。這是一次令人欣慰和感懷的同舟共濟，就連蔣介石也覺得自己幹得漂亮，大有領袖風範。

蔣介石在談話中說：「在存亡危急之秋，更不應計較過去之一切，而當使國民徹底更始，力圖團結，以共保國家之生命與生存。」話雖如此，行動卻異常艱難。

對於在抗日戰爭中日益發展壯大的中國共產黨和人民武裝，蔣介石憂懼漸增，不斷謀劃對策。在武漢失守前，中國共產黨曾經向蔣介石和國民黨領導提出過各黨派聯盟的主張，即建立抗日民族統一戰線組織，以及建議制定共同綱領，改革政治機構等，但爲蔣介石一一拒絕。蔣的打算是把共產黨合併到國民黨裏面來，加以溶化，實現他「一個主義、一個政府、一個領袖」的夢想。

一九三八年二月十日，蔣介石向周恩來表示，他無意取消各黨派，也不是不容許它們存在，最大的希望是使它們溶成一體。後來，在武漢國民黨臨時全國代表大會前後，蔣介石又接連兩次談話表明他對黨派問題的態度。他說與其用政權力量抑制其他黨派或思想的存在，不如把其他黨派溶化在一個信仰一個組織下，使它們都能爲國家和民族前途作出貢獻。

其實，早在全面抗戰爆發之前，蔣介石對這種「溶共」政策就有了較周詳的構想。西安事變後，蔣介石接受了國共合作的主張，只是在合作的方式上心存疑問。一九三七年五月，蔣介石對周恩來提出了成立「國民革命同盟會」的主張，具體辦法是：由國民黨和共產黨各自推出同等數量的幹部，共同組成國民革命同盟會，蔣介石爲主席，擁有最後決定權；由同盟會討論決定兩黨對外的一切行動和宣言；同盟會在進行順利後，如果情況允許，可以擴大爲國共兩黨合組的政黨，也可與第三國際發生關係，並由此堅定聯俄政策，形成民族國家間的聯合。蔣介石的如意算盤是要把共產黨合併到國民黨中，取消共產黨的獨立性。這樣，既順應了民眾停止內戰一致抗日的要求，又實現了自己孜孜以求的「安內」目標，何樂而不爲呢？正因爲看到了蔣介石的這種用心，周恩來拒絕了他的提議。

全面抗戰爆發之後，蔣介石「溶共」的心情更爲迫切，並且更加注意策略，注重用政治方式達此目的。國共如何溶成一體呢？蔣介石認爲，共產黨獨立於國民黨之外，「跨黨」是絕對不行的。

在參加完第一次南嶽軍事會議後，蔣介石轉道桂林去重慶。桂林，素來就以「山水甲天下」聞名於世。由於當時國民黨桂系勢力在當地實行了比較開明的統治，大批從淪陷區撤退大後方的文人學士、社會名流彙集桂林。在抗日的旗幟下，各界人士求同存異，桂林一時呈現出比重慶還活躍的生機。蔣介石也爲當地人文薈萃，濟濟一堂的新氣象感動，再次萌生了併黨的欲望。

十二月六日，蔣介石在桂林會晤了周恩來，繼續商談國共關係問題。對於國民革命時期的經歷，雙方都記憶猶新，但是感受卻截然相反。蔣介石明確表示，不贊成中國共產黨保留黨籍加入國民黨這種跨黨合作辦法。他說，中共既然實行三民主義，最好與國民黨合併成一個組織。如果此點可談，將邀請毛澤東面談。如果中共全體加入做不到，可以先由一部分中共黨員加入國民黨，但是絕對不能跨黨。周恩來對於這種取消共產黨獨立性的合作方式當然予以拒絕，話雖委婉，意思卻毫不含糊。意識到事無可爲，蔣介石此時則表示：如果考慮合併之事不可能，就不必邀毛澤東到西安會談了。

桂林會談表明蔣介石仍然希望利用國共合作的機會，以統一戰線來削弱共產黨的實力，進而達到「溶共」的目的。在第二年的國民黨五屆五中全會上，他的這種思想開始明確公開地表達了。

十二月十二日，蔣介石在重慶又約見參加國民參政會的中共代表王明、博古、董必武、吳玉章、林伯渠繼續洽談。

由於前幾次會晤都不歡而散，而蔣介石溶共併黨的心情又如此的強烈，這次他說得很激動：「共產黨員退出共產黨，或共產黨取消名義將整個加入國民黨我都歡迎，或共產黨仍然保存自己的黨，我也贊成，但跨黨辦法，是絕對辦不到的。我的責任是將共產黨合併於國民黨成為一個組織，國民黨名義可以取消，我過去打你們，也是為保存共產黨革命分子合於國民黨。此乃我的生死問題，此目的如達不到，我死了心也不安，抗戰勝利了也沒有什麼意義，所以我的這個意見，至死也不變的。」

中共參政員則解釋：「一個組織辦法做不到，如跨黨辦法做不到，則可採取我們提議的其他方式合作。」

但是在蔣介石看來，唯有國民黨才是中國政治舞臺上的主角，解決中國黨派問題的唯一途徑就是其他黨派都消溶於國民黨，正如後來在國民黨五屆五中全會上明確表達的那樣，他始終認為：「本黨是創造民國領導革命的唯一大黨」，「如果本黨今後能日趨健全，日益充實，負得起革命建國的責任，不僅共產黨尊重本黨，服從領導，國內現在一切黨派，都必然消溶於三民主義之下，共同為完成國民革命而努力絲毫沒有問題。」會談持續了五六個小時，相持不下，最後不了了之。

二、新的「溶共」政策

五屆五中全會上，國民黨重新祭出「反共」大旗；中共正式拒絕併黨、跨黨提議，國共仍以協商方式繼續合作抗日。

一九三八年十二月，汪精衛的叛逃使得蔣介石認爲這會給國共兩黨的聯合注入一針強心劑，他趁機再次提出了兩黨合併的議題。一九三九年一月二十日，即國民黨五屆五中全會開幕前一天，蔣介石約周恩來面談又提國共兩黨統一之事。他說，汪精衛離去更是兩黨團結的好機會，即使暫時不統一也要有新辦法。

對此，中共中央電賀五中全會，表示願意加強兩黨合作，並密電蔣，指出：兩黨爲反對共同的敵人、爲實現共同的綱領而進行抗戰建國之合作爲一事，所謂兩黨合併，則純爲另一事。前者爲現代中國之必然，後者則爲根本原則所不許。共產黨誠意願與國民黨共同爲實現民族獨立、民權自由、民生幸福之三民主義新中華民國而奮鬥。但共產黨絕不能放棄馬克思主義的信仰，絕不能將共產黨的組織合併於其他任何政黨。意想不到的是，這一密電立即引起國民黨中央強烈回響。

一九三九年一月廿一日至三十日，中國國民黨在重慶召開了第五屆中央執行委員會第五次全體會議，這次會議對隨後的抗戰產生了較大的影響。五屆五中全會的內容涉及第二期抗戰的政治、軍事、經濟、外交、教育等方面，主要議題是抗戰與黨務問題。

在抗日問題上，五屆五中全會基本上堅持了繼續持久抗戰的立場，其宣言中聲稱「吾人所求爲合乎正義之和平，非屈服之和平，屈服只能助長侵略。中國若懼於日本暴力，以屈服謀一時之苟安，則將降爲日本之殖民地。」

蔣介石也在題爲《以事實證明敵國必敗我國必勝》的開幕詞中，表示要堅持抗戰。他說：「我們一定要持久抗戰奮鬥到底，不但使敵人過去『速戰速決』的目的不能達到，而且要使他現在『速和速結』的陰謀成爲粉碎，這就是我們今日唯一的方略，這就是敵之失敗，也就是我國勝利的基礎。」同樣，他還說到「我們目前如果妄想妥協，希求僥倖的和平，就無異於自投羅網，自取滅亡。須知敵國前首相近衛上月二十二日發表的所謂調整國交的談話，實在是誘降的文告，而不是講和的條件。如果依此而講和平，老實說就是降服。」

這其中的前一段話是講給美國人聽的。因爲對日本侵略中國一直無動於衷的美國，到了一九三八年底，看出日本不僅要霸佔中國，而且要控制整個亞洲和太平洋地區的野心，這勢必觸犯美國的切身利益。這時蔣介石派胡適出任駐美大使，經胡適的活動，美國總統羅斯福準備貸款給中國，金額爲二千五百萬美元，用以購買卡車和重要物資。但羅斯福首先要求蔣介石保證繼續抗日，因而蔣介石大講「抗戰到底」。

而後一段話則是說給日本人聽的。因爲自開戰以來，蔣介石與日本政府之間的和談大門一直沒有關閉，但近衛文麿的第三次宣言所提出的條件已經徹底打破了蔣介石的底線，即恢復「七七」事變以前的原狀。所以蔣介石在當時反對對日妥協，但並非斷然排除與日本談判媾和的可能性，問題只是在於時機與條件。

國民黨的五屆五中全會是在反共情緒高漲的情況下召開的。因此，如何對付共產黨，在五屆五中全會上，蔣介石做了異常明確的、總結式的回答：「現在要溶共，不是容共，它如能取消共產主義我們就容納它。」

會後，國民黨中央還連續制定了一系列秘密文件，如《防止異黨活動辦法》（一九三九年四月）、《共黨問題處置辦法》（一九三八年六月）、《異黨問題處理辦法》（一九三九年十二月）、《淪陷區防範共產黨辦法草案》等等。這些文件在「國家至上，民族至上，軍事第一，勝利第一，意志集中，力量集中」的口號下，利用國民黨執政黨的地位，對中國共產黨進行防範、限制、排斥及至打擊。

從這次全會可以看出，共產黨明確表示拒絕兩黨合併方案，而國民黨則鄭重聲明拒絕跨黨方案。第二次國共合作並無統一的綱領和具體的組織形式，此後，兩黨繼續以臨時協商的方式維持合作關係，直至再次破裂。

限制異黨活動的秘密文件主要是針對共產黨的，一些民主黨派民眾團體也受到限制，蔣介石對他們的發展壯大同樣不放心。在這種情形下，維繫抗日民族統一戰線的只有兩個東西：一個是《抗戰建國綱領》，一個是國民參政會。

對《抗戰建國綱領》，各黨各派各界均表示擁護，並且願意為它的徹底實現而努力；國民參政會是抗戰時期的民意機關，各黨各派各界也願意積極參加。國民參政會在組織上起著溝通國民黨與各黨各派各界的橋樑和紐帶作用。因此，國民參政會雖然在名義上是民意機關，而在事實上又起到了抗日民族統一戰線的各黨各派各界的聯盟機關的作用。國內各種尖銳複雜的矛盾和鬥爭，在這個機構裏都有集中的反映。

這一時期，蔣介石所奉行的「溶共、防共、限共」方針至少在表面上還是維持兩黨合作的政策，想分裂但又不敢公開化，使得抗日統一戰線不至於四分五裂，但與前一階段國共兩黨間比較融洽的合作關係相比，無疑是一個倒退，其對兩黨關係，以及由此而產生的對抗戰事業的惡劣影響是極其嚴重的。

關於黨務問題，蔣介石在五屆五中全會上作了《喚醒黨魂，發揚黨德與鞏固黨基》的報告和《整理黨務之要點》的講話。

蔣介石說：「到了現在，本黨差不多是奄奄一息，沉寂無聲，一般民眾不僅對黨無信仰，而且表示蔑視，我們現在要振興本黨，領導革命，第一根本要務是要樹立黨基，鞏固黨基。」國民黨重視自身的建設和發展，這本無可非議，也是抗戰事業所必要的。但是這次全會把中共力量的壯大，及其在全國政治影響和地位的提高，視為國民黨自身頹勢的一個重要原因，唯恐中國共產黨在抗戰中「坐大」，危及國民黨對全國的統治。

於是，國民黨確定了以「溶共、防共、限共」的手段來試圖達到其壯大自身的目的，還設置專門的「防共委員會」。五屆五中全會極力製造反共輿論，確立了「溶共、防共、限共、反共」方針，爲其日後進行反共活動製造輿論準備。

有多年「剿共」經歷的蔣介石，深知中共的力量源泉在於它的思想體系動員了廣大的民眾。所以，要「溶共」，除了組織上的合併或取消、軍事上的打擊與分化，還要從根本上否定中共及共產主義思想體系在中國存在的合理性。五屆五中全會因而確立了以「政治限共」爲主的方針。

蔣介石深受傳統文化的薰陶和歷史環境的影響，也懂得怎樣充分發揮這些因素的作用擊敗政治對手。在與日本人打交道過程中，他舉起了民族主義旗幟，黨內多年的對手汪精衛則走向了賣國的深淵。蔣介石深知這面旗幟、這種精神需求的偉力。一九三六年十二月，那段令他臉上無光的經歷給他的教訓太深刻了，在民族主義意識高漲的形勢逼迫下，蔣介石承認了中共的合法地位。當抗戰相持階段來臨，戰線基本穩定後，他又積極地開始籌劃利用民族主義意識反擊內部的對手。

與《防制異黨活動辦法》等反共決議的出臺相一致，以「一個主義、一個政府、一個領袖」爲號召的國民精神總動員運動隨即正式拉開序幕。國民精神總動員運動宣揚「國家至上，民族至上」，「軍事第一，勝利第一」，「意志集中，力量集中」，尤其強調糾正「分歧錯雜之思想」，要求「不違反國民革命最高原則之三民主義」、「不能鼓吹超越民族之理想與損害國家絕對性之言論」、「不破壞軍政國令及行政系統之統一」、「不利用抗戰形勢以達成國家民族利益以外之任何企圖。」

在國民黨所有關於國民精神總動員的文件和正式宣傳材料中，文字上都沒有直接提及共產黨，不過國民精神總動員所包含的反共用意連日本方面也洞若觀火。日本人說：蔣介石「藉國民精神總動員運動賦予三民主義一種反共色彩，使之成為國民黨的三民主義的組織。同時，又在國內施行了過去蔣在江西用以剿共而奏奇功的保甲制度，藉國民公約而使國民遵守三民主義排斥共產主義」。

國民黨政府還加強了新聞檢查力度，查封民主報刊，指使特務任意逮捕審訊抗日愛國青年和民主人士，取締抗日民眾團體。

「政治限共」的實施輔之於「軍事限共」。蔣介石把「做了日軍傀儡的漢奸」和「不服從命令的共產黨」作為國民政府面對著的兩大內敵。蔣介石在日記中一再攻擊中國共產黨是「假抗日，真作敵」。甚至對中國共產黨的恨超過了對日偽的恨。當日本忙於製造汪精衛的偽政權而在軍事上暫時停止了大規模的侵犯時，蔣介石在日記上說：「軍事如常，無變化，唯共產黨作祟為可恨耳！」

為了實施「軍事限共」，國民黨當局於一九三九年初設立冀察、魯蘇兩個戰區，逐步向華北和華中敵後增派兵力，這一部署雖然也有積極展開廣大的游擊戰的一面，但其主要目的則是加強國民黨在華北的武力，以限制共產黨的發展。六月，蔣介石又密令朱紹良、胡宗南、馬鴻逵、馬步芳等部，對陝甘寧邊區實施「監圍」，「嚴防『奸僞』向西南流竄。」到一九三九年五月止，國民黨在陝甘寧邊區周圍修築了五道封鎖線，西起寧夏，南沿涇水，東至黃河，綿延千里。

但是在反侵略的民族戰爭中，個人的命運與民族是很難分開的。這又促使蔣介石不敢公開撕裂抗日民族統一戰線，除了一些防共限共文件秘而不宣外，不得不為一連串反共軍事行動和慘案尋找各種藉口。

《日蘇停戰協定》傳來，抗戰形勢惡化，國人頓生仇蘇之情；各戰區國共摩擦不斷，蔣介石趁機掀起反共高潮。

蔣介石並不是頭腦簡單的一介武夫，他有著豐富的政治謀略，善於把握形勢變化提供的契機。這表現在他的外交實踐中，也表現在他的反共實踐中。

一九三九年春，日本為逼迫國民政府投降，千方百計孤立中國，先後攻佔海南島和南沙群島，直接威脅英法勢力範圍的東南亞，並且封鎖了中國出海口，蔣介石關於日本侵華勢必破壞整個遠東秩序的論斷，開始得到美英的慎重考慮。

更大的變化還在後面。希特勒利用英、法與蘇聯的矛盾，成功地開展了對蘇聯的外交活動，於一九三九年八月廿三日簽訂了《蘇德互不侵犯條約》。消息公布後，舉世震驚，輿論一致譴責，只有蘇聯認爲「具有驚人的積極價值」。由於在諾門檻衝突中日軍損失六萬，日本決定暫時放棄「北進」，以儘快結束中日戰爭，它也加緊了與蘇聯進行停戰談判，蘇聯很快與日達成《日蘇停戰協定》。

《日蘇停戰協定》在中國引起的回響比《蘇德互不侵犯條約》要強烈得多，因爲該協定直接涉及中國，它規定由日、「滿」、蘇、「蒙」「四國」組成委員會，勘定所謂「滿」、「蒙」邊界。此舉充分表現出日、蘇以中國主權和領土做交易的國際強權政治，引起「國人議論紛紛」，尤其是中國中間黨派對蘇聯以犧牲中國利益換取與法西斯暫時和解、嫁禍於人的極端民族利己主義行爲產生嚴重憎惡。

國民黨方面對上述條約和協定的態度是複雜的。蔣介石對蘇聯的惡感和敵意陡然增加，不過考慮到當前抗戰獲得蘇援必不可少，在蘇與英法反目爲仇的情況下，仍一廂情願地希望促成中蘇英法聯合對日的局面。正因爲這樣，國民黨當局沒有直接對條約進行評論，只說和約簽訂後國際形勢迅速變化，「我們應以一定不變來應付瞬息萬變的時局」。不過，對日蘇侵犯中國主權，國民黨方面提出了強烈抗議，昭示中外，決不承認所謂「四國」勘定的邊界。

德國解除了後顧之憂，一個星期後即發動了對波蘭的武裝侵佔。一九三九年九月三日，英法對德宣戰，歐洲戰爭爆發。蘇聯認爲這是「帝國主義之間的掠奪戰爭」，宣布對雙方「嚴守中立」。然而，事實上，蘇聯卻向德國源源不斷地輸送軍事物資和穀物，目的是使雙方遭到最大消耗，兩敗俱傷，從中漁利，更加無法解釋的是它趁人之危將其邊界向西推進二三百公里。

對於歐洲戰爭，蔣介石認爲是世界戰爭的正式開端，並且與中國的抗戰聯繫起來。蔣介石聲明：「我們認爲中國問題，實在是世界問題之一環」，這次抗戰「一定與勢在必起的世界戰爭連接起來，並且與世界戰爭同時結束，才能獲得最後的勝利」。然而蔣介石的出發點，是把抗戰勝利收回主權的主要希望寄託於英美等國際力量；主要目的是爲了鼓舞國民黨軍政人員的士氣，掃除長期存在的悲觀情緒。這就等於告訴他的部下，今後可消極抗戰，坐等英美等打敗日本，保存實力用於解決中共問題。

此後，國民黨當局利用當時國際政治形勢的重大變化、人們對蘇聯的惡感及對中共的誤解，策動一些國民黨軍隊和地方頑固勢力，接連製造了山東博山慘案、河北深縣慘案、湖南平江慘案、河南確山慘案等反共摩擦事件，掀起了一股同室操戈、豆萁相煎的反共逆流。

一九三九年十一月，國民黨召開五屆六中全會，實行把「政治限共爲主」改變爲「軍事限共爲主」的政策，並發出進攻八路軍、新四軍的密令。

十二月，胡宗南率部向陝甘寧邊區進攻，佔領了淳化、楊邑、正寧、中縣、鎭原五座縣城，並集結部隊，準備進攻延安。

在山西，閻錫山懼怕迅速發展起來並受共產黨抗日統一戰線影響較深的新軍變爲異己力量，決定「討伐」新軍。一九三九年十二月三日，閻軍首先在永和附近襲擊抗日決死隊第二縱隊之第一九六旅旅部，同時破壞永和、石樓、洪洞、蒲縣等六個縣的抗日民主政權及「犧盟會」等抗日團體，殺害包括洪洞、蒲縣縣長在內的政府人員，「犧盟會」幹部及八路軍晉西支隊後方醫院傷病員，工作人員共數十人，製造了「晉西事變」，亦稱「十二月事變」。

在晉西事變同時，閻錫山部隊夥同蔣介石嫡系部隊於十二月八日至廿六日，連續破壞沁水、陽城、晉城等七縣抗日政權，襲擊第五專署、「犧盟會」長治中心區《黃河日報》上黨分館等機關，屠殺共產黨及進步群眾五百餘人，拘捕一千餘人。

晉察冀抗日根據地軍民抗議國民黨當局的反共分裂活動

在隨後共產黨組織的反擊中，閻錫山軍事進攻被打敗，削弱了自己的力量，使蔣系勢力乘隙而入。閻錫山權衡利害，與共產黨達成停止武裝衝突、劃區抗敵的協議。

晉冀魯豫根據地東連魯西、西接晉西北，是華北敵後戰場的中樞，也是國民黨製造反共摩擦的多發區。

早在一九三九年四月，蔣介石就密示石友三：「華北平原不能讓共產黨八路軍作根據地，遺患未來。石總司令必須與鹿主席（即鹿鍾麟）同心協力，將八路軍包圍或攆到北邊去。這次給你們充分補給，你們趕快加緊準備，中央還要派有力部隊到前方，用鉗形攻勢一舉消滅那裏的八路軍。」在得到了武器補充和冀察戰區副總司令兼察哈爾省主席職務後，石友三在一九三九年十一月下旬，在冀南不斷製造反共摩擦，但幾戰下來，損失萬餘人，石友三的失敗，打亂了蔣介石圍攻冀南的計畫。

但蔣介石並不甘心，一九四〇年二月，蔣介石指使進佔磁縣、武安、涉縣、林縣、清豐等地的朱懷冰、石友三部，再次向太行、冀南進攻，同時令黃河之南的第四十一、七十一軍渡河北進太南協助。八路軍面對國民黨軍的不斷進攻，在一九四〇年三月初，發動了衛東戰役和磁武涉林戰役，驅逐了石友三、朱懷冰部。在此之後，八路軍主動後撤至平順之線，提出休戰。三月中旬，朱德和衛立煌商定：以臨（汾）屯（留）公路和長治、平順、磁縣之線為界，該線以南為國民黨軍防區，以北為八路軍防區。至此，第一次反共摩擦停止。

在中日民族矛盾為主要矛盾，抗日為中國人民的首要任務的情況下，國共兩黨的摩擦控制在一個有限的範圍內。因為蔣介石還打著抗日的旗幟，抗日民族統一戰線還不能破裂，國共兩黨關係也不能破裂。

蔣介石嚴令新四軍北撤，借此消耗中共勁旅戰力；新四軍北渡遲滯，蔣介石密令顧祝同「作堵擊準備」，國共大戰一觸即發。

一九四〇年，日本為了儘早結束侵華戰爭，用盡一切手段，徹底謀求重慶政府的屈服，使蔣汪合作。十一月三十日，日本與汪精衛簽署《基本關係條約》及附屬決定書，正式承認汪偽政權，以此對國民政府施加壓力。

與此同時，美、英也在加緊對中國的援助，以保持中國對日作戰的延續。一九四〇年，美國給中國政府貸款一點四五億美元。十月，英國重新開放滇緬公路，允許蔣介石重新經過此路運送援華物資。

英美和日本兩方面都想拉蔣介石，這就提升了蔣介石集團在國際上的地位。蔣介石感到此時趁機打擊共產黨的力量，把中國命運完全掌握在國民黨的手裏，在國際上不會引起英美的反對，這次蔣介石把矛頭集中指向新四軍。

新四軍全稱是國民革命軍新編第四軍，主要是在改編南方八省紅軍游擊隊的基礎上建立起來的，新四軍是國共合作抗日的產物。不過出於對中共的戒備之心，從談判改編之日起，蔣介石就處心積慮地限制新四軍的發展。在政治拉攏的圖謀失敗後，蔣介石採取了軍事上和經濟上的限制手段。

蔣介石限制新四軍是蓄謀已久的。早在抗戰初期，他就把新四軍作戰地區劃在東西不過百餘公里，南北約五六十公里的沿江狹長地帶，企圖限制新四軍的發展。他還指使下屬經常剋扣新四軍的軍需供給，破壞皖南的工業合作運動，阻止新四軍發展軍事經濟。但蔣介石的這一企圖並沒得逞，新四軍在鬥爭中迅速發展壯大。由成立時的一萬多人，發展到八點八萬多人，並且建立了多個根據地。

第一次反共高潮被打退之後，蔣介石把反共的中心由華北移到華中。國民黨對新四軍經濟上的限制更爲嚴重了，這種限制的實質是在國共合作的條件下「攘外必先安內」的特殊表現形式之一，蔣介石希望由此造成國民黨軍隊與共產黨軍隊在軍事經濟實力上的更大差距。一九四〇年，新四軍發展到九萬之衆，但軍費卻以一萬二千三百二十一人的編制發放，經過葉挺等據理力爭，每月軍餉才由八點六萬元增加到十三點二萬元，還不到蔣介石嫡系部隊一個師的軍餉。至於軍糧、軍械和彈藥的剋扣就更加嚴重了。除了剋扣外，當局還在發放方式上想盡辦法，故意整人。每次軍需供給都分幾次發放，使新四軍汽車運輸隊多次往返，有時領到一次供給還不足抵償油耗。

爲了割斷新四軍與八路軍的聯繫，一九四〇年三月，蔣介石命令在江北的新四軍部隊一律開赴長江以南，並命令韓德勤部和李品仙部向江北的新四軍第四、第五支隊發動進攻。中共中央拒絕了蔣介石的命令，並針鋒相對地提出江南部隊北調的要求。同時，新四軍江北部隊粉碎了韓德勤部和李品仙部的進攻。

蔣介石隔斷八路軍與新四軍之間戰略聯繫的企圖被挫敗後，又企圖逼令八路軍、新四軍由五十萬人縮編爲十萬人，並全部開赴黃河以北，以限制其發展。爲此，七月十七日，國民黨提出了一個「中央提示案」，要點如下：「一、擬定『陝甘寧邊區』範圍（此時准其包括十八縣），改稱『陝北行政區』暫隸行政院，但歸陝西省政府領導。二、劃定第十八集團軍及新四軍作戰地境，將冀察戰區取消，其冀察兩省及魯省黃河以北，併入第二戰區，仍以閻錫山爲司令長官，以衛立煌、朱德爲副司令長官，秉承軍事委員會命令指揮作戰。三、第十八集團軍及新四軍於奉令後一個月內，全部開到前條規定地區之內。四、第十八集團軍准編爲三軍六個師，三個補充團，另再增兩個補充團。新四軍准編爲兩個師。」

「提示案」的實質在於極度削弱和限制共產黨領導下的人民抗日武裝，對此，中國共產黨進行了堅決的鬥爭。蔣介石想通過談判來削弱或消滅新四軍的企圖沒得逞，便決定以軍事手段來達到目的。

一九四〇年九月三十日，韓德勤傾其主力一萬五千餘人向駐黃橋的新四軍進攻。十月三日，新四軍七千餘人在陳毅指揮下奮起反擊，擊斃韓德勤部一萬一千餘人。至此，蔣介石已無力在蘇北與新四軍進行較量，便將其軍事進攻的重點指向皖南。

皖南地處華中抗日根據地的腹地，華中抗日根據地位於江、淮、河、漢之間，東臨大海，西屏武當，南起浙贛，北至隴海，包括江蘇的絕大部分，安徽、湖北的大部分，河南、浙江的一部分，湖南的一小部分，總面積約三十萬平方公里，人口六千餘萬。這一地區物產豐富，交通發達，不僅在政治上、軍事上，而且在經濟上更具有重要地位。

這個地區，對日寇來說，它是掠奪我國人力、物力、財力的主要地區所在，也是連接華北、華南的樞紐和實施南進計畫的後方基地之一；對國民黨來說，它是自一九二七年後十多年統治的最基本地區，也是它在華北失敗後與中共拼死爭奪的主要地區；對中共來說，是繼華北之後進一步開展敵後抗戰、建立抗日民主根據地、發展革命力量的主要地區。

新四軍之所以能在這一地區立足和發展，除了第二次國共合作的合法因素、中共中央的正確領導和指揮外，其重要因素是華中地區經濟資源和人力、物力、財力條件較全國其他地區優越，特別是新四軍軍部所在地的皖江地區，它處於日寇在華中的心臟地帶，扼制著長江下游咽喉和淮南路兩側，迫近南京、蕪湖。皖江地區的經濟條件更爲優越，土地肥沃，物產豐富，是我國著名的魚米之鄉，而且水陸交通便利發達，有良好的稅收來源，所以，新四軍軍部設在皖南，一方面，有利於抗日民主根據地的建立，另一方面，有利於指揮所屬各部展開行動，保證新四軍這個神經中樞既能屈，又能伸，退可進山，進可以向平原地區發展，遊刃有餘。皖南既處日寇侵華淪陷區的心臟地帶，又是國民黨與共產黨爭奪以謀它圖的重要地區之一，因此，蔣介石不可能讓新四軍軍部這個全軍的神經中樞久居皖南。

一九四〇年，十月十九日（皓日），蔣介石指示國民政府軍事委員會參謀總長何應欽、副參謀總長白崇禧，致電朱德、彭德懷、葉挺，將國民黨頑固派在華北、華中發動的反共摩擦，責任全推到共產黨頭上，指責八路軍、新四軍所屬部隊，「一，不守戰區範圍自由行動；二，不遵編制數量自由擴充；三，不服從中央命令破壞行政系統；四，不打敵人專事併吞友軍。」

同時將國民黨「中央提示案」以最後決定的形式通知，限令八路軍，新四軍於一個月內全部移到黃河以北。這實際上就是要將新四軍以合法名義擠出華中這塊人力資源充足、經濟條件富裕、水陸交通發達的地區，將新四軍軍部擠出退可以進山，進可以向平原發展的地區，使新四軍在羽毛尚未完全豐滿之時，到黃河以北與敵之重兵作戰，以假日本人之手，大量消耗我軍。同時，奪取我黨我軍經過浴血奮戰而建立起來的黃河以南及長江流域的抗日根據地。

十一月九日，中共中央以朱德、彭德懷、葉挺、項英名義向國民黨和全國人民發表通電，一方面揭露國民黨的反共陰謀，拒絕開赴黃河以北；一方面表示，爲了顧全大局，願將皖南新四軍部隊開赴長江以北，但須寬限時日。國共之間的關係開始緊張起來。

國民黨部分軍事領導人自恃軍力雄厚，揚言八路軍、新四軍不過「威脅我軍」，對此前在河北、晉西和蘇北等處與中共軍隊衝突慘遭失敗憤憤不平，必欲報復。正是在這種氣氛下，蔣介石於十二月七日批准了軍令部一再呈報的《剿滅黃河以南匪軍作戰計畫》。

十二月八日，何應欽、白崇禧發出「齊電」，聲明「軍令法紀之尊嚴，必須堅決維持」，責令新四軍要「幡然悔悟，放棄規外之行動」，並再次強令將黃河以南的八路軍新四軍「悉數調赴河北」。

此前，國民黨中央廣播電臺還故意播發新四軍北移消息，暗示日軍封鎖長江江面，加緊「掃蕩」蘇南。十二月九日，蔣介石在得知駐滬日軍軍部參謀長櫻井赴寧同西尾壽造商定了進襲新四軍計畫後，密令顧祝同對皖南新四軍只准其由江南原地北渡，妥為部署並準備將其解決。

同日，蔣介石公然發佈「展期限新四軍北移」的手令：

前令第十八集團軍及新四軍各部限期開到黃河以北作戰，茲再分別地區、寬展時期。凡在長江以南之新四軍，全部限本年十二月三十一日開到長江以北地區，明年一月三十日以前開到黃河以北地區作戰，現在黃河以南之第十八集團軍所有部隊，限本年十二月三十一日止開到黃河以北地區。希即遵照何白參謀正副總長十月皓電所示之作戰地境內共同作戰，恪盡職守，毋得再誤，此令！

蔣中正十二月九日

十日，蔣介石又密令顧祝同對江南新四軍「按照前定計劃，妥為部署，並準備如發現江北匪偽竟敢進攻興化或至期限（本年十二月三十一日止）該軍仍不遵命北渡，應立即限期解決，勿再寬容。」

蔣介石的手令實際上是下了發動皖南事變的動員令。

在接到「皓電」的第二天，第三戰區司令長官顧祝同就指令部隊對奉命北移的新四軍皖南部隊「作堵擊的準備」。到了一九四〇年年底，國民黨殲滅皖南新四軍的軍事部署已基本完成。「佳電」發出後，毛澤東一度對形勢做出了較爲樂觀的估計，爲了加強政治鬥爭的籌碼，曾提出新四軍在皖南再拖一兩個月，而不立即北移的主張。面對作爲最後通牒的「齊電」和國民黨的圍殲部署，毛澤東逐漸改變了對形勢的樂觀估計，命令皖南新四軍迅速北移。十二月中下旬，毛澤東連連致電項英，要求皖南部隊務須迅速渡江，並且作好應付突發事變的一切準備。

遺憾的是，項英的目光始終盯在天目山、黃山、四明山一帶。他甚至希望在那裏重新恢復當時的中央蘇區。爲了實現這個「三山計畫」，項英未同任何人進行過論證和探討，一直在暗中作必要準備，他把眾多的主力部隊和軍政幹部留在身邊，不願意撤出去，不顧中共中央與葉挺的一再催促，遲遲不做出北撤或東撤的決定，用意也在於此。令人痛心的是，正是由於他沉迷於構建他的「三山計畫」，佔據東南半壁河山的設想，一再遲滯了隊伍的轉移，而讓國民黨軍隊布下了天羅地網，從而喪失了化險爲夷的有利時機。

途經茂林鎮的新四軍

新四軍南下茂林，全軍幾近覆滅，皖南事變使國共關係再度面臨破裂，內外責難接踵而至，蔣介石被迫承諾不再「剿共」，兩黨合作已貌合神離。

一九四一年一月三日，蔣介石致電葉挺，強令新四軍從皖南就地北渡，在無為附近地區集結，爾後沿巢縣、定遠、懷遠、渦河以東睢州之線，北渡黃河。

一九四一年一月四日，新四軍軍部及所屬部隊共九千餘人，在葉挺、項英率領下，踏上了北上征途。六日行至茂林時，突然遭到國民黨軍隊顧祝同、上官雲相所部七個師八萬餘人的襲擊。新四軍被迫還擊，血戰七晝夜，因寡不敵眾，彈盡糧絕，大部壯烈犧牲，軍長葉挺被俘，副軍長項英遇害。這就是震驚中外的「皖南事變」。

事變發生後，國民黨封鎖消息，妄圖掩蓋事實真相。可是，近萬條人命豈是幾句敷衍話所能了事的。

皖南事變發生，使得在抗戰大局下的國共合作關係面臨破裂的危險。如何善其後，便成為國共兩黨，也是全國政治的焦點。

皖南軍事行動順利得手，是出乎蔣介石意料的。此時，他對何應欽、白崇禧等軍事領導人力主乘機取消新四軍番號的建議，便一掃從前對「剿匪」作戰計畫的猶疑態度，變得明朗起來，而且一個月前，美英兩國剛剛宣布向中國提供大筆援助貸款，因此，對各方反應也頗為自信，估計除蘇聯可能反應強烈外，「此事對內、對外與對敵國皆可以生有效而良好之反響也」。顯然是一番樂觀氣象。

在這種氣象下，蔣介石很輕易地接受了軍委會討論的結論：宣布新四軍爲「叛軍」，撤銷新四軍番號，將葉挺革職並交付軍法審判。一月十七日晚，國民政府軍事委員會通令和國民政府軍各委員會負責人談話發表，次日刊於報端。

這個通令和談話，把皖南事變引發的國共兩黨間的緊張關係，推向了又一個高峰，顯示出蔣介石這時確有不怕分裂和打內戰的思想準備。蔣介石把這次事變與「中山艦事變」等同看待。他在一月三十日的日記上說：「解決新四軍案，撤銷其番號，此爲國民革命過程中之大事，其性質或甚於民國十五年三月二十日，中山艦事件也。」

皖南事變的發生在中共中央的預料之內，其結果卻遠遠超出中共中央意料之外。新四軍軍部在皖南全軍覆沒，使毛澤東和中共中央其他負責人極爲憤怒。共產黨對蔣介石製造皖南事變的陰謀和暴行進行了針鋒相對的鬥爭。《新華日報》報導皖南事變消息，受到國民黨新聞機關的蠻橫扣壓，在一月十八日的報上開了「天窗」，周恩來在「天窗」上題詞：「爲江南死難者致哀！」「千古奇冤，江南一葉；同室操戈，相煎何急！」周恩來還親自到重慶街頭賣過這份報紙，以示抗議。

一九四一年一月二十日，中共中央軍事委員會發佈了重整新四軍軍部的命令，任命陳毅爲代理軍長，劉少奇爲政治委員。同日，毛澤東致電周恩來、彭德懷、劉少奇，指出：「目前我們在政治上取猛烈攻勢，而在軍事上暫時還只能取守勢，唯須作攻勢的積極準備。」廿二日，中共向國民黨提出十二條解決時局的根本辦法。其主要內容是要求國民黨停止反共，宣布自己完全錯了，懲辦禍首何應欽、顧祝同、上官雲相，實行民主政治。

皖南事變的真相被披露後，國內外輿論均對國民黨進行指責，對共產黨抱以同情和支持。淪陷區上海各人民團體發表通電，呼籲停止內戰。在香港的進步人士宋慶齡、何香凝、彭澤民等，致電蔣介石和國民黨中央，要求撤銷「剿共」部署，保護抗日力量和抗日黨派。香港的許多大學教授聯名致電蔣介石，呼籲停止內戰，加強團結。海外華僑也紛紛發表通電、文章，反對民族分裂，反對反共內戰。在國際上，蘇聯提出，如果蔣介石不停地反共，蘇聯將不再支援國民政府武器、物資和軍事人員。出乎蔣介石意料的是，英美等國也不贊成國共分裂、中國內戰。

在內外責難接踵而至的處境下，蔣介石被迫力圖縮小事件的影響範圍。一月廿七日，蔣介石在發表「中央紀念周」講話中表示：「政府此次制裁新四軍，既完全爲整肅軍紀，當然不牽涉其他問題，這次處置新四軍，純爲制裁違抗命令危害抗戰的軍隊，對於其他遵守命令努力抗戰的軍隊，毫無關聯，也絕無什麼政治性質。現在抗戰期間，凡遵守抗戰建國綱領之一切個人團體和黨派，政府絕對尊重，其應有人身自由與獨立之人格，而予以法律之保障。只要不是利用武裝軍隊抗拒法令的行爲，即使有牽涉法律的問題，政府亦當根據法律正當手段來處置。」

蔣介石的講話，儘管仍在責難新四軍「違抗命令危害抗戰」，但事實上也被迫表明不再進行反共軍事摩擦的態度。正當蔣介石等製造同室操戈、豆萁相煎的民族悲劇的時候，日軍集中了五個師團以上的兵力，於一月下旬分數路包圍湯恩伯、何柱國、李仙洲、李品仙的軍隊於平漢路以東，開始發動豫南戰役。日軍的這個軍事行動打亂了蔣介石的反共部署，也給正在醞釀鬥爭策略轉變的中共以重大影響。隨著蔣用於包圍陝甘寧邊區中央軍的部分東調增援，華中地區國民黨軍隊處境困難，毛澤東進一步判斷，國民黨反共軍事進攻已經終結，因而其「剿共計畫已經根本打破了」，「內戰已可避免」，國共兩黨「已開始有了妥協的基礎」。

皖南事變後周恩來在《新華日報》發表的題辭

三月六日，蔣介石在國民參政會上發表的演說雖然仍大談其「軍令」，「政令」必須「統一」，但已不得不表示保證「以後決無剿共的軍事」。此外，共產黨參政員爲抗議國民黨製造的「皖南事變」，拒絕出席這次會議，但其他黨派代表仍選舉董必武爲參政會常駐會員。蔣介石約請周恩來談話，表示許多具體問題（**如釋放被扣的人，繼續給八路軍發餉及減輕對《新華日報》壓迫等**）可以提前解決，這實際上是蔣介石被迫退讓。至此，國民黨內頑固勢力製造的第二次反共摩擦被擊退了。

「皖南事變」在日軍無休止的攻勢中雖然有了一個令雙方

都能基本接受的善後處理，但是它已經給抗日民族統一戰線留下一道永遠無法彌合的裂痕。統一戰線之所以沒有完全破裂，起決定作用的還是「一個民族敵人深入國土」這一事實。隨著抗日戰爭形勢逐漸的好轉，國共之間的鬥爭將更頻繁。

蔣介石在皖南對新四軍從背後捅了一刀，但是皖南軍事上的勝利卻遠遠不能彌補事變造成的政治上的失利。中國共產黨堅決貫徹執行「有理、有利、有節」的鬥爭原則，獲得了全國人民的同情和支持，博得了國際輿論的聲援。國民黨蔣介石破壞團結，破壞抗戰的行徑遭到了全國上下的一致反對，也促進了對蔣介石抱有幻想人們的覺醒。中間黨派意識到聯合團結的重要性，三月份發起成立了中國民主政團同盟。民主政團同盟成立後，為宣傳抗戰、民主，反對妥協、獨裁，為平衡國共兩黨的政治勢力，調解兩黨關係，做出了不懈的努力。中間力量開始向中共靠近，也表明了國民黨地位的降低和共產黨地位的提高，是兩黨力量對比發生變化的重要因素之一。

三、兩個中國之命運

廢約成功，全國民眾歡欣鼓舞；積極策劃《中國之命運》，蔣介石為戰後獨裁大造輿論，引起回響。

一九四三年，是世界反法西斯戰爭發生重大變化的一年。在歐洲戰場，以斯大林格勒保衛戰的勝利爲轉捩點，法西斯力量節節敗退。英美聯軍佔領義大利南部，墨索里尼政府倒臺，希特勒德國陷於孤立。太平洋戰場，日本繼中途島海戰失敗後，已完全喪失了戰略主動權，只是由於美英「先歐後亞」的全球戰略，日本才得以苟延殘喘。

蔣介石一直密切關注著國際局勢的發展變化。盟國勝利的曙光初現，他就察覺到了。善於把握時機，貫徹自己政治意圖的他，開始把思考的重心移向國內。

在國民政府和蔣介石的努力爭取下，一九四三年一月十一日，中美、中英簽訂新約，廢除了兩國在華特權。隨後，中國又與比利時、挪威、加拿大、瑞典、荷蘭、法國、瑞士、丹麥、葡萄牙等國簽訂了類似的條約。這樣，百年來資本帝國主義強加給中國的不平等條約在形式上廢除了。

日本戰敗只是遲早的事情，由此，蔣介石已經不把外患當作當務之急。當時中共領導的革命力量和抗日根據地已經渡過了難關，得到恢復和發展，這使得蔣介石火熱的心頭又生發了一絲寒意。「星星之火，可以燎原！」當毛澤東還在被他留學蘇聯的同志們譏諷、冷落的時候，蔣介石就已經意識到這個人是一個可怕的對手。蔣介石毫不懷疑毛澤東在農村點燃的就是燎原星火，從他上臺的那一刻起，就不斷地加緊對紅軍的「圍剿」，即使日本佔領了東北，外敵打進了家門，他也不放棄「安內」的方針。蔣介石最頭痛的其實並不是日本，而是毛澤東領導的革命力量。

▶▶蔣介石閱讀《中國之命運》一書

一九四一年初，在會見蘇聯軍事顧問崔可夫時，蔣介石就隱約表達了自己對兩個對手的看法。蔣介石在回答崔可夫的提問時說：「日本不可能戰勝中國！中國根本不可能戰敗。戰爭對中國只不過是生病。而一切病都會好的。」而對崔可夫「疾病會導致死亡」的尖銳反駁，蔣介石斬釘截鐵地聲稱，他「不認爲疾病會導致死亡。死亡並不是疾病。沒有病也會死」。蔣介石的這番話意味深長。

對於蔣介石來說，對日抗戰並非完全是身不由己、被迫而行的選擇在他的謀略中，借抗日一併解決國內問題是不言自明的內容。國共政治理念的分歧則是國內問題的核心，蔣介石以「溶共」爲關涉自己生死之事，任何一個可以利用的時機他都是不會放過的。一九四三年，國際國內的變化給他提供了太多的時機，第三次反共逆流也應運而生。

一月，美英等國相繼放棄在華特權，廢除對華不平等條約，重定新約。這是中國近代史的一件大事，反映了中國人民的意願，符合國家民族的利益，因而得到了全國人民的擁護和支持。以重慶爲中心的國民黨統治區和以延安爲中心的各敵後抗日民主根據地的人民，都展開了聲勢浩大的慶祝活動。蔣介石的幕僚們在其中發現了巨大的宣傳價值，乘機把慶祝平等新約的產生變成了對國民黨及蔣介石的無限吹捧，以圖借此興奮劑的神力把一落千丈的國民黨聲望迅速提高起來，把蔣介石作爲一國領袖的崇高地位烘托出來。

國統區慶祝活動所宣傳的中心內容是，國民黨「一貫光榮偉大」，蔣介石是「當之無愧的唯一民族領袖」，全國只有絕對以國民黨爲中心，完全聽從蔣介石的安排，才能有抗日戰爭的最後勝利。國民黨中央的一些人物也都按這一基調發表談話，大講國民黨領導的「英明」，蔣介石的「偉大」。

三青團於一月二十日發表《告全國青年書》稱：「感佩盟邦，更應自強；血汗換來，允宜寶貴；顧全歷史，益勵將來；感戴領袖，永矢忠貞；鍛煉勵志，擔負艱巨。」

國民黨中央則於一月十六日公佈了一份所謂五十年來的外交奮鬥史，論證廢除不平等條約是孫中山的未竟之業，宣揚唯有中國國民黨五十年如一日爲實現這一目標而奮鬥不息，始有今日。並以此爲據，宣稱只有國民黨才是領導中國抗日的唯一政黨，全國要絕對服從總裁蔣介石等等。

就是在這種大背景之下，蔣介石開始思考起中國命運的航向來了。一九四三年三月，正中書局出版發行了一本由蔣介石署名的書——《中國之命運》。這本書在兩個月的時間內，印刷了一百三十次，發行了一百三十萬冊以上。《中國之命運》一書共分八章，廿一節，約十萬字。

第一章是中華民族的成長與發達。在本章中指出中華民族固有的德性是忠孝仁愛信義和平，中國的立國之綱是禮義廉恥四維，此即中華民族的文化核心。

第二章是國恥的由來和革命的起源。他指出清朝入駐中國之後，以落後異族統治中國，中國的民族思想就漸漸消滅了；清代殘酷的殺戮和奴化政策是清朝時代中國落後的根本原因。然後，分析各個不平等條約的危害性和辛亥革命之成敗。

第三章是不平等條約影響之深刻化。列舉出了不平等條約的十一種危害。

第四章是由北伐到抗戰。爲其反共辯解，認爲中共黨人違背了加入國民黨時的信條，宣傳共產主義，發動工農，因而共產主義要反，中共是「封建割據」；爲其不抵抗政策辯護；鼓吹三民主義高於一切，包含共產主義，並提出「沒有中國國民黨就沒有革命」。

第五章是平等互惠條約的內容與今後建國工作之重心。重點說明廢除不平等條約是因國民革命和抗戰五年的成績得來的；廢除不平等條約的意義；國民今後的方向。

第六章是革命建國的根本問題。主要闡述了革命和建國之根本哲學問題，即知難行易理論；另外談到社會和學術風氣之改革，以及自由與法治問題。

第七章是中國革命建國的動脈及其命運決定的關頭。指出：建國成敗的關鍵是社會風氣的轉移；中國國民黨和三民主義青年團爲革命建國的總指揮部，而三民主義則爲中國的靈魂。明確反對中國共產黨擁有自己的軍隊和解放區，並希望中國共產黨自動撤銷。

第八章是中國的命運與世界的前途。提倡以中國的文化和政治哲學使用西方科學技術；中國求獨立、富強是欲與各國並駕齊驅，共同保衛世界和平。

借《中國之命運》大力宣揚「三民主義」、「一黨獨裁」，蔣介石發動針對中共的理論攻勢；共產國際解散，蔣介石立即發動對陝甘寧邊區的軍事進攻。

《中國之命運》一書的根本宗旨在於說明三民主義是中國的靈魂，中國國民黨是中國的動脈，而馬克思主義及形形色色的西方思想均爲中國發展的障礙，中國的命運取決於中國人民是否服從中國國民黨及其領袖蔣介石的領導。在該書中，蔣介石鼓吹專制主義，歌頌封建主義，反對共產主義和自由主義，並且公然宣稱：「中國從前的命運在外交，今後的命運則全在內政。」

意思就是今後的主要任務就是對內了。而對內的具體目標不言而喻也就是中國共產黨了。他把中國共產黨及其領導的人民革命力量誣衊爲「封建割據」、「新軍閥」。書中使用威嚇的詞語講：「大家如果不肯徹徹底底改變封建軍閥的作風和沒有根本放棄武力割據的決心，那就無論怎樣寬大，決不能發生什麼效果，亦找不出合理的方法。」而且還揚言「準備於兩年內決定命運」，暗示要在兩年內消滅共產黨和一切革命力量。可見《中國之命運》一書的出版，是蔣介石發動第三次反共摩擦的思想準備和輿論動員，標誌著蔣介石在中國的封建買辦法西斯主義理論形態更加完備了。

蔣介石用政治強制手段，通令其統治下的全國各機關團體軍隊學校人員必須讀這本書，同時國民黨的中央執行委員會電令各直轄黨部研讀此書。國民黨的《中央日報》、《掃蕩報》聯合發表《讀中國之命運》的社論，對此書大加宣揚。由此可見此書的影響之大。《中國之命運》這本書並不是像國民黨官方所說是蔣介石本人撰寫，實際上是由侍從室的陶希聖執筆，蔣介石審定的。《中國之命運》闡發了蔣介石的一貫思想，使之更加系統化。

在此書出版不久，五月十五日，共產國際執行委員會主席團，發出《關於解散共產國際的提議書》，五月廿六日，中共中央發佈《關於共產國際執委主席團提議解散共產國際的決定》。國民黨頑固反共分子恰好將此事與《中國之命運》相聯繫，大造反共輿論。六月十二日，國民黨西安勞動營訓導處長張三滌，則以民眾團體名義召開會議，發表通電，聲稱「馬列主義已經破產」，要求「解散共產黨，交出邊區」。國民黨宣傳機構也大造反共輿論，要中共「放棄共產主義」，「取消陝北特區」，「解散中共組織」。

在進行輿論宣傳的同時，何應欽、白崇禧、胡宗南等於六月九日在陝西耀縣舉行軍事會議策劃進攻陝甘寧邊區。十八日，胡宗南根據蔣介石密令，在洛川召開反共軍事會議部署進攻陝甘寧邊區，並調動擔任河防三個軍中的第一軍和第九十軍，開到邰州、洛川一帶，準備和原來包圍陝甘寧邊區的兩個集團軍一起，兵分九路「閃擊」延安。會後，河防大軍紛紛西調，在邊區集結了四五十萬軍隊，準備大舉進犯，並進行了多次試探性的挑釁進攻。

針對蔣介石發動新的反共活動的企圖，中共中央根據以往鬥爭經驗，採取了針鋒相對的鬥爭。對《中國之命運》的批判是政治思想戰線上對第三次反共摩擦的痛擊，也是政治思想戰線上的一場大規模的革命鬥爭。《解放日報》連續發表社論和批判文章，全面解剖蔣介石法西斯主義思想的本質，對國民黨蔣介石的專制獨裁進行了深刻的批判。在發動宣傳反擊的同時，在軍事上也作出部署，隨時準備粉碎國民黨軍隊的進攻。各地黨組織在七月先後動員當地輿論，召集民眾會議，發出要求國民政府制止內戰，懲辦挑起內戰分子的通電。

七月二日，《解放日報》發表《中共中央爲抗戰之周年紀念宣言》，呼籲加強作戰，加強團結，改良政治，發展生產。中共還通過各種管道，動員各國輿論揭露蔣介石破壞抗日統一戰線的企圖。同時，陝甘寧邊區的警衛部隊，在各解放區的密切配合及邊區人民的支援下，一次次地不斷擊退國民黨軍的試探性進攻。

在中國共產黨和抗日根據地人民對國民黨企圖發動內戰及侮辱共產黨的揭露、聲討和堅決鬥爭下，蔣介石發動的第三次反共摩擦遭到沉重打擊。它不僅激起了國民黨統治區人民的反對和譴責，而且中間勢力也對其發動內戰的企圖予以批評，同時國際輿論也對蔣介石的反共內戰的企圖給予譴責。

在國內外的一片反對聲中，蔣介石被迫於一九四三年七月十日指示胡宗南停止行動，十一月，蔣介石、胡宗南致電朱德，表示並無進攻陝甘寧邊區之意。十二月，胡宗南下令其第一軍軍部由郃州撤回華陰，九十軍軍部及第廿八師由洛川一帶開回韓城、華陰。這樣國民黨挑起的這次反共摩擦，在還沒有發展成大規模的武裝進攻時就被制止了。

蔣介石始終堅持反共反共產主義的主場，即使在國共合作抗日的時期也沒有放棄。聯共抗日，本來就是他「溶共」的一種途徑。但由於當時的民族矛盾異常尖銳，他的反共程度與十年內戰時期相比較，是明顯不一樣的。此次蔣介石發表《中國之命運》意欲對其思想作一整體闡釋，規劃中國未來之方向，並希望中國按他的規劃走下去。然而適得其反，事與願違，最終也沒有抵過毛澤東所做的《新民主主義論》，落得敗退臺灣的命運。

內憂外患不斷，國民黨召開「六全大會」，為戰後加強統治商討對策；國共力量對比悄然變化，中共召開七大，為應對戰後局勢預作準備。

蔣介石爲了動員國民黨全黨的力量同中國共產黨爭奪天下，在抗日戰爭即將勝利的前夜召開了中國國民黨第六次全國代表大會，基本確定了搶奪抗戰勝利果實和反共內戰的戰略部署。一九四四年，蔣介石的日子並不好過，他自己的話講：「是我們憂患最深，恥辱最重的一年。」

這一年國民黨不僅在軍事上連遭敗仗一潰千里，致使美軍在中國戰場上遭到慘重損失，因而遭到美、英等盟國的憤怒指責。而且在政治上，中國共產黨、民主同盟等黨派代表民意要求刷新政治，實行民主，成立民主聯合政府；在經濟上，國統區經濟惡性通貨膨脹，民怨沸騰，民變蜂起。更令蔣介石心驚膽戰的是，中共領導的人民力量竟在一九四四年獲得了巨大的發展，這才是最要命的事實。

一九四五年元旦來臨，蔣介石授意國民黨中央和國民政府，以紀念中華民國開國三十四周年及一九四五年元旦爲題，向全國及世界展現它們在一九四五年中的施政新方針，以求驅除籠罩在重慶上空的濃霧。就在元旦這天，國民黨中央在重慶的國民政府花園舉行了聲勢浩大的開國三十四周年紀念儀式。

蔣介石不僅在集會上致詞，而且發表了《告全國軍民同胞書》，要「人人立志更新」，完全相信最高統帥，實行有計劃的民主政治，在「自助人助」的道理下，自力更生，爭取美英等盟國更多的援助，以打敗日本，解決國內的心腹之患——共產黨問題，從而實現黨國的一統天下。隨即，以此爲主題，國民黨第六次全國代表大會開始籌備，以求統一全黨的力量，同開始壯大的共產黨對抗。

▸▸抗戰勝利後，蔣介石與蔣經國在重慶

毛澤東也在思考，抗戰很快就要勝利，但是人們能過上好日子嗎？難啊，蔣介石不答應呀，蔣介石早就在那本書（指《中國之命運》）中給出了他的答覆。好在我們黨已經不是十年前的那個小黨了，蔣介石想按抗戰前的方式統治，恐怕不行了，我就反對嘛！還有那麼多人民支持我們，只要我們黨的政策正確，光明的中國肯定能建立起來。恰在國民黨準備召開六次大會之時，中共在等待了十七年後，召開了七大。毛澤東思想作爲中國共產黨的指導思想被寫進了黨章，毛澤東的領袖地位和毛澤東思想的指導地位確立了，共產黨空前團結。毛澤東在大會上做了《論聯合政府》的政治報告，提出了廢除國民黨一黨專政，建立聯合政府，施行民主綱領，作爲戰後中國的政治方向。蔣介石聞訊，不免一陣心驚肉跳，授意加快國民黨六大的籌備。

五月五日，國民黨六大開幕。

在開幕詞中，蔣介石爲大會規定了三項任務：加強抗戰力量，克服中國最後勝利之前將遇到的最大危險和最後的艱難，爭取最後勝利；確定實施憲政，完成建國革命大業，決定於本年十一月十二日召集國民大會，要「力排萬難」促其實現；「增進人民生活，貫徹革命終極目標」，表示要使民權主義與民生主義並進，標榜要防止壟斷資本發生，消滅階級鬥爭原因等。

關於此次大會的主旨，在當天《中央日報》發表的社論——《六全大會開幕獻詞》中宣稱：革命的建設比革命的破壞更艱難，抗戰的結果比抗戰的進行更危險。國民黨恰恰在這黑暗與光明相映、危機與希望交織的緊急關頭開會。這表示蔣介石憂慮日本侵略遠比不上憂慮國內政治問題——共產黨及其軍隊的壯大。國民黨六全大會上空籠罩著的一層黑霧。

大會進行期間，爲了顯示「民主」，允許代表對國民黨中央與政府的各項工作提出質詢。因而在聽了吳鐵城的《黨務檢討報告》，吳鼎昌的《政治報告》，程潛的《軍事報告》後，代表們分別對各自關心的問題進行了質詢。六大代表、國民黨中央委員王崑崙也提出自己的疑問：「開了幾天會，爲什麼沒有討論打敗日本的方針方法？請問中央有沒有抗戰到底的決心？同時，有沒有配合盟軍反攻的計畫？方先覺是否投敵？」

王崑崙的質問使蔣介石怒氣沖天，他大聲呵斥：「你這是誣衊方軍長，你誣衊他就是誣衊全國軍人！」別的代表一聽，恍然大悟。所謂民主，原來如此。

但是，蔣介石這個人還是很「機靈」的，當吳鐵城覺得他這樣太過分而在幕後提醒他時，他便很快轉成尷尬的笑容，向王崑崙等代表「道歉」，但堅持要求代表們提出質詢時，不能是「一片攻擊之聲」。

以後的幾天裏，大會進行得還算順利，沒有幾個人再「捋虎鬚」。在反共的問題上，大多數人都是心照不宣的。於是五月十七日通過了《對於中共問題之決議案》。決議案誣衊「中共仍堅持著武裝割據之局，不奉中央之軍令政令。」次日，蔣介石在內部所作的第二次政治總結報告中更加露骨地宣稱：「今天的中心工作在於消滅共產黨！日本是我們外部的敵人，中共是我們國內的敵人！」其實，中共七大一開幕，蔣介石便時刻密切注視著延安的消息。當毛澤東的《論聯合政府》擺到他的書桌上時，蔣介石和侍從室主任陳布雷進行了秘密交談，陳布雷對《論聯合政府》只說了兩個字：「內戰。」

五月十八日，蔣介石做了《軍事、政治、經濟、黨務之現狀與改進之途徑》的報告，雖然在報告裏不得不承認一九四四年國民黨在軍事、經濟、政治、黨務方面的失敗，但是，這都是由於「黨的組織鬆散到了極點，黨的精神和黨誼黨德低落之極」的緣故；而且，事猶有可為，我們可以提高軍隊待遇，用美援武器重新裝備來提高戰鬥力；經濟方面形勢也不要緊，我們可以「臨時補救，逐步應付」，並以十億美元為後盾全面規劃經濟；對於本黨要恢復黨員之自信心和責任心，爲其張目，要服從領導。鑒於「目前本黨危機四伏，內外交迫，共產黨篡奪本黨的陰謀異志沒有消滅」，所以「我不能不負責到底」。

當陳立夫、谷正綱等人聯名提議，在黨的總章中應規定總裁爲終身制時，鄒魯霍地站起來：「不行！總裁終身制即等於君主制，這不符合本黨的民主精神。」他的話音剛落，孫科起而發言，指出：「只有選舉產生總裁，才能體現黨的精神。」

此言一出，蔣介石的臉陰了下來，可是又有什麼辦法呢？鄒魯是同國父孫中山同一時期的黨國元老、反共老手，再怎麼你也不能拿頂「紅帽子」戴在此君頭上吧！再說論資格，比蔣介石還要老。而另一位孫科是國父孫中山的大公子，你也不能怎麼著他吧！罷！罷！罷！讓他們放炮去吧！蔣介石自有辦法。這不，接下來國民黨黨章第六章第廿六條由「總裁代行總理職權」變成了「行使」總理職權。

國民黨六全大會在五月廿一日終於「圓滿」結束，國民黨的「民主」精神也算保留下了。可是一切事務均由總裁「總理」，而對其他政黨的地位，則照舊堅持一九三六年制定的「五五憲章」的規定；而決定於當年十一月十二日召開的國民大會代表仍是抗戰前一年的代表。這樣，共產黨、民盟等都休想再來「搗亂」。不僅如此，如果中共不按蔣介石的話去取消根據地和軍隊，蔣介石就可以以「破壞抗戰建國，危害國家」的罪名，予以武力解決。

可是，中國共產黨人聽到這些，並不心驚肉跳，相反，他們在中共中央和毛澤東的領導下更加不遺餘力地向日本侵略者進攻，更加盡心盡力地去發動民眾，擴大根據地，發展人民軍隊，準備以武力來保衛人民來之不易的勝利果實。

第九章　爭取國家領土和主權

一、廢除不平等條約的活動

利用戰時壓力，蔣介石強烈要求廢除不平等條約；為保中國抗戰，羅斯福同意廢約；為爭平等，中國新聞界積極協助政府展開輿論宣傳。

一九四二年元旦，由廿六國共同簽字的《聯合國家宣言》正式發表時，中國第一次以「四大國」的身分與美、英、蘇並列於簽字國之首。隨後，又成立了西南太平洋和中國兩大戰區，蔣介石被任命爲中國戰區最高統帥，儼然成爲四強領袖之一，可是實際上，在羅斯福、邱吉爾的眼裏，只不過是一個可以任意擺佈的小夥計。由於美、英處處著眼於自己的國家利益，要中國服從他們的戰略意圖，這深深刺痛了蔣介石的民族自尊心，引起了他的不滿。

隨著滇緬公路的中斷，中國急需的各種軍需物資均無法得到滿足，貸款也是有名無實，不能兌現，蔣介石對此本已不滿，恰在此時，抱著殖民主義傲慢態度的英國又故意無視中國軍隊的戰績。五月十日，英國首相邱吉爾在廣播演說中，大加讚揚美蘇在各戰場中所起的作用，唯獨對中國的抗戰，對中國軍隊在緬甸戰場上爲援助英軍所作出的犧牲，隻字不提，這就激怒了蔣介石，他指責：「英人對我緬甸軍隊一切不顧，至邱吉爾的態度對我等於唾棄，以怨報德，徒有勢利，而無信義！」由此更加激發了蔣介石的自主自強意識：「今而後知，所謂同盟與互助，皆爲虛妄之言，美國亦不外此例乎？幸而我中國尚有一片土地與相當兵力，以圖自存，而未爲帝國主義者完全犧牲耳！」

▶▶蔣介石接受最高統帥勳章後與宋美齡合影

中國既然居於世界四強之列，中國的抗戰又在世界反法西斯戰爭中具有舉足輕重的地位，對於全球戰略性的問題，蔣介石認爲中國理應有發言權和決定權。可是，華盛頓會議所設立的決定盟國最高戰略、盟國作戰情報、後勤與軍火分配等重大問題的美英聯合參謀部首長會議，卻把中國排斥在外，蔣介石當然不會對美英這樣無視中國利益的行爲視若不見。

一九四二年四月十九日，蔣介石通過宋子文給美國總統羅斯福發去電函，首先表示了對美國的友好態度，讚揚羅斯福是中國親密之友人，接著就希望美國考慮允許他參加美英參謀部首長會議。他在這封電函中，對太平洋戰爭爆發以來，美、英的自私自利，中國的委曲求全以及盟軍聯合參謀部首長會議排斥中國之不當，進行了申訴。蔣介石毫不隱瞞自己的失望和憤慨，他指出，如果美、英參謀部首長會議及其軍火分配委員會不予擴大，以便中國加入，則中國不啻棋賽中之一走卒而已。「倘在戰爭重壓之下，我們就受到此種待遇，則在和平會議時，我們的地位又將如何？」這顯然是蔣介石在迫不得已的情況下，向羅斯福的一次挑戰。遺憾的是，這一努力並未能改變羅斯福早已確定的對華基本政策。

種種不平等待遇大大刺傷了蔣介石的民族自尊心，他意識到，這是近百年來列強強加給中國的不平等條約的遺害。既然是一國領袖，他絕不甘心被人擺佈，更不能處於受歧視的屈辱地位；既然羅斯福已將中國提到世界四強的地位，那我蔣某人就必須成爲名副其實的四強領袖之一，受到應有的尊重，發揮力所能及的作用。不平等條約不僅是束縛個人威信上升的枷鎖，而且是影響中國抗戰的障礙。於是，蔣介石便借助全國軍民抗戰的威力和功績，把廢除不平等條約提上了議事日程。一九四二年四月廿三日，蔣介石通過宋美齡在《紐約時報》上發表《如是我觀》一文，提出取消外國在華的種種特權。由此發端，開始了中國與美、英間關於廢約的談判。

南京國民政府成立之初，蔣介石等國民黨領導人就把廢除不平等條約作爲政府主要的外交目標。一九二八年十二月十日，蔣介石在國民黨中央紀念周大會上宣稱：「北伐完成以後，我們最要緊的工作是在外交。我們革命有兩個對象，一個是封建制度，就是國內軍閥，一個是外交。北伐總算告一段落，革命能否成功，就全看第二個對象如何應付，就是說外交上的難關能否打破，這個目的如果不能達到，那麼所謂第一個對象，打倒軍閥的目的，雖說已經達到，亦總是假的。」蔣介石所指的外交的目標就是要廢除不平等條約，改訂平等新約。

對實現這一目標的途徑，蔣介石談了自己的觀點：「應以和平方法與不妥協之精神與締約各國分別進行締結新約的談判，如締約各國拒絕談判或談判無結果時，即依據國際公認的習慣，本情勢變遷之理由，單方面宣告廢約。」這就是爲當時進行的改定新約運動的指導思想。通過艱苦的談判，到一九三〇年五月，西方資本主義國家放棄了協定關稅權，中國終於實現了關稅自主，威海衛租借地也被收回。一九三〇年一月，取消列強在華治外法權的談判也進入了與各國會商的階段，後來由於日本侵入中國東北而停止。

由於日本獨霸東亞的野心日益顯露，在遠東有重大利益的英美等國與中國逐漸走進同一條戰壕，但在抗戰前期，廢約問題並未提上議事日程。不過，作爲對中國的一種道義支持和精神聲援，美英政府多次聲明，將在遠東戰爭結束後與中國討論改定新約的問題。

一九四一年四月十三日《蘇日中立協定》的簽訂，使中國抗戰的國際環境急劇惡化。當時，蔣介石採取了多項外交措施予以應對，其中一項重大決策，便是力爭儘早與美國訂立廢除在華治外法權的新約。由於利益所在，雖然美英均作了積極回應，但多是做些表面文章，並沒有採取實質性的措施，而且在一些文件中，還加以時間的限定，即廢除不平等條約要等到戰後方可進行。

太平洋戰爭的爆發，給中國的廢約運動帶來了契機。中國正式對德、意、日宣戰，同時宣布「所有一切條約協定合同」，有涉及中德、中意或中日間之關係者「一律廢止」。這樣，中國與日、意之間的不平等條約自行取消。中國戰區在美英遠東戰略中顯得尤為重要，四年多中國人民對日軍的英勇抗擊，已經顯示了中華民族抗戰的重大意義。《聯合國家共同宣言》的發表使中國國際地位空前提高，中國已躋身於四大國之列。然而，中國仍蒙受著近百年來被帝國主義列強強加的種種不平等條約的恥辱。這不僅不利於中國對日抗戰信心的提高，也與中國的大國地位極不相稱，於是朝野上下，一致要求取消各國對華不平等條約。

美英都允諾在戰後廢除在華的治外法權，蔣介石對這些沒有誠意的表態十分不滿，認為此問題應在戰時解決。在中國民眾的強烈要求鼓舞下，蔣介石開始採取措施，要求美英率先放棄在華特權，廢除歷史上簽訂的不平等條約。一九四二年三月在蔣介石的推動下，中國的新聞界開始抨擊英國殖民主義的運動，要求立即廢除不平等條約。

這一運動到五月達到高潮，其標誌是宋美齡於四月至五月在美國著文，譴責英國在遠東作戰不力卻繼續以帝國主義的態度對待中國，她要求那些以抗戰的名義到中國的英國駐華大使館的一些「大班」們滾回英國，宋美齡的言論在美國引起巨大回響。同期，蔣介石派外交部長宋子文到美國爭取和洽談美援，同時向美國政府表示中國希望立即廢除舊約訂立新約的意向。九月二日，蔣介石派魏道明替換胡適接任駐美大使，以促成速定新約之事。

十月四日，美國共和黨領袖威爾基訪問重慶，借此機會，蔣介石以溢美之詞向其提出實質性要求：「中國人民視美國爲誠意願使各民族取得平等地位之唯一國家，故願受美國之領導，此亦爲遠東一切弱小民族之期待，相望美國之援手甚殷。……中國今日尚未能取得國際上平等之地位，故深盼美國民眾能瞭解中國，欲其援助被壓迫民族爭取平等，應先使其本身獲得平等地位始。」國民政府立即通過新聞媒體公開向美國提出了這一願望。

在廢除不平等條約的問題上，美國總統羅斯福作了權衡利弊的考慮。他不得不面對這樣的現實：「在自由、平等原則上建立新的國際關係」的《大西洋憲章》精神，必須遵守，這是他和邱吉爾共同確定的；實施「先歐後亞」戰略方針，必須要繼續借助中國軍民的抗日力量。日本侵華以來，一直大肆鼓吹建立「大東亞共榮圈」、「亞洲是亞洲人的亞洲」，要進行「種族戰爭」，近期又以廢除不平等條約爲誘餌，引誘蔣介石投降。要是蔣介石對美、英不滿情緒繼續增強，無形之中會減弱蔣介石的抗戰決心，甚至導致蔣、日合作。這樣，要實現「先歐後亞」的方針，也將成爲泡影。況且，中國的沿海、沿江口岸及重要城市，均爲日本佔領，美、英在華享有的許多特權，實際上不復存在，廢除不平等條約既可緩和蔣介石的不滿情緒，拉住他共同對日，又不致嚴重損害美、英的實際利益。因此，羅斯福決定在廢約問題上作出讓步。

改定新約歷經艱辛，中國終於擺脫百餘年之不平等條約；國民政府成功領導廢約運動，蔣介石大搞領袖崇拜。

經過長時間協商，英美兩國從實現其全球戰略出發，同意廢除對中國的不平等條約。美國於十月十日聲明放棄在華特權，美方宣稱：美國將「立時放棄在華治外法權及解決有關國際問題之條約。」英國也於同一天發表聲明，將「廢除英國人民迄今仍在華享受之治外法權」。接著，加拿大、荷蘭、巴西等國，相繼表示了同樣的態度。

美英在聲明發表的前一天，即十月九日，預先通知了中國國民政府。蔣介石懷著難以抑制的激動心情讀完了來自華盛頓和倫敦的電報。他在日記中寫道：「接獲美英自動放棄治外法權之通告，此爲總理革命以來畢生奮鬥最大之目的，而今竟得由我親手達成。衷心快慰，實爲平生唯一之幸事。」在十月十日中華民國國慶三十一周年紀念大典上，蔣介石向全國宣布了英美已通知國民政府將廢除不平等條約，放棄治外法權的消息，並說：「我國百年來，所受各國不平等條約束縛，至此，可根本解除。國父廢除不平等條約的遺囑，亦完全實現。我全國同胞，自今日起，應格外奮勉，自強自立。」蔣介石沒有忘記給予巨大支持和幫助的羅斯福總統，在致羅斯福的電函中說：美國在我國慶三十一周年紀念之際表示自動放棄在華特權，「此有其裨於敝國繼續抗戰民氣之提高，實勝於其他任何之力量」。他表示自己爲美國「此一壯舉所感動，實無適當言詞足以表達余欣慰之感情」。

美英的聲明，恰恰在中華民國國慶三十一周年之際發表，不是一個巧合，而是一種用心良苦的安排。就在這一天，美國費城獨立廳的自由鐘敲響三十一下，以此向開始走上獨立之路的中華民國三十一年國慶日遙致祝福。

正式宣布廢除不平等條約之後，接下來的則是中美中英改訂新約的談判了。利益所繫，談判並非一帆風順。由於美、英廢約行動是迫於當時形勢作出的，並不是真正出於對中國人民的友好，也由於放棄在華特權對他們的利益仍有不同程度的損害，所以談判進展不快。

蔣介石最初關注的是新約所包括的範圍，他指示外交部，希望通過談判、訂約，全面廢除美、英等國在華各項特權。一九四二年十月十一日，蔣介石曾召集王世杰、王寵惠、吳國楨等人專門就此事會商。王世杰便談道：「此次英美廢棄特權之舉，必不以領事裁判權爲限，而將涉及租界、租借地、內河航權及在華駐兵權等等。我當力求諸事解決之徹底。租界問題彼等容或提出若干之保障，我宜早定對。」由此，蔣介石希望外交部在收到美、英方面的條約草案之前就著手擬定方案。

美國政府在向中方遞交中美新約草案之前，先行聽取英國對草案的意見，並根據英國的建議對條約草案做了若干修訂。美國一再拖延向中方遞交條約草案的日期，也完全是爲了獲得英國的意見。

十月廿四日，美國國務卿赫爾將美方起草的中美新約草案遞交中方。為了便於修改和商談新約草案，蔣介石讓宋子文暫停在美國的活動，立刻回國主持新約的修訂工作。中美雙方分歧主要集中在廢除美國在華沿海貿易、內河航行特權問題上。美國雖然名義上同意放棄在華沿海貿易和內河航行特權，但實際上仍保留了這方面的特權，美國的這一主張，便與國民政府試圖通過訂立新約全面廢除不平等條約的立場，直接發生了衝突。於是，中方在談判中的態度立即變得強硬起來。

當中國代表表現出一定的靈活性和妥協性，滿足了美方的若干要求後，美國遂決定接受中方對沿海貿易和內河航行問題的處理意見。而美國一旦發現自己可能要先於其他各國放棄在華商業特權時，便很現實地要求中方「一視同仁」了。

經過雙方的討價還價，最終於一九四三年

一九四三年一月十一日，駐美大使魏道明（左）與美國國務卿赫爾（右）簽訂中美新約

一月十一日，美國國務卿赫爾和中國駐美大使魏道明分別代表兩國在華盛頓簽訂了《中美關於取消美國在華治外法權及處理有關問題條約暨換文》。

中美新約的簽訂，是近代以來中國對外關係史上的一件具有重大意義的事件。一九四三年十二月十七日，羅斯福總統又簽署了一份經國會兩院絕大多數所通過的法案，廢止爲時已久的立法上對於中國人的歧視，廢止了排華的法律；議定了每年的中國移民數額，並使合法進入美國的華僑得歸化爲美國公民。這個立法是羅斯福總統特別提請的，藉以改正歷史錯誤，並以進一步證明，美國不僅視中國爲進行戰爭中的夥件，而將視中國爲和平時期的夥件。

如果說中美新約的簽訂還算順利的話，那麼中英新約的簽訂可謂費盡周折。中英新約的草案，是由英國駐華大使薛穆於一九四二年十月三十日呈中國外交部次長傅秉常的。中英談判中的一大熱點問題便是香港問題，爲此，雙方展開了激烈交鋒。十一月一日，中國外交部將英文草案譯文呈送蔣介石，並附上「中英新約草案審查意見書」。意見書指出：英方在草案中認爲條約所適用英國之領土應包括香港，對於這一點，我國不能同意；另外，九龍作爲租界地，應在訂約時收回。

十一月七日，外交部長宋子文將「中英新約修正草案」譯文呈送蔣介石。修正案提出了中方擬增加的內容，認爲中國應收回九龍。但是，英國政府藉口九龍租借地不在新約談判範圍，拒絕交還九龍。十一月十一日，英國首相邱吉爾在倫敦市政廳發表演說時宣稱：凡屬於英國者，他必保護之。他不是爲了解散大英帝國而出任首相的，所以，他決不會放棄任何一塊大英帝國的領地，如果有這種事發生，請另找他人辦理。對於英方這一強硬立場，蔣介石決意針鋒相對，他在日記中寫道：「美英廢除不平等條約之方案，前面已送出；照英大使函意測之，則九龍租借地尚不肯放棄；而西藏之特權，當更不願提及矣。然余決促使其同時撤銷也。」

蔣介石多次表示，改定的新約如不載明中國收回九龍，他就不同意簽字。談判陷於僵局，這不免要使中國政府原定於一九四三年元旦與英美兩國同時改訂新約，並作爲一個偉大外交勝利進行宣傳的想法落空。蔣介石當然不希望失去這樣一個絕好的宣傳機會，但他更不願意放棄九龍，所以他決定繼續向英方施加壓力，渴望中國的強硬姿態能贏得事情最後轉機。

不料姿態剛擺好，陶希聖主持的《中央日報》就先泄了底，在十二月廿七日的社論《向羅斯福致敬》中，透露了中美、中英將於一九四三年元旦簽約的消息。這無疑給英國人提供了資訊，從中他們完全可以斷定，中國政府實際上已準備簽約，現在的強硬姿態只是一種嘗試。蔣介石的底牌就這樣被英國人窺視到了，這使中國政府在外交上失去了討價還價的能力。對於《中央日報》這一弄巧成拙的社論事件，蔣介石大爲震怒，以外交部洩密和報社怠忽職守予以追究責任。陶希聖因此失掉了社長職位；總編輯袁業裕被交付軍法審判，後因葉楚傖說情才得以保釋；記者卜少夫被罰薪三月。

爲了打破僵局，十二月廿七日，心急如焚的宋子文請剛從英國返回的外交元老顧維鈞去說服蔣介石不要堅持將九龍租借權納入條約。時任駐英大使的顧維鈞同樣爲此事著急，他力陳中英新約是出於英國「友好」，當然也不會拂逆蔣介石的心思。在這裏，顧維鈞充分展現了自己在外交活動中磨煉得爐火純青的口才。顧維鈞說：「我明白委員長的意思，該送來的禮物應當一次送來。可是英國願意分兩次送，依我看，還是先收下這第一份爲宜，可以在收禮時暗示一下我們在等待第二份的到來，這樣可以不致引起什麼誤解。再說，我國與英國已經結成盟國，現在正值我國抗戰的艱難時期，盟國團結極爲重要。」

顧的勸說起到了一定的作用，蔣介石開始考慮對英國讓步。不過直到十二月三十一日宋子文見他時，蔣介石仍然不想簽署條約。這時宋子文以強烈言辭向蔣陳述：如不簽署中英條約，將使中美條約實際上毫無價値；蘇聯的態度總使中國人民感到憂心忡忡，中國如與英國保持友好，戰後可聯合對付蘇聯；九龍目前並無重大的實際意義。蔣介石權衡再三，最後同意簽約。蔣讓宋子文向英國說明，只是考慮盟國團結，中國才決定簽約。

對此，蔣介石內心充滿了痛苦，他寫道：「晨五時醒後考慮與英國訂新約事。我雖不要求其對九龍問題作任何保留之約言，而彼權要求我聲明九龍不在平等條約之內，否則，彼意拒絕簽訂新約。果然，我政府唯有自此發表廢除不平等條約之聲明，以不承認英國在華國有之權利；一俟戰後，用軍事力量由日軍手中取回，則彼雖狡獪，亦必無可如何。此乃爲最後之手段。如此彼無所要求，則我待簽字以後，另用書面對彼說明：交還九龍問題暫作保留，以待將來繼續談判，爲日後交涉之根據。」「對英外交，頗費心神，以九龍交還問題英堅不願在新約內同時解決，余暫忍之。此實對英政策與技術一大改變也。」在兩國實力懸殊的形勢下，蔣介石爲了維護中國對九龍的主權地位頗費腦汁，最後委曲求全也是勢不由己，力不從心。

外交談判中沒有妥協是不可能的，如果雙方都採取僵硬的立場，談判就不可能取得任何成果。參與中英改訂新約談判，有多年外交生涯的資深外交家顧維鈞對此，曾說過一段很值得深思的話：「每一個中國知識分子都記得一句古語：寧為玉碎，不為瓦全。換句話說，堅持原則比只顧得局部利益為好。我一向把這句話看做是在個人一生中的寶貴箴言，因為一個人的生命是有限的；但這項箴言不適用於外交，因為國家是永存的，不能玉碎。一個外交家不能因為必須堅持原則而眼看著他的國家趨於毀滅而不顧。在外交上，人們必須始終考慮到對方，每一方都想取得全勝。因此如果一個人意欲防止『玉碎』而又不屑顧及『瓦全』，那他就是只想到自己而不考慮到對方。如果每一方都堅持百分之百的成功，那麼任何談判都不會有成功的可能。」

然而，就在中國為了盟國團結做出巨大讓步的時候，美英卻向中方提出延期簽約。對此，蔣介石在日記中發出慨嘆：「美、英新約不能在元旦如期舉行，乃為平生遺憾，更知外交被動之苦。」

就在新約延期簽訂期間，一九四三年一月九日上午，汪偽政權向英美宣戰。在此後不到兩個小時，汪精衛代表南京政府與日本政府代表重光葵於上午十一時在南京簽訂《中日共同宣言》。同時雙方還簽訂了歸還租界及廢除日本在華治外法權的協定。這一舉動，大大降低了美英廢約行動的意義。蔣介石在一月十日的日記寫道：「日偽先行發表偽廢除不平等條約消息，殊為追悔。」日偽「廢約」這本是一幕滑稽戲，但客觀上卻對美、英增加了壓力，迫使英美在

一九四三年一月十一日，宋子文（前排中）與英國駐華大使薛穆簽訂中英新約

改訂新約的談判中，做出積極的姿態。

一月十一日，「中美平等新約」在華盛頓簽字，「中英平等新約」在重慶簽字，美英兩國正式宣布廢除在中國的特權。

儘管還遲於日僞簽約，但此兩條約的簽訂在國內還是引起了強烈的反響。中美、中英新約公佈，國民黨中央如同服了興奮劑，頓時士氣高昂。一九四三年一月十二日，蔣介石發表《告全國軍民書》聲稱，從此中國已經是完全獨立自主，與美英並列的世界強國了，要求全國軍民「奮發圖強」，更應完全服從國民黨的一黨領導。《中央日報》發表社論，認爲這是「平等、自由的光明燈塔」。重慶市舉行七萬人的大遊行，慶祝「平等條約」簽訂，各省均舉行了盛大的慶祝活動。

由於九龍租借地問題未能解決，國民政府在慶祝這兩個條約終於得以簽署之際，並不掩飾對中美條約的滿意和對中英條約的遺憾。蔣介石在《告全國軍民書》中便指出：中美、中英平等新約的告成，「這實在是英美的政府和人民最光明最正大的舉動。尤其是美國，對我政府的希望完全一致，並無一點保留的要求，更爲欣慰。」爲了不影響盟國的團結，蔣介石委婉地表達了對英國的失望和譴責。美國政府和英國政府對華談判中表現出來的不同態度，英國對重大「懸案」的保留，是此後中英關係冷淡，國民黨政權向美國「一邊倒」的重要原因之一。

隨後，中國又與比利時、挪威、加拿大、瑞典、荷蘭、法國、瑞士、丹麥、葡萄牙等國簽訂了類似的條約。這樣，百年來資本帝國主義強加給中國的不平等條約基本上廢除了。在當時形勢下，取得這一成果也是中國外交上的一個重大勝利，是值得讚揚和慶祝的大事。

不過新約的簽訂並沒有改變中國社會的半殖民地性質，距中國真正的獨立自主，還有著很長的路要走。廢約之所以實現的主要原因，既不是美英兩國善意的恩賜，也不是國民政府具有如何高超的外交技巧，而是中國軍民五年多的浴血奮戰。國民黨對這一實現戰時廢約的關鍵因素熟視無睹，新約簽訂後，在國內掀起了一股歌頌領袖，美化黨治的浪潮。

二、外交鬥爭遭人暗算

德日敗局已定，美英蘇雅爾達密訂協約；中國利益再被犧牲，蔣介石橫遭盟友暗算。

一九四五年初，勝利的曙光在歐洲戰場和太平洋戰場同時呈現。在德、日法西斯敗局已定的形勢下，美、英、蘇正策劃著召開一次首腦會議，商討早日結束戰爭，重建戰後秩序。

克里姆林宮，史達林沉思著。中國東北對蘇聯有著重要的戰略意義，必須以「合法」的手段使蔣介石就範，盤踞中國東北的有七十多萬日軍精銳，向日本開戰不可避免。

華盛頓，羅斯福避重就輕。獨立對日作戰，代價將很慘重，擔心美國與日本兩敗俱傷，蘇聯人坐收漁利。羅斯福決定：不惜犧牲中國，務使史達林答應出兵遠東。中國是秘密交易的籌碼，當然就不能讓中國政府參加雅爾達會議。

倫敦，邱吉爾難以入眠。他多麼希望蘇聯迅速出兵擊敗那些使大英帝國蒙羞的「黃猴子」，勝利後又悄然回到莫斯科，而把勝利的果實留給英國紳士和美國牛仔咀嚼。想起蘇聯人的貪婪，他不得不擔心出兵容易退兵難，史達林不會輕易放過東北的。可是想起香港這顆王冠上的東方明珠，他會心一笑，竟然有些感激起蘇聯人的貪婪了。

重慶，蔣介石焦慮不安。對即將召開的美、英、蘇雅爾達首腦會議，他有一種不祥的預感，可對此又無能爲力，萬般無奈之中，他給羅斯福發了兩份電報，內容幾乎一致：懇請堅決制止蘇聯出兵遠東。他想起「狼來了」的童話。

一九四五年二月初，羅斯福、邱吉爾、史達林在雅爾達舉行了決定世界命運的「三巨頭」會議。會議有諸多公開議程，在私下進行的重大議程則是遠東問題。爲了保密，三巨頭除了各帶一名能幹的助手外，沒有其他人參加對遠東問題的討論。遠在重慶的蔣介石對雅爾達會議表現出極大的興趣。他致信羅斯福：「如果能夠安排我與史達林會談並與蘇聯達成協議，我將非常高興。如果討論中國的戰事而不讓中國戰區的司令官也即這個國家的元首參加，我將感到十分遺憾和無比的憤慨。」

史達林、羅斯福相視一笑，留給蔣介石的只能是遺憾和憤慨，三巨頭撇開號稱四強之一的中國討論起中國的問

一九四五年二月，蘇、美、英在蘇聯簽訂《雅爾達協定》

題來。雅爾達成爲美、蘇、英三強展望勝利的談判桌，但三強不約而同以中國的利益做起了交易：蘇聯要維護其在蒙古、滿洲的利益，英國決不放棄「東方明珠」香港，美國不願更多地犧牲自己國民的生命而又要維繫與蔣介石的關係。

二月十一日，羅斯福以中國利益爲人情，答應了史達林的全部條件，表示願意幫助說服蔣介石。三巨頭簽訂了《雅爾達協定》，協定堂而皇之地寫道：

「蘇、美、英三國領袖茲協定，於德國投降及歐洲戰爭結束後兩個或三個月內，蘇聯將參加同盟國方面對日作戰，其條件如下：一爲維持外蒙古（蒙古人民共和國）現狀。二爲恢復一九〇四年日本背信棄義的進攻所破壞的原屬俄國的各項權利，即：甲、將庫頁島南部及其全部毗連島嶼歸還蘇聯；乙、大連商港國際化，並保證蘇聯在這個港口的優惠權益，恢復租借旅順爲蘇聯海軍基地；和甲、乙對應設立中蘇合營公司，對通往大連的中東鐵路及南滿鐵路進行共管，並保證蘇聯的優惠權益，而中國保持在滿洲的全部權益。三爲千島群島交給蘇聯。對於涉及中國領土和利益的問題是否需要徵得中國的同意，協定附言稱：三大國政府首腦同意，蘇聯的這一要求應在日本戰敗後毫無條件地予以滿足。蘇聯方面表示準備和中國國民政府簽訂一項蘇中友好同盟協定，以期用武力幫助中國達到從日本枷鎖下獲得解放的目的。」

美國作家約翰・托蘭在《日本帝國的衰亡》一書，對雅爾達會議遠東問題的協議作了一句精妙的評說：「俄國人受賄去做一件他們本來非常想做的事。」

雅爾達會議因爲秘密的遠東交易而大失光彩，所以在會議上發表的公告中，對蘇聯出兵對日作戰的條件及相關內容隻字未提。

蔣介石早有預感雅爾達會議對他將很不利，二月八日，當他見到三國會議第一次公報時，便寫下這樣的日記：「今日見羅、邱、斯黑海會議第一次公報，一如所預料。其結果與英、俄協議犧牲我乎？」但他還是相信羅斯福不會遺棄他。「俄國對我交涉遷延……但余毫不動心，無論其態度好壞，必待羅斯福之來報，詳析其內容而後再定方針，此時不必臆測，更不必焦灼也。」可是，羅斯福更關心的是美國的國家利益，他連協議的內容也懶得向蔣介石透露一點。

三月十五日，駐美大使魏道明密電詳細情況和此密約的具體內容。蔣介石簡直不敢相信自己的眼睛，他瞪著電文發了呆。羅斯福不是君子嗎？他怎麼能不顧自己在開羅宣言中對中國收回東三省的贊成和諾言，完全失信和背叛於前言？蔣介石作為全國抗日的領袖，其最高目標就是要恢復中國的領土完整，如今領袖的面子和尊嚴將置於何處？日後，委員長何以服眾？這不是給了共產黨造反的機會嗎？怎麼能讓俄國人闖入中國呢？

蔣介石越想越沮喪。當晚，他憤而記曰：「閱此，但有痛憤與自省而已，雅爾達果已賣華乎？唯如何可以斷定，此次黑海會議，俄國對日作戰已有成議。果爾，則此次抗日戰爭之理想，恐成夢幻矣。」「彼等不義，別怪我無情。」蔣介石恨恨地說。

一九四五年三月，蔣介石打算和日本單獨媾和。繆斌受託赴東京聯繫，繆對東京說：「重慶不願看到日本完全被摧毀，因為中國的自保依賴日本的繼續存在。日本是中國的防波堤。如果現在締結和約，我們也能阻止蘇聯出兵。」然而此次媾和因日本不同意放棄汪精衛政權和偽滿洲國而夭折。

蔣介石心哀莫大於美國拋棄了他。在赫爾利的提醒下，羅斯福似有所悟，他馬上派赫爾利爲總統特使去和史達林、邱吉爾商量，看是否有彌補的辦法。但此事剛剛啓動，羅斯福於四月十二日突然去世。羅斯福的初衷是在共產黨和香港問題上，有美國出面斡旋以期對蔣介石做出補償。但是邱吉爾太精明了，美國總統特使赫爾利訪英得到的只是英國支持美對華政策的保證，在香港問題上，蔣介石再次被拋棄了。慶幸的是史達林和他的同志沒有爲難他，赫爾利訪蘇時得到蘇聯不支持中國共產黨也不願中國發生內戰的許諾。

赫爾利帶著這些成果回到白宮彙報，徵求下一步的行動意見。美國繼任總統杜魯門的態度是：我們已經接受的義務必須去遵守；對凡是由羅斯福總統作出的規定，我們都將採取這一立場。

四月廿四日，赫爾利返回重慶，向蔣介石報告一切。蔣介石黯然地握住赫爾利的手，默默無語。當晚，蔣介石爲赫爾利舉行宴會洗塵，他真誠地感謝赫爾利，感謝他從蘇聯帶來史達林支持他而非毛澤東的承諾。四月廿五日，蔣介石在日記中記曰：

「赫爾利此次訪英、俄徵詢其對華統一政策之同意，形式上雖能贊成，而事實等於徒勞也。赫爾利用意甚美，且出於助我中國之精誠，故爲之深諒。但中國之獨立統一，自由民主政治之建立，而貴友邦勞心，且勞其徵求英、俄同意，殊爲我國恥辱。國不自主，人不自強，宇宙之大，其尚有我民族生存之地耶？能不戒懼哉？」

六月九日，杜魯門向中國代表宋子文正式通報了雅爾達協定的有關內容。當宋氏提出若干保留意見時，杜魯門表示一旦蘇聯參加對日作戰，美國政府對雅爾達協定則不能不予以支持。

六月十五日，這一天蔣介石心情特別沉重。美國駐華大使赫爾利突然會見蔣，告之雅爾達協定的詳細內容，包括遠東秘密協定的一些內容，多日的謠傳終於變成了現實。站在悶熱、令人煩躁的辦公室裏，蔣介石陷入了沉思，他彷彿看到雅爾達會議上史達林得意的微笑，羅斯福迎合的目光，還有邱吉爾高傲而頑固的神情。

有趣的是，蘇聯駐華大使彼得羅夫在此前六月十二日會見蔣介石的時候，已經向他通報了雅爾達協定中有關中國的內容，並提出了蘇聯關於進行中蘇談判的五項前提條件：一、恢復旅順港的租借，建立蘇聯的海軍基地。二、大連商港國際化，保障蘇聯原優越權利。三、中東鐵路和南滿鐵路由中蘇合辦，共同使用。四、蒙古現狀予以保持，外蒙古人民共和國成為獨立的國家。第五條是關於日本領土問題。

木已成舟，想推翻是沒有可能的。在此情況下，蔣介石和宋子文破釜沉舟，希望能把美國和英國拉進來以扼制蘇聯，於是要求美國政府、英國政府同意使旅順成為中蘇美英四國共同的海軍基地，希望美英加入中蘇談判，但美英並不想蹚這渾水。六月十八日，美國政府指示駐華大使赫爾利：美國對於旅順成為聯合軍事基地，對於參與中蘇協定，概不同意。

莫斯科談判，史達林極盡要脅之能事；以「放棄」中共得到東北外蒙，蔣介石果真成了「盤中餐」。

一九四五年六月末，中華民國就雅爾達協定問題組織代表團從重慶飛往莫斯科進行雙邊會談。中國代表團團長是剛從三藩市聯合國籌備會議趕回來的宋子文，蔣介石對他的外交才能頗爲賞識和倚重。

蔣介石十分重視這次談判，不僅派出了身任外交部長的國舅宋子文，還把自己的兒子蔣經國也派去了。

蔣經國曾於一九二五年被派往莫斯科中山大學學習。一九二七年四月十二日，當蔣介石發動屠殺共產黨的政變的消息傳到莫斯科時，蔣經國慷慨陳詞：「我不再是蔣介石的兒子，革命的蔣介石已經死了，我是共青團的兒子。」他同年加入了蘇聯共產黨。

蔣經國在蘇聯生活了十三年，讀過軍校，當過貧民和礦工，出任過烏拉爾重型機械廠的黨支部書記和副廠長，並在烏拉爾娶俄羅斯女郎芬娜爲妻。一九三七年國共第二次合作，在蔣介石的要求下，史達林將蔣經國送回中國。蔣經國回國以後，蔣介石不計前嫌，設法繼續培養他，把他派往既是自己發跡地、也是共產黨影響最大的江西省，後任命其爲江西省第四行政區督察專員兼保安司令。蔣經國果然不負父望，經營贛南，整肅民風官紀，肅清共產黨勢力，得到不少人的喝彩，贛南被吹噓爲「國民黨的樣板地」。

中蘇談判，舉世矚目。蔣經國憧憬著，必須使世界尤其是西方人知道，中國一顆政壇新星正在升起，而莫斯科就是他展露光芒的一方舞臺。可是他萬沒料到，史達林毫不客氣地給他上了一堂「什麼是外交」的課。談判一開始，史達林宣稱：「談判必須以這個東西爲根據，這是羅斯福簽過字的。」他說的「這個東西」就是《雅爾達協定》。他說得坦白直露，毫無顧忌，令中國代表團的成員有些愕然。

談判原則既定，實質性談判開始，宋子文進一步遇到麻煩。蘇聯毫無顧忌地要求在滿蒙享有利益和特權，宋子文無力說服史達林，於是致電蔣介石請求指示。蔣介石第二天回電，表示反對，並指示蔣經國以私人身分去看望史達林，以轉告自己的看法。

七月四日，蔣經國拜晤了史達林，兩人談話一開始就陷入激烈的辯論和爭吵中。

歷史記下令蔣經國終身難忘的一幕：

蔣經國堅決要求維護中國的主權。

信奉實力的史達林卻不爲所動，他甚至不無譏諷的回敬道：「你這段話很有道理，我能理解，但你要知道，今天並不是我求你來幫忙，而是你要我來幫忙，倘使你本國有力量，自己可以打日本，我自然不會提出要求。今天，你沒有力量，還要講這些話，就等於廢話！」

史達林這話令蔣經國羞愧惱怒，無異於告訴他：外交，是實力的角逐，強權不是真理，卻常常是萬能的通行證。國際舞臺上，倚憑的只是國家實力，盯著的只是國家利益，從來不會有「憐憫」二字。

兩人不歡而散。這次會談，史達林的形象在蔣經國記憶中留下很深的印跡。二十世紀六十年代蔣經國在臺灣時，每想及當時的情景，仍不免感到憤慨！

七月十四日，暫時休會，宋子文啓程回重慶，史達林赴波茨坦參加會議。

宋子文回到重慶以後，第一件事就是辭去曾給他帶來無限榮光和恩寵的外交部長的職務，著名的洋博士王世杰接下宋子文卸下的擔子。而蔣介石這些天一直處在鬱悶之中。七月廿八日，美國國務卿貝爾納斯又拍來電報，催促國民政府派員速赴莫斯科繼續談判，真實含義是要美國敦促中國趕快答應史達林的要求。兩天前波茨坦第一次軍事會議上，俄國人表示準備在八月下旬開始進攻日本，確實日期要等與中國的談判結束後再行決定。

蔣介石在猶豫：不答應史達林，蔣介石自知腰板沒有那麼硬朗；但強大的蘇軍進入東北，蘇俄可憑其武力實現其全部願望，到時若賴著不走，自忖也沒有能力趕走他們。而美國則可能因爲雅爾達協定而不予援助。離開美國的援助，我可就束手無策了。更可怕的是，萬一蘇聯把東北交給了共產黨，他們就有了強大的依託，更有恃無恐，蔣家王朝恐怕也會滅亡。想到這些，蔣介石不禁冒出一身冷汗。恐懼、惱火使蔣介石焦躁不安，但中蘇會談卻不容再擱置，他只得指示宋子文和王世杰準備在八月七日趕赴莫斯科。

宋子文此時也急躁不安。他實在不想再出這份苦差，可委員長有令有求，他無法推卻。既要出使，務必得到御旨才能使自己不淪爲替罪羊。行前，蔣介石約宋子文商討最後方案，宋子文說：「依我看，內憂外患之際，共產黨才是禍根。……若能得到史達林承認我政府的合法性和不支援共產黨的書面承諾，我看也是會談的一大成果。何況美國今天上午在廣島投下一顆原子彈，大大減輕了蘇軍出兵東北的分量。我們也可改退爲進，或許能使史達林做出一些讓步。」他和蔣介石還是忘了，原子彈不是放在他的手上。八月十日的會談卻讓沾沾自喜的宋子文傻了眼。史達林拿住了他和委員長的要害：「中國政府最好同意達成一項協議，否則中國共產黨就要進入滿洲了。」第二輪談判很快就結束了，快得令記者們張口結舌，他們的總編還預計了好長日子的版面專門報導世界矚目的中蘇會談呢！從八月八日到八月十四日，短短的幾天就達成協議並簽訂了條約，即《中蘇友好同盟條約》及附件。

通過「友好同盟條約」，史達林得到了夢寐以求的所有一切：宣布大連爲自由港，三十年無償租用所有港口工事及設備的一半；共同使用旅順海軍基地，蘇聯在規定地區內有權駐紮陸海空軍；中東鐵路和南滿鐵路合併爲中國長春鐵路，由中蘇共同所有，共同經營；由蘇聯境內到旅大往返的貨物三十年免徵關稅；在外蒙古舉行公民投票選擇合還是分。九月三日，史達林在慶祝日本投降的盛會上公開演說：

「俄國軍隊一九〇四年在日俄戰爭中的失敗在我國人民的意識中留下了沉痛的回憶。這是我國的奇恥大辱，我國人民相信並期待著有朝一日粉碎日本，洗刷掉這一奇恥大辱。我們老一代等這一天等了四十年，而這一天終於來到了。」

十月二十日，外蒙全境十八個盟的成年公民在「辦理投票事務人員」的「引導」下投票表決，結果同意獨立。

蔣介石從史達林處爭取來的，只是蘇聯在旅順建立軍港時，不用他所忌諱的「租借」一詞，史達林爲了表示對蔣介石損失的「補償」，許諾簽約後，蘇聯在處理跟中共及國民黨關係時，只支持蔣介石領導下的國民政府。

這並沒有消除蔣介石心裏的隱憂：蘇聯的承諾能否成爲保險公司的擔保？毛澤東是否聽史達林的指示？不只是蔣介石，國民黨內其他人也懸著一顆心。

史達林似乎覺察到了蔣介石的擔心，爲了向蔣介石表達一點誠意，蘇聯在九月下令召回駐延安的三名代表，並連無線電臺也拆走，表示不再與中國共產黨接觸。同年十二月十日，史達林邀請蔣經國訪問蘇聯，表達了繼續增進兩國友誼的意願。

在莫斯科，史達林頗爲得意地對蔣經國說：

「你們中國人要明白，美國人想利用中國，作爲滿足其利益的工具，必要的時候，美國人會犧牲你們的。蘇聯願意把本國生產的機器、汽車以及中國所沒有的東西供給中國，同時，也希望中國能把自己生產的礦物、農產品給蘇聯，蘇聯可以幫助中國在東北建立重工業，並發展新疆的經濟。但是，我再三聲明，也是我最大的一個要求，你們絕不能讓美國有一個兵到中國，只要美國有一個兵到中國去，東北問題就很難解決了。」

蔣介石終於沒有與莫斯科建立親密關係，這不僅僅是由於在與共產黨爭奪東北的過程中被史達林給耍了。

國民政府曾宣布：凡東北境內的一切敵產，均為中國政府所有。對此，蘇聯駐華大使彼得羅夫竟然向蔣介石提出抗議：「史達林元帥對中國政府這一聲明很生氣，中國政府的聲明，既無根據，且無效力。」與此同時，蘇軍駐東北司令官馬利諾夫斯基向蔣介石聲明：「如果蘇聯能得到東北日本企業股份的百分之五十，則設備可以留下，否則，將拆運回國。」對這一無理要求，蔣介石當然予以拒絕。惱羞成怒的史達林在巨大的利益誘惑下，再也不顧忌什麼友好同盟的偽善面紗了，命令駐東北蘇軍將東北日本企業大批設備拆卸，裝運回國。

據一九四六年國民政府有關考查團調查估計，蘇軍從中國東北拆運回國的工業設備價值達八點五八億美元，若加上損壞部分，約達二十億美元。

史達林是極不願看見蔣介石這個親美的集團主宰中國的。「友好同盟」終於揭去了溫情脈脈的面紗，成為一紙空約。

抗戰即將結束，華盛頓火速援助蔣介石擴充實力；內戰在所難免，美國提前修築反共橋頭堡。

早在日本發出乞降照會以前，美國政府在駐華大使赫爾利的影響下，就過高地估計了蔣介石的力量，認爲蔣介石在美國的支持下有能力控制整個中國。華盛頓企圖乘日本投降之機，全力支持國民黨政權恢復和加強其對中國的統治，使蔣介石能以實力爲後盾，逼迫共產黨就範。從一九四五年八月開始，美國便將主要精力放在幫助蔣介石壟斷受降權，搶奪抗戰勝利果實上。爲此，白宮採取了一系列措施：命令侵華日軍繼續抵抗共產黨軍隊的進攻，剝奪共產黨受降的權利。對此，杜魯門並不掩飾：「假如我們讓日本人立即放下武器，那麼整個中國就將會被共產黨人拿過去……因此，我們便命令日本人守著他們的崗位和維持秩序。等到蔣介石的軍隊一到，日本軍隊便向他們投降。」

蔣介石爲了消滅中國共產黨，搶佔地盤，也無所不用其極。用政治談判作煙幕迷惑共產黨人；利用自己是戰區最高長官身分命令日僞軍只向他投降，只服從他的命令，而不得向其系統以外的力量投降；要求日僞軍維持秩序，保持交通等待國軍接收；更令人注目的是下令自己的嫡系部隊「加緊推進」。除此之外，蔣介石還請求美國政府支持配合他搶佔戰略要地。對於美國政府來講，既然已經和蔣介石同坐一條船，那麼對於他的請求就再無拒絕之理。

一九四五年八月十一日，日本投降在即，杜魯門總統通知駐華美軍總司令魏德邁，「軍事援助目前將繼續用於支持（中國）中央政府部隊為收復中國戰區現在被日軍佔領的全部地區所必須的軍事行動」。魏德邁立即派人通知在焦急等待的蔣介石，表示：「美國支持中國中央政府將以百分之九十九的力量運輸中國軍隊至收復區。」

用美國的飛機、軍艦為國民黨政府運兵，使之儘快搶佔各戰略要地和大中城市，美國在這一點上幫了蔣介石的大忙。因為一直戰鬥在敵後的共產黨軍隊，離這些城市的距離比國民黨軍隊要近得多。

從一九四五年九月起，魏德邁就集中了中國和印度境內所有的美國軍用飛機與民用飛機趕運國民黨軍隊。

這樣，魏德邁的軍用飛機和民用飛機就挾帶著達官顯貴及其家眷一批批地從大西南飛向收復區各地。到十月十五日，美空軍第十三、十四航空隊將國民黨新四軍廖耀湘部、第九十四軍牟廷芳部和第九十二軍侯鏡如部分別從湖南芷江、廣西柳州和湖北漢口運至南京、天津、北平。

與此同時，美國的軍艦也在夜以繼日地忙碌。美國海軍第七艦隊從一九四五年十月中旬至一九四六年六月中旬，先後將國民黨的十一個軍運往臺灣、青島和東北。從一九四五年九月起至一九四六年七月止，美國共耗資六億多元，運送國民黨十四個軍、八個交警總隊計五十四萬餘人到各戰略要地，從而成爲魏德邁炫耀的「歷史上最大一次的空運和海運」。

儘管如此，美國還是覺得速度太慢，而蔣介石屬下的貪污成風及行動遲緩使得魏德邁不止一次地大發雷霆。我們是幫助你們，而你們竟這樣不負責任，那麼將來你們能指望什麼收復失地呢？其實，美國的真實目的，作爲駐華美國司令官的魏德邁絕對是清楚的，就是害怕失去一個反蘇反共的中國，更害怕失去一個有利於自己傾銷商品的殖民地。於是，美國政府一面投入大量的海、空力量運送國民黨軍隊，一面直接派送美國海軍陸戰隊，在中國沿海登陸，「佔領並確保若干指定的港口和機場」，「以便利中國政府軍進入這一地區」，同時特別強調「在華佔領的各地只許移交給中國國民政府」。

九月七日，美國第七艦隊的七十艘艦隻開進黃浦江及長江口，並在上海設立了司令部，接著，海軍陸戰隊在華北登陸，佔領了北平、天津、秦皇島和青島。由於煙臺已被中共軍隊佔領並且拒絕美軍的佔領要求，而且葉劍英代表第十八集團軍向美國總部提出抗議，美軍搶佔煙臺的計畫遂未得逞。

到一九四五年底，駐華美軍總數已達十一點三萬人。其職責包括「確保塘沽與秦皇島之間交通線的安全；確保唐山、林西地區開灤礦務總局所屬各礦及其設施的安全；爲北平、天津、秦皇島地區運煤列車提供警衛；確保青島、北平和天津飛機場的安全；確保天津、秦皇島、塘沽和青島港口的安全。」這些職責其實質在於防止重要的交通線「被游擊隊切斷」，實際上是防止中共軍隊襲擊並佔領這些地區。

九月十四日，華盛頓給了蔣介石一根胡蘿蔔：「美國政府準備援助中國發展適度的武裝力量。」「承擔國民政府對中國解放地區包括滿洲與臺灣在內的有效控制。」基於此，美國海軍供給國民政府兵工器材、無線電器材等價值一千七百多萬美元，十一月初，又將一點五萬輛軍用車輛移交給國民黨軍隊。接著，七百餘架各種飛機也移交給國民政府使用，兩百七十餘艘海軍艦隻亦「贈予」國民黨政府。不僅如此，還以「收復中國淪陷區域的費用」的藉口援助二千五百萬美金，更為慷慨的是，給予中國價值八點八三億美元的剩餘軍需物資。這一次，可使蔣介石樂不可支，「美國人真夠朋友」。所以，他連忙派夫人去給那些「勞苦功高」的美國將軍們授勳，以感謝他們給中國送來了那麼多「有用之物」。

其實，令蔣介石高興的還不止這些。美國早已將從「民主的偉大兵工廠」里拉到中國的武器交給了國民黨中央軍，看著那些用美式武器武裝到牙齒的自己的嫡系士兵們，蔣介石心花怒放。以此裝備去對付「小米加步槍」的八路軍還不是小菜一碟麼？那麼，用不了幾個月，共產黨就得完蛋。從此，蔣介石反共內戰的底氣更足，以至眼中早已看不見渴望和平的全國民眾，這促使他悍然掀翻了談判桌，打響了內戰的第一槍。

三、臺灣、香港、東北又起爭議

「恢復臺灣，鞏固中華」，美國積極支持蔣介石收復臺灣；「二·二八」事件引發全島暴動，遺憾留下嚴重創傷。

一九四五年十月廿五日，對所有中國人，特別是臺灣人民是一個大大值得慶賀的日子。就在這一天，臺灣「總督」安藤利吉代表日本駐臺灣軍政當局正式向中華民國第一任臺灣省行政長官陳儀投降，至此，被日本割占了整整半個世紀的臺灣、澎湖列島，終於重新回到祖國的懷抱，中華民族在甲午戰爭中所遭受的奇恥大辱也得到洗雪。

臺灣人民由衷歡欣，以各種方式歡呼慶賀。政府接收人員尚未去台，臺灣民眾便自動爭掛國旗、爭學國語，自覺維持社會秩序，以實際行動回應接收。進行了五十年奴化教育的日本人又一次見證了中華民族的不屈精神和凝聚力。

蔣介石當時正忙著調兵遣將與中共爭奪東北，來不及長篇大論地表達自己的興奮與激動的心情。一年以後，他做了更大的彌補，偕夫人宋美齡親自到臺灣島巡視，以示中央對臺灣的關心愛護。

一九四六年十月廿五日，蔣介石在臺灣光復一周年紀念會上說：「我們國父宣導國民革命，即以光復臺灣爲革命的主要目的之一。國父在臺灣失陷的一年，就在檀香山組織興中會。當時發佈宣言，就提出『恢復臺灣，鞏固中華』的口號。此後我們全國革命黨員以及中正本人，無時無刻，無不本著國父的遺教，努力奮鬥，決心湔雪國恥，全力光復臺灣。」是的，從《馬關條約》簽訂的那一天起，爭取光復臺灣的鬥爭就開始了，收復臺灣，完成了孫中山遺願，對蔣介石來說是值得自豪的。

▶▶ 陳儀和張群在駐台日軍受降典禮上

國民革命時期，國民黨人就較多關注臺灣問題，並支持臺灣愛國志士的反抗日本殖民統治的活動。在蓬勃發展的國民革命運動中，孫中山曾廣泛接觸在廣州地區活動的臺灣志士，關心他們的活動。大革命失敗後，由於南京國民政府在外交上的軟弱，在大陸臺胞的抗日活動也趨於消沉。「九一八事變」後，中日民族矛盾日趨尖銳，爲了穩定軍心振奮士氣，蔣介石也曾作過表白，他在軍中講話時數次提到，將來不但要收復東北，還要收復臺灣和琉球。

隨著全面抗戰爆發，民族主義思潮在中國高漲，一浪高過一浪，蔣介石收復失地臺灣的目標日趨明確、堅定，並逐漸成爲軍政高層的共識。一九三八年四月一日，蔣介石在國民黨臨時全國代表大會上公開表示：「臺灣是中國的領土。中國要講求真正的國防，要維護東亞永久的和平，斷不能讓高麗和臺灣掌握在日本帝國主義者之手。必須針對著日本之積極侵略的陰謀，以解放高麗、臺灣的人民爲我們的職志」。這是國民黨第一次在正式場合明確提出恢復臺灣。

苦難深重的中國人民，銘記著甲午戰爭的恥辱，一直渴望收復被日本強行割占的土地，並爲之展開了不屈不撓的鬥爭。抗日戰爭爆發後，全國各黨派、各階層人民紛紛要求收復臺灣。一九四〇年四月初，國民參政會參政員董必武、張瀾、宋淵源等人聯名向國民政府提議：立即宣布馬關條約無效，以「收復臺灣」，「解放朝鮮」。

爲發動臺胞打擊日本侵略者，一九四〇年三月三十日，蔣介石令朱家驊、陳立夫等人：「查汪逆傀儡登場在即，我方對倭亟宜加大打擊，贊助日本、臺灣、朝鮮的各項革命運動，使其鼓勵敵國人民群起革命，如罷工等等以騷擾敵之後方，減其侵略勢力。即希兄等負責約同日韓台在渝之革命首領會商，籌劃推動爲要。」次年二月十日，「臺灣革命同盟會」成立，形成了大陸臺胞的抗日聯合陣線。

隨著太平洋戰爭爆發，中國抗日戰爭的國際環境大爲改善，國民政府乘機把收復臺灣的立場昭告中外。一九四一年十二月九日，國民政府正式對日宣戰，鄭重宣布：「所有一切條約協定合同，有涉及中日間之關係者，一律廢止。」《馬關條約》對臺灣的束縛隨之完全消失。接著在一九四二年四月間，陪都重慶掀起了一個聲勢頗大的光復臺灣宣傳運動，國民政府一些軍政要人如孫科、陳立夫、馮玉祥等，或發表廣播演說，或出席宣傳集會，或撰寫紀念文章，闡述臺灣對中國的隸屬關係以及收復臺灣的意義。

就在中國為恢復臺灣而加強輿論宣傳的時候，國際上卻傳來了不同的聲音。一九四二年八月，美國《幸福》、《時代》、《生活》三大雜誌印發了一本題為《太平洋關係》的小冊子，公然提出戰後要對臺灣實行「國際共管」。來自最大盟邦的無理提議使蔣介石疑惑，更使他憤怒。美國到底想做什麼？蔣介石陷入沉思。從《大西洋憲章》、《聯合國家宣言》到眼下進展緩慢的廢除不平等條約交涉，他實在搞不清楚這個民主國家的意圖。不管它想從戰爭中得到什麼，也不管它有什麼理由，想把臺灣從中國分割出去是絕對不行的。

為了向國內人民有一個明確交代，向日本法西斯表明絕不妥協的立場，更重要的是對反法西斯同盟國家申明立場，防止同盟國內的某些大國在戰後秩序安排上損害中國權益，一九四二年十一月三日，國民政府外交部長宋子文在重慶舉行記者招待會。他代表中國政府明確表示：「中國應收回東北四省、臺灣及琉球，朝鮮必須獨立。」他再次聲明了國民政府否定包括《馬關條約》在內的中日間一切條約，在領土方面要恢復至甲午戰前之狀態的立場，也即要徹底清算日本從中國攫取的一切侵略權益的立場。次日，重慶《中央日報》公開發表了宋子文的這一談話。

十一月十三日，重慶《中央日報》、《掃蕩報》聯合版還發表了國民政府立法院長孫科

《關於戰後世界改造之危險思想》一文，嚴正批評同盟國內某些人關於戰後世界安排的錯誤主張，如東北劃歸蘇聯、臺灣國際共管之類，指出：「蓋臺灣本為中國之領土，甲午之後，始被日軍佔據，中國抗戰勝利，應當清算甲午以來日寇對我侵略歷時半世紀之所有血債。臺灣為中國重要失地之一，應由中國收復，世人並無異辭。設使抗戰勝利後，中國失去五十年之臺灣，仍不能收復，則在中國之立場言，絕不能承認其為公平與合理。」

為了表明中國政府的擔心並非空穴來風，國民黨宣傳機構進行巧妙安排。從十一月四日，也就是報紙發表宋子文談話的同一天起，重慶《中央日報》開始連載《太平洋關係》全文，至十一月廿三日刊完。美國在中國讀者中受了一次缺席的審判。一九四三年一月，《大公報》又發表社論，「鄭重向世界公言：臺灣是中國的老淪陷區，我們不能看它流落異國，戰後中國一定要收復這塊土地。」

美國對中國政府在臺灣歸屬問題上的堅決態度高度關切，為爭取中國堅持抗戰，一九四三年二月，羅斯福向中國駐美大使魏道明表示支持中國收回臺灣，這一聲明在十一月的開羅會議上得到了正式確認。

十一月廿三日，羅斯福與蔣介石會晤，雙方同意「日本用武力竊取於中國之東北四省、臺灣和澎湖列島在戰後必須歸還中國」，第二天，美方在起草草案時，將其中「必須歸還中國」改為「當然應歸還中國」。可是十一月廿六日下午，中美英三方就英方提交的公報修正案進行討論，英方修正案竟然將東北、臺灣等地「當然應歸還中國」改為「當然必須由日本放棄」。

這一含糊的措辭，對日本放棄後是否歸屬中國不置可否，如果照此公告天下，不僅會使中國人民乃至世界人民疑惑不解，而且會阻礙中國合法地收回這些地區的主權，殖民主義野心不死的英國想在此耍花招，爲日後尋釁滋事留下依據。這一不義之舉激起了中國代表的憤慨，中國國防最高委員會秘書長王寵惠據理力爭，又得到美國的支持，最後終於維持了原草案。

十二月一日，由中美英三國首腦簽署的《開羅宣言》正式公佈，其中規定：「使日本所竊取於中國領土，例如滿洲、臺灣、澎湖列島等，歸還中國。」這無疑是國民政府戰時外交努力的一項重大成就。《開羅宣言》的這些規定在一九四五年七月廿六日的《美英中促令日本投降之波茨坦公告》中得到重申。

開羅會議之後，中國收復臺灣已成定局。爲保證接收工作順利進行，一九四四年三月，蔣介石批准成立國家最高委員會中央設計局臺灣調查委員會，派曾任福建省主席、一九三五年去過臺灣的陳儀任主任委員，調查委員會於一九四四年四月十七日在重慶正式成立。台調會成立後，收集了大量有關臺灣的資料，起草了《臺灣接管計畫》，還培訓了一批接收人員。

一九四五年八月十五日，日本天皇「聖斷」停戰，第二次世界大戰終於在亞洲散盡硝煙，同祖國分離五十年的臺灣亦回歸祖國。

日本剛宣布投降，蔣介石即著手安排臺灣接收事宜。中國政府以中字第十八號備忘錄及其附件通知日軍統帥岡村寧次，將臺灣和澎湖列島爲第十五受降區，任命陳儀爲受降主官。臺灣行政長官公署和臺灣警備司令部也在重慶成立，陳儀任長官兼警備司令。

陳儀和蔣介石一向不和，此次被任命爲臺灣行政公署長官，心情是複雜的，他當即和蔣介石約法五章，要求在一年內不准美軍、美資及中統、軍統進入臺灣。蔣介石爲使陳儀痛快赴任，慨然應允。

國民黨積極佈置接收臺灣的工作，國民黨空軍一路軍司令張廷孟奉蔣介石命令攜帶中華民國國旗飛馳臺北。張廷孟不敢怠慢，喘息未完即與臺灣「總督」日本安藤利吉交涉：「我代表中國政府要求駐台日軍放下武器，降下總督府上的日本國旗。」日本人一一照辦。隨即，張廷孟命人升起中國國旗。在場的中國人歡喜異常，歡聲雷動。

蔣介石又電令：國民黨陸軍第七十軍先頭部隊七十五師在基隆登陸，第七十軍其餘兩個師和第六十三軍所屬的三個師迅速完成在台登陸計畫，海軍第二艦隊也進駐臺灣各重要港口。

蔣介石、宋美齡首度抵台

臺灣同胞飽嘗亡國奴的悲慘艱辛，對於日本帝國主義暗無天日的殖民統治切齒痛恨，一旦得以重返祖國懷抱，無不喜出望外。一九四五年十月十七日，七十五師在基隆登陸，受到民眾熱烈歡迎。

十月廿五日上午十時，中國戰區臺灣省受降儀式在臺北市舉行。陳儀代表中國政府通過廣播電臺鄭重宣布：自今天起，臺灣及澎湖列島，已正式重入中國版圖。所有一切土地、人民、政事皆已置於中華民國國民政府主權之下。

在接收臺灣的過程中，美方在對日聯絡、情報，尤其是人員輸送等方面予中方以幫助。美國這時不僅在有關國際條約上，而且在行動上承認臺灣是中國的一部分，臺灣應當回歸中國。陳儀在十月廿五日的受降典禮時曾表示「感謝協助我們光復臺灣的同盟國家」，其中主要當然是指美國。

然而，遺憾的是，當時的蔣介石值民族聖戰初勝之際，卻不顧民主，仍然不忘消滅共產黨於彈指之間，而對臺灣卻並不甚上心。國民黨接收大員施政缺失、社會矛盾激化、忽視臺胞改革省政訴求、加上一些官員貪污腐敗、物價飛漲更使民怨沸騰，終於釀成「二・二八」事件。

「二・二八」事件後，爲安撫民心，鞏固國民黨在台的統治，蔣介石派遣國防部長白崇禧赴台處理善後，並改公署爲臺灣省政府，撤換陳儀，改任魏明道爲臺灣主席，但是這一每件留下的創傷至今也沒完全癒合。

蔣介石不忘收復香港，戰後立即準備接受降書；英國千方百計留住香港，蔣介石空留餘恨。

香港地區包括香港島、九龍和新界。英國通過鴉片戰爭強迫清政府於一八四二年割讓了香港島。一八六〇年第二次鴉片戰爭中，英國又強行割占了九龍。一八九八年，英國又逼清政府簽訂《展拓香港界址條約》，把位於深圳河以南、九龍半島界限街以北附近島嶼的中國領土，即所謂「新界」租借給英國，爲期九十九年。這樣包括南北九龍及附近三百多個大島嶼，總面積一〇六一點八平方公里的香港地區就成了英國的殖民地。

蔣介石本想在中英改訂新約的時候一併收回香港的，但是事與願違，空留餘恨。一九四三年一月十一日簽訂的中英新約，終究沒能廢除九龍的租借權。在簽訂新約的當日，國民政府外交部長宋子文照會英國，聲明對九龍「保留日後提出討論大權」。

戰後的香港將依然飄揚大英帝國的旗幟，蔣介石對此餘恨不已。他在一九四二年十二月三十一日的黨政會議上，對未能談判九龍問題表示遺憾，由於未能解決九龍問題，中英新約對中國來說仍然是一次失敗，並希望報界進行批評。

中英新約簽訂之後，蔣介石仍不忘爭取香港歸還。他一度有在日本投降之際武力收回的想法，不過最希望的還是由美國人主持公道，勸說英國人改變立場。宋美齡在一九四三年二月對美國的訪問和隨後宋子文在美國之行中，都向美國總統羅斯福表達了中國對香港問題的立場。

從美國的遠東戰略考慮，羅斯福是傾向於滿足蔣介石的願望而籠絡中國的。在十一月下旬的開羅會議上，羅斯福在與蔣介石的會談中表示，戰後香港應當歸還中國。蔣介石在新約談判中碰過釘子，知道事情棘手，因此，他提議由美國先與英國商討。但在一周後的德黑蘭會議上，當羅斯福探詢戰後香港歸還中國的可能性時，邱吉爾甚至拒絕討論。邱吉爾在會上遇到機會便宣稱：「戰爭結束時，我們並不要求給自己增加領土，同樣，我們也不打算放棄任何領土。」蔣介石剛剛看到的一線希望又被邱吉爾的強硬態度擊得粉碎。

香港總督楊慕琦

一九四五年二月，羅斯福、邱吉爾與史達林在雅爾達會心一笑，背著蔣介石把中國大連劃爲國際自由港，把旅順租借給蘇聯，允許外蒙獨立。事後羅斯福突然覺得有不妥之處，戰後抑制蘇聯還有賴於蔣介石政權，因此，指示赫爾利飛赴英國、蘇聯，謀求對中國有所補救的善後方案。四月，邱吉爾在倫敦會見了赫爾利。邱吉爾直截了當地向赫爾利表示，他將爲香港鬥爭到底，「除非踩過我的屍體，否則休想把香港從大英帝國版圖中除掉」，大英帝國將不要求什麼，也不放棄什麼，「我們決不會放棄大英帝國旗幟下的一寸領土」。

蔣介石聞訊感嘆道：「邱吉爾對香港交還中國問題，謂『誓死不願』，又謂『美國對中國之政策為一大幻想』云。——其蔑視我國蓋如此也！」外交方面交涉失敗，激發了他的民族情感，使蔣介石把收復香港的希望寄託在軍事接管上。

一九四五年八月，日本的戰敗為蔣介石提供了機會，但是對於能否抓住這個機會，他卻沒有把握。蔣介石顯然是估計到了在香港受降問題上會有麻煩，特地於八月十四日下午召見英國駐華大使薛穆，聲明「中國政府承認英國在香港的權利」，只是希望最終能解決香港問題。這實際上是給英國吃定心丸，表示中國近期內不會提起香港問題。

英國政府從一開始便打定主意，香港只能由英國接收。八月十四日，薛穆會見中國外交部次長吳國楨，表示英國將在香港受降，因為香港是英國海外領地，英國對它擁有主權，可以不受戰區限制。同時英國政府命令太平洋艦隊司令哈科特少將，率領以不屈號航空母艦為首的一支艦隊急速駛往香港，以圖在軍事上佔據先手。英國還採取外交行動，要求美國總統杜魯門指示遠東盟軍最高統帥麥克阿瑟，令香港日軍向英國投降。

八月十五日，日本天皇裕仁命令全體日軍向盟軍所屬軍區將領投降。八月十七日，遠東盟軍最高統帥麥克阿瑟發佈第一號受降命令：凡在中華民國、臺灣、越南北緯十六度以北地區之日軍，均應向蔣委員長投降。香港位於北緯十六度以北，本來就是中國領土，太平洋戰爭爆發後，香港又屬國民黨廣東第四戰區的作戰範圍，英美盟軍並未將它劃為特別戰區，所以，駐港日軍理應向中國軍隊投降。

機會真的來了，來得那麼突然，以至於蔣介石一時難以相信是真還是幻。十八日，中國戰區最高統帥部宣布各地國民黨受降主官姓名，其中廣東方面國民黨受降主官爲張發奎。廿一日，蔣介石命令國民黨陸軍第二方面軍接受廣東地區日軍的投降，其中第十三軍準備接收港九地區。

但是蔣介石畢竟沒有勇氣與英國進行正面的軍事與外交對抗，因而將解決問題的希望寄於美國。八月十六日，吳國楨便向美國駐華大使赫爾利轉交一封蔣介石致杜魯門總統的信，請求美國政府提請英國遵守盟軍受降的協定。

但是，在美國外交的天平上，英國畢竟比中國更爲重要，杜魯門致電麥克阿瑟，表示香港可以由英國接收。八月三十日，哈科特率領的英國艦隊駛入香港水域。次日，英軍宣布在香港成立臨時軍政府，香港實際上已處在英國的掌握中。

雖然後來在香港受降問題上進行了變通，在九月十六日，駐港日軍向英、中、美、加四國投降，但這並不能使蔣介石挽回什麼。

在香港問題上，蔣介石再次栽在英國人手中，他雖然忿忿不平，但也明白在國力過於弱小的情況下，僅有滿腔熱情是難以維持大國地位的。可惜，蔣介石卻把增強國力的希望寄託在加強國民黨的獨裁專制上了。對日戰爭剛結束，國內爭戰又開始了，他更沒有精力去考慮香港問題了。

現。

蔣介石謀劃收復東北但苦於蘇聯掣肘，蘇聯出兵東北暗助中共，東北局勢隱患漸

抗戰開始以後，蔣介石與國民政府在收復東北問題上態度是堅決的。「九一八」事變後，由於國民政府實行的「不抵抗」政策，軍隊退出東北，國民黨和國民政府的聲望急劇下降。雖然張學良分擔了相當大一部分責任，但是作爲一國統帥的蔣介石仍是很尷尬。蔣介石暗下決心：一定要收復東北，給國人一個交代，也徹底洗刷自己賣國的罪名。蔣介石代表的是整個國民黨的願望，一九四五年十月，國民黨大員熊式輝對此表述得很明白：「我們的困難起於東北，我們的勝利也必須止於東北、貫徹於東北。」

中國東北的行政地理概念，常指遼、吉、黑三省，抗戰勝利後，論其面積，約占全國總面積的七分之一，其水力、煤炭、石油、森林、漁業、畜牧業等資源十分豐富。正因爲它幅員遼闊，物產豐富，所以自從清末以來，就爲日俄等列強所垂涎，欲攫取這塊寶地。蔣介石收復東北的願望得到《開羅宣言》的確認，《開羅宣言》規定：日本佔領中國的所有領土，包括東北、臺灣與澎湖列島必須歸還中國。得到國際確認，蔣介石便開始了準備工作。

一九四四年秋天，國民黨中央訓練團開辦了東北黨政幹部訓練班，成立了收復「東北研究委員會」，在國民黨六大後改名爲「東北復員設計委員會」。但是蔣介石很快發覺，收復東北還必須跨過蘇聯這道障礙。

受日軍十四年蹂躪之苦的東北人民歡慶勝利

中國東北與蘇聯、外蒙古接壤，與西伯利亞共同構成了蘇聯的遠東屏障。戰後美國在太平洋和遠東的勢力大增，勢必構成對蘇聯的包圍，東北對西伯利亞乃至整個蘇聯的戰略意義，使史達林決心控制它。正是因爲考慮到這些，蔣介石在雅爾達會議前才極力反對蘇聯出兵中國東北。但是，他的反對太無力了。

一九四五年，雅爾達會議時，美蘇英三國首腦拿中國作了交易：大連商港國際化，蘇聯租用旅順港爲海軍基地，中東鐵路與南滿鐵路蘇中合辦經營，雖然承認中國保持在滿洲的全部主權，但又規定蘇聯的優勢權益須予保障。蔣介石痛心疾首，但毫無挽回的希望。儘管蔣介石對這個出賣中國主權的條約十分不滿，但出於對付共產黨的需要，在得到蘇聯保證支援蔣介石國民政府的承諾後，蔣極不情願地簽訂了《中蘇友好同盟條約》。

《中蘇友好同盟條約》簽訂後，蔣介石原以爲只要蘇聯信守條約，從蘇軍手中接受東北應是順理成章的事，孰料，蘇聯出兵東北後，並未全部履行《中蘇友好同盟條約》中支持國民政府的政策，而是採取兩面手法，從而使得國共雙方在東北的爭奪更加激烈。

四、經略新疆和西藏

蘇德戰發，胞弟遇害，盛世才向重慶投來目光；蔣氏夫婦親巡迪化（烏魯木齊），「新疆王」終於歸順中央。

新疆地處中國西北邊陲，辛亥革命後，雖已「歸附民國」，但由於國家政局動盪，加上地理上的分離，中央政府對新疆一直鞭長莫及。

新疆屬多民族聚居區，漢族人口只占其人口總數的百分之六。在盛世才之前主政新疆的楊增新、金樹仁都不是新疆本地人，爲了達到自己政治擴張的目的，推行鼓勵種族對抗的「分而治之」的政策，他們還利用國民政府的軟弱，主動向俄國靠近，試圖以犧牲國家統一爲代價，維護自己的地區獨立。

一九三三年四月政變後，盛世才任新疆邊防督辦。南京中央政府試圖加強對新疆的管理，廢除督辦制，改爲軍事委員會制，以限制督辦的權力。但蔣介石的這一計畫因盛世才的抵制未能實現。盛聲稱關心少數民族，卻無法緩和各民族之間的關係。盛世才在蘇聯的軍事支持下統一了新疆，公開宣布實行親蘇政策，並請蘇聯派一個加強團駐守新疆東部門戶哈密。盛世才後又兼任新疆省主席，將軍政大權集於一身，比其前任更遠離中央，更具獨立性。即便如此，新疆仍是中國的一個行政省區，在中央政府所在地派有常駐代表。

蘇聯紅軍駐紮哈密守衛新疆的東大門，名義上是爲了保障蘇聯中亞的安全，實際上是增強盛世才抗拒蔣介石的力量，鞏固盛世才在新疆的統治，加強蘇聯對新疆的控制。隨著抗日戰爭的爆發，盛世才獨立於中央政府的做法在隨後的兩年裏達到了頂點。不過，由於蘇聯成了中國的戰時盟友，盛的親蘇政策也就得到了蔣介石的認可。

與國民黨人建立了統一戰線後，作爲延安與莫斯科之間中轉站的烏魯木齊引起了共產黨人的興趣。一九三七年，王明與康生從蘇聯回國途經新疆時，盛

蔣介石巡視甘肅蘭州

世才主動要求加入中國共產黨。儘管其申請由於史達林的介入而遭拒絕，盛卻贏得了諸如陳潭秋、鄧發及楊之華等著名中共領導人在其省政府中工作。毛澤東派自己的弟弟毛澤民赴烏魯木齊，任盛的「私人顧問和助手」。

一九三八年九月，盛世才訪問蘇聯時秘密加入了蘇聯共產黨。盛世才通過此舉進一步表明了自己疏蔣親蘇的熱誠，但這仍然是出於在新疆搞獨立王國的需要，並非是他接受了共產主義信仰。就蘇聯來說，吸收盛世才入黨意味著新疆是其不可侵犯的勢力範圍，不僅一九四〇年十一月與其簽訂《新蘇租借條約》是順理成章的，就是以後搞新疆獨立、加入蘇聯也是自然的事了。蔣介石雖然對此睜一隻眼閉一隻眼，內心深處卻是十分反感的。他沒有表態，只是在等待機會。

一九四〇年十一月廿六日，盛世才與蘇聯秘密簽訂的爲期五十年的《新蘇租借條約》，嚴重損害了中國主權。盛世才後來在給蔣介石信中與回憶錄中均將史達林的逼迫作爲簽訂條約的原因，但從當時盛世才的親蘇言論與新疆對蘇聯的依賴態度看，盛的個人原因似乎更可以成立。因爲一九四一年一月盛世才還向蘇聯提議：新疆脫離中國，建立蘇維埃共和國並加盟蘇聯。只是在當時的國際環境下，蘇聯需維持中蘇同盟關係，才未接受盛的提議。

蘇聯援助支持盛世才，只是想建立一個能加以控制的親蘇政權，作爲保障中亞地區安全的屏障，同時掠奪自然資源，這同欲建獨立王國的盛世才是有矛盾的，蔣介石在這裏看到了收服盛世才的希望。

當德國人在一九四一年六月威脅蘇聯時，盛世才開始懷疑史達林將來幫助他的能力。這樣，他逐漸把目光轉向重慶。對於這一契機，精明的蔣介石當然不會讓它白白溜走。盛世才的轉向，是在蘇德戰爭爆發與蔣介石的步步進逼中完成的。

蔣介石一直關注蘇聯在新疆勢力的增長，並多次警告蘇方不能同新疆地方政府簽訂條約，只是苦於沒有合適的機會對新疆採取行動，蘇德戰爭的爆發無疑給蔣介石提供了一個絕好的契機。一九四一年秋，揣度到盛世才心態的蔣介石派蒙藏委員會委員長吳忠信任西北黨政考察團團長，赴甘、寧、青等省考察，意在控制河西走廊，壓迫新疆。吳忠信巧妙地利用馬步芳與馬步青兄弟的矛盾，成功地使國民黨軍隊進駐隴西，爲進入新疆打開了通道，已經關注重慶的盛世才對這一切自然都看在眼裏。

盛世才出席國民黨五屆中央全會

一九四二年三月，盛世才的弟弟盛世騏被人暗殺，這一突發事件成爲他轉而效忠重慶的導火線。盛世才把其弟之死的責任推到了新疆的共產黨人身上，在隨後的六個月裏，近七百人被清洗，陳潭秋和毛澤民均被殺害。

盛世騏去世後第二天，《新疆日報》便用「國際大陰謀」大標題報導了這一消息。

蔣介石也迅速反應，他三次召見新疆駐重慶代表張元夫。四月中旬，派張元夫去迪化，向盛世才提出談判條件，中央政府準備派三個師進駐新疆，並提出派專機接盛世才去重慶面晤。長期違抗中央的盛世才當然不敢貿然赴渝，於是他派另一位弟弟盛世驥爲代表，赴重慶晉見蔣介石。

一九四二年五月，朱紹良和翁文灝赴烏魯木齊與盛世才談判。他們帶去了蔣介石的一個資訊，即許諾不追究盛世才的「過失」。

蔣介石和許多國民黨人都認爲收回新疆主權的主要障礙是蘇聯，因此必須謹慎地、有步驟地進行。七月，蔣介石認定蘇聯有吞併新疆之陰謀，因而決定兩手行動：一面利用盛世才的地位和力量並加以扶持，使之逐漸中央化；一面敷衍蘇聯，遲緩其對新疆的策動並盡速加強中央在甘、青、藏邊的軍備，並派有力的中央部隊開入新疆各要點，防止突變。同時，爲安撫盛世才，消除他對中央軍進疆的顧慮，蔣介石派朱紹良四度入疆，做盛世才的工作，保證不危及盛在新疆的權力和地位。

蔣介石十分重視新疆還政於中央的事情。八月廿八日，蔣介石偕夫人宋美齡飛赴嘉峪關視察，爲了顯示自己的誠意，次日，蔣介石讓夫人宋美齡赴迪化會晤盛世才。宋美齡帶去的當然不只是委員長的慰問和歡迎，還有蔣介石的指示：調派甘肅境內政府軍由蘭州進駐安西、玉門，牽制在哈密的蘇軍；委派新疆外交特派員，將外交權收歸中央；肅清新疆共產黨；令蘇軍退出新疆等項。宋美齡此行標誌著盛世才與蘇聯關係的最終破裂。其間，蘇聯人企圖介入，但盛世才已經孤注一擲了。兩個月後，盛世才要求蘇聯人從新疆撤軍。

蔣介石極高地評價收服盛世才、使新疆主權回歸中央一事。一九四二年十二月三十一日，蔣介石在一年總反省中說：「新疆省主席兼督辦盛世才於七月間公開反正，河西走廊馬步青軍隊亦完成撤回青海。於是，蘭州以西直達伊犁直徑三千公里之領土（古代歐亞主要交通路線所經地之地區）全部收復，此爲國民政府自成立以來最大之成功，其面積實倍於東北三省也。」

一九四三年初，國民黨新疆省黨部恢復，盛世才任主任委員，宣誓服從黨總裁（蔣介石）的領導。不久，國民黨中央以協助新疆「剿匪」爲由，開始調遣部隊進駐新疆。在中央勢力大批湧入的形勢下，盛世才意識到自己的地位朝不保夕，希望與局勢迅速改觀了的蘇聯重續舊情。蘇聯鑒於與中國的盟友關係，拒絕了盛世才的要求，怒氣未消的史達林甚至要求蔣介石剝奪盛的權力。

一九四三年秋，憂心忡忡的盛世才飛赴重慶晉見蔣介石，探詢自己的政治前程。如果在中國其他地方能任重要職位，他表示願離開新疆。爲增加與蔣介石討價還價的籌碼，他指控在烏魯木齊的國民黨官員陰謀推翻省政府。一九四四年四月，他將一批國民黨人投入監獄。五月，蔣介石建議將他調到甘肅，但仍做著新疆王美夢的盛世才拒絕妥協。

六月，美國副總統華萊士由蘇聯經迪化赴重慶，外交部長王世杰到迪化迎接。一時間傳言四起，說華萊士此行是調整中蘇邦交而且將建議國民政府調走盛世才。真是如此的話，這等於要盛世才的命根子，更促使盛世才鋌而走險。

一九四四年八月十一日深夜，盛世才逮捕了國民黨省黨部書記長黃如今、建設廳廳長林繼庸等中央政府派新人員，指責他們是混進國民黨的共產黨，企圖在新疆建立共產黨新政權，並與蘇聯駐迪化總領事有密切聯繫。蔣介石當然不信，他一面派朱紹良等入新安撫，一面命令入新部隊挺進迪化，做好應變準備。

「八・一一」案發生時，蔣介石正為面臨衡陽戰敗和羅斯福要求蔣把軍隊指揮權轉給史迪威兩事而苦惱，他不容再有後院之火，於是一面對盛世才採取嚴密的軍事措施以防不測，一面親自召見朱紹良，要一舉解決新疆問題。當時朱紹良正值足疾復發，雖勉能舉步，但不能登山，時在重慶黃山公寓的蔣介石用其座轎將朱紹良從山下迎到公寓門前（這在蔣介石是破例的迎客），兩人商談達三四小時之久。鑒於新疆局面的嚴重，為防劇變發生，蔣介石要朱去新疆。深得蔣介石信任的朱紹良也甘冒不測危機，親到迪化一行。據朱紹良年譜記載：「委員長與朱先生密談時，座位極近，忽以手加於朱先生膝上，關切的詢問朱先生有兒女多少及年齡大小？意在負責朱先生身後」。朱紹良此行終於扭轉危局，使盛世才離開新疆，接受中央任命，任農林部長。

八月廿九日，國民政府下令撤銷新疆邊防督辦公署，任命吳忠信為新疆省政府主席，所有駐新疆部隊歸中央軍事委員會直轄。九月，盛世才赴重慶，結束了他在新疆的軍閥統治。

盛世才的離去並非意味著中央政府控制新疆時代的開始，問題依然很多。在一九四四年以後的歲月裏，政治上的統一仍然是政府努力的目標。不過，在後來安撫民族情緒的問題上，蔣介石把重任交付給了「和平將軍」張治中，終於有了一定和緩。「拉一派打一派」的羈縻政策，和崇尚武力的「鐵血政策」在民族問題上已經行不通了，蔣介石似乎也意識到了這一點。

盛世才統治新疆時，打擊迫害了一大批人，民怨極深。他離開新疆後，先後多次遭到起訴和責難，蔣介石並未食言當年為盛世才負責一切的承諾，每次均保護其過關。他認為盛世才將新疆奉獻於中央是一大功績，大家要明瞭此旨，「顧念大體，勿再責難往事」。一九四九年盛世才隨蔣介石逃往臺灣，任「國防部」上將參議、「行政院光復大陸設計委員會委員」，直至一九七〇年七月十三日，於臺北病逝。

政治交涉難消漢藏隔閡，蔣介石出兵西藏；英國出面干涉內政，國民政府巧修康藏公路化解分裂危機。

西藏一直是中國領土不可分割的一部分，但伴隨著英國對中國侵略的加劇，特別是一九〇四年榮赫鵬率軍入侵拉薩之後，中國在西藏的主權便受到了嚴重威脅。英國多次鼓動西藏脫離中國「獨立」，辛亥革命後，在中國政府堅決抵制下，這些圖謀終未實現。南京國民政府成立以後，設置了蒙藏委員會，第十三世達賴喇嘛採取了親中央的政策，英國在西藏的侵略與擴張暫時受挫。

一九三四年，十三世達賴逝世，國民政府派蒙藏委員會委員長黃慕松入藏弔唁，雙方高級官員這才有正式接觸。黃慕松的使藏，無疑是對英國圖藏的一次沉重打擊。同時，西藏攝政熱振活佛積極改善噶廈同中央政府的關係，使漢藏關係日益密切。

按西藏的宗教信仰，達賴圓寂後一定會在某地「轉世」，不過，自稱轉世靈童卻不止一人，這就要靠金瓶掣簽決定。這個規矩源自清朝。一七九二年，乾隆皇帝打敗了盤踞在西藏的廓爾喀人，挽救了西藏的神權統治後，便立下了由乾隆御賜一隻金瓶（稱金奔巴瓶），世代保存在拉薩。以後凡遇達賴或班禪的繼承問題發生紛爭時，就由駐藏大臣親自主持大典，用金瓶當眾抽籤決定所謂有繼承資格的靈童身分。當時駐藏大臣在前藏後藏各有一人，一駐達賴所在地拉薩、一駐班禪所在地日喀則，西藏官員及僧侶在這一問題上均須服從駐藏大臣用這一方式作出的繼承人決定。

在尋覓十四世達賴轉世靈童問題上，國民政府當時決定仍襲用這個傳統方式，利用當時西藏上層僧侶集團間的爭權鬥爭，拉攏親國民黨的攝政熱振呼圖克圖，由他親自去青海湟中接來一個靈童，宣稱其身分完全符合十三世達賴圓寂前的遺言，而後中央政府又委派蒙藏委員會新任委員長吳忠信來拉薩，在布達拉宮用金瓶掣簽，決定了該靈童爲十四世達賴喇嘛。坐床大典在一九四〇年二月廿三日舉行，由吳忠信親臨主持。事後在西藏方面的同意下，吳忠信在拉薩正式設立了國民政府駐藏辦事處，隸屬於蒙藏委員會，由孔慶宗任處長。就這樣，國民政府駐藏機構正式建立起來。

當時內地同西藏之間交通極不便利，內地無一條公路可通到拉薩，康定至昌都歷來僅有一條例道，卻也不暢通。而西康又掌握在四川軍閥劉文輝手中，青海的玉樹本來也是進藏的一個通道，但又被「西北王」馬步芳擁兵割據，不容外人出入。再加之這些地區多民族雜居，紛爭不已，而且氣候惡劣，山道崎嶇。即使人能通行，也是困難重重。因此那時從重慶前往拉薩只能借道印度。然而，借道印度還須得到英國駐華使館的簽證。這樣，英國方面非但能掌握中國官員出入拉薩的動態，有時甚至還藉口西藏方面不同意而作難。身爲中國的政府官吏，欲去屬於中國的另一塊領土，卻不得不繞道他國而受制於人，單從這一點看，當時西藏同內地的隔絕狀況也就可想而知了。

十四世達賴坐床時只有十二三歲。按西藏慣例，在老達賴圓寂，而轉世達賴尚未成年之前，可由地方政府推選一位大活佛作爲攝政，具體主持西藏的政務和教務。當時推選攝政的大活佛就是那個出身於沙拉寺，當時年僅二十餘歲，靠近國民黨的熱振呼圖克圖。他在熱忱接待了黃慕松和吳忠信這兩位中央派來的大員後，又消弭了抗戰時期一些藏民在西康、青海邊緣地帶的滋事生非。他還派遣一個名爲「西藏慰勞抗日將士代表團」到重慶，並贈給前方將士羊皮一萬張、銀圓五十萬以作慰勞。這是民國以來西藏當局向國民政府所表示的最友好的一次舉動。

一九三七年，全面抗戰爆發，英國政府利用中國面臨日本入侵的困境，再度加緊了對西藏的擴張。一九四〇年，中央政府派吳忠信入藏主持第十四世達賴喇嘛坐床典禮，並在拉薩設立國民政府蒙藏委員會駐藏辦事處，此後英國遂派駐錫金政務長官古德前往拉薩，策動西藏地方政府中的親英分子對抗以熱振爲首的愛國人士。他們攻擊熱振「引進中央勢力，定將進行政治改革，勢必剝奪貴族特殊地位及利益」，引起西藏貴族的附和，擴大了反熱振的陣營。他們甚至散佈流言，對熱振進行人身攻擊和誹謗，迫使熱振於一九四一年一月暫時離職，將攝政一職交予他的經師達扎活佛代理。達扎上臺後積極投靠英國，並對噶廈上層進行了大換班。從此，西藏同中央政府的關係急轉直下，西藏問題再次變得複雜起來。

一九四〇年夏，在日本壓力下，英國政府關閉了中國唯一的國際運輸線——滇緬公路，使中國物資供應陷入困境。一九四一年上半年，國民政府爲解決滇緬公路運輸不足的問題，計畫由中、英、美三國共同修築由西康經西藏的鹽井、察隅至印度東北邊城薩地亞的中印公路。但印度政府認爲如果修築該公路，「作爲事實上獨立的緩衝區並且與英國和印度有著密切聯繫的西藏的地位就會受到損害」，因此堅決反對修建中印公路。但他們又不便直接拒絕中國的要求，於是就以「必須事先徵得西藏人的同意」爲藉口加以阻撓，同時授意西藏噶廈出面反對。

西藏地方政府在英國政府的唆使下，爲了防止中央政府勢力進入西藏，竟派兵阻止康印公路勘測隊入藏，並以「佛示不准」爲藉口，於一九四二年一月十三日要求國民政府「收回成命」。針對這一情況，蔣介石採取了軟硬兼施的政策。一方面多次召見西藏駐重慶代表羅桑札喜，請求藏方深明大義，不再阻止康印公路的修築，並答應向西藏提供一定的財政補助；另一方面在西康和青海部署軍隊，企圖以武力壓迫西藏地方政府讓步。他將原駐河西走廊的馬步芳第八十二軍主力韓起功部調回青海，又任命馬步青爲青海柴達木屯墾督辦，率所部騎五軍移師西寧，增加對西藏的軍事壓力，並密電西康省主席劉文輝在康藏集結兵力。

在英印當局的支持下，西藏地方政府也採取了強硬態度。一九四二年七月六日，西藏地方政府成立了所謂「外交局」，中央政府同西藏地方政府的關係更加惡化。次日，噶廈致函蒙藏委員會駐藏辦事處，稱西藏攝政決定新設「對中國及他國辦理外交人員之機關」，「今後漢藏間事無巨細，請逕向該機關洽辦」。

在數度協商未果的情況下，孔慶宗建議中央對西藏當局採取強硬態度。但重慶政府姑念漢藏兩族的兄弟情分，將軍事解決視爲下策，仍積極爭取政治解決。蔣介石於八月廿六日乘飛機巡視青藏邊地區，認爲解決藏事以政治手段爲主，軍事手段爲輔，只要西藏承認國民政府爲中央政府就足夠了，於是決定「對藏暫時隱忍，以冀其自覺」。此時正值英美宣布放棄在華特權，蔣介石希望以此爲契機，從廢除過去的不平等條約入手，一舉解決西藏問題。但是，這種把希望寄託於第三力量自動退出的設想是行不通的。

一九四三年初，面對西藏局勢的演變，中央政府認識到單靠政治手段尚不足以解決藏事，必須輔之以軍事壓力。一九四三年四月，西藏噶廈停止了漢藏驛運路線後，蔣介石便命令青海、西康和雲南的軍隊向西藏邊界開進。由於多種原因，雲南和西康的軍隊實際上沒有採取行動。但青海省主席馬步芳在得到中央軍事援助——騎槍二百支、輕機槍五十挺、子彈數萬發和一些軍費後，調集數千軍隊開赴青藏邊界。

在施加軍事壓力的同時，蔣介石於五月十二日在重慶召見了西藏駐京辦事處主任阿旺堅贊等人。阿旺堅贊首先向蔣介石陳述了噶廈「請求制止軍事行動之意」，蔣介石給予了嚴厲的回答，「調動軍事，乃一方防止日寇勾結西藏，一方保護修築中印路及驛運」。蔣介石還提出了西藏應遵照辦理的五點要求：「協助修築中印公路；協助辦理驛運；駐藏辦事處向藏洽辦事件必與噶廈洽，不經外交局；中央人員入藏，凡持有蒙藏委員會護照者，即須照例支應烏拉；在印華僑必要時須經藏內撤。」蔣介石指出：「如西藏能對此五事遵照辦事，並願對修路驛運負保護之責，中央軍隊當不前往，否則，中央只有自派軍隊完成之。」蔣進一步表示，「中央絕對尊重西藏宗教，信任西藏政府，愛護西藏同胞。但西藏必須服從中央命令，如發現西藏有勾結日本事情，當視同日本，立派機飛藏轟炸。」

面對中央政府的軍事壓力，西藏地方當局確實慌了手腳，噶廈立即致函英國駐拉薩代表，「請求我們最大的盟友英國政府，通過印度政府給予我們盡可能的援助，以支持和維護我們的獨立地位。」

英國人對於西藏噶廈的求助立即做出了多方面的反應。首先是在外交上施加壓力。在五月二十日於美國舉行的太平洋作戰會議上，英國首相邱吉爾公然稱西藏是「獨立國家」，引起與會中國官員的憤慨。外交部長宋子文當即向邱吉爾嚴正指出，「西藏並非首相所謂獨立國家，中英間歷次所訂條約，皆承認西藏爲中國主權所有。」

面對英國的外交干涉，國民政府表示出強硬態度。蔣介石指示外交部次長吳國楨將薛穆送交的備忘錄退回，表示決不允許任何國家干涉中國內政。他指出：「西藏爲中國領土，我國內政決不受任何國家干預。英國如爲希望增進中英友誼，則勿可再干涉我西藏之事。如其不再提時，則我方亦可不提；如其再提此事，應請其勿遭干預我國內政之嫌，以保全中英友誼。」

面對國民政府與蔣介石在西藏主權問題上堅決的不妥協表態，英國政府檢討了自己對西藏的政策，七月七日，英國戰時內閣通過了《有條件承認中國對西藏宗主權的決議》。英國對於西藏仍然賊心不死，他們用宗主權代回避領土主權，聲稱「對中國宗主權的任何無條件承認，都會削弱英國政府保護西藏自治權的立場」。這樣，英印當局向西藏提供軍火便是很自然的了。同時，英國於一九四三年秋派遣軍官組成軍事訓練組，赴江孜、拉薩等地，幫助藏軍擴編軍隊，檢修藏軍所有的山炮，訓練人員等。

英國政府雖然希望把漢人的影響從西藏排斥出去，但由於同樣的原因，也無法對西藏地方政府的分離舉動在軍事或外交上予以公開聲援與幫助。

廣大西藏愛國人士堅決反對噶廈的分裂活動。一位西藏人告訴孔慶宗說，「西藏雖欲獨立，但無資格能力，終必依一大國，中央對藏向有主屬關係，不比外國，不能歸入外交局，中央如欲保藏，需及時設法加以處理，免依他邦；而藏人向由漢官管理，理由正大，尤其由中央嚴電堅持根本解決。」

西藏地方政府在此情況下，不得不找臺階下，聲稱「當前的麻煩並不在漢人政府本身……我們沒有理由因猜忌而同漢人鬧糾紛」，他們將責任推到了馬步芳身上，認爲「馬步芳的行動必定有他重要的個人目的，這一目的可能對西藏和印度的利益皆有不利」。噶廈終於在蔣介石關於漢藏關係向西藏地方當局提出的五點指示基礎上向中央做出了讓步。

到一九四四年，國際形勢發生更大變化，中國的國際聲望日隆，蔣介石又開始重視起西藏問題來。蔣介石決定派自己信任的沈宗濂為新任駐藏辦事處處長，以求西藏地方政府完全歸順中央。

沈宗濂早年畢業於清華大學，曾留學美國，為人精明幹練，富有謀略。在郭泰祺任外交部長時，沈任其總務司長。一九四一年末，他調入侍從室第四組為秘書。此後他潛心研究各類問題，幾年來為蔣出謀獻策，頗多建樹，深得蔣的讚賞。其中有一份意見書，就是進言蔣介石利用當前時機，加強與西藏的關係。這一意見正中蔣的下懷。此外，沈宗濂在外交部任內，曾隨戴季陶特使出訪過緬甸和印度，對印度情況相當熟悉。戴曾在蔣的面前誇讚沈宗濂思考周密，有膽有識，這也給蔣介石留下了深刻印象。

沈那時正屆壯年，身體已經發福，頭髮半禿，鼻上架一深度近視眼鏡，彎腰躬背，行走時常持一根手杖，步履蹣跚而臉色莊重。蔣介石選擇這樣一個人物作為大員出使西藏，一般不詳內情的人自然頗覺不可理解。

沈宗濂上任前，蔣介石召見他作了一次詳談。蔣介石特別強調此行工作艱巨，使命重大，要沈宗濂在不引起英印當局疑慮的情況下，很好地完成四項任務：其一，宣揚中央的實力和統一中國的決心。其二，強調中央政府對藏民的一貫友善和尊重態度，指出只有加強同內地聯繫，與之結成一體，西藏才能有光明前途。其三，要求西藏方面同意中央派員勘察修築康藏公路，迅速打開西藏與內地交通隔絕的局面。其四，加強雙方間的友好合作。此外，蔣介石答應撥出一筆特別款項，以黃金、外幣計算，作爲沈宗濂此行的活動經費。沈在行前可作一預算計畫，開列進藏需用各項開支，包括購置禮物，直接饋贈的費用等等。

沈宗濂曾在侍從室同仁爲他餞行的酒席上坦率地說過：「我此行花錢如流水，不是不懂得節約，只是同落後又專制封閉的西藏政教上層人物打交道，不但要施之以威，還要誘之以利，在器量和魄力上都壓過他們，否則是會被他們小看的。」

當時中國是反法西斯四大盟國之一，中國抗日戰爭勝利後，必然對印度獨立運動以及整個形勢產生直接的巨大影響。所以這時英印政府一改以往的冷漠態度，十分重視國民政府派沈宗濂駐拉薩之舉。這次沈宗濂到達拉薩一個月後，英印方面駐錫金的行政官、英人古爾德爵士也帶了大批禮品，追蹤到拉薩作所謂「友好訪問」。此行顯然是爲了探視沈宗濂到拉薩後的動作和西藏當局對沈的態度。

沈宗濂入藏後，通過設宴、贈禮、佈施，廣泛交往噶廈的主要官員、僧官、大小活佛，還約見了達賴。雖耗費巨大，但終於造成了沈宗濂入藏的浩大聲勢，頗令拉薩上層人物刮目相看，漢藏之間的感情也因此較前有了好轉。

一九四五年八月十四日，台電傳來日本投降的消息，拉薩舉行了火炬遊行，慶祝抗戰勝利。次日，沈宗濂舉辦慶祝宴會，西藏地方政府的攝政、噶倫、各大寺的堪布和活佛莫不前來參加，駐拉薩的英印、尼泊爾代表也率員趕來祝賀。在一片歡慶的氣氛中，中央的聲望再次大振。

英國一直以宗主權回避中國對西藏的領土主權，沈宗濂在入藏前曾拜會過英印當局的外交部長卡羅，雙方對此有過爭執。最後卡羅爵士含蓄地說：「依我理解，當一個國家強大時，宗主權可以說是主權的同義詞，並無區別，但是如果國家實力不逮、內部分裂，則這個主權自當別論了。」

志得意滿的沈宗濂此時又想起那一番話，更深切地覺察到了其中滋味，因此，他決心把握時機，趁熱打鐵。他建議蔣介石一邊消除西康割據，一邊修築康藏公路，就像當年修築史迪威公路一樣。外交上，則在聯合國支持印度獨立，同時與印度簽訂協定，要其承認西藏是中國的一部分。

恰恰在此時，蔣介石卻無暇顧及西藏問題。抗戰勝利後，國內形勢的發展頗出乎國民黨的意料，蔣介石一面依靠美國調停國共內戰，一面卻又在作重打內戰的準備。況且當時東北、新疆、內蒙問題也日趨突出。蔣介石囑咐陳布雷電告沈宗濂，謂「奉委座指示，目前國內局勢複雜，故西藏問題只能維持現狀，不宜多事更張。吾兄才華卓著，年來在藏多有建樹，弟所欽佩，唯按之現實，只能以無事爲大事，以無功爲大功。區區愚見，諒蒙明察。」沈宗濂是聰明人，接到這個複電後，知局勢既已如此，事已斷不可爲。自此他也就無心戀戰，而亟謀脫身之計。當初一番雄心，只能付諸東流了。

沈宗濂雖萌退志，然以他好強之個性，仍欲作最後建樹，以陪襯他的引退，也好向南京政府有個交代。後來，在他的努力下，西藏派出代表於一九四六年春到達南京慶祝抗戰勝利，準備參加「國大」。

第十章　迎來抗戰的勝利

一、一九四四年的大失敗

日軍先發制人，東線戰場發動「一號作戰」；蔣介石「東守西攻」，疲於應付但躊躇滿志，勝利似乎近在眼前。

一九四三年底，整個世界戰爭的形勢發生了翻天覆地的變化，歐洲、太平洋兩大反法西斯戰場同步轉入了戰略反攻階段。對日本實行全面抗戰已堅持和苦熬了六年多的中國戰場，這時也正處於由戰略防禦向戰略反攻轉變的過渡階段。

一九四四年二月，第四次南嶽軍事會議召開。蔣介石向與會的將領們通報了國際戰局的大好形勢，明確談到對日抗戰轉捩點和反攻階段已經到來，並作出相應的軍事部署。委員長的一番話使一批希望早日收復國土的抗日將領異常興奮，終於有大仗可打了。其實早在一九四二年底，軍令部與蔣介石對此就有所考慮，曾作過指示：「國軍總反攻，以配合盟軍行動為有利」，反攻的時間，「預期當在收復宜沙及緬甸以後」，「各戰區未發動攻勢前，依定守勢計畫實施」。一年多以來，蔣介石關於「配合盟軍行動」的思想並沒有變化；事實上，自從太平洋戰爭爆發、美英對日宣戰以來，這個思路就一直主宰著他。

對於形勢的發展，蔣介石不敢過於樂觀，同日軍打了這麼多年的交道，他深知對日作戰的艱苦性。在會上，蔣介石指出，反攻開始可能遭遇兩種不同的情況：一是中國軍隊還未發起戰略反攻，日軍先發制人，先發動攻勢；一是敵軍不再發動進攻，中國軍隊在完成準備後即發起進攻，「敵不先來進犯，而我們到了五六月之間，準備完成之後，必須堂堂正正地實行反攻」。把反攻時機定在五六月間，他是有一定考慮的。除了預留時間做準備外，他還在等待緬甸戰局的變化。

一九四三年底，經過嚴格訓練的中國駐印軍在史迪威的指揮下，同英美盟軍已展開了反攻緬北的軍事行動。由精銳之師組成的中國滇西遠征軍駐紮在中緬邊境，隨時都要做好入緬作戰的準備。情報顯示，日軍正準備在華中發動大規模軍事行動。蔣介石不能不對作戰的前景表示憂慮。反攻緬甸是他長久以來的期待，只要打通了滇緬國際交通線，就可以獲得更多的援助，特別是急需的汽車、大炮等重型物資，這樣可以徹底改變中國戰場的被動防禦局面。但是精銳之師，一部調往西南準備遠征，餘下的要監視陝北的共產黨。整個東線戰場軍隊多數實力虛弱，沒有數月時間加緊整訓準備，不要說進攻日軍就是防守也是難以長久的。

在這樣的情形下，蔣介石「東守西攻」的戰略意圖漸趨明朗。但無論如何，他都沒有預料到日軍在東線戰場先發制人的攻勢會如此之猛烈，他更沒有想到豫湘桂大潰敗會陷自己於內外交困的危險境地，這是後話。

日軍在東線的進攻目的在於打通大陸交通線。一九四三年二月，在瓜島爭奪戰中，日軍損失所有可能調動的陸海空兵力，從此喪失了太平洋戰場上的制空權和制海權，五月以後，美軍在太平洋上與日軍展開了逐島爭奪戰。到一九四四年初日本與南洋的海上交通線已被切斷，在中國的長江補給線，由於中美空軍的監視也受到威脅，妄圖雄跨亞洲稱霸世界的日本正陷入了進退兩難的困境。爲了挽救其即將覆滅的命運，日本制定了「一號作戰」計畫，意圖維持其本土與南洋各地

▶▶一九四三年十月，中國駐印軍渡過薩爾溫江，攻入緬北

的聯繫，摧毀美國在華空軍基地，開闢由中國東北直至越南的大陸交通線。

此次一號作戰，共分三大戰役：河南會戰（又稱豫中會戰）、湘南會戰（又稱長衡會戰）、桂柳會戰（又稱廣西會戰），總稱豫湘桂會戰。日軍投入兵力達五十餘萬人，其規模之大，是空前的。東條英機又稱之爲「玉碎」作戰；臺灣的史書則稱之爲「破罐作戰」，即孤注一擲，成敗在此一舉。

面對日軍的「最後一搏」，蔣介石又是如何認識的呢?蔣介石認爲日本的「一號作戰」，「其主要就是要打通粵漢與湘桂兩線，爲它在緬甸、在越南、在中南半島以及孤懸在南洋海島上的各處日軍，闢一條敗潰時的逃生道路」。同時蔣介石已明確地斷定「敵寇今日的狂妄行動，真是日暮途窮，計無複出的最後一擲」，敵已改變爲陸主海副的方針。蔣介石還判斷：日寇將於三月中旬進行一號作戰。蔣介石看到了日軍的窮途末路，卻怎麼都沒有想到自己也險些成爲他們的陪葬品。的確，國民黨中也沒人會相信在勝利的曙光映照下，還會栽一個大跟頭。

河南會戰爆發，湯恩伯部署失當、準備不足，迅速丟城三十八座；蔣介石匆忙調整部署，疏忽黃河防務，難挽河南敗局。

日軍爲了打通華北與華中的聯繫，首期作戰的目標便鎖定在平漢路南段沿線地區（河南境內）。從一九四三年冬起，日軍就開始在河南新鄉以南的黃河北岸地區進行作戰準備。日軍的活動，第一戰區早已偵察到，八路軍總部也及時向第一戰區長官司令部和國民黨中央軍事委員會通報敵情，以期引起蔣介石與國民黨當局的重視。

當時蔣介石的主要精力還放在策劃如何對付共產黨這個心腹之患上。第一戰區對於日軍修復黃河鐵橋沒有採取有力措施進行阻止，對於黃河南岸的防務也沒有放在心上。守衛中牟、京水等重要渡口的是新近成立素質極差的暫十五軍及獨立第一旅等部隊，以這些部隊擔任河防，使得黃河防線形同虛設。更爲甚者的是，在河南情況緊張、華北黃河防備危急的情況下，蔣介石置第一戰區原有兵力已不足於不顧，又將部分精銳部隊陸續抽調到新疆加強統治，到陝甘寧地區圍困共產黨。這樣河南境內實際上能投入作戰的兵力就不多了，抗擊日軍的力量受到嚴重削弱。

日軍頻繁活動形成的軍事壓力，民眾譴責營造的輿論壓力，使蔣介石從防共反共的迷夢中漸漸清醒。三月十四日、十七日，蔣介石兩次致電第一戰區司令部，命令河南守軍固守遂平、許昌等地，並調整兵力部署準備在嵩山附近與敵決戰。但此時，日軍已經準備就緒，很快發起了在河南的攻勢。

第一戰區副司令長官湯恩伯雖偵知日軍南移，但遲遲未弄清其戰略意圖。既沒有周密的作戰計畫，也沒有切實的應變措施，僅以所謂「嚴令河防部隊設法破阻」而應付，致使初戰失利。然而，當日軍已兵臨鄭州，大舉進犯之時，國民政府軍令部和第一戰區指揮官卻仍然依據以往豫南會戰和鄭州會戰的經驗擬訂作戰計畫。美國駐重慶武官則認爲：「日軍在河南的攻勢不過是春季演習，日軍很快便可退回原防地。」而一心撲在緬甸反攻戰上的史迪威則斷言：「日軍沒有具備在華大舉進攻的能力。」蔣介石當然希望他們的判斷是正確的，但戰勢的發展卻證明他們犯了很大的錯誤，他們顯然低估了日軍孤注一擲發動全面攻勢的決心和能力。

四月十八日，日軍突破中牟地區中國守軍的防線，渡過黃河後，佔領中牟，然後分兵直犯鄭州和密縣。暫編第十五軍一觸即潰，倉皇撤逃，蔣介石和軍令部的急電也不能使他們逃跑的速度放慢一點。四月廿二日，日軍接連佔領平漢、隴海兩線的戰略要地鄭州。廿四日，攻佔密縣。至此，日軍輕易突破了中國軍隊形同虛設的黃河防線，佔領了黃河南岸及平漢線上的重要據點，打亂了中國軍隊的作戰部署，掌握了河南作戰的主動權。

蔣介石開始著急了，他一度想改變遠征軍入緬計畫，把駐紮在西南邊境的遠征軍調往東線加強湘桂防禦。在美國以扣發租借物資相逼的情況下，更考慮到緬甸在整個抗日戰略中的地位，蔣介石最終還是放棄了調回遠征軍的想法。

面對這一危急局勢，蔣介石匆忙調整部署，以圖補救。四月二十日，蔣介石電令第一戰區：「（一）湯兵團對竄犯許昌附近之敵，應予嚴重打擊；對密縣之敵，暫行監視，佯動牽制。（二）孫集團軍應加強出擊兵力，對當面之敵攻擊。」湯恩伯鑒於日寇之流竄，打算在禹縣附近集中有力部隊給以打擊，蔣介石表示同意，同時指示應該用一個軍死守禹縣，盡力吸引牽制敵人以支持許昌的守軍，這樣也便於在禹縣與日軍決戰。

國軍在許昌與敵血戰數日，因傷亡過大，不得不在五月一日拂曉突圍撤退，日軍攻佔許昌，此戰中國守軍團長以下軍官傷亡者達三分之二以上。隨後，禹城、郟縣、襄城、臨汝相繼失陷，洛陽面臨被正面攻擊的危險。日軍先頭部隊於五日竄至洛陽南面的龍門附近，以戰車、裝甲車為前驅，發起猛攻。洛陽危急！

五月五日，蔣介石手令第四集團軍司令孫蔚如，要求全體將士抱與陣地共存亡的決心，「勇敢殲敵達成使命」，「始終確保陣地，完成任務。」五月六日，蔣介石致電第一戰區司令長官蔣鼎文，轉示第十四集團軍總司令劉茂恩，副總司令劉戡及軍師、團長等，令所屬奮力爭取勝利。電稱：「此次洛陽龍門之會戰，實為我抗戰成敗之最大關鍵，正我全體官兵殺敵報國成功成仁完成革命之職責，用慰我國父及陣亡先烈，存城在人存，城亡與亡之決心，上下一致，共生同死，服從命令，遵守紀律，重申連坐法，如有怕死後退傷害我全軍之榮譽者，必斬無赦！望我各級官長尤應身先士卒，嚴督勤教，完成此重大使命。我軍榮辱，主義成敗，國家存亡，民族興衰，全在此舉，希共奮勉，爭取勝利。」

蔣介石手令發出兩天後，八日，日軍南北夾擊攻佔西平，打通了河南境內的平漢線。接著，龍門等各路日軍合會，在日軍合圍形勢下，洛陽附近中國守軍主力沿隴海鐵路及洛河河谷撤退。從十四日至廿二日，日軍攻陷洛陽西郊，中國守軍完全退入城內，困守孤城。廿二日，日軍三次突入城關，均被守軍擊退。廿四日，日軍向洛陽發起總攻。守軍英勇抗擊，直至彈盡糧絕，始分路突圍，廿五日，洛陽失陷。至此日軍已經打通平漢鐵路，其中一部正指向長沙與衡陽，準備湘桂作戰。

河南會戰，蔣介石投入兵力約三四十萬人，欲給敵以重大打擊，然而三四十萬的國民黨軍隊卻在日軍五六萬人進攻之下連連潰退。在歷時近四十天的戰鬥中，丟掉包括鄭州、洛陽、許昌等中原重鎮在內的城市三十八座，中國軍隊死約三萬七千五百人，一萬五千人被俘。日本戰死約八百五十人，約二千五百人受傷。通過此次會戰日本不僅打通了平漢線，而且控制河南境內的隴海線，其戰略目標完全達到，並為其下一步進攻奠定了基礎。

湘桂作戰前途難料，緬甸戰事波瀾又起，蔣介石為爭取美援曲意逢迎，不斷忍耐；薛岳四戰長沙驕傲輕敵，長沙失守衡陽被圍，蔣介石沮喪難當。

東戰場上中國軍隊連連喪城失地，急需加強湘桂防禦的時候，羅斯福卻一再發電催促中國遠征軍入緬作戰。盟軍反攻緬甸是蔣介石在開羅會議竭力爭取的事，但是現在，他卻有些猶豫不決了。

一九四三年底，歐洲戰場和南太平洋戰場局勢發生了有利於盟軍的變化，中國戰區戰略地位下降，在開羅會議一周後的德黑蘭會議上，緬案又掀波瀾。最終，英美放棄了在緬南登陸作戰的計畫。為減少不必要的犧牲，在沒有盟軍兩棲作戰保障的條件下，蔣介石是不願單獨出兵的。何況，現在國內的形勢又是如此的危急！

但是美國並不考慮中國當時危難的境地，反而以扣發租借物資爲條件相逼迫，這大大刺傷了蔣介石的民族自尊心，但是實力弱小，敢怒不敢言啊。他對此有萬千感慨：「國無實力，而借助於人之痛苦，竟如是耶！可不力圖自強乎！」「患難危急之來，唯有在己者可恃，而在人者尤其外援更不可靠也。若有絲毫依賴之心也不僅無補於事而且成爲他人之奴隸矣！此時除求其在我，力圖自強以外，絕無其他挽救之道。」

抗戰至此已不需要「冒險犯難」，而是「耐得久的得勝」，一定要忍，而除了忍之外並無他法可以「徐圖自強」，蔣以此自勵。四月廿五日，他在日記中寫道：「際此橫逆疊來之時唯有整軍圖強，故告誡各將領謹愼從事，忍耐謙抑以冀挽回頹勢，竭盡職責也」。爲了繼續獲得美援，蔣介石不得不曲意隱忍。四月一日、十五日，國民黨第十、第十四師自滇西空運緬北孟關等地，增強中國駐印軍戰鬥力。同期，國民政府軍令部制訂中國滇西駐軍策應中國駐印軍反攻滇西的作戰計畫。五月十一日，中國滇西遠征軍強渡怒江，發動全線反攻。

盟國的壓力，河南會戰的失利，湘桂作戰前途難料，蔣介石已經到了內外交困之際。正因爲如此，他對滇西遠征軍的行動寄予厚望。遠征軍自雲南出擊之時，蔣介石致電司令長官衛立煌等，說：「此次渡江出擊之勝負，實關乎我抗戰全局之成敗，國家存亡，主義成敗，都在於此一舉，務希吾弟奮力出征，完成使命。」

但蔣介石更強烈的願望還是在本土粉碎日軍的「一號作戰」計畫。他把目光集中於扼兩廣之咽喉，控四川之門戶的戰略基要地——長沙。

抗戰以來，國軍已經同日軍進行了三次大的會戰。國民政府軍事委員會認爲：長江以北爲濱湖沖積帶，地勢平衍，雖非擅戰之地，但其東有幕府、萬洋諸山，西倚雪峰山，對長沙成犄角之勢，可實行截擊、側擊；正面有新牆河、汨羅河、撈刀河、瀏陽河，可實行持久抵抗，整個地形成天然囊形陣地。由此，中國軍隊根據地形特點，採取了節節抵抗、消耗敵人、後退決戰的戰略。正是依據這樣的戰略，國軍在前兩次會戰中與日軍打了個平手，保住了長沙。一九四一年底，第三次長沙會戰時，第九戰區司令長官薛岳根據前兩次長沙會戰的經驗，制定了名爲「天爐戰法」的誘剿戰略，致使日軍傷亡五萬六千多人，其驕人戰績使國際震驚。

現在扼守長沙的依然是有三戰之經驗的薛岳。蔣介石希望他能積三戰之餘威，在湖南戰場扼制住日軍攻勢。

在平漢線作戰結束後，日軍立即進行了第二階段的湘桂會戰，湘桂作戰又分兩期進行。首先進行的是以長沙、衡陽爲中心的長衡會戰，然後則展開了以桂林、柳州爲中心的桂柳會戰。

長衡會戰是日軍整個湘桂作戰的關鍵，因爲會戰所處的第九戰區集結了中國軍隊眾多的兵力。爲了此次會戰，日軍抽調二十餘萬人的兵力，同時還配有一個騎兵聯隊、四個獨立炮兵聯隊、一個野戰炮兵聯隊、三個獨立工兵聯隊、兩個鐵道兵聯隊、戰車第三師團一部，以及汽車三千餘輛，飛機六百餘架，這是日本對華開戰以來最大的一次用兵。

此時，蔣介石也加緊向第九戰區增兵，電令薛岳拿出會戰方案，做好積極的準備。在第

三、四、六戰區的支持配合下，第九戰區集結了近四十萬兵力。在兵力部署上，將領之間卻發生了分歧，以第九戰區代理參謀長趙子立為首者認為，此次日軍進攻規模空前，加上有三戰長沙得失的教訓，故應該採取新的戰法。而以薛岳為首的將領則堅持認為此次日軍雖屬大兵團作戰，但並不是所謂的「規模空前」，因此戰役部署上仍可以採用「天爐戰法」。

薛岳引以為豪的天爐戰法是根據長沙地區的地形特點發明的：在後退中破壞中間道路，實行堅壁清野；在伏擊地區縱深配置兵力，將日軍誘至長沙城下，以改變敵我力量的對比；然後從四面包圍有猶天爐熔鐵一般殲敵。最後還是薛岳的意見占了上風，但是薛岳終究是低估了日軍奪取長沙和衡陽的決心。

指揮此次作戰的日軍將領是新調第十一軍司令官橫山勇中將。橫山勇仔細研究了前三次長沙會戰失敗的原因，總結了薛岳的戰略思想和作戰特點，並在此基礎上制定了作戰方案：將兵力分為兩個梯隊前後出擊，波浪式交替攻擊與推進，既保證了攻擊的連續性，又保障了後勤補給線的安全，這樣就可以側擊和夾擊破壞交通線的中國軍隊。另外，在兩翼部署強有力的精銳部隊，這樣就使中國軍隊在兩翼山嶽叢林中的機動兵團處於夾擊狀態，喪失了外線機動兵團的作用，日軍便掌握了戰場的主動權。橫山勇狂妄地叫嚷：「兩翼夾擊，波浪式推進，一定要砸壞薛岳的天爐！」

五月廿七日，日軍兵分三路向第九戰區發起進攻，長衡會戰爆發。日軍選擇這一天發動攻擊具有深意的，在三十九年前的同一天，日本海軍在對馬海峽全殲了勞師遠征的沙俄波羅的海艦隊。日軍左路從崇陽沿湘、贛邊境山嶽地帶向南猛插；中路從岳陽地區突破國民黨第二十軍防線直撲長沙；右路從洞庭湖水域向南進攻；各路都配備有二線兵團。

廿八日，蔣介石電令薛岳「以現有兵力」，準備在長沙附近與南犯之敵決戰。此時的薛岳正在岳麓山指揮所，他的戰略仍然是以長沙守軍吸引日軍主力，再以外圍部隊對之實行反包圍，最後裏應外合將進犯的日軍消滅在長沙外圍。薛岳太相信他的「天爐戰法」了：「在這樣的環境之中作戰，他日本鬼子縱有千變萬化，也逃不脫『天爐戰法』所布下的天羅地網！」

但是，戰局在廿九日以後突變，守軍第二十軍繼續吸引中路日軍向通城、平江運動，忽然發現左路日軍從側後包抄過來，二十軍危急！屋漏偏遭連夜雨，右路日軍穿過湖面障礙，在營田登陸，一時間汨羅江以北到處都是敵人，原計劃的中國外圍守軍反被分割包圍。薛岳的作戰部署頓時被全盤打亂，湘北戰場的局面已難以控制。五月三十一日，蔣介石電令第三、第六兩戰區，各用一軍參戰，並令軍委會轄各軍歸薛岳指揮參戰。蔣介石默默地爲三次阻擋了日軍進攻的「華南虎」薛岳祈禱，同時也是爲自己祈禱。

中國自與盟國並肩抗日以後，產生了一個特殊現象，即是所有的大小戰役都爲美國密切注視，這是蔣希望把抗日戰事國際化所產生的後遺症。也正因如此，史迪威指揮的滇緬邊境西戰場和蔣介石指揮的豫湘桂東戰場，象徵著兩人事業上之一種競賽。

蔣介石已經憋了一肚子的火，憑什麼必須由美國人指揮緬甸反攻戰役呢？他先前晉升鄭洞國爲駐印軍副總指揮，孫立人、廖耀湘分別爲新一軍、新六軍軍長的指令，都被史迪威所阻，仍維持原有編制。國軍在河南敗退之時，美式器械裝備的駐印軍在史迪威指揮下奇襲緬北重鎮密支那，獲得初步戰果，被視爲史迪威個人的戰功。對照起來，蔣介石怎能不急呢？現在戰事成敗對他來說已經是涉及人格和國格的事了。

六月三日，蔣介石訓令第九戰區將士：「此次作戰，爲國家存亡之關鍵，亦即我革命軍人成功立業之時機，務望同心同德，上下一致，爭取最後勝利。」

但是，在日軍波浪式的攻擊下，新牆河、撈刀河、瀏陽河防線相繼被突破。六月十一日，在瀏陽圍殲左路日軍的計畫失敗。薛岳致電蔣介石，請求增調部隊，在長沙附近與敵決戰。如果委員長贊同，把湘南的精銳北調，薛岳重新聚集起這些兵力，他是有信心與日軍抗衡的。

不過，已經決定不再「冒險犯難」的蔣介石當然不會同意似乎是孤注一擲的決戰建議。薛岳縱然有再絕妙的計畫，無兵可用，只能眼睜睜地看著戰事繼續惡化。回天乏力的他在失望的同時，也陷入深深的悔恨中。驕兵必敗，金玉良言啊！

六月十四日，長沙的東大門瀏陽在激戰後失守，左路日軍兵鋒直指長沙。雖然右路日軍被王耀武率領的第二十四集團軍阻擊在益陽、寧鄉一帶，但是中路和左路已經順利地逼近了長沙，主攻岳麓山。六月十六日，岳麓山告急，長沙城危在旦夕。奉命守長沙的第四軍軍長張德能意識到自己的驕傲鑄成了大錯，戰前戰區代理參謀長趙子立曾建議在岳麓山設置兩個師，只要岳麓山陣地在，就可以保住長沙城。然而張德能堅決主張將兵力放在城中死守，他是第四戰區司令官張發奎的侄兒，並沒有將趙子立放在眼中，一味地按自己的主張行事。六月十七日，日軍攻陷長沙外圍要點黃土嶺、紅山頭，並突破岳麓山主陣地。

此時的第四軍對日軍已經心懷畏懼，在需要鼓舞鬥志穩定軍心的關鍵時刻，張德能再次犯下致命的錯誤，下令城中主力西渡湘江，徐圖再來。事與願違，這些部隊過江後馬上潰逃。長沙失守，湘東湘西各縣也相繼被日軍佔據。

蔣介石對第四軍擅自撤退大為惱火，把張德能交軍法審判，八月廿五日處以死刑。時任第四戰區司令官的張發奎沒有為侄兒求情，在侄兒被槍斃的第二天，他以「作戰不力」的同樣罪名槍斃了一名蔣介石嫡系的軍長。

日軍攻佔長沙後，繼續向粵漢、湘桂鐵路交點和重要戰略基地衡陽逼近。衡陽水陸交通發達，位於衡陽湘江東岸的飛機場是粵漢線上最大的飛機場。因此，日軍對衡陽志在必得，中方統帥部也頗為重視。

日軍向湖南發動進攻之初，衡陽並不包括在作戰區域內。不過，為了防止日軍鑽隙偷襲衡陽，五月三十日，蔣介石命令方先覺的第十軍專門固守衡陽，並特別指出第十軍「不得用於長沙之會戰」。他深知薛岳是一個不惜動用大量部隊拚死決戰的猛將，當然也希望薛岳能取得勝利，但卻不能聽任這個「老虎仔」把自己的血本全部作為賭注。這對於後來防止日軍迅速攻佔衡陽起了重要作用，另一方面也制約了薛岳的行動，削弱了保衛長沙的兵力。

第十軍成名於第三次長沙會戰中，當時全軍將士死守長沙，與日軍激戰四晝夜，官兵負傷不下火線，都以戰死為榮，確保了第三次長沙會戰的勝利。方先覺當時任預十師師長，以「死守長沙獲猛將之名」。方先覺接到固守衡陽的命令後，除派第三師前往湘潭，在易俗河南岸佈防外，當即率預十師、一九〇師進駐衡陽，日夜趕修工事，經過二十多天的奮戰，工事全部完工。

六月間，中國軍隊一方面要在湖南地區抵抗力圖全力打通大陸交通線的日軍，另一面又要在滇西、緬北對日軍進行反攻作戰。以全國局勢而論，「大後方」只剩川、康、雲、貴，但需要同時應付東西兩個戰場。根據這樣的形勢，蔣介石與軍令部全面調整部署：「國軍以鞏固重慶、昆明，確保抗戰基地及國際交通線之目的，以第一線兵團廣領前方要地，行戰略持久戰，並先機控制有力兵團於六盤山、秦嶺、巴山、鄂西、湘西、桂東、滇西各要隘，竭力加強整訓，增築工事，嚴防敵奸之侵入，見機再轉入攻勢。」

在薛岳的「天爐」被日軍砸破之後，蔣介石迅速佈置了下一步的作戰，「國軍以阻敵深入，確保衡陽為目的，於淥口、衡山東西地區持久抵抗，以主力由醴陵、瀏陽向西，由寧鄉、益陽向東，夾擊深入之敵而擊破之」。根據這一部署，六月廿五日，蔣介石電令方先覺要「死守衡陽」。

衡陽城地形特殊，城東有湘江，北有蒸水，西面為密佈魚池與水塘之沼澤地區，南面為丘陵山地。雖都易守難攻，但南面的丘陵地區防守要稍為困難一點。而且，南面丘陵地區的高地是衡陽城的制高點，對衡陽的防守至關重要。方先覺判斷日軍可能以西南面和南面作為進攻重點，故將防守重點置於這兩個方面。後來，日軍果然按預先估計向兩面進攻。

六月廿六日拂曉，日軍在衡陽西南、西北、西面和南面同時發起攻擊。第十軍依託工事，頑強還擊，雙方激戰到七月二日。日軍在衡陽突然遇到拚死抵抗，大爲震驚，第一線的各大隊損失相當大，攻勢漸緩，再加上彈藥即將用完，被迫在七月二日夜間暫時停止攻擊。強攻受挫後的日軍曾佯裝撤退，企圖調虎離山，但被方先覺識破，固守不出。日軍只得加緊補充彈藥和兵員，準備發動第二次進攻。

驕橫的日軍在衡陽受到頑強的正面阻止，蔣介石發現其後方空虛，七月一日，電令各兵團從側背猛攻，希望瓦解敵人的攻勢。但由於中國軍隊缺乏機動兵力，未能適時突進，衡陽依然被圍。

▶▶蔣介石偕宋美齡赴衡陽慰勞將士

七月十一日，日軍在獲得補充後，再度發起攻擊。日軍使用了大量的燃燒彈和毒氣彈，在空軍和炮兵的密切配合下，不斷向我軍陣地猛撲。中國守軍愈戰愈勇，很多陣地都是戰至官兵全部陣亡才告失守。官兵受傷後，除非失去行動能力，往往都留在陣地上繼續作戰。由於日軍擅長白刃戰，守軍就以手榴彈作爲近距離五十公尺以內的決戰兵器，這種威猛戰法令日軍指揮官感到意外。日軍在付出巨大傷亡攻佔衡陽外圍的守軍據點後，戰局又陷入膠著狀態。進攻的多次受挫使日軍指揮人員內部發生分歧，二十日，再次停止攻擊，以進一步確定作戰方針。

日軍對衡陽發動第二次強攻期間，中方統帥部開始部署衡陽城的解圍戰鬥。七月十二日，蔣介石致電第九戰區，令六十二軍由衡陽西南迅速猛攻敵背，七十九軍協同六十二軍向衡陽西北郊進擊，六十三師由北向南攻擊，以「速解衡陽之圍」。但是遭到日軍頑強阻擊，終被擊退。七月廿五日，蔣介石再次組織解圍戰鬥，除令原有的六十二軍、七十九軍等部再度向衡陽城增援外，又令第四十六軍、七十四軍一部投入戰鬥。由於許多原因，到廿九日各路援軍再次被擊退。第二次解圍戰鬥也遭失敗。

此間，美英蘇各報都再三呼籲把包圍邊區的五十萬大軍調去抗日。但蔣介石始終按兵不動，對於輿論呼籲置若罔聞。他並非不關心湖南戰事的勝敗，自緬北反攻戰役開始以來，蔣介石無一日不在企盼著東線戰場上的勝利。中國軍隊在史迪威指揮下於西戰場連連告捷，在東戰場則不斷挫敗，史即以此指責蔣介石，通過羅斯福與馬歇爾向蔣介石要求中國軍隊的全部指揮權。七月六日羅斯福晉升史迪威為四星上將，隨即發電要求蔣把指揮權轉給史迪威，其中還包括中共的第十八集團軍。

蔣介石集重兵在長衡地區，在長沙失守後，多次電令死守衡陽，並親自部署衡陽保衛戰。此時心情在他的日記中表露無遺，七月二十日他寫，「軍事憂惶，未足言危，面對美外交之頹勢，實為精神上最大之打擊。但果能邀天之福，軍事獲勝，則外交危機，亦可轉安，萬事皆在於己之盡力耳」。七月三十一日的日記中他說：「衡陽保衛已一月有餘，此次衡陽之得失，其有關國家之存亡、民族之榮辱至大」。正因爲衡陽戰事成敗牽涉太廣，深謀遠慮的蔣介石才沒有孤注一擲，調動胡宗南的部隊南下解圍。

日軍「一號作戰」攻勢雖然凌厲，但畢竟難以挽回最終失敗的命運。日軍在盟國聯合攻勢下必將潰敗，犯不著爲了一時之心快而冒險犯難。蔣介石一直以爲自己的使命有兩個：抗日和反共。反共似乎是更具根本性的使命，他實在不忍心使苦心經營了多年的反共基業毀於一旦，在對日作戰前景日益光明的時候，他更不放心讓中共自由地發展壯大。更重要的是，美國已經表露出了在中國「換馬」的姿態，國內也出現迎合的跡象。地方軍將領跋扈依舊，中央軍開入西康被劉文輝擊退，新疆的盛世才也表現出新的反覆，山西的閻錫山與日本簽訂協定，李濟深聯絡余漢謀等粵系將領，準備設立蔣介石倒臺後的聯合政府。在多數親信陸續調往抗日前線的形勢下，胡宗南的部隊已經成爲維持他統治的最後一道防線。蔣介石已經準備在迫不得已的時候對美國讓步，把第一線兵團的指揮權讓給史迪威，果真發展到這個階段，只要胡宗南的大軍處於抗戰前線，美國人依然不敢輕視他的地位。

蔣介石此時對衡陽戰事的心情是複雜的，一方面他不可能抽調更多的部隊去參戰，以求從根本上解除衡陽之圍；另一方面，他又企盼著這一有重大政治意義的戰事能有一個體面的結局。最後的決策只能是要求衡陽守軍堅定軍心，守得越久越好。守衛衡陽的方先覺也不負厚望，及時收縮兵力，集中力量防守城區，防止了被日軍各個擊破。這一兵力調整，增強了同日軍持久抗衡的能力。

日軍第二次攻擊失敗後，放棄對衡陽的正面進攻，轉而採取持久包圍戰。七月廿七日蔣介石電令第四戰區抽調一個軍救援衡陽，並令其他援軍再次反攻。但是日軍已經發現中國軍隊的意圖，爲避免前後夾擊，腹背受敵，日軍在廿八日先行對衡陽發動了總攻擊。日軍第十一軍司令官橫山勇由長沙飛赴衡陽前線親自指揮，並下令增調兵力支援。日軍的總攻擊在飛機和野戰重炮的支援下展開，但守軍的抵抗依然堅強，戰況並未有太大的進展。

八月二日蔣介石電告方先覺，已督「各路援軍急進，望固守」。但是次日日本大量援軍先行趕到，兇猛攻城。守軍因長期被圍，醫藥、食物、彈藥缺乏，戰鬥力漸弱。七日，城門被攻破，守軍與敵進行激烈巷戰。蔣介石再度致電方先覺盼望堅守。然而衡陽城內守軍萬餘人在外有援軍不能救濟、內乏糧彈的情況下，孤軍喋血苦戰四十八天，已經傷亡殆盡，陣地全毀。方先覺在八月七日下午給蔣介石拍電報說：「敵人今晨自城北衝入以來，即在城內展開巷戰。我官兵傷亡殆盡，刻再無兵可資堵擊」。

這就是說，守軍要繼續戰鬥下去已很困難。日軍在作最後攻擊的同時，開展了心理攻勢，對倖存的守軍勸降。七日下午三點，衡陽守軍第九團首先在天馬山陣地舉起白旗，其他陣地見狀，亦都先後停止抵抗。大勢已去，方知覺懷著複雜的心情擬好投降的條件。八日晨，當方先覺率十餘名高級將領會見日方師團長時，日方提出無條件投降的要求，方只好當場答應下來。

衡陽一戰，中國守軍以一萬七千五百人的兵力，同約五個師團的日軍浴血死戰，固守孤城近五十天。日軍在攻佔衡陽付出了沉重的代價：死傷一九三八〇人；將校戰死三百九十人，傷五百二十人。當時的美國副總統華萊士致電蔣介石，對衡陽之戰推崇備致，並表敬意。就連日軍也對衡陽守軍的英勇表示欽佩，認為攻佔衡陽之戰是日俄戰爭中，日軍攻佔旅順之戰的縮影（當時日軍死傷五萬九千餘人）。身臨戰場指揮美國空軍配合衡陽作戰的陳納德也認為，衡陽之戰是對那些惡意宣傳「華軍不作戰」的言論的有力駁斥。

方先覺後來逃脫出來，經由芷江回到重慶，他的結果與張德能截然不同。蔣介石接見了他，就像看著自己的孩子回到身邊一樣，非常高興地對他：「回來啦！好！好！我每天在為你們祈禱，希望你也崇信上帝」。蔣還留他共進午餐。或許，蔣介石認為自己對衡陽的失守也應該承擔一定的責任吧。

會戰連遭失敗，蔣介石黃山會議緊急整軍；桂柳會戰迅速潰敗，戰局雪上加霜，大西南民心不穩，蔣介石驚呼抗戰進入從未有之艱難時刻。

面對河南會戰和長衡會戰的相繼失敗，蔣介石相當惱火。一九四四年七月廿一日，他在黃山整軍預備會議上，對作戰不力的將領們大加訓斥：「自從這次中原會戰與長沙會戰失敗以來，我們國家的地位，軍隊的榮譽，尤其是我們一般高級軍官的榮譽，可以說一掃以盡。一些外國人已經不把我們的軍隊當作軍隊，不把我們軍人當作一個軍人！這種精神上的恥辱，較之於日寇侵佔我們的國土，以武力來打擊我們，凌辱我們，還要難受！我們自己招致了這種恥辱，如果再不激發良心，雪恥圖強，使我們中國的軍隊，能與世界各國並駕齊驅，那就無異我們出賣自己的國家一樣！老實告訴大家，現在這個時候，不是我們推諉失責的時候，也不是我們辭職了事的時候，擺在我們面前的只有一條路，就是不戰勝必滅亡。」

蔣介石對於國民黨軍隊的真實情況有著相當的瞭解，他指出：「我們的軍隊沿途被民眾包圍襲擊，而且繳械，這種情形簡直和帝俄時代的白俄軍隊一樣，這樣的軍隊當然只有失敗！我們軍隊裏面所有的車輛馬匹，不載武器，不載彈藥，而專載走私的貨物。到了危急的時候，貨物不是被民眾搶掉，就是來不及運走，拋棄道旁然後把車輛來運家眷，到後來人馬疲乏了，終於不及退出，就被民眾殺死！部隊的官兵到處騷擾，甚至於姦淫擄掠，弄得民不聊生！」對此，蔣介石也作了自我批評，「這個責任究竟應該誰來負擔，當然我自己首先要承擔這個責任」。對下面各部軍官，各高級幹部治軍不嚴，督導無方他也作了嚴厲批評，希望他們明瞭職責，負起重大責任。

在黃山整軍會議期間，蔣介石在多次大會上，對整軍的十個方案發表了訓示。蔣介石在評述了這十個方案之後說：「我們這一次會議，是我國家和軍隊起死回生的一次會議。」八月四日，蔣介石又就審查修正各案發表了訓示。十八日，再對各案發表了指示，最後說：「我對於最近中原湘北兩次會戰的失敗，與其說是失望，毋寧還是樂觀。因為我們種種的缺點和毛病，在這兩次會戰中完全暴露出來了。我們雖然付出了很大的代價，但也得到了寶貴的教訓。如果我們一致努力，急起直追，則亡羊補牢，猶來爲晚。」

面對軍事失利，外交困境，輿論批評，蔣介石在黃山整軍會議上多次流露出了勵精圖治發憤圖強的熱情和願望，對失利也進行了一定的反思。這對於未來的抗戰產生了一定的積極作用。

軍事上的潰敗加上後方揭露出的腐敗使得改組政府，改革政治，結束國民黨一黨專治的呼聲高漲。在整軍會議上，蔣介石對於國民黨軍隊的腐敗也有所反思。但是他已經沒有孫中山當年改組國民黨時的氣魄和雅量，黃山整軍會議仍沒有反思導致軍事失利的深層原因。對共產黨的敵視已經使他對一切擴大民主權利、改革政府政治的呼聲產生了錯覺，而事實上，要扭轉軍事敗勢必須在政治改革，爭取民眾支持上下功夫，僅僅依靠鼓動民族主義情緒是遠遠不夠的。蔣介石通過權力和利益成功地籠絡了上層社會的勢力和軍隊，卻無法治理瀰漫其間的驕奢與腐敗，他因此付出的代價是逐漸喪失底層民眾的信任。毛澤東在一九三八年大聲疾呼「兵民是勝利之本」，蔣介石對於這個對手是不敢輕視的，他也爲對手的疾呼而觸動，在第一次南嶽軍事會議上決定設立專門機構負責群眾工作。可是現在，依然是在大面積淪陷國土的時候，他已經記不起政治對手的呼籲了，黃山整軍會議終未成爲由敗轉勝的轉捩點。

衡陽淪陷後，長衡會戰結束。爲貫徹打通大陸交通並破壞中國空軍基地之目的，日本繼續發動桂柳作戰，依照其「一號作戰」計畫開始桂（林）柳（州）的作戰準備。日軍原計劃於七月中旬佔領衡陽，然後向南挺進，不料衡陽一戰費時四十七天，其作戰時間表全被打亂。而且，日軍佔領衡陽後，因其傷亡太大，又經過一個多月的準備和補充，並進行一系列鞏固外圍據點的作戰，才使衡陽變成了繼續進攻桂柳的基地。

在此期間，蔣介石也在加緊調整部署兵力。在東線戰事連連失利的時候，西線反攻緬甸的戰役卻得到了很大進展。在衡陽陷落前，駐印軍已攻克密支那，遠征軍對騰衝也發動了總攻。戰局發展已經表明東線的守勢作戰，只要能夠儘量遲滯日軍向南推進，即使丟失大面積國土，從整個戰略上來說也算是勝利。

八月廿六日，蔣介石密電第九十三軍軍長陳數農，命其「以主力固守全州」，配合「阻敵西北」。廿九日，密電白崇禧等，訓令「第四十六軍主力固守桂林」，調第三十一軍、第六十三軍和第七戰區一個軍「準備參加桂林會戰」。九月四日，密電薛岳等，令本玉堂所率各軍「竭力盡滯敵之西犯」，王耀武直轄各軍「確保邵陽」，第二十、第廿六、第四十四各軍主力「阻敵前進」，「迅速完成全州工事和戰略」。五日，密電余漢謀，命第七戰區「立即確實準備以兩個師」，「由連山方向參加桂林附近之決戰」。

但是國民黨當局的失敗主義，不僅腐蝕了前方的機構，而且破壞了後方的抗戰秩序。敵人還在千里之外，桂林、柳州等地已經開始慌忙逃難，陷於混亂狀態中。地方當局無計畫的「疏散」命令之下，醫院飯館都得停業，人民流離失所，守城將士連蔬菜茶水都得不到。愛國青年要求到戰地服務，不但不被鼓勵，反被多方阻止。政府機關統制交通工具，馬桶浴盆都要運走，而窮人擠不上火車，死於非命的，屢見不鮮。達官富豪乘機發「疏散財」。正義之士紛紛撰文針砭時弊，要求改組國民政府和統帥部。

珍珠港事件之後，蔣介石成功地獲得了美國人的好感，並開始樹立起大國領袖的形象。面對有利的國際形勢，蔣介石不僅沒有檢討自己的持久消耗戰略中的消極因素，反而將其發揮到極致。他企圖以消耗戰拖住日軍，等到日軍支持不住時自動撤軍，或者在盟軍配合下聯手反攻。他不相信日本能滅亡中國，但也不相信中國軍隊能獨立地把日軍驅逐出境，高唱民族主義和發奮自強的他始終不敢肯定自己民族的潛力，連在這方面進行試探性的發掘也不願意。消極的消耗戰略思想加上幾年來屢戰屢敗的事實，已經產生了強大的腐蝕作用。桂柳戰事未開，已自亂陣腳，這似乎預示著桂柳會戰不光明的前景。

九月上旬，日軍分別從湖南、廣東向廣西桂柳地區發動進攻。日軍一部沿湘桂鐵路及其兩側進犯，九月十一日佔領黃沙河，十四日佔領廣西東北要地全縣，打開了廣西的東北門戶。中國守軍沿途已無險可守，日軍可直插桂林。接著日軍連陷興安、灌陽，於十月底進至桂林以南之陽朔等地，對桂林側後構成包圍之勢。九月下旬，日軍另一部進佔廣州附近等地，沿西江及其兩側向西進犯，連陷懷集、德慶等地，九月廿四日，佔領梧州。除此之外，日軍還組織了第三路部隊由廉江北犯，進佔靖、容縣。

十月，日軍用五個師團的兵力齊頭並進，突破桂林外圍陣地，廿七日，發動對桂林的總攻，守城的實際兵力只有戰鬥力較差的第一三一師，幾乎全是由新兵組成的第一七師、第七十九軍的一個團和榴彈炮一個連，軍心渙散，紀律廢弛。加上日軍多次使用毒氣，守軍傷亡慘重。七日，日軍在炮、空、坦克支援下，由西北東三面攻城，突破守軍陣地，巷戰就這樣展開了，十一日桂林失陷。

在桂林被圍攻的同時，十一月九日，柳州外圍的日軍也向柳州發起總攻。中國第四戰區司令長官張發奎鑒於桂林失守在即，以「應避免無所謂犧牲」爲藉口，電話指示守城的第廿六軍集結向西突圍出城，留在城內的守軍大都犧牲，柳州淪陷。

桂林的防禦工事堅固，糧食彈藥充足，卻很快失守，實在出人意料，蔣介石對於這一結局十分痛惜。據說，除了守軍士氣低落、指揮官沒有堅定決心外，桂林市的政府官員和當地的商人也不贊成衛戍部隊在城市周圍打仗，他們怕這座城市會被毀掉。

十一月廿四日，日軍不費一槍一彈進入南寧。十二月十日，日軍第二十二師團在妥淥與從越南北上的第二十一師團會合。日軍最後雖然打通了粵漢交通線，但已喪失了寶貴的時間，這一勝利的戰略價值已大打折扣。

十一月廿五日，日軍第十三師團轉入追擊，沿黔桂路西犯，當日攻佔宜山。廿二日攻佔河池。廿八日占南丹。十二月二日中午，日一〇四聯隊第一大隊衝進黔桂路的終點獨山，次日拂曉將該地完全佔領。日軍深入貴州，貴陽震動，重慶也爲之譁然。

其實，到九月底，各種前線潰敗以及地方密謀脫離中央的謠言已經漫布重慶。蔣介石驚呼：「戰況危急，不僅西南各省人心動搖，而且美國有要求撤僑之事，益造成社會之惶惑不安。八年抗戰之險惡未有如今之甚者也。」

日軍雖已深入貴州，卻已是強弩之末，近半年的連續征戰，已使日軍戰鬥力大減。加上從第六、第八戰區調集的中國軍隊已陸續趕到貴州黃平——鎮遠、貴陽——馬切坪之間集結。在此情況下，日軍被迫撤退。何應欽、湯恩伯在貴陽指揮中國軍隊收復失地，至十二月上旬，相繼收復獨山、八寨、三合、荔波、上司、下司、六寨等地，中旬又收復南丹。此後中國軍隊進攻河池，日軍不再後退，增兵固守，雙方演成拉鋸戰。十四日以後，雙方對峙於金城江西北野軍河一帶。至此，桂柳會戰結束，從而整個豫湘桂戰役也結束。

一九四四年四月至十二月的豫湘桂戰役，國民黨軍隊損失兵力六十萬人左右，喪失了河南、湖南、湖北、廣西、廣東、福建等省的大部和貴州、浙江一部共約二十萬平方公里的國土，丟掉洛陽、長沙、福州、桂林四個省會城市和鄭州、許昌、寶慶、柳州、溫州等一百四十六個中小城市，衡陽、零陵、寶慶、柳州、丹行、南寧、桂林七個空軍基地和三十六個飛機場。六千餘萬同胞淪陷在日軍奴役之下，使我國人民生命和財產遭到巨大的損失。

這場嚴重的災難，是日本侵略者欠下中國人的一筆血債，但同時也與蔣介石所奉行的消極的持久消耗的戰略政策不無關係。七月廿六日，在前方視察戰事的白崇禧在致蔣介石的電報中有如下一段話：「我軍最高戰略爲消耗戰，在中印緬公路未通以前，如何善爲運用現有兵力，以待盟軍聯合反攻，……得以支持較長時日，想均爲鈞座明鑒之中」。蔣介石消極抗戰的指導思想在這裏披露無遺。但是參加豫湘桂作戰的國民黨廣大愛國官兵，付出巨大犧牲。他們的英勇獻身精神，當值得後人永久的紀念和崇敬。

東戰場的潰敗，蔣介石把滿腔的憤懣發洩到史迪威身上。他在十月九日致羅斯福備忘錄中寫道：「北緬一隅之勝利，實不足以抵中國東戰場之損失。……然史迪威對於東戰場毫不為意，當各地危急時，史迪威把持其可以移撥之租借軍火，不許用於東戰場作戰……質言之，因攻下密支那而失卻東戰場，此種責任史迪威無所逃避。」宋美齡甚至提高了嗓門：「把國民黨一個精銳師派去緬甸，我們犯了一個可悲的錯誤。」

十一月末的重慶又支起了白茫茫的紗衫。籠罩著山城的是一團沉悶，一片悲愁！珍珠港事件爆發以來，蔣介石第一次感覺到國民黨的抗戰前途比霧中的重慶更加的撲朔迷離。

二、對日寇展開大反攻

西南邊境傳來捷報，舉國歡慶緬北勝利反攻；「人猿泰山計畫」終獲成功，中印公路、滇緬公路同時打通，共同支撐抗戰進行到底。

一九四五年元旦，蔣介石在重慶發表告全國同胞書，稱一九四四年為「危險最大而憂患最深的一年」。他要求全國軍民「磨礪出新的力量，來爭取必然到來的勝利」。一九四五年，有眾多的日子讓國人狂歡雀躍，讓國人沒齒難忘。眾多的輝煌，眾多的盛典沖淡了國人對一月廿八日的關注和記憶。可是，歷史記住了。

爲打通中印交通線，修築利多公路，一九四三年十月，中國駐印軍與美英軍聯合開始反攻緬北。次年六月下旬，駐印軍佔領緬北重鎮孟拱，控制了整個戰局。爲策應駐印軍在緬北的作戰，中國遠征軍於一九四四年五月中旬西渡怒江攻擊日軍。一九四五年元月廿八日，緬甸邊陲的芒友鎮一個莊嚴隆重的盛典正在舉行：X軍（中國駐印軍）和Y軍（中國遠征軍）會師閱兵儀式暨慶祝中印公路通車典禮！

一位熟悉歷史而又聰明幽默的中國記者用一個簡明的公式記下這一盛典：X＋Y＝V。這是一場不平凡的慶典。她令當時四萬萬國人雀躍歡呼，令不苟言笑、表情冷峻的委員長蔣介石也不由得心花怒放。上午十時，禮炮聲中慶典開始。衛立煌上將以中國遠征軍司令長官的身分，宣讀了蔣介石從重慶發來的賀電，電文盛讚官兵的勇敢和忠貞，洋溢的熱情使全場將士歡聲雷動。眾多笑顏逐開的將官中，新一軍軍長孫立人站在檢閱臺上，紋絲不動，肅穆的表情恰如身上的美式將官服。目光似在檢閱他的新1軍，又似越過河流，越過山巒，投向歷史的深處。

孫立人，字仲倫，安徽舒城人，生於書香之家，畢業於清華大學。後赴美就讀於普頓大學土木工程系，在獲得理學學士學位後，他又轉而考入維吉尼亞軍校，與美國名將巴頓等同爲校友，是當時國民黨高級將領中爲數不多的洋派人物之一。淞滬會戰中獨有他率非正規武裝——中國稅務警察總團與日寇激戰，淞滬會戰後，稅警團晉級爲第三十八師。一九四二年二月，他率領第三十八師首次挺進緬甸。檢閱臺上的高級將官中，他是征戰印緬戰場時間最長的——三年零三個月。因而他肅穆的表情下湧動著更多的情感：壯烈、辛酸、欣慰等等。

第一次遠征軍入緬作戰遭到慘敗，他是親歷的。近十萬大軍有半數遺屍異國叢林，他和他的子弟兵只好流落印度。收復緬甸的勝利，他親歷了。他備嘗其間的艱辛、悲愴和輝煌。孫立人是第一個瞭解收復緬甸的戰略計畫——「人猿泰山」計畫的中國將官。當史迪威把初定的方案通知他時，憑他的經歷和軍事常識，很快體會到「人猿泰山」這一名字是多麼的恰如其分和精妙。「人猿泰山」原是一部三十年代風靡美國的傳奇電影，講述一個被黑猩猩抱養的小男孩是如何在原始森林裏長大，並成爲一個英雄的故事。這個代號意味著未來在緬甸進行的將是一場艱苦而漫長的原始叢林戰爭。

▸▸ 一九四五年一月三十日，中、美、英軍隊收復緬甸全境

「人猿泰山」包括兩個規模宏大的戰略設想：X軍（中國駐印軍）以收復緬甸北部爲目的，Y軍（中國遠征軍）以收復怒江西岸爲目的，戰爭同時進行，最終X軍與Y軍會師，全面收復緬甸。隨著X軍推進，一支龐大的築路兵團將一條柏油公路從印度的利

多一直修到緬甸的密支那，最後接上中國境內的滇越公路，同時還將鋪設一條大口徑輸油管道從印度加爾各答直到中國昆明，預計總長度兩千英里。

「人猿泰山」計畫的最終目標在於打破日本對中國的全面封鎖，把中國大後方同世界反法西斯陣營緊緊連接在一起。今天，「人猿泰山」計畫勝利了。深受西方影響、崇拜拿破崙的孫立人有足夠的理由陶醉於勝利的輝煌之中。半年之後，歐洲盟軍總司令，未來的美國總統艾森豪將軍指名邀請孫立人考察歐洲戰場，所到之處，受到盟軍破格接待。

艾森豪讚譽孫將軍為「東方的蒙哥馬利」，這一讚譽雖然隱含著白種人由來已久的優越感，但獲此殊榮也足以讓孫立人甚至他的同胞們激動和自豪了。「一將成名萬骨枯」，孫立人此時為輝煌戰績而陶醉的心，禁不住又在隱隱發痛：大約二十餘萬生龍活虎的中國同胞遺屍於異國山地叢林，不少被叢林中的螞蟥、巨蟻啃得只剩下一堆堆白骨。該死的戰爭！該死的日本瘋子！

正當身處異域的孫立人沉迷於對勝利的自豪和對殉國將士的感傷之中時，國內的政治家、將軍和愛國的百姓正在歡騰，他們的興奮與征戰異國的孫立人有相同的理由，也有不同的緣故。一九四五年一月廿八日，一支特殊的車隊穿過中緬邊境的畹町，逶迤而來。這是一支令國人望眼欲穿的車隊，在三年的等待之後終於來了。六十六輛中大卡車，滿載汽油、軍火，其次是武器拖曳車和吉普車、救護車、各種重炮、野炮、山炮、平射炮，令中國軍人們眼睛發亮。隆重的通車典禮正在進行。

禮炮聲中，一位西服革履，氣宇軒昂的貴賓走上懸著中美兩國國旗的觀禮台，他就是當時任國民政府行政院代理院長的宋子文。他代表蔣介石出席慶祝會，並向為打通這條路浴血奮戰的全體將士致敬。就在這天晚上，蔣介石發佈了廣播講話。他感謝全體遠征異國的將士們的英勇奮戰，感謝美英盟軍的通力合作，興奮之情，溢於言表。幾天後，衛立煌到重慶述職。蔣介石一反常態，早早地坐在客廳等待，見到衛立煌後，雙手親熱地按在他的肩上說「你又多了一次勝利」。

衛立煌答道：「這是委員長的領導，全軍官兵用命，盟軍合作的結果。」蔣介石感慨地說：「你功成不居，堪為當今聖賢，國人楷模。」恩寵之甚，令衛立煌難以置信。蔣介石實在是太興奮了。當英軍在緬甸戰役中不通知中國就放棄仰光繼而西撤印度，使中國在緬遠征軍第一期戰役遭到慘敗，滇緬公路被切斷，緬甸淪入日本人手中時，蔣介石異常震怒，毫不客氣地指責英方背信棄義，要求英國應對此產生的一切後果負責，盛怒之下，他甚至威脅要向汪精衛靠近，退出對日戰爭。以有限的工業生產能力支撐抗戰時期的軍民工業品需要，簡直是杯水車薪，軍民叫苦不迭。

為了得到美援，蔣介石曾委曲求全，尤其是對史迪威。史迪威總想把蔣介石的軍隊指揮權抓在自己手中，動輒叫嚷要改組軍隊，否則取消美援。直到一九四四年十月廿一日，才利用羅斯福對共產黨威脅的恐懼，將史迪威擠走。為了美援，蔣介石曾派出國舅宋子文、姐夫孔祥熙接連赴美，甚至在一九四二年八月派出了與自己形影不離的夫人宋美齡赴美活動半年多。為了

▶▶史迪威與孫立人

美援，蔣介石可謂殫精竭慮，可是援助的物資只能通過駝峰航線運來，斷斷續續，使蔣介石感覺饑渴難忍。他多麼想在國門外開一缺口，讓盟國的援助物資不斷湧進來。而今這閘門終於打開了，蔣介石焉能不喜！

高興之餘，蔣介石忘不了「人猿泰山」計畫的制訂者和爲之立下汗馬功勞的史迪威，雖然史迪威被擠回美國坐冷板凳了。蔣介石宣稱：「我們打破了敵人對中國的包圍。請允許我以約瑟夫·史迪威將軍的名字爲這條公路命名，紀念他傑出的貢獻，紀念他指揮下的盟軍部隊和中國軍隊在緬甸戰役中以及修築公路的過程中作出的卓越貢獻。」當在美國的史迪威知道這條充滿了國際友誼、充滿了中國士兵的熱血與汗水的公路以自己的名字命名時，他的心情是又苦又甜。史迪威終於完成了他在中國的使命，爲中國的抗日戰爭，做出了重大的貢獻。

中國遠征軍勝利的消息傳到延安，毛澤東等中共領導人皆拍手稱快，不再擔心蔣介石彎下本來不堅實的腰了。

中印公路開通後，美國援華物資源源不斷地進入中國境內，又由於控制了緬甸，使「駝峰」航線的空運也加強了，到一九四五年元月份，輸送物資竟達四點五萬噸，每天都有數百架次的飛機滿載物資飛抵中國。隨著中印公路通車，中印輸油管也通油了，作戰急需的油料資源源源不斷從東南亞輸送到中國。美援對於更新抗戰軍隊裝備，提高戰鬥力，保證後方的供應起了一定作用，而美國第十四航空隊和以成都爲基地的第十二航空隊B-29轟炸機在中印公路打通後，廣泛出擊，轟炸臺灣、琉球、沖繩和日本本土，加快了日本帝國的覆滅。蔣介石意識到，中國軍隊反攻的時機成熟了。在幾個月前，他還憤憤地說：「我們奪取了密支那，但卻失去了整個中國。」現在，他卻暗自慶幸，在東線戰事告急的時候，還是同意了出征緬甸的要求。

日軍發起芷江戰役，國軍準備充分，嚴陣以待；湘西大會戰中國完勝，日軍完全停止攻勢，中國抗戰勝利在即。

豫湘桂大潰敗不僅使蔣介石嚴重損兵折將，還使國民黨的統治也變得岌岌可危。爲圖反攻，也爲了給國人一個自新的印象，以平息民憤，在一九四四年的冬天，蔣介石和軍令部處罰了幾個擅自逃跑的將領，並調整了戰鬥序列。同期，美國答應給國民政府三十五個師的新式裝備。蔣介石在淒風冷雨中又看見了陽光，他立即在昆明設立了中國陸軍總司令部，並積極抽調各級軍官接受美式訓練，試圖一舉改變軍隊的落後狀況，爲奪取抗日的最後勝利和反共內戰做準備。

為了抵禦中國軍隊的反攻和防備美軍在中國沿海的登陸作戰，在收縮兵力的同時，日本中國派遣軍總司令岡村寧次決定在一九四五年春夏之際開展局部攻勢，發動豫西鄂北戰役和湘西戰役，以摧毀當地的機場。

三月廿一日，日軍調動七萬兵力分途向豫西南陽及鄂北老河口等地進犯，由於國軍第五戰區抗擊不力，南陽、老河口在四月初先後被日軍佔領。四月九日開始，日軍又以同等兵力分三路向湘西芷江發動進攻。期待已久的中國軍隊的反攻，就在這裏打響了，沉默了兩三年的國軍要在湘西重現台兒莊之戰的雄風。

湘西雪峰山的環抱中閃著一顆星，這是日軍的劫星，它閃出的光芒，使日軍頭暈目眩，必欲除之而後快。這顆星，就是芷江空軍基地。這裏，先後進駐蘇聯志願軍空軍中隊，美國空軍第十四航空隊戰鬥機隊、運輸機隊和中國空軍赫赫有名的第四大隊、第五大隊，即中美空軍混合大隊。自中印交通打通以後，中美空軍如魚得水，頻頻出擊，阻截日機空襲，攻擊日軍目標，日軍視之為心腹大患。

一九四五年四月底，日軍發起芷江戰役，以奪取芷江飛機場為第一目標，進而進逼四川，威脅重慶。蔣介石把部署芷江戰役的重任交給了陸軍總司令何應欽，國民黨中，何應欽的親日傾向是眾人皆知的。何應欽決心要親自部署這次大戰，一洗親日的惡名。

經過勘察，他決定利用雪峰山區有利地形，構築縱深防禦工事，採取攻勢防禦作戰，逐次抗擊，誘敵深入，分割包圍，聚而殲之。戰場正面防禦，由第四方面軍王耀武擔負；湯恩伯的第三方面軍負責桂穗路防務；第九十四軍作爲戰役機動兵團，策應第四方面軍右翼作戰；第十集團軍負責湘北防務；新六軍廖耀湘部爲總預備隊，待命芷江。參戰陸軍達二十萬人以上。空軍方面，由陳納德將軍統帥，負責空運新六軍，偵察敵軍動態，轟炸敵後方交通樞紐以及車站、倉庫等設施。攻擊目標主要在邵陽、洞口、武岡地區。部分飛機投入戰鬥，奪取制空權，配合地面部隊作戰。

在國民黨高級將領中，王耀武以勤勉好學而著稱。早年在天津租界煙廠打工時，他不顧白日疲乏常去夜校補習。長年軍旅生活並未使他放棄讀書的習慣，因而養成了沉穩多思的性格。戰場上他每每以智謀過人勝敵。自率五十一師從漢中調往上海參加「八一三」淞滬抗戰，到這次湘西會戰，大小戰役經歷十數次，每次均能以弱制強，終在國內外輿論中贏得智勇雙全的將軍的美譽，他所部也獲得「抗日鐵軍」的稱譽。

王耀武作戰一向以計畫周密謹慎而著名。這次會戰因兵力有限，而稍有冒險，但對於決戰關鍵部位的雪峰山中南部卻是不准有任何疏忽的。周密計畫後，他還與參謀們一道親自去雪峰山兩主峰之間的一條長約二十華里的山谷進行了實地勘察。湯恩伯對此戰更不敢怠慢，去年豫湘桂戰役，所部數十萬大軍一敗塗地之後，湯恩伯處於極爲不利的境地。有不少人請求處分他，甚至有人提出斬湯以謝國人。幸得蔣介石寵愛，湯未受委屈。兩月間，他又復任第三方面軍司令。在群情激憤中，湯默默地在貴陽操練軍隊，決心把這十幾個美械師訓練好，一雪前恥。五月五日一早，武陽前線總攻開始之後，湯恩伯一直守在天柱山的前線指揮所，寸步不離。

日軍阪西一郎的主力一一六師團自四月九日凌晨起，分三路從邵陽出發向西進擊，進擊異常順利。如此看來，似乎中國軍隊戰鬥意志不堅，因戰爭正像預期的那樣向著有利於皇軍的方向發展。阪西一郎興奮地下達繼續深入的指令，阪西一郎太自負了，自負得幾乎對進擊過於順利的異常現象毫不在意。前方，一個口袋正張開大口等待著。支撐「袋口」的武岡、新化、安化才是王耀武要求堅守的陣地，而前面一路的「失守」皆是誘敵深入的餌料。武岡，中國第四方面軍七十四軍五十八師七十二團一營在等候著。營長高崇仁率部在武岡城內外構築三道防禦陣地，皆以黃泥、細沙、石灰混合築成，其內裏一線是百姓獻出陳年糯米熬漿摻和三合土構築而成，堅固無比。

日軍獨立步兵一一七大隊在永里堰彥率領下分三路，由東、西、南三面猛攻，攻城前，絡腮滿面的永里發話：「攻下武岡再刮臉。」然而，永里終於未能刮成臉，一連三天猛攻未能得手。各路日軍命運大抵相同，越向前進，遭到的打擊越是沉重。這時的中國軍隊不僅武器精良，鬥志昂揚，而且戰術變幻莫測。不少人學會了八路軍的游擊戰術，打得日軍心驚膽戰，坐臥不安。二十萬日軍陷入雪峰山區地帶，已成強弩之末，愈戰愈深陷於群山峻嶺之間，每前進一步，都得付出相當大的代價，根據戰報，岡村寧次無可奈何地命令各部隊集結撤退。

然而此時已由不得岡村了，中國軍隊緊緊咬住敵軍，第一線各軍愈戰愈強，陣地巍然不動。據守洞口、山口的五十七師連戰數倍於我之敵，戰果顯著。戰略預備隊胡璉軍進入戰場後，由於部隊運動神速，將士用命，協同第一線友軍配合得宜，迅速完成對雪峰山地區敵軍的包圍態勢，並截斷敵之背後唯一交通運輸線——湘黔公路，使深入雪峰山地區的日軍約二十餘萬人馬，成爲甕中之鱉。

六月十二日，全面反攻開始了，捷報頻傳。中外記者發回的電訊、文稿相繼在中外各報刊刊載，各地人心振奮，重慶更是額手相慶。湘西前線的戰火仍在瀰漫，蔣介石來電催何應欽回渝向國民黨六大報告湘西大捷，在國民黨「軍事服從政治」的要求下，中國軍隊網開一面放走了一部分敵人，早日結束了戰鬥。此役使日軍進佔芷江的戰略破產，被斃傷的日軍達三萬五千八百零五人，而中國軍隊僅傷亡九千多人，中國軍隊取得了輝煌的勝利。

湘西戰役是日本投降前發生在中國正面戰場的最後一戰，以我軍全勝而告終，日軍連芷江機場都沒看見就大敗而歸。從此，日軍結束了在中國戰場上的全部戰略進攻。

六月底，國民黨軍隊收復柳州。爲了大舉反攻，也爲了在日本投降時收復失地，中國陸軍總部制定了反攻廣州的計畫：先以有力部隊攻略桂林，奪取雷州半島，再分別攻擊衡陽、曲江，並牽制越南北部的日軍，以主力沿西江流域攻略廣州。所以國民黨軍隊的主力就在滇、桂、湘、粵四省活躍開來。八月初的時候，新組建的四個方面軍都在按計劃陸續向前推進，但是攻擊部署還沒有就緒，日本就宣告投降了。許多官兵咬牙切齒地罵著：他媽的，真不解恨！

日本投降的前夕，國民黨軍隊主力仍在大西南，中國戰場的反攻重任歷史性地落在八路軍

蔣介石在四川銅梁對青年軍訓話

和新四軍肩上。

八月九日，中共中央以朱德總司令的名義發出《對日寇最後一戰》的聲明，吹響了大反攻的號角，猛力擴大解放區，佔領一切可能與必須佔領的大小城市與交通要道，奪取武器與資源，並放手武裝基本群眾。後又指示必須力爭佔領之交通線及沿線大小城市。八路軍、新四軍和華南各抗日游擊隊，利用自己處於抗日最前線的有利態勢，迅即對華北、華中和華南地區日僞軍佔領的大中城鎮及交通要道發動大規模反攻，並配合蘇聯紅軍解放東北。八月十一日，新四軍軍部下達了向上海、南京等大城市進軍的命令，還新任命了上海、南京等市的市長。上海的中共地下黨組織積極行動，發動工人準備起義。

然而，由於一方面國民黨要壟斷受降權，不准日僞軍向共產黨投降；另一方面，蔣介石又視江浙一帶爲其老巢，竭盡全力阻止新四軍進入。中共中央命令新四軍停止攻擊南京、上海等大城市，向中小城市和廣大鄉村發展。此後，新四軍移兵他向，佔領了蘇、皖兩省的許多縣城。華北、華中、華南和東北抗日聯軍的大反攻共殲滅日僞軍三十九點八七萬餘人，解放縣級以上城市二百五十餘座，切斷了北寧、平綏、津浦、平漢、同蒲、膠濟、隴海、廣九和正太等鐵路線，收復國土三十一點五萬多平方公里，解放同胞一千八百多萬，使各解放區基本連成一片，對奪取全國抗日戰爭的最後勝利做出不可磨滅的貢獻。

三、勝利來之不易

盟軍發佈《波茨坦公告》，太陽旗即將落下，舉國歡騰；日軍投降在即，蔣介石摩拳擦掌，集中精力準備對付共產黨。

德意法西斯政權垮臺後，日本向蘇聯求助，卻毫無反應。正在此時，傳來美、英、中三國首腦的《波茨坦宣言》，敦促日本無條件投降。最早倒斃的不是被視爲法西斯小弟的日本，而是氣粗如牛的兄長們：德國、義大利。這令裕仁天皇在兔死狐悲的哀傷之餘，反倒生出一些大和民族的優越感來。

失敗的陰影以空前的速度遮沒著日本的太陽，日本政府竟視若不見，幻想在本土負隅頑抗。爲加速日寇的滅亡，八月六日、九日，美國投放兩顆原子彈，使廣島、長崎變爲廢墟，八月九日零時十分，蘇軍越過中蘇邊境向日本關東軍發起猛烈進攻，中國軍民的大反攻如狂飆席捲侵華日寇。

一九四五年八月十日，傳來日本準備投降的消息。對於日本決定投降，美國並不覺得意外。但是，得到消息後美國人還是陷入了沉思。美國在猶豫，如果讓天皇繼續存在，能否肅清日本的好戰精神，但是天皇的存在不獨對日本人，而且對美國人都是至關重要的，它將有利於投降的進程，避免佔領軍和戰敗軍隊之間的流血衝突，美國最終決定保留天皇的存在。杜魯門爲此致電倫敦、莫斯科和重慶，以「依日本國民自由表示之意志」建立日本政府形態來取代《波茨坦公告》中剷除天皇制的條款。

倫敦和重慶的回電使杜魯門大爲放心。倫敦回電深表同意，還指出要求日本天皇簽署投降書是不策略的，建議天皇授權日本政府和最高統帥部簽署投降條款。只有莫斯科答覆姍姍來遲，且不盡如人意，莫洛托夫希望有兩個盟軍最高司令官，美國一個，蘇聯一個，美國駐蘇大使哈里曼很不客氣地拒絕了。重慶蔣介石來電盛讚美國人的英明，他一直堅持保存日本天皇制，擔心日本被迫廢除天皇制可能激憤地選擇蘇維埃制。對蔣介石的厚德，日本人深爲感激，一九八五年，日本千葉縣爲蔣介石樹「以德報怨碑」，碑文云：「蔣介石總統堅決主張不可擅變日本國體」。

▶▶ 蔣介石在日本無條件投降後發表演說

日本準備投降的消息傳到中國後，全國歡騰，八年的艱難困苦流血犧牲終於沒有白費。八月十日，八路軍延安總部朱德總司令發佈戰略大反攻的第一號命令，要求各部隊奪取並解除所有日僞武裝，要他們按照《波茨坦宣言》而投降。八月十一日，延安總部發出特別命令，要求華北的游擊部隊均向北推進，進入東北，同由北面出兵的蘇軍會師，並與蘇軍合作共同殲滅堵塞於他們之間的日軍；在黃河流域的軍隊則奉命促使長城以南的日軍立即投降，如遭拒絕，立即進攻。此時，蔣介石坐不住了。

當日本投降的消息正式傳到重慶國民黨總部後，人和卷宗川流不息地在蔣介石的辦公室裏進進出出，秘書陳布雷忙不迭地向蔣介石扼要報告。

「報告委座，重慶、成都、貴陽、昆明……全國各地區鳴放鞭炮，出號外，延安還舉行了火炬遊行，老百姓歡天喜地，高興得無法形容，有人甚至痛哭流涕，人們都認爲以後可以過上平安的日子！」

「好！只要剿平共匪，人民定會過上幸福生活。」蔣介石嚴肅地說道。

「報告委座，八路軍總司令朱德向所有解放區發佈命令，限期解除當地日軍武裝，如遇拒絕投降者，應堅決消滅之！」

「什麼！輪到他們？」蔣介石不禁勃然大怒，繞著桌子轉了幾圈，隨即說道，「傳我命令，國軍要加緊進軍，勿稍鬆懈！交通工具由美國負責，火速進軍！所有日僞軍將領，各守原有陣地，只向國軍投降。命令第十八集團軍總司令朱德，要他的部隊留守原地，聽候命令，不准受降！命日軍總司令岡村寧次，在國軍接收之前，應負責做好有效防禦。」

一九四五年八月十五日，無奈的日本天皇做出「終戰聖斷」，下達《致忠良臣民書》，宣告無條件投降。

八月十七日，關東軍總司令向蘇聯遠東軍總司令投降。值得一提的是，在關東軍羽翼下的僞「滿洲國」隨著保護神的滅亡一併崩潰，八月廿五日，「僞滿」大臣多數被蘇軍逮捕。至此，在日本刺刀下成立的「僞滿」政權，冰消瓦解，徹底滅亡。

一九四五年九月，「密蘇里」號上日本無條件投降的簽字儀式

抗戰的最後勝利，使中國人民高興萬分，蔣介石和何應欽在狂喜中別有所思。

日本政府宣告無條件投降後，中美英蘇四國同意任命西南太平洋盟軍司令麥克阿瑟將軍爲聯合國軍最高統帥，接受日本投降，並負責佔領日本本土。

一九四五年九月二日，東京灣。舉世矚目的日本投降儀式在一艘以杜魯門總統家鄉密蘇里命名的戰列艦上舉行。面對昔日的敵人，麥克阿瑟的陳詞沒有爲難，甚至沒有責備，顯得寬宏大度，一席話冠冕堂皇，漂亮動聽。這位具有戰略眼光的美國軍人，時刻警惕著蘇聯共產主義的威脅，他確立的對日原則是：用戰爭打敗日本人，但要用「自由世界」的概念來贏得他們。爲自己日後在日本的身分列印好了「名片」：保護者——麥克阿瑟，而不是征服者——麥克阿瑟。

日本外相重光葵、總參謀長梅津美治郎代表日本天皇、日本政府及大本營在投降書上簽字。聯合國方面簽字的有盟軍最高統帥麥克阿瑟、美國代表尼米茲將軍、中國代表徐永昌將軍、蘇聯代表丘列溫中將、英國代表福拉塞中將等。簽字完畢後，麥克阿瑟再次發表簡短講話。「讓我們祈禱，」他說，「和平已在世界恢復，祈求上帝永遠保佑它。」言畢，麥克阿瑟和各國首席代表，退入將軍指揮室。

由副手們交給日方投降書。此時，正是一九四五年九月二日九點十八分。

日軍宣布投降，蔣介石發表「以德報怨」演說，爭取待降日偽軍「維持現狀」；國民黨獨自代表政府受降，極力排斥中共參與接收，國共「戰後之戰」已在所難免。

日本即將無條件投降的消息傳來，蔣介石吃驚之餘，立刻發出了三道命令。一道給他嫡系部隊，命令其「加緊推進」，「勿稍鬆懈」；另一道給待降的日僞軍，命令其「維持現狀，並維護所在地的秩序和交通，聽候何總司令的命令」，同時不得向他所指定的部隊以外的部隊投降；第三道是給共產黨領導的第十八集團軍及新四軍等抗日武裝的，命令其「應就原地駐防待命，勿再擅自行動」。這三道命令的發出，使蔣介石心情稍微鬆快一些，以為即使不起大作用，小作用還應該有的，他畢竟是四大盟國首腦之一，中國戰區的最高領導人。

八月十七日，盟軍最高統帥麥克阿瑟簽發第一號受降令：凡在中華民國、臺灣、越南北緯十六度以北地區的日軍，均應向蔣介石委員長投降。

蔣介石加緊了佈置受降和接收工作。可是，由陸軍總司令部主持的接收工作混亂不堪，引起了國民黨內部及國人的強烈指責。同時宋子文對於接收大權旁落也火冒三丈。於是，使蔣介石決定將接收權轉交行政院，軍事接收仍歸陸軍總司令部，軍隊接收權則屬於蔣介石本人，這是任何人都不能染指的。

國防委員會早在一九四五年八月就組建成龐大的受降班子，及時分派到敵佔區各省市。可是，對於軍事受降及軍隊的推進方式問題，卻在國防最高委員會引起了爭論，因為這直接關係著軍隊各派系力量的消長，因而各派系都想為自己能在受降中多撈一把而努力。當時，由於蔣介石一貫使用致人兩傷而他自己得利這種方法對付非嫡系部隊，所以這些部隊之長官對待蔣介石是慎之又慎，唯恐被其推下井去。

但是，精明的蔣介石依然能使人有苦說不出，不會讓人抓到攻擊的口實。這從軍事受降區的劃分及各區受降軍事長官的任命可以看出：越南從北緯十六度線以北——盧漢，廣州香港雷州海南島——張發奎，曲塵潮汕——余漢謀；長沙衡陽——王耀武，南昌九江——薛岳，嘉興杭州寧波廈門——顧祝同，京滬——湯恩伯，武漢沙市宜昌——孫蔚如，徐州安慶蚌埠東海——李品仙，平津保定石家莊——孫連仲，青島濟南德州——李延年，洛陽——胡宗南，鄭州開封信陽南陽——劉峙，山西——閻錫山，察綏熱——傅作義。表面看這樣的安排非常公平，但是明眼人一看便通：對於雜牌部隊要麼調虎離山，要麼讓你火中取栗，收復被共產黨佔領的失地。蔣介石的用心可謂良苦！

這的確使非嫡系的長官們無話可說，因而只能乖乖地到戰地去主持受降，否則他們也將如四川的各路諸侯一樣絕無可能分一杯羹。這樣，受降就非常順利了。

湖南芷江縣城，默默地坐落在湘西的山區。在這裏，聳立著一塊石碑，碑文是：克繳受降威加萬里，名城攬勝地重千秋。記下了這座小小的縣城在中國歷史上輝煌的一幕。一九四五年八月廿一日，中國戰區日軍洽降在芷江舉行。

八月二十日，何應欽受蔣介石委任處理在中國戰區內敵軍投降事宜，率陸軍參謀長肖毅肅等三十餘名受降人員來到芷江。八月廿一日，日軍中國派遣軍副參謀長今井武夫乘坐岡村寧次的座機，在美機的監視下，忐忑不安地到達芷江機場。數千名中美士兵在機場圍觀，數千雙憤怒的目光在注視，坐在美式野戰敞篷車上，一座座慶祝牌坊在今井武夫眼前掠過，在他看來，這些就是日軍的一座座墓碑。一群群醉意未消的中國官兵用食指和中指做成表示勝利的「V」字，向他們投來仇恨、自豪、鄙夷的目光。會場是一西式平房，東西頭有出口處及休息室，正中部是會議室，會場前一曠地，左右都有馬路可通。路口各紮松柏牌樓一座，左邊入口處綴

「公理」兩字，右邊則綴以「正義」兩字，中間一個英文字母「V」並有「和平之神」四字。空地上高豎中、美、英、蘇四國國旗，迎風招展。

何應欽並沒有出席第一次會談，坐在首席位置的是他的代表肖毅肅，其次爲副總參謀長冷欣，中國戰區美軍參謀長巴特勒和翻譯王武。周圍有一百多名記者興奮地關注著這一盛事，民族的自豪感使他們顯得精神煥發，有的甚至興奮得滿臉通紅。翻譯人員用中、英、日語朗讀了何應欽發給中國陸軍總司令部的第一號備忘錄原文，備忘錄指示了日軍投降辦理的一般事宜。

何應欽在備忘錄中宣稱：「本人以中國戰區中國陸軍總司令之地位，奉中國戰區最高統帥特級上將蔣中正之命令，接受在中華民國、臺灣及越南北緯十六度以北地區內日本高級指揮官及全部陸、海、空軍及輔助部隊之投降。」「要求日本駐華最高指揮官岡村寧次自接受備忘錄時起，立即執行何的一切規定，向其所部下達相應的命令。特別強調日軍應保管好各地武器及財產，不得交與沒有接收許可權的任何軍隊及團體。」

對此今井頗有爲難：中共軍隊想以武力強行解除日軍武裝，日軍決定對此採取斷然處置；但是南京有一自稱周鎬的，正以國民政府軍的前線指揮官名義爲所欲爲，又有任援道稱奉蔣委員長命開始行動。日方不知對此如何處置？肖毅肅的回答很乾脆：「除受命於何總司令者外，可一律視爲土匪，日軍即使採取自衛行動，也爲合理措施。」很明顯，十五個受降區沒有八路軍和新四軍的席位，肖毅肅給了今井尙方寶劍，可任意堅持反共戰爭。

今井極力維持皇軍的虛榮，他提出：「除火炮、重武器等部隊裝備的兵器外，如過早剝奪個人攜帶兵器，帝國軍隊將感到無法忍受。」此言既出，記者席上譁然：難道日軍官兵的個人攜帶兵器都是飾物，不曾用於屠殺中國人民？不料，肖毅肅沉吟半天，竟然表示可以彙報上級考慮。今井進而提出：日占區「有一批一直與日本合作的南京政府要人，貴方對他們的看法我們充分理解。但他們在謀求地區和平與民眾幸福方面，在廢除治外法權，收回租界等方面也有不少貢獻。希望今後對他們格外給以寬大處理」。肖毅肅未置可否。

會談從下午四時一直談到五時半，記者們雖然隱隱有遺憾之感，但勝利的喜悅沖淡了迷惑，會談一結束，分頭興沖沖地發稿去了。今井武夫八人對走過場一般的會談也心存迷惑，中方代表通知他實質性會談將安排在以後的三天，等待中，今井仍然忐忑不安，雖然從肖毅肅的未置可否的沉吟中嗅出些氣味來。接下來幾天的會談在幕後進行，幕後的會談使今井武夫生出不少感激和安慰。

早在八月十五日，蔣介石就親往重慶中央廣播電臺，發表了抗戰勝利對全國軍民及世界人士的廣播演說，希望這是世界最後的戰爭，同時禁止對日

▸▸一九四五年八月廿一日，日軍今井武夫向中方聯絡投降事宜

本人施以報復，強調人道——「不念舊惡」及「與人為善」。這便是所謂「以德報怨」宣言，何應欽很能理解蔣介石「以德報怨」的苦衷，離國民黨軍隊遙遠的敵佔區不能由八路軍接收，還得仰仗日軍的協助，日軍的武裝是日後國共角逐的資本，還望日人合作。

何應欽也很樂意執行「以德報怨」政策，他是日本士官學校的畢業生，對日本有著微妙的感情，侵華日軍司令岡村寧次是他的摯友，何應欽及助手們在「以德報怨」方面做得真可謂仁至義盡。芷江會談，何應欽就擬以圓桌會議形式進行，後因遭到美國人的嘲笑和反對而作罷。今井一行的生活起居安排頗為周到，菜飯之豐盛令今井等人大吃一驚。幕後的會談更體現了「勝敗雙方的友情」。今井回憶說：「他們始終以武士道的態度相待，與其說是對待敵國敗將，不如說是對待朋友。」

八月廿二日上午，在與今井又一次交談中，冷欣要求提供中美戰俘名冊及情況，尤其強調要求日方拒絕「命令系統以外」的接收命令。很明顯，他是要求拒絕中共領導的武裝力量。日方果然守諾，故八路軍與日軍的交戰持續到九月底。

八月廿三日下午，今井一行連同中國軍隊的先遣人員一道，飛回南京，何應欽開始著手佈置受降儀式了。

中國戰區受降大典在南京舉行，下設十五個受降區，分別由盧漢、張發奎、湯恩伯等十五個國民黨軍將領受降，勞苦功高的八路軍和新四軍卻沒有一個。馮玉祥拍案而起：「中共有六個軍，十八個師，戰績卓越，太不合理了。」蔣介石卻下令，「八路軍原地駐紮待命。」在芷江，有記者問：「為什麼接收人員中沒有一個共產黨人？為什麼沒有給共產黨一個接收地區？」何應欽反問：「你認為中國應該有兩個政府，兩個領袖嗎？」

「三九良辰」接受日本投降，抗日戰爭最終勝利；中國歷史上最深重的民族災難過去了，蔣介石躊躇滿志發表勝利談話，慶祝抗戰的偉大勝利。

中國人有一種傳統的觀念，從一至十的各個數字中，最崇尚九，認為天地之至數，始於一而終於九，逢九即為大吉大利。中國把勝利的節日——日本投降簽字儀式的時間定在九月九日上午九時，寓意「三九良辰」。

九月八日，何應欽由芷江飛往南京。這是一個壯觀、感人的場面。各機關、團體、學校代表列隊在明故宮機場迎候，近五萬人在機場外翹首企盼。何應欽乘坐的「美齡號」座機在九架戰鬥機的護衛下，於十二時許飛臨南京上空，一時歡聲四起，掌聲雷動。天真可愛的學生，揮旗雀躍，熱情奔逸，感人淚下。當何應欽步下舷梯，在歡呼聲、掌聲和禮炮聲中，兩位嬌豔的小姐鄧朴、陳宗旭代表南京市民獻上「日月重光」錦旗。

何應欽陶醉了。南京市民們陶醉了。此時的何應欽不是作為中國陸軍總司令享受殊榮，他是作為全體英勇壯士的象徵，作為八年抗戰勝利者的化身，雖然他本人在抗戰中的表現並不太積極和出色。但人民在巨大的喜悅中並不計較，人民歡呼的是勝利，是揚眉吐氣，是日月重光。

岡村寧次偕今井武夫等日軍高級將領，也列隊在機場肅立歡迎。當何應欽走下飛機時，岡村悲哀的心裏忽然生出一絲安慰：「向這位親密友人投降，真是一段微妙的奇緣。」

「三九良辰」，雲開天朗，曾因南京滴血而悲鳴的鳥兒也嘰嘰喳喳地歡聲歌唱，這是無數人用鮮血和生命換來的良辰。

會場中，四周的牆壁張滿紅、白、藍三色布，並懸掛中、美、英、蘇四國國旗和大大的「和平」兩字，還有一個象徵勝利的「V」字。正面牆上掛著孫中山的巨幅畫像，對面牆上掛著蔣介石、史達林、杜魯門和艾德禮的像，前來採訪的中外記者、盟國軍官及嘉賓等多達千人，早已靜候在側面來賓席上。

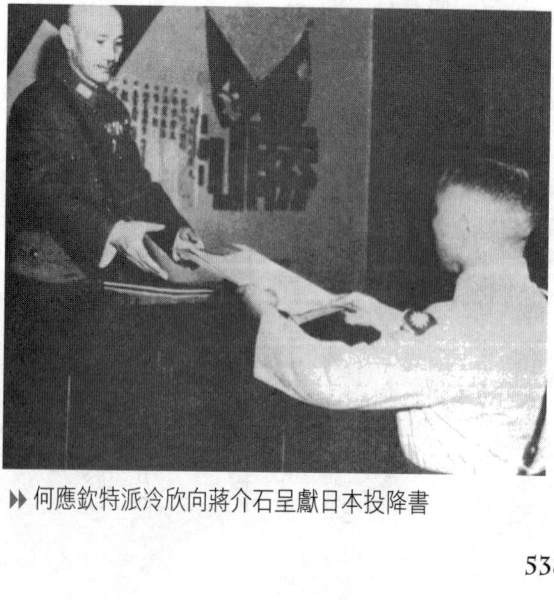

何應欽特派冷欣向蔣介石呈獻日本投降書

八時五十一分，何應欽率參加受降的顧祝同、肖毅肅等入場坐定。面對老朋友安詳的目光，岡村心亂如麻，儘量不正視何應欽的目光，竭力使自己平靜。記者們的聚光燈、鎂光燈驟然閃亮，這是規定了的五分鐘攝影時間。會場的一人一物都留下了具有歷史意義的一瞬。

九時整，最激動人心的時刻來到了。鐘聲響起，在場的中國同胞熱淚盈眶。肖毅肅代表何應欽將日軍投降書中文本兩份交給岡村寧次。岡村低下頭，一面匆匆翻閱，一面握筆含毫，他的參謀長小林則用顫抖的手研磨墨汁。片刻，岡村醮墨在兩份投降書上簽上自己的名字，然後取出圓形水晶圖章，蓋在簽名之下，他的手不由自主地顫抖，印鑒蓋下，竟呈向右傾斜之勢。小林將兩份降書雙手呈上何應欽，然後退步敬禮，何應欽微笑著起立還禮，觀眾席上一陣嗡嗡聲悄然而起。

何應欽簽字蓋章後，由肖毅肅將一份交給岡村，持續二十分鐘的儀式結束，岡村等被憲兵押解至休息室，何應欽發表即席廣播講話：「敬告全國同胞及全世界人士：中國戰區日軍投降簽字儀式已於本日上午九時在南京順利完成。這是中國歷史上最有意義的一個日子，這也是八年抗戰艱苦奮鬥的結果。東亞及全世界人類的和平與繁榮，亦從此開闢一新的紀元。本人誠懇希望我全國同胞自省自覺，深切瞭解今日為我國家復興之機會，一致精誠團結，在蔣主席領導之下，奮發努力，使復興大業迅速進展，更切盼世界和

重慶人民歡慶抗戰勝利

平自此永奠基礎，進入世界大同的境域！」全場起立，掌聲雷動。

這掌聲，是對中國人民浴血奮戰勝利的祝賀，也是對中國前途的祈禱。中國歷史上最大的民族災難終於結束了。消息經過電波傳遍華夏，整個中國大地在沸騰。浴血奮戰了十四年的中國人民，奔相走告，歡欣鼓舞，全國匯成了一片歡樂的海洋。

此時此刻，蔣介石的興奮之情是可以猜想到的，抗日戰爭畢竟是近一百年來中國反對外來侵略所取得的一次偉大勝利，他有些飄飄然了，兩眼直視著前方。

結束語

中國軍民艱苦卓絕的八年抗戰，是中國近代史上最光輝的一頁。全國軍民飽經戰亂之苦，幾百萬抗戰將士獻出了他們寶貴的生命，正是因爲他們的奮起反抗堅強不屈換來了來之不易的大國地位，使億萬國人找回了喪失已久的民族自信。他們的光輝業績值得後人永遠銘記，他們將永遠被後人緬懷。

作爲抗戰中國民黨政府的最高領導人，蔣介石領導中國軍隊抗日、爭取國際援助、堅持抗戰到底的一番作爲是應當被肯定的。當然，作爲深諳民國武力邏輯的獨裁者，他利用抗日打擊政治對手，積蓄實力準備「戰後之戰」的行爲也最終讓自己飽嘗失敗之痛，退守海島一隅而悔恨終身。

八年抗戰中的蔣介石是多面的、複雜的，作者在這裏或許只能向讀者展示幾個側面。希望讀者能夠通過本書的描述，對抗日戰爭這段特殊的歷史進行再認識，對蔣介石這個民國史上最重要的人物有一番新瞭解，對國民黨軍隊正面戰場的抗日功績有新思考。

歷史人物總是有其歷史局限性的。在歷史局限的條件下所產生的問題，一般地說，只能以歷史局限的方式解決。所以，既然歷史局限性難以超越，我們對於歷史中的人物就不應該過於苛求，而是應當理解他當時的處境與困擾。理解並以史為鑒，這或許才是歷史帶給我們最好的禮物，也正是歷史的魅力所在。

八年抗戰中的 蔣介石 1937~1945

作者：何虎生
發行人：陳曉林
出版所：風雲時代出版股份有限公司
地址：10576台北市民生東路五段178號7樓之3
電話：(02) 2756-0949
傳真：(02) 2765-3799
執行主編：朱墨菲
美術設計：芷姍
行銷企劃：林安莉
業務總監：張瑋鳳

初版五刷：2018年11月
版權授權：台海出版社
ISBN ：978-986-146-836-5
風雲書網：http://www.eastbooks.com.tw
官方部落格：http://eastbooks.pixnet.net/blog
Facebook：http://www.facebook.com/h7560949
E-mail：h7560949@ms15.hinet.net
劃撥帳號：12043291
戶名：風雲時代出版股份有限公司

風雲發行所：33373桃園市龜山區公西村2鄰復興街304巷96號
電話：(03) 318-1378
傳真：(03) 318-1378
法律顧問：永然法律事務所 李永然律師
北辰著作權事務所 蕭雄淋律師

行政院新聞局局版台業字第3595號 營利事業統一編號22759935

國家圖書館出版品預行編目資料

八年抗戰中的蔣介石／何虎生 著. --初版
臺北市：風雲時代，2011.12 面；公分
ISBN 978-986-146-836-5（平裝）
1.蔣中正 2.傳記 3.中日戰爭

628.5 100022938